国家社会科学基金重大招标项目（14ZDA084）

U0954563

扩大服务业对外开放的路径与战略研究

夏杰长　等 / 著

经济管理出版社
ECONOMY & MANAGEMENT PUBLISHING HOUSE

图书在版编目（CIP）数据

扩大服务业对外开放的路径与战略研究/夏杰长等著.—北京：经济管理出版社，2020.2
ISBN 978-7-5096-7001-9

Ⅰ.①扩…　Ⅱ.①夏…　Ⅲ.①服务业—对外开放—研究—中国　Ⅳ.①F726.9

中国版本图书馆 CIP 数据核字(2020)第 021665 号

组稿编辑：申桂萍
责任编辑：赵亚荣
责任印制：黄章平
责任校对：王淑卿

出版发行：经济管理出版社
（北京市海淀区北蜂窝 8 号中雅大厦 A 座 11 层　100038）
网　址：www. E-mp. com. cn
电　话：(010) 51915602
印　刷：三河市延风印装有限公司
经　销：新华书店
开　本：720mm×1000mm/16
印　张：20.75
字　数：383 千字
版　次：2020 年 6 月第 1 版　　2020 年 6 月第 1 次印刷
书　号：ISBN 978-7-5096-7001-9
定　价：88.00 元

·版权所有　翻印必究·
凡购本社图书，如有印装错误，由本社读者服务部负责调换。
联系地址：北京阜外月坛北小街 2 号
电话：(010) 68022974　　邮编：100836

前　言

经济服务化和服务全球化是世界经济发展的大势所趋。服务业对外开放是影响一国经济发展和结构变迁的重要因素，借鉴服务业发展与开放对国民收入追赶的国际经验，对我国成功跨越中等收入陷阱，实现国民收入追赶具有重要意义。本书基于1995～2017年跨国数据，从总体和结构等多视角研究了服务业开放对一国收入追赶的影响。实证结果显示，服务开放质量对收入追赶有显著促进作用，但单纯服务开放规模对收入追赶有显著抑制效应。研究结果表明，为实现国民收入追赶，应当坚持以制造业发展为基础，在此前提下大力提升服务业开放质量，优化服务业开放结构。

中国服务业开放历程大致分为初始期、迅速发展期、全面开放过渡期、全面开放新格局时期四个阶段。服务业开放40年来，不同领域、不同地区服务业的开放度差异较大。从中国服务业分行业开放度的角度看，分销服务对外开放程度最高，其次分别为商务服务、旅游服务、金融服务、通信服务、环境服务、运输服务、建筑服务、教育服务；从各地区服务业外商投资开放度的空间分析角度看，中国服务业外商投资开放度排名前五位的地区分别为江苏、广东、上海、浙江、辽宁；从各地区服务贸易开放度的空间分析角度看，中国贸易开放度排名前五位的地区分别为广东、江苏、上海、山东、浙江。

在全球价值链日益深度互联的大背景下，产业升级在很大程度上体现为一国制造业在全球价值链分工中位置的攀升。本书使用中介效应检验法进行实证研究后发现，中国服务业的对外开放有利于产业结构升级，也能够促进产业结构的高级化。在进一步利用中国工业企业和海关数据库的匹配数据及全球投入产出表，测算分析了2000～2009年中国制造业企业在全球价值链中的位置，并重点分析了企业绩效的影响后，本书发现：中国制造业企业在全球价值链分工中还相对处于较为不利地位，但技术效益的提升和全要素生产率的提高能够显著改善在全球价值链分工中的地位。因此，要实现中国制造业企业的转型升级，必须坚持扩大开放，大力发展生产性服务业，鼓励加工制造业企业通过技术研发提升全要素生产率来实现。

纵观我国改革开放以来的经济发展与崛起历程，大规模的外资引进和服务贸易在其中扮演了异常重要的角色。特别是近年来，随着服务领域市场化改革向纵深推进，服务业对内对外开放举措不断增强，服务业的开放程度也开始呈现加速提升的态势，不仅超越了制造业成为支撑我国外资流入的第一大支柱，而且也成为我国经济新常态下推动经济结构转型升级的重要力量。可以预计，服务业利用外资在我国开放型战略和构建新型开放型体制中将起到更加重要的作用，经济社会效应将更加凸显。但由于制造业外资流入的长期主体地位，有关服务业外资流入影响的系统性研究较为少见。

服务业对外开放，包括“引进来”和“走出去”两种最基本的形式。我国服务企业“走出去”这些年有了长足的进步，取得了初步成效，但总体看，依然是我国服务业对外开放的“短板”。本书分别从国际服务贸易、对外直接投资等方面研究了我国服务企业融入国际市场的模式：分析了我国服务业进出口（跨境交付、境外消费和自然人流动）的整体特征、行业结构、空间结构、阶段特征、逆差行业分布、各行业逆差原因。作为跨境交付的重要模式，服务离岸外包是其重要形式，本书分析了其类型结构及在服务进出口中的比重。通过研究我国大量服务企业“走出去”的实例，归纳了我国服务企业“走出去”的各种路径及这些路径之间的联系，包括跟随上下游客户“走出去”、向产业链两端延伸布局或裂变出服务企业、利用中国庞大的消费市场将中国服务“走出去”与世界服务“引进来”相结合、产业链协同“走出去”、借助各类服务贸易公共服务平台“走出去”、与海外相关企业形成战略联盟“走出去”、通过中国境外经贸合作区“走出去”等15种路径，并且分别从宏观和微观角度研究了我国服务业“走出去”的战略目标。

服务外包具有附加值大、资源消耗低、环境污染少、信息技术密集等特点，发展服务外包是推动适应经济全球化与推进产业结构转型和经济发展方式转变的突破口。在国际市场，在岸服务外包远大于离岸服务外包。但中国则相反，在岸服务外包发展相对滞后，显著低于离岸服务外包。在经济全球化和产业内分工不断深入的背景下，中国要主动承接离岸服务外包业务，大力培育在岸服务外包市场，加强研发投资和基础设施建设，积极运用人力资本投资、财税政策、金融政策、贸易政策等政策体系，培育外包龙头企业，提升行业协会能力，推动两者协调发展，以服务外包推动我国产业转型升级，攀升全球价值链，构建开放型经济新体制。

中国经济发展的实践证明，闭关锁国不可能带来经济繁荣和民生改善。要实现中国经济高质量发展，就必须扩大对外开放，提高开放水平，构筑全面开放新格局。我们要在改革开放互促中扩大服务业开放，在“引进来”和“走出去”并举发展中扩大服务业开放，在对内对外双向开放中扩大服务业开放，在维护国家安全前提下扩大服务业开放。要立足中国特色社会主义新时代的战略高度，积极有序地扩大服务业开放，形成服务业开放的新格局，提高服务业开放水平，创新服务业开放新方式新路径，助推中国产业攀升全球价值链。

本书的主要创新点如下：一是从实证角度检验中等收入陷阱与服务业结构和对外开放度的关系，基于跨国数据从收入追赶的视角实证研究影响跨越中等收入陷阱的因素。二是从新的视角研究服务业开放对产业升级的影响，特别是对制造业全球价值链位置的跟踪研究和全要素生产率测算。利用中国工业企业数据库和海关数据库及全球投入产出表，对中国企业 2000 ~ 2009 年连续 10 年的全球价值链位置进行了跟踪研究，测算了中国企业在全球价值链分工中的位置。利用 OP 方法分别对所有进口企业和出口企业的全要素生产率进行了测算，并利用工具变量和广义矩估计（GMM）方法，就全要素生产率（TFP）和其他经营绩效指标与企业全球价值链分工位置的关系进行了实证研究，填补了从微观大样本领域对中国企业全球价值链位置及决定因素进行研究的空白，丰富了制造业高质量发展的相关文献。三是结合服务业的基本特征系统性地讨论了外资的流入对服务业的主要影响，弥补了国内对于外资影响的研究大多局限在制造业，以及将 FDI 对制造业的影响机制照搬到服务业领域的不足，丰富和发展了相关的理论。四是在实证层面系统测算了我国服务业的产业结构指数、技术进步指数及贸易结构指数，并利用多层次的数据对外资流入在服务业的规模扩张、结构调整、技术进步、外贸竞争力等多方面考察了外资进入所产生的影响，对我国服务业发展的现状形成了较为完整的认识，拓展了以往单纯从服务业自身角度进行政策研究的局限。五是在探讨服务外包能力与绩效之间的影响关系时，本书旨在基于调查问卷反馈获得的第一手数据对目前中国服务外包企业能力与绩效之间的关系进行实证检验，并且设计了影响服务外包产业整体发展的制度环境，通过模型探究制度环境、外包能力及绩效之间的影响方向、路径和机制，从而针对性地提出未来中国服务外包企业能力提升建议。

目　录

第一章　经济服务化、服务业开放与国民收入追赶

一、经济服务化：世界经济发展的大趋势

党的十九大报告指出，要推动形成全面开放新格局，大幅度放宽市场准入，扩大服务业对外开放。总结改革开放40年的宝贵经验，我们发现，凡是对外开放的部门，普遍具有较强的国际竞争力，典型如中国的制造业。但长期以来，受制于国内认识的局限和发展阶段的需要，中国服务业的开放步伐要远远慢于制造业部门。

但是，从全球经济结构的演进规律来看，服务业主导的经济结构转型和变革正在成为一种新的趋势。从世界范围内来看，农业、工业和制造业增加值在GDP中的占比下降和服务业增加值在GDP中的占比上升，正在成为一种不可逆转的潮流和趋势。

如表1－1所示，从全球2010年和2017年的对比来看，农业增加值在GDP中的占比基本保持不变，工业增加值占比从2010年的27%下降至2017年的25%，制造业占比没有变化，服务业占比从2010年的63.1%上升至2017年的64.9%。在东亚与太平洋地区，农业、工业和制造业占比的下降趋势同样明显，2017年和2010年相比，下降了1～2个百分点，服务业占比虽然也有所下降，但下降幅度明显偏小，为0.3个百分点。再看欧洲和中亚地区，农业和制造业基本保持不变，工业下降明显，服务业从2010年的64.1%上升至2017年的64.3%。北美地区走势也基本相同，农业和制造业保持不变，工业有所下降，服务业占比从75%上升至76.7%。整体来看，全球范围内工业占比下降，服务业占比上升的趋势非常明显。

表 1-1　世界范围内各产业增加值占 GDP 的比例　单位:%

行业分类	农业		工业		制造业		服务业	
年份	2010	2017	2010	2017	2010	2017	2010	2017
世界	4	4	27	25	16	16	63.1	64.9
东亚与太平洋地区	6	5	36	34	24	23	56.9	59.6
欧洲和中亚	2	2	24	23	14	14	64.1	64.3
拉丁美洲和加勒比海	5	5	29	24	14	13	55.8	60.8
中东和北非	5	5	46	39	14	14	47.4	54.2
北美	1	1	20	19	12	12	75	76.7
南亚	18	16	29	26	16	15	46.6	49.4
撒哈拉以南非洲	16	16	28	25	10	10	50.9	52.2
低收入	27	25	23	25	9	9	41.6	40.2
中低收入	16	15	32	29	16	15	46.6	49.3
中上收入	7	6	38	33	22	21	49.9	55.3
高收入	1	1	24	23	14	14	68.9	69.5

资料来源：世界银行数据库（https：//data. worldbank. org. cn/）。

若从收入高低划分标准的数据来看，在此期间，除全球低收入国家，工业占比从 2010 年的 23% 上升至 2017 年的 25%，服务业从 41.6% 下降至 40.2% 外，中低收入国家、中上收入国家和高收入国家，都无一例外地出现了农业和制造业占比基本保持不变或下降、工业占比明显下降和服务业占比明显上升的发展态势。

总体来看，在全球范围内，工业增加值占比的下降和服务业增加值占比的上升趋势非常明显。服务化正在成为世界经济的发展方向。

这一发展趋势同样可以从就业人员人数的行业分布来一窥端倪，如图 1-1 所示。1991~2018 年，在全球范围内，农业就业人员在总就业人员中的比例持续下降，工业基本保持稳中缓增的发展态势。相比之下，服务业就业人员在总就业人员中所占比重持续上升，在 1991 年，服务业吸纳了全球就业总人数的 34.58%，到 2004 年，其首次突破 40% 大关，当年共吸纳总就业人数的 40.67%，截至 2018 年，服务业吸纳全球总就业人数比例已高达 48.77%。全球经济进入名副其实的服务经济时代。

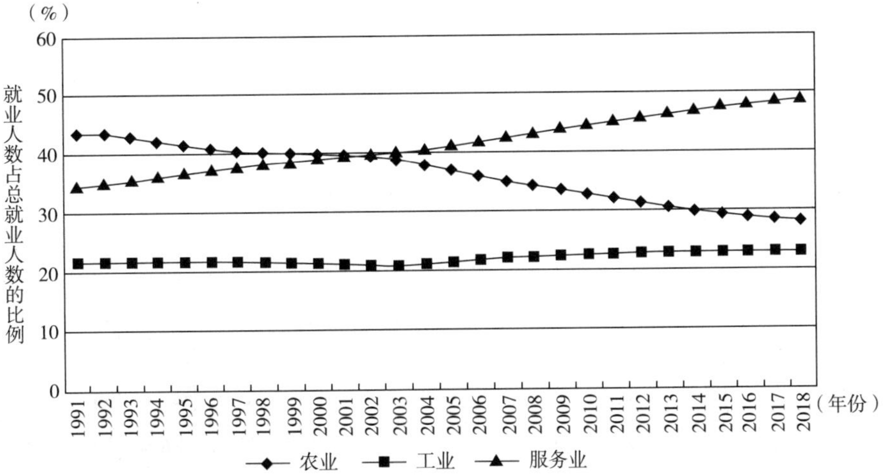

图1-1 世界范围内各产业就业人数占总就业人数的比例

资料来源：世界银行数据库（https：//data. worldbank. org. cn/）。

再看全球主要国家和地区的对比情况。如表1-2所示，在1990年，服务业增加值占GDP的比重超过60%的经济体主要有：丹麦（60.89%）、法国（61.99%）、意大利（60.17%）、荷兰（61.51%）、新西兰（60.31%）、新加坡（64.20%）、瑞士（63.78%）、英国（67.27%）。而到了2000年，服务业增加值占比超过60%的经济体超过了24个，其中美国占比73.13%。进入21世纪，全球经济的服务化趋势更加明显，2009年，世界银行开始首次公布中国服务业增加值占GDP的比重，为44.33%，和沙特阿拉伯及印度基本处于同一水平，远远低于同期德国64.11%、美国76.38%和日本71.53%的水平。截至2017年，中国服务业增加值占GDP的比重为51.63%，远远低于欧盟65.76%、德国61.40%的水平，基本略微高于印度、印度尼西亚和沙特阿拉伯，在世界银行公布的排行榜中位居榜尾。这说明，中国服务业虽然一直在努力赶超，但其发展空间与发达国家和地区甚至部分发展中国家和地区相比，都还具有较大的差距。从全球经济来看，经济服务化是不可阻挡的历史潮流。

服务贸易占比提高也算是服务全球化的一个重要表现形式。江小涓和罗立彬（2019）认为，在20世纪70年代之前，信息技术和交通运输不够发达，服务很难远距离地跨国贸易，服务贸易占全球贸易总额的比重一直较低，约10%。但20多年来，服务贸易发展非常快，到1990年超过20%，2016年达到23.76%。[①]

① 江小涓，罗立彬．网络时代的服务全球化——新引擎、加速度和大国竞争力［J］．中国社会科学，2019（2）：68-91，205-206.

表1－2　服务业增加值占GDP比重　　单位：%

国家＼年份	1990	2000	2009	2010	2011	2012	2013	2014	2015	2016	2017
阿根廷	55.85	63.47	53.31	51.50	51.81	53.66	53.92	52.94	55.81	55.87	56.79
澳大利亚	59.37	64.31	64.20	65.81	64.81	65.36	66.40	65.84	67.37	68.27	66.97
奥地利	56.11	59.31	62.17	62.29	62.28	62.00	62.33	62.65	62.88	62.84	62.72
比利时	—	63.27	68.47	67.95	68.33	68.60	68.86	69.15	69.09	69.15	68.97
巴西	45.15	58.25	59.15	57.61	57.57	58.73	59.68	61.25	62.31	63.20	63.08
加拿大	—	—	66.66	65.52	64.56	64.91	64.92	64.65	66.75	—	—
开曼群岛	—	—	98.97	98.66	97.90	98.43	98.13	97.50	97.69	96.94	—
智利	47.13	54.10	53.95	52.78	53.49	55.63	56.95	56.69	57.88	58.53	57.59
中国	—	—	44.33	44.07	44.16	45.31	46.70	47.84	50.24	51.56	51.63
捷克	—	54.08	55.54	55.65	54.69	54.35	54.26	53.66	53.77	54.26	54.46
丹麦	60.89	60.34	65.44	65.39	64.73	64.28	65.15	65.60	65.83	65.20	65.37
爱沙尼亚	—	60.18	61.31	60.22	58.69	59.08	59.46	59.54	60.14	60.16	59.95
芬兰	52.30	52.89	59.49	58.85	59.21	60.60	60.24	60.67	60.78	60.20	59.64
法国	61.99	66.31	70.75	70.65	70.18	70.28	70.30	70.35	70.21	70.34	70.24
德国	—	61.37	64.11	62.20	61.63	61.57	62.00	61.90	61.98	61.55	61.40
希腊	—	65.15	71.30	71.61	71.23	70.81	70.83	70.84	70.37	68.85	68.67
匈牙利	—	53.46	56.95	56.37	55.69	54.94	55.35	54.58	53.65	54.96	55.24
冰岛	—	55.26	63.47	61.22	60.68	61.33	62.12	62.04	62.53	63.77	—
印度	35.89	42.50	45.98	45.03	45.44	46.30	46.70	47.82	47.78	47.82	48.45
印度尼西亚	39.07	33.37	37.06	40.67	40.58	40.87	41.52	42.24	43.31	43.64	43.61
爱尔兰	—	54.91	63.42	66.50	64.90	65.04	66.32	65.75	54.56	56.53	56.46
马恩岛	—	—	79.57	79.39	78.94	84.71	85.44	86.31	86.32	87.14	—
以色列	—	66.10	67.68	66.62	67.12	67.51	67.69	67.79	68.31	68.79	69.42
意大利	60.17	62.71	66.66	66.25	66.17	66.37	66.58	66.93	66.70	66.41	66.19
日本	—	65.86	71.53	70.21	71.54	71.59	71.35	70.49	69.15	68.78	—
韩国	46.86	51.63	55.08	53.63	53.66	54.03	54.02	54.35	54.04	53.75	52.84
拉脱维亚	—	61.15	65.57	64.17	64.38	64.20	64.40	64.97	64.64	65.18	64.48
立陶宛	—	56.99	62.63	60.81	58.60	58.61	59.81	59.51	60.01	61.12	60.72
卢森堡	—	72.11	77.84	78.27	78.31	78.26	78.13	78.30	78.99	78.60	79.50
墨西哥	59.69	57.80	60.72	60.36	59.91	60.00	61.11	60.19	61.01	60.96	60.85
荷兰	61.51	65.31	67.73	68.37	68.45	68.73	69.07	69.91	70.06	70.22	70.33

续表

国家＼年份	1990	2000	2009	2010	2011	2012	2013	2014	2015	2016	2017
新西兰	60.31	61.81	65.50	64.36	64.32	65.01	64.32	65.40	65.61	—	—
挪威	56.36	49.86	53.69	52.76	51.12	51.69	52.62	54.02	56.54	58.67	57.47
波兰	—	56.76	56.62	56.23	55.22	56.19	57.28	56.60	56.22	56.38	56.10
葡萄牙	—	60.07	66.84	66.16	66.40	66.50	67.00	66.49	65.64	65.55	65.24
俄罗斯	32.61	49.72	53.77	53.12	53.76	54.09	55.97	55.56	56.06	56.75	56.25
沙特阿拉伯	45.14	40.91	42.13	38.98	34.15	35.23	37.98	40.60	52.11	54.16	50.89
新加坡	64.20	60.64	68.50	68.31	69.48	69.50	70.99	70.43	69.92	70.05	70.44
斯洛伐克	—	53.16	56.85	56.27	55.36	55.80	57.31	55.20	55.48	55.96	55.56
斯洛文尼亚	—	53.88	58.37	58.73	58.12	57.49	56.96	56.05	56.28	56.75	56.39
南非	50.47	59.07	60.51	61.02	60.87	61.29	61.17	61.02	61.37	61.02	61.49
西班牙	—	59.10	65.67	65.42	66.67	67.40	67.46	67.47	67.02	66.75	66.11
瑞典	56.85	59.86	62.88	61.09	61.84	63.28	64.16	64.60	65.68	65.71	65.19
瑞士	63.78	68.89	70.15	70.01	69.75	70.32	70.44	70.82	71.04	71.44	71.48
英国	67.27	66.35	72.47	71.47	70.71	71.04	70.59	70.77	70.80	70.96	70.56
美国	—	73.13	76.38	75.90	75.45	75.55	74.91	74.95	75.93	76.68	—
欧盟	—	62.36	66.57	65.92	65.63	65.92	66.12	66.22	66.05	65.98	65.76
经济合作与发展组织	—	66.08	69.83	69.14	68.94	69.14	69.03	68.97	69.21	69.54	—

注："—"表示数据缺失。

资料来源：世界银行数据库（https://data.worldbank.org.cn/）。

二、服务业开放助力国民收入追赶和跨越中等收入陷阱

（一）服务业开放助力国民收入追赶和跨越中等收入陷阱：一个研究新视角

人均国民收入（GNI）是衡量一国经济发展水平的重要指标之一，世界银行

据此把世界上不同国家和地区划分为低收入、中等收入和高收入三组不同发展水平的经济体。世界银行的划分标准每年都会进行动态调整，而且其每年发布的《数据统计手册》中的标准是以两年前人均GNI为标准。比如，2015年对全球国家和地区经济体的划分是以2013年人均GNI为基础，按照当年美元价格人均GNI小于1045美元的为低收入经济体，高于12746美元的为高收入经济体，处于中间的为中等收入经济体。由于技术进步、制度创新等，各国收入水平不断提高，因此以绝对收入水平衡量一国收入水平并不准确。基于此，Woo（2012）把PPP衡量的一国人均GNI与美国人均GNI的比值定义为收入追赶指数（CUI），从而动态衡量一国收入状况[①]。之所以选择与美国人均GNI比较，是因为美国是世界上经济发展水平最高而且过去200年经济一直持续稳定增长的国家。把CUI大于55%的国家定义为高收入经济体，小于20%的国家为低收入经济体，处于中间的为中等收入经济体。

不同发展水平经济体并非一成不变，受资源禀赋、国内政策、社会稳定和国际环境等因素影响，一些国家由低（中等）收入迈入中等（高）收入经济体，如中国。但也有一些国家会从较高经济发展水平跌落至较低发展水平，如伊拉克。世界银行（2012）统计发现，1960年的101个中等收入国家和地区在2008年只有13个迈入高收入经济体。在20世纪60～70年代，许多拉美和亚洲国家便已达中等收入发展水平，但始终徘徊不前。1960～2005年，特别是80年代债务危机以来，拉美国家人均收入与美国人均收入的相对比值处于不断下降状态。世界银行2007年在亚洲发展报告《东亚复兴——关于经济增长的观点》中分析了拉丁美洲国家和东亚国家发展状况后首次提出“中等收入陷阱”这一概念，认为东亚中等收入国家应当注意到现代经济增长方式向专业化、依赖创新驱动和人力资本的发展。如果东亚中等收入国家不能有效地解决这些问题，有可能像拉美国家一样陷入中等收入陷阱。

落入中等收入陷阱的具体原因较多。基于国内外相关研究，张德荣（2013）总结为收入差距、需求和产业结构、城市化进程和人口结构等几个方面[②]。高杰等（2012）从社会建设滞后、转型失败、社会流动性不足、发展模式缺陷和福利赶超五个方面进行了总结[③]。赵秋运和林志帆（2015）认为，赶超战略的金融

① Woo Wing Thye. China Meets the Middle - income Trap: The Large Potholes in the Road to Catching - up [J]. Journal of Chinese Economic and Business Studies, 2012 (10): 313 - 336.

② 张德荣．“中等收入陷阱”发生机理与中国经济增长的阶段性动力［J］．经济研究，2013（9）：17－29.

③ 高杰，何平，张锐．“中等收入陷阱”理论述评［J］．经济学动态，2012（3）：83－89.

政策使产业结构偏向工业部门，产生扭曲，对经济增长产生负向影响[①]。但从机制上来讲，一个国家在低收入阶段可以通过技术模仿和劳动力优势获得产品竞争优势，而随着收入的不断提高，技术模仿变得比较困难，同时劳动力工资上升使产品竞争优势丧失，如果不能够进行技术创新等将会落入中等收入陷阱。

改革开放至今，我国经济持续高速增长，国民收入水平不断提高。按照世界银行标准，2010 年我国已经进入中上等收入经济体行列。但从经济增长率看，2012 ~2014 年经济增长率在 7.7% 左右，为近十余年来最低，之后经济增长呈现放缓状态，2018 年增长率在 6.6% 。图 1 －2 和图 1 －3 描述了 1952 ~2017 年我国与跨越中等收入陷阱成功的代表性国家韩国和失败的代表性国家阿根廷的人均 GDP 和国民收入追赶指数的动态变化。显而易见，1997 年之后，阿根廷的收入追赶指数呈现下降态势，而韩国在 1997 年前后经过短期调整后又呈现上升趋势。中国的收入追赶一直呈现出上升态势，但是绝对水平较低，2017 年仍然低于阿根廷的追赶指数。中国是像韩国等成功跨越中等收入陷阱还是会步阿根廷发展的后尘？这是一个学界和政界非常关心的重要问题。

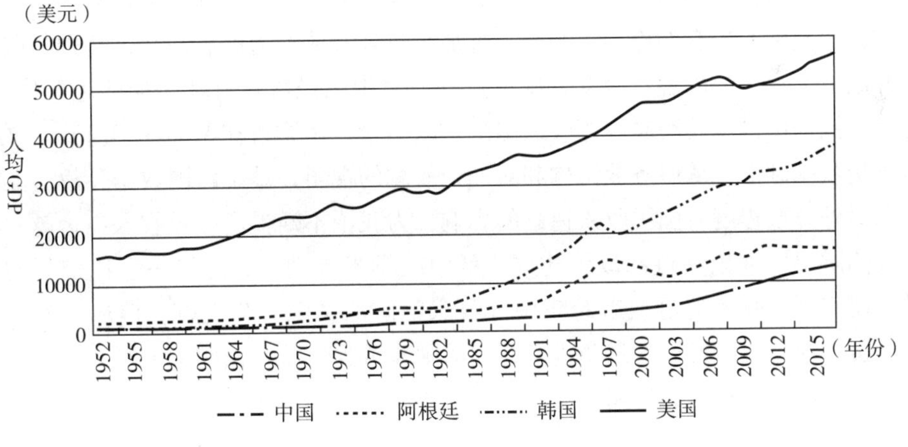

图 1 －2　1952 ~2015 年中国与世界代表性国家人均 GDP

资料来源：麦迪逊统计数据（http：//www. ggdc. net/maddison/maddison －project/home. htm）。

① 赵秋运，林志帆．“欲速则不达”：金融抑制、产业结构扭曲与“中等收入陷阱”［J］．经济评论，2015（3）：17 －30.

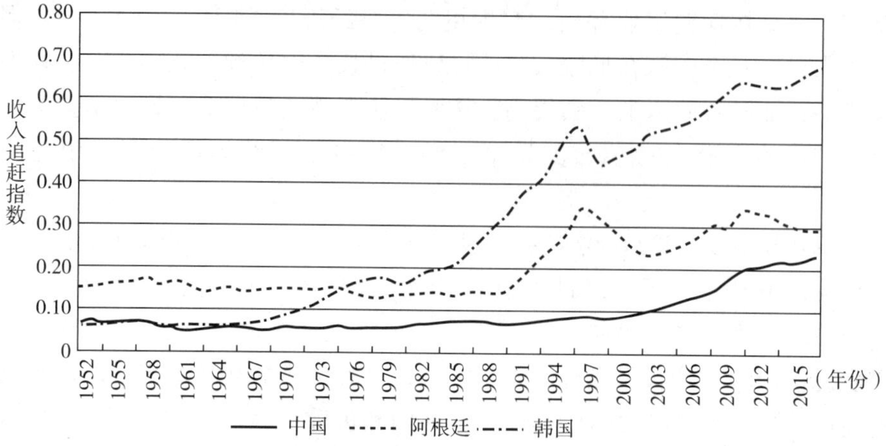

图 1－3　1952～2015 年中国、阿根廷和韩国人均 GNI 和 CUI

资料来源：麦迪逊统计数据（http：//www. ggdc. net/maddison/maddison－project/home. htm）。

改革开放以来，中国经济持续高速增长的同时，经济结构不断转型升级。2012 年，中国服务经济增加值首次超过制造业；2015 年，中国服务经济增加值占 GDP 的比重超过 50%，并逐步增加至 2018 年的 52. 2%。服务经济对中国经济的发展起到前所未有的作用。中国一直加大对外开放的力度和深度，特别是服务业开放成为重要的内容。因此，服务业开放对中国经济具有什么样的重要作用？能否为推动中国成功跨越中等收入陷阱贡献力量？本章将在 Woo（2012）定义的追赶指数基础上，从服务业结构和对外开放度的视角，基于跨国数据分析产业结构和对外开放程度对国民收入追赶的影响，为我国不断提高国民收入，跨越中等收入陷阱提供理论支持和政策建议。就中国学术界而言，这是一个比较新的领域。研究国民收入追赶或者跨越中等收入陷阱的文献汗牛充栋，但从服务业开放、服务业高质量发展的视角进行研究的则非常少。希望我们这个研究能够为学界提供一种新的视角和思路。

（二）数据变量和模型设定

1. 数据来源和变量选择

本节采用跨国数据，数据来源于世界银行 WDI 数据库，时间跨度为 1995～2017 年。根据全球国家和地区的特征，本节选取了 41 个国家，其中包含 36 个 OECD 国家及 15 个新兴市场国家，OECD 国家与新兴市场国家有重合。由于国民收入追赶指数是使用美国人均 GNI 作为基准，因此回归分析中共使用了 41 个国家样本。

借鉴 Woo（2012），本节使用“追赶指数”（Catch - up Index）刻画一国国民收入追赶，即一国人均 GNI 与美国 GNI 的比值。与 Woo（2012）不同，本节并不以追赶指数的实际值对本节选取样本国家进行经济发展水平的划分，而是视其为经济发展的不同阶段。代法涛（2014）使用 GDP 增长率作为被解释变量来分析影响跨越中等收入陷阱的因素。但一国向高收入国家的追赶不仅取决于自身经济增长水平，而且取决于高收入国家的经济增长率。因此，使用追赶指数作为收入追赶的代理变量既考虑了经济增长的绝对水平，也考虑了一国和高收入经济体的相对增长水平①。

核心解释变量是服务业开放结构。我们将从整体、出口和进口三个视角来刻画服务业开放及其结构。整体方面，选取服务贸易占 GDP 的比重、服务贸易占贸易总额的比重刻画服务业开放的整体水平；出口方面，选取服务出口占贸易总额比重、服务出口占出口总额的比重及服务出口中信息和通信技术出口的占比；进口方面，选取服务进口占贸易总额的比重、服务进口占进口总额的比重、服务进口中高技术服务进口占比、商业服务占服务进口的比重，以及保险金融服务进口占服务进口的比重五个指标。

控制变量的选择主要考虑一国经济结构、消费、投资、劳动、国内税负水平、政府管理水平及货币政策状况等。根据数据可得性，经济结构包括服务业增加值占 GDP 的比重、服务业与制造业增加值的比值。消费可分为居民消费和政府消费，本节选取居民最终消费占 GDP 比重和政府一般消费占 GDP 比重刻画消费水平。投资主要包含国内和国外资本流入两个方面，本节使用固定资本形成总额和外国资本净流入与 GDP 的比值刻画投资水平。用 15 ~64 岁人口占总人口比例刻画劳动供给水平。通货膨胀率和城市化率分别被用来刻画一国宏观政策和社会发展状况。各变量的统计性描述见表 1 -3。

表 1 -3　主要变量统计性描述

变量名	变量	观测值	均值	标准误	最小值	最大值
Catchindex	追赶指数（%）	921	56. 54	41. 18	1. 22	193. 44
Sergdp	服务贸易占比（% GDP）	905	22. 24	31. 13	2. 06	304. 43
Sertrade	服务贸易占贸易总额比重（%）	905	23. 99	10. 26	6. 04	76. 15

① 代法涛. 跨越“中等收入陷阱”：理论、经验和对策——基于 44 个国家的跨国实证分析［J］. 财经研究，2014，40（2）：54 -66.

续表

变量名	变量	观测值	均值	标准误	最小值	最大值
Exptrade	服务出口占贸易总额比重（%）	905	12.98	6.52	2.07	43.00
Expexport	服务出口占总出口比重（%）	905	26.34	13.87	4.23	83.70
Exphigh	服务出口中高技术占比（%）	874	37.59	17.02	0.32	76.14
Imptrade	服务进口占贸易总额比重（%）	905	11.01	4.42	3.92	33.15
Impimport	服务进口占总进口比重（%）	905	22.31	9.53	7.62	70.78
Impcomm	服务进口中商贸比重（%）	905	98.22	2.19	84.61	100
Impinfin	服务进口中保险金融比重（%）	849	7.40	8.59	0.26	66.73
Imphigh	服务进口中高技术比重（%）	859	39.46	12.61	4.01	82.75
Servalue	服务业增加值占比（%GDP）	923	69.46	8.31	33.57	89.19
Sermanu	服务业与制造业增加值比值（%）	907	5.03	2.35	1.29	22.57
Hconsum	居民最终消费（%GDP）	943	55.91	8.13	30.43	88.12
Gconsum	政府一般消费（%GDP）	943	18.54	4.03	8.12	27.94
Fixcapital	固定资本形成总额（%GDP）	943	23.01	4.95	11.54	45.51
Fdi	外国净资本流入（%GDP）	928	4.79	12.00	-58.32	252.31
Labor	劳动力人数占比（%）	943	70.31	7.80	47.33	89.09
Inflation	通货膨胀率（%）	937	4.73	10.20	-9.68	144.01
City	城市化率（%）	943	72.80	14.59	26.61	97.96

资料来源：世界银行 WDI 数据库。

2. 模型设定

根据数据结构特征，本节使用面板回归模型。服务业结构和开放对收入追赶的影响估计模型可设定如下：

$$Catchindex_{it} = \alpha_0 + t + \alpha_2 X_{it} + \alpha_3 Z_{it} + \varepsilon_{it} \qquad (1-1)$$

其中，X_{it}表示服务业开放和结构共五个核心解释变量，Z_{it}表示消费、投资、劳动力、通货膨胀率和城市化率等控制变量。α_2，α_3是参数向量，α_0是常数，$Catchindex_{it}$是要估计的参数值。t 表示时间，ε_{it}为扰动项。回归分析时，本节把服务业结构和服务业开放分别控制，在稳健性检验部分进行了综合控制。

（三）实证结果

1. 全样本结果

表 1-4 汇报了服务业开放与国民收入追赶的整体情况，主要考察了服务贸

易占 GDP 比重和服务贸易占贸易总额比重对国民收入追赶的效应。第（1）列和第（2）列结果表明，全样本下服务业开放对国民收入追赶呈现显著负向效应，服务贸易占 GDP 比重每增加 1%，国民收入追赶下降 0.167%；服务贸易占贸易总额比重每提升 1%，国民收入追赶下降 0.296%。我们所采用样本是 1995 ~ 2017 年 23 年数据，不同时段有不同的发展特征。基于此，我们把数据点分为 1995 ~ 2008 年和 2009 ~ 2017 年两个时间段，主要考虑 2008 年世界金融危机。第（5）列和第（6）列中结果和全时间段内的回归结果一致；第（3）列结果显示服务贸易占 GDP 比重对国民收入追赶有显著的促进效应，而第（4）列的效应不显著。综上可知，整体而言，服务贸易占 GDP 的比重及占贸易总额的比重并不有利于国民收入追赶。

控制变量方面，服务业增加值占 GDP 比重、第二产业占 GDP 比重、货物贸易占 GDP 比重、固定投资、政府消费、劳动参与率等对国民收入追赶有显著正向效应，其他变量则有负向效应。

表 1 - 4 汇报的是全样本结果，本节样本包含发达国家也包括新兴市场国家。基于此，我们把样本分为老牌发达国家和新兴市场国家，重新回归结果如表 1 - 5 所示。限于篇幅，表 1 - 5 没有汇报控制变量结果。结果显示，表 1 - 5 的结果与表 1 - 4 全时段样本回归结果一致。

表 1 - 4　服务业开放与国民收入追赶：整体情况

	(1)	(2)	(3)	(4)	(5)	(6)
	全样本		1995 ~ 2008 年		2009 ~ 2017 年	
sergdp	-0.167*** (0.0490)		0.328*** (0.105)		-0.288*** (0.0527)	
servtrade		-0.296** (0.126)		-0.195 (0.156)		-2.159*** (0.245)
servalue	1.773*** (0.412)	1.725*** (0.416)	0.561 (0.507)	0.707 (0.515)	5.666*** (1.086)	4.935*** (1.021)
induvalue	1.739*** (0.462)	1.692*** (0.477)	1.402** (0.600)	1.312** (0.605)	6.313*** (1.019)	4.789*** (0.977)
mtrade	0.133*** (0.0368)	0.0960** (0.0407)	0.133*** (0.0512)	0.117** (0.0574)	0.0191 (0.0628)	-0.337*** (0.0701)
capital	0.452*** (0.139)	0.473*** (0.140)	0.850*** (0.188)	0.730*** (0.191)	0.165 (0.229)	0.179 (0.214)

续表

	(1)	(2)	(3)	(4)	(5)	(6)
	全样本		1995～2008年		2009～2017年	
fdi	-0.0167 (0.0336)	-0.0270 (0.0336)	0.0218 (0.0582)	0.0122 (0.0587)	-0.000402 (0.0268)	0.0113 (0.0246)
gconsumption	1.334*** (0.342)	1.438*** (0.343)	0.803* (0.459)	0.797* (0.464)	0.615 (0.588)	-0.124 (0.560)
hconsumption	-0.698*** (0.210)	-0.584*** (0.206)	-0.404 (0.287)	-0.635** (0.283)	-0.495 (0.356)	-0.849** (0.337)
labor	0.670*** (0.188)	0.667*** (0.189)	0.297 (0.280)	0.535* (0.288)	-1.268*** (0.345)	-0.664** (0.333)
inflation	-0.0171 (0.0443)	-0.0122 (0.0449)	-0.0543 (0.0443)	-0.0280 (0.0450)	-0.345** (0.168)	-0.483*** (0.159)
cityrate	-0.626*** (0.206)	-0.662*** (0.207)	-0.757** (0.342)	-0.806** (0.347)	-2.289*** (0.493)	-1.601*** (0.473)
常数项	-116.3*** (43.69)	-112.0** (45.20)	-18.05 (60.12)	-11.16 (60.62)	-223.4** (96.17)	-123.2 (90.93)
观测值	862	862	507	507	355	355
R^2	0.147	0.140	0.163	0.148	0.370	0.450
截面数	41	41	41	41	41	41

注：***、**、*分别表示1%、5%和10%的显著性水平。

表1-5　服务业结构与国民收入追赶：分样本情况

	(1)	(2)	(3)	(4)
	老牌发达国家		新兴市场国家	
sergdp	-0.220*** (0.0634)		-0.479*** (0.102)	
servtrade		-1.008*** (0.203)		-0.168* (0.0856)
观测值	519	519	343	343
R^2	0.232	0.251	0.473	0.443
截面数	26	26	15	15

注：***、**、*分别表示1%、5%和10%的显著性水平。

2. 分样本结果

进一步地，对分样本国家分时段分析，表 1 -6 汇报了回归结果。结果显示，服务贸易占贸易总额的比重对国民收入追赶有显著的负向效应；服务贸易占 GDP 比重方面，除对 1995 ~2008 年时间段内老牌发达国家有显著正向效应外，其他时间段内都是负向效应。

表 1 -6　服务业结构与国民收入追赶：分样本分时段情况

	(1)	(2)	(3)	(4)	(5)	(6)	(7)	(8)
	老牌发达国家				新兴市场国家			
	1995 ~2008 年		2009 ~2017 年		1995 ~2008 年		2009 ~2017 年	
sergdp	0.414 *** (0.149)		-0.161 *** (0.0599)		-0.614 *** (0.108)		-0.519 ** (0.208)	
servtrade		-0.724 *** (0.275)		-2.195 *** (0.371)		-0.202 ** (0.0916)		-0.354 ** (0.156)
观测值	299	299	220	220	208	208	135	135
R^2	0.243	0.241	0.558	0.614	0.501	0.427	0.477	0.472
截面数	26	26	26	26	15	15	15	15

注：***、**、* 分别表示 1%、5% 和 10% 的显著性水平。

3. 出口情况

根据贸易的构成，服务贸易可以分为服务进口和服务出口。表 1 -7 汇报了服务出口的三个指标对国民收入追赶的效应：服务出口占贸易总额的比重、服务出口占出口总额的比重，以及服务出口中高技术服务出口的比重。结果显示，占贸易总额比重和占出口总额比重对国民收入追赶有显著负向效应；高技术服务占比在全时段内有显著正向效应，分时段内效应不显著。

表 1 -7　服务业出口结构与国民收入追赶

	(1)	(2)	(3)	(4)	(5)	(6)	(7)	(8)	(9)
	全时段			1995 ~2008 年			2009 ~2017 年		
exptrade	-0.785 *** (0.173)			-0.488 ** (0.216)			-2.635 *** (0.370)		
expexport		-0.291 *** (0.0835)			-0.0595 (0.103)			-1.211 *** (0.186)	

续表

	(1)	(2)	(3)	(4)	(5)	(6)	(7)	(8)	(9)
	全时段			1995～2008 年			2009～2017 年		
exphigh			0.158*** (0.0478)			-0.00130 (0.0537)			0.0199 (0.101)
观测值	862	862	834	507	507	483	355	355	351
R^2	0.156	0.147	0.136	0.155	0.146	0.134	0.408	0.394	0.295
截面数	41	41	41	41	41	41	41	41	41

注：***、**、*分别表示1%、5%和10%的显著性水平。

进一步地，我们把样本分为老牌发达国家和新兴市场国家两个子样本。表1－8的回归结果显示，服务出口中的高技术服务出口对国民收入有显著的追赶效应，而另外两个出口指标有显著的负向效应。

表1－8　服务业出口结构与国民收入追赶：分样本情况

	(1)	(2)	(3)	(4)	(5)	(6)
	老牌发达国家			新兴市场国家		
exptrade	-2.201*** (0.321)			-0.273*** (0.0988)		
expexport		-0.827*** (0.158)			-0.118** (0.0469)	
exphigh			0.333*** (0.0896)			0.0553** (0.0256)
观测值	519	519	491	343	343	343
R^2	0.282	0.255	0.230	0.449	0.447	0.444
截面数	26	26	26	15	15	15

注：***、**、*分别表示1%、5%和10%的显著性水平。

4. 进口情况

如下我们考察服务进口结构对国民收入追赶的影响。表1－9汇报了服务进口五个指标对国民收入追赶的影响：服务进口占贸易总额比重有显著的正向效应，即贸易总额中服务进口每提升1%，国民收入追赶提高0.522%；服务进口占进口总额比重的效应不显著，但方向是正向；服务进口中商业服务的占比是显著正向效应；保险金融占比和高技术服务占比的效应虽然不显著，但是方向为负。

表 1-9 服务业进口结构与国民收入追赶

	(1)	(2)	(3)	(4)	(5)
imptrade	0.522* (0.273)				
impimport		0.141 (0.131)			
impcomm			0.682* (0.369)		
infinance				-0.224 (0.160)	
imhigh					-0.0337 (0.0612)
观测值	862	862	862	809	819
R^2	0.138	0.136	0.138	0.127	0.122
截面数	41	41	41	41	41

注：***、**、*分别表示1%、5%和10%的显著性水平。

表1-10、表1-11汇报了分样本情况下服务进口结构对收入追赶的效应，结果显示，服务进口结构对不同样本的国民收入追赶有不同的效应。老牌发达国家方面，服务进口占进口总额比重和服务进口中高技术服务占比的效应显著为负，其他效应不显著；新兴市场国家方面，服务进口结构的五个指标的效应都不显著。

表 1-10 服务业进口结构与国民收入追赶：老牌发达国家

	(1)	(2)	(3)	(4)	(5)
imptrade	-0.646 (0.415)				
impimport		-0.449** (0.196)			

续表

	(1)	(2)	(3)	(4)	(5)
impcomm			0. 828 (0. 667)		
infinance				0. 0994 (0. 348)	
imhigh					-0. 199 * (0. 109)
观测值	519	519	519	466	476
R^2	0. 216	0. 221	0. 215	0. 233	0. 223
截面数	26	26	26	26	26

注：*** 、** 、* 分别表示 1% 、5% 和 10% 的显著性水平。

表 1-11　服务业进口结构与国民收入追赶：新兴市场国家

	(1)	(2)	(3)	(4)	(5)
imptrade	0. 241 (0. 228)				
impimport		0. 0108 (0. 109)			
impcomm			0. 187 (0. 208)		
infinance				-0. 0844 (0. 0820)	
imhigh					-0. 0171 (0. 0356)
观测值	343	343	343	343	343
R^2	0. 438	0. 436	0. 438	0. 438	0. 437
截面数	15	15	15	15	15

注：*** 、** 、* 分别表示 1% 、5% 和 10% 的显著性水平。

5. 稳健性检验

本节从两个方面进行了稳健性检验：一是使用系统 GMM 方法重新回归分析，结果显示具体效应和影响方向方面与如上结果相似。二是增添相关变量，如服务与制造业增加值比重、年份变量等，回归结果与如上结果相似。基于此，可以认为本节所得回归结果稳健可信。

（四）结论及政策含义

基于跨国面板数据，本节实证研究了服务业结构和服务业开放度对一国国民收入追赶的影响。本节借鉴 Woo（2012）提出的收入追赶指数，从服务业结构和开放的视角实证分析了跨越中等收入陷阱的问题。本节研究发现，从服务业规模开放角度看，服务开放程度越大，越不利于国民收入追赶；服务业进口对国民收入追赶的效应强于出口效应；服务进口中的商业服务业和高技术服务有利于国民收入追赶，金融服务进口则不利于国民收入追赶。

本节结论对我国产业结构发展和跨越中等收入陷阱，从而向高收入经济体收入追赶具有重要的政策含义。首先，进一步提升服务业发展战略地位。随着一国经济发展水平提升，服务业在国民经济中的地位越来越重要。2012 年我国第三产业增加值占比首次超过第二产业，在经济总量上成为第一大产业，2015 年占 GDP 比重超过 50%，中国经济在数量上进入服务经济时代。2018 年，第三产业从业人员占总从业人员的 46.32%，是第二产业从业人员的 1.68 倍。但我国服务业发展整体质量不高，处于产业价值链高端的服务业比重较低。要扭转这种局面，就必须有效发挥市场和政府的双重作用，打破服务业管制，减少行政审批，降低交易成本，释放市场主体活力，创新服务业发展和开放新格局①。

其次，积极提升服务业开放的质量。本节关于服务开放质量对国民收入追赶影响的研究结论比较直观，即服务开放质量越高，越有利于一国国民收入追赶。这与韩国等成功跨越中等收入陷阱的成功经验相吻合。充分利用国际市场，提高在服务业产业链高端的占有比重，对我国服务业开放具有重要的指导意义。利用国际市场，一个重要方面就是要放松服务业管制。孙浦阳等（2018）基于《中华人民共和国服务贸易具体承诺减让表》和国家发改委颁布的“关于外资参股服务业”的相关文件，通过量化外资参股的政策变化，总结了 1997 ~ 2007 年我国服务业外资开放和限制变化的程度。他们的实证研究结果显示，服务中间品市场的开放改革有助于改进我国出口市场结构，提高出口绩效②。

最后，实现服务业和制造业“两手都要抓，两手都要硬”。本节跨国经验研究表明，制造业是服务业发展的基础，中国对外开放中服务占比越高反而越不利

① 夏杰长，刘诚．行政审批改革、交易费用与中国经济增长［J］．管理世界，2017（4）：47 – 59.

② 孙浦阳，侯欣裕，盛斌．服务业开放、管理效率与企业出口［J］．经济研究，2018，53（7）：136 – 151.

于国民收入追赶。在把服务业发展提升到国家发展战略地位，进行结构调整升级的同时，要进一步强化制造业在国民经济中的基础地位。只有实现服务业和制造业发展并举，坚持制造业基础地位，才能够实现收入追赶，成功跨越中等收入陷阱。

三、中国服务业对外开放的“短板”：全球价值链竞争中缺乏优势

自20世纪70年代以来，出于节约成本的考量，以美国为代表的发达国家开始将制造环节向以中国为代表的生产成本更低的发展中国家转移，这一过程被形象地称为“去工业化”。将制造外包给中国，自己则只保留研发设计、品牌管控等附加值较高的环节。而美方保留的这些生产环节，恰好就是生产性服务业的重要组成部分。在这种分工模式下，中国虽然成为全球的出口大国和制造业大国，但是在全球生产过程日益碎片化的今天，单纯的制造环节也必须依赖于生产性服务业提供的专业服务，由此形成了“你中有我，我中有你”的全球价值链。在全球价值链中，分工上的区别导致了中国服务业的国际竞争力不强，在全球价值链中的低端锁定现象比较严重，突出表现在服务贸易领域，美国生产性服务业的整体发展水平仍然高于中国，并通过各种专业服务（如四大会计师事务所）、知识产权出口等，牢牢占据着全球价值链的核心位置。

先看服务贸易的总逆差。我国服务贸易连续多年逆差并呈现出持续扩大的趋势，如表1－12所示。在2010年，我国服务业进出口总额为25022亿元，同比增长21.8%。其中，出口12008亿元，同比增长23.3%；进口13014亿元，同比增长20.5%。当年实现服务贸易逆差1006亿元。而到了2017年，中国服务贸易共实现进出口额46991亿元，同比增长6.9%。其中，出口15407亿元，同比增长10.7%；进口31584亿元，同比增长5.2%。当年实现服务贸易逆差16177亿元。在八年时间内，我国服务贸易逆差增加了15171亿元。郑乐凯和王思语（2017）认为，考虑到生产性服务业和生活性服务业在服务业构成中的不同比重，不断扩大的服务贸易逆差说明了我国服务业国际竞争力羸弱的不争事实[①]。对

① 郑乐凯，王思语. 中国产业国际竞争力的动态变化分析——基于贸易增加值前向分解法［J］. 数量经济技术经济研究，2017（12）：110－126.

此，庞博和张曙霄（2018）在研究了英国的案例后发现，英国服务贸易国际竞争力主要来源于金融、保险等生产性服务业。与生活性服务业相比，中国在知识产权、专利服务和技术交易市场的大量逆差是服务贸易逆差的主要来源①。

表 1－12　2010～2017 年历年中国服务进出口统计

年份	中国进出口额		中国出口额		中国进口额		差额
	金额（亿元）	同比（%）	金额（亿元）	同比（%）	金额（亿元）	同比（%）	（亿元）
2010	25022	21.8	12008	23.3	13014	20.5	－1006
2011	28875	15.4	12936	7.7	15939	22.5	－3002
2012	30422	2.3	12699	－4.6	17722	8.0	－5023
2013	33814	11.2	13020	2.5	20794	17.3	－7774
2014	40053	18.4	13461	3.4	26591	27.9	－13130
2015	40745	1.7	13617	1.2	27127	2.0	－13510
2016	43947	7.9	13918	2.2	30030	10.7	－16112
2017	46991	6.9	15407	10.7	31584	5.2	－16177

资料来源：商务部网站（http：//data. mofcom. gov. cn/zhtj/gdp. shtml）。

谢锐等（2017）②、许和连等（2018）③认为，大力发展生产性服务业，特别是研发设计，是从产业链低端迈向中高端、传统产业改造提升的关键所在。何树全（2018）④研究发现，从我国生产性服务业的发展实际来看，较弱的国际竞争力导致了其在全球价值链分工中所处的地位并不理想。最近 20 年来的一个不争事实是，全球经济已经深度一体化，各国充分发挥各自在技术、劳动力、资本等方面的比较优势，在全球经济中分工合作，生产过程被最大限度地“分割”成不同的生产环节，不同细分环节上的国家或地区共同组成了产品的价值。在这种模式下，产品生产边界日益模糊，世界各国依托国际分工，从事全球生产，形成了深度互联的全球价值链。以美国苹果公司为例，其在美国设计研发手机，在中

① 庞博，张曙霄．英国生产性服务贸易发展的经验与启示［J］．经济纵横，2018，397（12）：109－117.

② 谢锐，王菊花，王振国．全球价值链背景下中国产业国际竞争力动态变迁及国际比较［J］．世界经济研究，2017（11）：100－111.

③ 许和连，成丽红，孙天阳．离岸服务外包网络与服务业全球价值链提升［J］．世界经济，2018（6）：77－101.

④ 何树全．中国服务业在全球价值链中的地位分析［J］．国际商务研究，2018（5）：29－38.

国组装生产，在全球市场销售。美国凭借丰富的资本和技术优势，居于全球价值链的中高端，出口资本品和中间品，而中国承接的多是劳动密集型加工环节。在这种分工模式下，贫穷经济体被锁定在全球价值链的低端，无缘接触到更高增加值的环节。

吴永亮等（2018）[①] 研究发现，参与全球价值链对中国制造业服务化水平影响有限，生产性服务业是国外服务业增加值投入的关键，国外服务业增加值投入与行业技术密集度成正比。实际上，从全球服务贸易的流动来看，以欧美等发达国家为代表的经济体通常依靠其在技术等方面的核心竞争力，牢牢占据着全球价值链的高增加值环节，而发展中经济体往往只能被压制在附加值较低的环节，在国际贸易中难以掌握主动。

再看细分领域的贸易逆差情况，如表 1－13 所示，以生产性服务业知识产权使用费为例，在 2017 年，我国知识产权领域的服务贸易逆差达到了 1608 亿元；运输服务业的逆差为 3772 亿元，文化娱乐业的逆差为 135 亿元；旅行服务的逆差更是达到了惊人的 14595 亿元。即使在电信、计算机和信息服务，以及其他商业服务及金融服务等领域实现了微弱的顺差，但进出相抵之后，我国服务分类进出口的总逆差仍然高达 16177 亿元。综合来看，在国际服务贸易价值链中，由于在知识产权、研发设计等领域和西方发达国家的差距，我国生产性服务还基本处于全球价值链分工中低端。这是生产性服务业在促进传统产业改造提升过程中的重大制约因素。

表 1－13　2017 年我国服务分类进出口统计

服务类别	进出口		出口		进口		贸易差额（亿元）
	金额（亿元）	同比（%）	金额（亿元）	同比（%）	金额（亿元）	同比（%）	
加工服务	1235	－1.00	1223	－1.00	12	14.20	1211
维护和维修服务	554	18.10	401	20.00	153	14.30	248
运输	8784	15.60	2506	12.00	6278	17.30	－3772
旅行	19826	－2.30	2615	－11.00	17210	－0.80	－14595
建筑	2197	57.80	1618	92.00	579	5.40	1039
保险和养老金服务	976	－13.90	273	－1.00	703	－18.00	－430

① 吴永亮，王恕立．增加值视角下的中国制造业服务化再测算：兼论参与 GVC 的影响［J］．世界经济研究，2018（11）：99－115.

续表

服务类别	进出口		出口		进口		贸易差额（亿元）
	金额（亿元）	同比（%）	金额（亿元）	同比（%）	金额（亿元）	同比（%）	
金融服务	359	3.00	250	17.00	109	-19.10	141
知识产权使用费	2252	34.80	322	315.00	1930	21.20	-1608
电信、计算机和信息服务	3171	22.10	1876	6.00	1295	55.00	581
其他商业服务	7051	4.80	4157	8.00	2895	0.40	1262
个人、文化和娱乐服务	237	23.90	51	4.00	186	30.80	-135
别处未提及的政府服务	348	28.50	115	43.00	233	22.30	-118
总额	46991	6.90	15407	11.00	31584	5.20	-16177

资料来源：商务部（http：//data. mofcom. gov. cn/fwmy/classificationannual. shtml）。

四、扩大中国服务业对外开放的主要路径与战略思路

2018 年 4 月 10 日，习近平总书记在博鳌亚洲论坛的主旨演讲中发表了重要讲话。习总书记说："实践证明，过去 40 年中国经济发展是在开放条件下取得的，未来中国经济实现高质量发展也必须在更加开放条件下进行。"① 在这次演讲中，习总书记还宣布了在扩大开放方面，中国将采取"大幅度放宽市场准入，创造更有吸引力的投资环境，加强知识产权保护，主动扩大进口"等重大举措②。习总书记这一重要讲话是我们扩大服务业对外开放的重要指南，明确了我国服务业对外开放的主要任务和方向。我们要按照习近平总书记的重要讲话精神，探寻扩大我国服务业对外开放的实施路径与战略思路。

（一）主要路径

1. 改革开放互促中扩大服务业开放

发展、改革和开放相辅相成。我们需要正确处理好三者关系。发展是硬道

①② 习近平在博鳌亚洲论坛 2018 年年会开幕式上的主旨演讲［DB/OL］. 中国共产党新闻网，http：//cpc. people. com. cn/n1/2018/0410/c64094 -29917187. html，2018 -04 -10.

理，是中国共产党执政兴国的第一要务。发展是经济社会进步、民生福祉改善、深化改革开放的物质基础。改革是经济增长的动力，事关新时代中国特色社会主义各项事业推进的关键因素。中国正处在改革的深水区和攻坚阶段，改革的深刻性、复杂性、艰巨性前所未有，改革的迫切性和紧迫性也前所未有。继续全面深化改革、高举改革大旗，是贯穿于社会主义现代化建设始终的重要方略。开放是国家繁荣发展的必由之路。以开放促改革、促发展，是现代化建设不断取得新成就的重要法宝①。改革开放40年来，在“扩大对外开放”“发展更高层次的开放型经济”的战略引领下，服务业开放从无到有、从局部开放到形成全面开放新格局，取得了非凡的成就。这种成就不仅体现在服务业自身的迅速发展，而且通过境外资本、高端服务业人才、各类服务要素进入，以及对服易贸易国际规则的遵循和适用，对中国经济增长、技术进步、经济结构优化、高质量就业、借鉴国际经验推动相关领域改革、优化营商环境、促进贸易和投资自由化便利化、带动中国对外投资和实施“走出去”战略都发挥了极为重要的作用。全球服务业规模已经是世界经济总量的2/3，经济全球化的一个重要特征就是服务全球化，中国利用外资的70%在服务业领域，国际产业转移和国际资本流动已经从以制造业为主转向以服务业为主。在这种背景下，我们更要扩大服务业开放，更加坚定以服务业开放促发展、推改革的原则，充分释放服务业开放的“红利”②。

2. “引进来”和“走出去”并举发展中扩大服务业开放

对外开放是“引进来”和“走出去”的有机统一，两者不可偏废。服务业“引进来”成绩斐然，而且从过去单纯地引资转向引资、引智、引技三者并举，不仅带动了服务业水平提升，而且带动了相关企业攀升全球产业链、价值链和创造链。服务业“走出去”是我们的“短板”，一则中国服务业竞争力较低，二则中国服务业开放相对起步较晚，中国既有的政策法规与国际投资和国际服务贸易规则尚存差异。可见，“走出去”存在制度政策性障碍。但我们也应该看到，改革开放40年来，特别是近几年“一带一路”倡议由理念转化为行动，服务业“走出去”战略也有了长足的进步，越来越多的服务业企业开始大踏步走向国际市场，参与国际竞争，商品和服务跨境交易现象越来越普遍。要弥补服务企业“走出去”这个“短板”，既需要企业提高自身竞争力和对国际市场的适应能力，也需要政府利用财政税收、信用担保、金融支持、法律维权等手段助推服务企业

① 汪洋．推动形成全面开放新格局［N］．人民日报，2017－11－10.

② 夏杰长，姚战琪．中国服务业开放40年——渐进历程、开放度评估和经验总结［J］．财经问题研究，2018（4）：3－14.

“走出去”，积极参与国际市场竞争。自由贸易区建设是中国对外开放战略的一个重要支点，也是服务业开放的重要载体和平台。正确且充分利用自由贸易区平台，既可加快与其他国家在服务业领域的互惠开放，又可促进中国服务业更多机会更高质量地“走出去”①。

3. 对内对外双向开放中扩大服务业开放

完整意义上的服务业开放既包括对外开放，又包括对内开放，两者必须兼顾，不能“厚外薄内”。即凡是对外资开放的，也要同步对内对等开放，在降低相关行业垄断的同时，避免外资企业享有超国民待遇②。从中国服务业发展、改革和开放的历程看，在改革开放的初期，国内缺资本、缺技术、缺资金、缺管理经验，在这种背景下，地方政府在引进外资时竞相优惠条件，给予外资超国民待遇，是当时务实的选择。改革开放深入到一定阶段，各类市场主体更具平等公正竞争的意识，要素成本也明显上升了，各地区引进外资也更加注重质量和产业的适应性，不再以超国民待遇来吸引外资。2007 年《国务院关于加快发展服务业若干意见》（国发〔2007〕7 号）就明确规定：“凡是法律法规没有明令禁入的服务业领域，都要向社会资本开放；凡是向外资开放的领域，都要向内资开放。”自此以后，中国按照这一原则不断扩大内资进入一些过去视为“禁地”或“限制”的服务业领域，切实贯彻“非禁即入”的政策，较大力度地推进垄断行业改革，取消对非国有资本或者非本地要素的不平等做法，形成了政府投资、民间投资、利用外资等多元化投融资机制③。

4. 维护国家安全前提下扩大服务业开放

扩大服务业对外开放是我国开放型经济新体制的重要组成部分，其力度不断加强是大势所趋。但是，我们也必须看到，服务业很多领域的开放关系到国家的经济安全和政治安全，如文化、基础教育、医疗、资讯、互联网、传媒出版等领域。这一点在新投资规则当中也正在成为共识。为此，在我国服务业的后续开放过程中，除了要关注外资流入带来的收益之外，也应当重视外资流入对经济和政治安全的影响，遵循“有所为有所不为”的原则，审慎选择适合开放的行业和领域，合理确定对外资开放的程度，并通过相关政策和法律法规规范外资企业的生产和经营行为，强化对于敏感行业外资企业的监管，必要的负面清单仍然是不

①③ 夏杰长，姚战琪．中国服务业开放 40 年——渐进历程、开放度评估和经验总结［J］．财经问题研究，2018（4）：3－14.

② 夏杰长，刘奕，李勇坚．“十二五”时期我国服务业发展总体思路研究［J］．经济学动态，2010（12）：49－52.

可或缺的，必须在开放的同时保障国家的安全。

（二）战略思路

1. 推动服务业供给侧结构性改革，提高服务业发展水平，夯实服务业开放基础

服务业快速高质量发展是提升中国服务业国际竞争力、建设服务业强国的根本出路，也是扩大服务业开放的前提和基础。近些年，中国服务业发展进步显著，但服务业整体发展水平和西方发达国家相比还有较大差距，面临着诸多问题和挑战。例如，行业附加值率偏低，以劳动密集型服务业为主，传统服务业比重偏高，附加值高的知识密集型服务业和专业服务业严重滞后；制造业和生产性服务发展严重脱节，生产性服务业对制造业转型升级的推动不足；服务业领域竞争不够充分，服务业管制过多，监管与治理不能适应新经济新服务的发展；等等。积极推进服务业领域的供给侧结构性改革，补齐发展“短板”，提高服务业供给水平，增加服务业知识含量和附加值，推动服务业高质发展，是摆脱高端服务业被发达国家和跨国巨头掌控局面、扭转服务贸易低端锁定的根本出路。因此，要从加大政策扶持、吸引外资、培养人才、推进跨界融合等角度做大服务业体量，鼓励制造业企业服务化及生产性服务业和高端服务业发展，从而夯实服务业开放的发展根基①。

2. 确立“服务先行”的对外贸易战略

从对外贸易的发展历程来看，中国虽然早已制定了较为完善的对外贸易发展战略，但对服务出口的重视程度还不够。在服务贸易领域，缺乏一个全国性的纲领性发展规划。建议基于中国服务贸易逆差不断扩大的严峻形势，把发展服务贸易放在整个对外贸易的优先地位，制定“服务先行”战略，将服务贸易发展战略目标、基本方针、基本原则、重要任务、支撑保障等予以明确。全面提升全社会对服务贸易的关注程度，完善各项机制，激活社会活力，给服务贸易大发展插上腾飞的翅膀，最终实现服务贸易与货物贸易的平衡发展。鉴于中国服务贸易创新能力不足、国际竞争力较弱的现状，建议政府设立服务贸易创新发展基金，发挥财政资金杠杆引领作用，鼓励风险投资基金和天使投资进入服务贸易领域，甚至在必要条件下，鼓励地方国资控股企业对服务业创投企业进行战略投资，扶持

① 夏杰长，姚战琪．中国服务业开放40年——渐进历程、开放度评估和经验总结［J］．财经问题研究，2018（4）：3－14.

创新创业类企业发展①。逐渐放宽银行类金融机构、证券公司、证券投资基金管理公司、期货公司、保险机构、保险中介机构外资准入限制，加大这些领域对外开放的力度，放开会计审计、建筑设计、评级服务等领域外资准入限制，推进电信、互联网、文化、教育、交通运输等领域的有序开放。还要注意服务贸易政策的灵活性和针对性，根据产业安全需要、本国文化习俗及居民对市场开发接受程度等因素多元考量②。

3. 健全服务业开放相关法律制度

当前中国服务业相关法律法规还不够健全，尤其是部分加入世界贸易组织（WTO）时所承诺的部门尚未立法，因此，亟须根据服务业相关部门的重要性，结合时刻表的进度，健全中国服务业的相关法制制度。探索服务业利用外资新模式，实行准入前国民待遇和负面清单制度，推出新的负面清单，不断缩小负面清单的范围。建议以负面清单为基础，改革外资管理体制。外资的管理体制是外资开放的重要问题之一。目前，我国对外资的管理主要集中在以正面清单为核心的事前审核管理方面，与目前新一代国际投资规则所要求的负面清单模式和事后监管模式存在一定的差距，已适应不了新形势下服务业总体扩大开放的要求。为此，我们应当结合国际投资规则的最新发展趋势，探索试行外资流入的负面清单管理制度。一方面，不能简单地将负面清单制度理解为原有正面清单管理模式的简单逆向调整，而应当在加强对相关领域调查研究的基础上稳妥设定负面清单，并在强化顶层设计的基础上加强不同主管部门之间的沟通与协作；另一方面，规范性和透明度是负面清单管理体制的重要原则，在未来的外资管理体制当中，应当依据透明度原则，完善服务市场政策环境。有关政策规章（包括地区性的政策规章）要规范统一且符合国际惯例，并及时公开公布，创造良好的政策和制度环境。

4. 凸显“数字+”在服务开放和产业升级中的作用

数字技术的飞速发展，是21世纪最为卓越的发明创造之一。借助数字技术的飞速发展，传统的物理界限被迅速缩短，由此诞生出了一系列新的产业业态，如数字经济和数字贸易。在实体经济领域，信息技术的飞速发展使互联网、大数据、人工智能（AI）与实体经济的融合程度进一步加深，形成了体量庞大并极具发展潜力的数字经济产业。在服务业领域，数字技术正在飞速地融入人们生产

① 夏杰长，肖宇. 构建中国服务贸易持续稳定发展的长效机制［J］. 社会科学战线，2018（3）：56-64.

② 夏杰长，姚战琪. 全力构筑我国服务业对外开放新格局［N］. 光明日报，2013-12-21（007）.

生活的各个方面，如电子政务及各种依托于数字技术而诞生的细分生产和生活服务产品供给平台。在制造业领域，“互联网+”与传统制造业的深度融合及新兴数字技术的使用，不仅大大改善了企业的生产效率，还提高了企业对市场需求的响应速度，最终在无形之中促进了产业转型升级目标的实现。

在数字时代，服务贸易的传统组织方式也发生了变化，贸易形式不再拘泥于跨境交付、商业存在、自然人流动和境外消费四种形式，也由此诞生出一种全新的业态——数字贸易。夏杰长（2018）① 研究发现，数字贸易兴起的直接原因在于数字经济的发展，而根本原因是技术创新引发的生产组织方式的深度变革；数字贸易的蓬勃发展是降低成本、提高生产效率，以及促进经济增长和商业版图重构的重要途径；发展数字贸易，既是满足居民日益增长的美好生活需要的重要抓手，也是实现中国经济由高速增长向高质量发展转换的重要手段。从世界发达国家的产业动向来看，其无一例外都把发展数字贸易及国内规则的国际化作为重点发展方向。因此，在扩大服务业开放和促进产业转型升级的过程中，必须高度重视数字贸易的发展及国际规则的变化，积极鼓励新业态、包容数字技术与服务融合中产生的新业态，并积极参与国际规则的制定，为数字经济的国际规则制定贡献中国智慧。

5. 增强外资企业与国内购买方和服务供应商之间的关联度

中国服务业发展和开放相对滞后，一个重要原因就是在中国境内投资的制造业企业与本地的生产性服务业缺乏强关联度，这在很大程度上抑制了中国服务业，特别是高端服务业的发展和开放。为此，要在以下两个方面有所突破：一是要通过各级政府的引导和扶持，广泛开展、积极联动，发展面向产业集群的生产性服务业。二是推动企业创新，促进企业快速成长，制定政策构建服务业科技进步平台，提高企业研发投入，由当前中国单纯参与全球价值链向建立并主导全球价值链转变，在对外开放进程中逐渐提升国际贸易竞争力，同时推动中国不同区域服务业差异化开放②。

6. 积极参与服务贸易规则制定，掌握服务贸易领域话语权

服务本身的无形性和更多的信息不对称性决定了服务业是一种合同密集型行业，即服务供需双方为了能够达成交易需要签订细则更为详尽的合同，这需要事

① 夏杰长．数字贸易的缘起、国际经验与发展策略［J］．北京工商大学学报（社会科学版），2018，33（5）：1－10.

② 夏杰长，姚战琪．中国服务业开放40年——渐进历程、开放度评估和经验总结［J］．财经问题研究，2018（4）：3－14.

先有更为详尽的服务标准和贸易规则。因此，一国服务企业或行业协会等组织对服务贸易标准的熟悉程度及参与标准制定的程度将会影响该国服务参与国际分工的深度和广度。

由于历史和体制机制等原因，我国服务业市场化发展相对起步较晚，在很长一段时期内各种生产性服务和生活性服务内置于制造业企业内部，形成了“大而全”“小而全”的生产模式。服务内部化自我提供导致服务标准和贸易规则的缺乏和不统一。因此，与贸易体量和参与全球分工的程度相比，我国对世界服务标准和服务贸易规则制定的参与程度不足，因而不利于我国服务企业“走出去”。

为此，我们要采取如下措施，改变我国在这一领域相对被动的局面：①加强服务企业、行业协会参与国际交流与合作，积极参与我国目前还不具备优势的服务标准的学习、研究，同时积极推动我国具有优势和特色的服务标准成为国际标准。加强我国与世界各国在服务贸易方面的磋商与谈判，增强我国在国际服务贸易和投资中的话语权。②立足长远，着力培养和吸引熟悉国际贸易规则、相关法律、服务标准制定与申请的复合型人才和专门人才，并分门别类地将这些人才输送到相关国际组织和部门工作，使其成为既有深厚理论功底，又有国际实践经验的高级人才。

第二章　中国服务业对外开放的历程与开放度测算

一、中国服务业对外开放的渐进历程

渐进式改革和有序分步开放是我国改革开放 40 年的重要经验。服务业的对外开放也是一个渐进的过程。在改革开放的初期，服务业开放相对“边缘化”，但随着中国“入世”，以及经济服务化趋势基本形成之后，服务业对外开放越来越受到关注，并已经成为改革开放的重点和焦点。从中国服务业对外开放 40 年的渐进历程看，大致可以划分为四个阶段①。

第一阶段，初始期（1978～1990 年）。1978 年，中国拉开了改革开放的序幕，开启对外开放政策。在当时的经济社会条件下，服务业和服务消费比重很低，对外开放主要针对货物贸易的进出口，中央政府批准在深圳、珠海、汕头及厦门等地试办出口特区，主要是给予加工贸易等领域一些特殊政策。1979 年 1 月 17 日，邓小平在约见胡厥文、荣毅仁等五位老工商界代表人士时说道：“现在搞建设，门路要多一点，可以利用外国的资金和技术，华侨、华裔也可以回来办工厂。吸收外资可以采取补偿贸易的方法，也可以搞合营。先选资金周转快的行业做起。”② 1979 年全国人大制定了《中外合资经营企业法》，开始了扩大开放的步伐，外资逐渐进入中国市场。1987 年底，原国家计委颁发了《指导吸收外商投资方向暂行规定》，明确了外商投资的方向和领域，把外资进入的项目或领域分为鼓励、允许、限制和禁止四大类，旨在鼓励外资投资制造业。受当时认知层面

---

① 夏杰长，姚战琪．中国服务业开放 40 年——渐进历程、开放度评估和经验总结［J］．财经问题研究，2018（4）：3－14.

② 吴跃农．1979 年邓小平请荣毅仁等工商界五老吃火锅［J］．党史纵横，2006（1）：10－11.

的影响，服务业的开放程度并不高，但在旅游、房地产和餐饮服务等领域对外资的限制相对较松。1979～1990年利用外资的总量中，服务业超过了1/3。这是因为，在20世纪80年代，国门初开，对宾馆建设、旅游服务等的需求大增，外资在这些行业进入得较密集，从而出现了服务业利用外资的第一次高潮①。尽管如此，这个阶段中国服务业对外开放总体滞后于制造业，开放程度较低，开放时间也较晚，受的限制也很多，处在服务业对外开放的初始阶段。② 当时中国服务业发展水平非常低，但政府已经开始认识到应重视服务业的发展、改革和对外开放，这无疑是一个很大的进步，也为之后更大力度和广度的服务业对外开放奠定了基础③。

第二阶段，迅速发展期（1991～2001年）。这段时期服务业对外开放迅速推进，理论、政策和实践层面都从初始期的较多限制转向鼓励开放。这个时期外资进入中国市场热情较高，主体为制造业，但金融保险、交通运输、商贸流通、房地产也吸纳了不少外资。这个时期服务业开放发展迅猛，主要有两个重要原因：一是党的十四大正式确定“中国经济体制改革目标是建立社会主义市场经济体制”，党的十五大又提出了“有步骤地推进服务业的对外开放”。两次党代会的重要精神是鼓励服务业改革开放的行动指南，打破了服务业封闭运行的状况，使服务要素的国际流动开始活跃起来，境外资本纷纷“试水”中国市场。二是20世纪90年代初，在“乌拉圭回合”谈判时，中国参与“乌拉圭回合”服务贸易谈判的全过程，积极申请恢复中国的GATT初始缔约国地位，而GATT初始缔约国地位的恢复需要申请国递交服务业自由化初步承诺开价单并承诺开放大多数服务业部门。为此，中国政府出台了一系列服务业开放的政策文件和措施④。例如，1995年颁布了《外商投资产业指导目录》（1997年修订）；2000年8月出台了《合资铁路与地方铁路行车安全管理办法》，对合资铁路和地方铁路进行监管；2000年9月出台了《外资电信管理规定》，允许外资以合资的方式进入中国电信业；2001年中国“入世”后，进一步修订完善了相关政策，颁布了新的《外商投资产业指导目录》和其他法规，进一步扩大了服务业开放；严格限制低水平、高消耗、高污染外资项目进入。加入世界贸易组织（WTO）后，中国接受了《服务贸易总协定》（GATS），并做出了《服务贸易具体承诺表》，承诺在

---

① 李勇坚，夏杰长．我国利用外资进入“服务经济时代”［N］．中国日报，2012－01－06．

② 李西林．开放与第三产业［J］．社会科学，1985（5）：42－45．

③④ 夏杰长，姚战琪．中国服务业开放40年——渐进历程、开放度评估和经验总结［J］．财经问题研究，2018（4）：3－14．

加入 WTO 后的 3 ~5 年内逐步开放服务业市场，放宽服务业的市场准入限制，并给予外国投资者国民待遇[①]。这个时期，基于政府的政策激励和对中国市场前景的看好，外资进入中国市场力度显著加大，进入服务业的领域明显拓宽[②]。

第三阶段，全面开放过渡期（2002 ~2006 年）。按照“入世”协议，此阶段为全面开放的过渡阶段。在全面开放的过渡阶段，中国要打破服务业垄断和壁垒，逐步开放服务业市场，且开放的广度和深度逐年递增。2006 年以后，中国加入 WTO 谈判中服务业开放的承诺已全部到位，扩大开放的领域不仅包括金融、保险、贸易、零售商业、房地产等外资已经进入较多的行业，而且包括通信、会展、旅游、国际货运代理、专业商务服务（会计、审计、资产评估）等众多以往开放程度较低的行业[③]。这个时期中国服务业对外开放取得了突出的成绩，服务业利用外资的增长速度和占比明显提升，服务业外商直接投资流入额的增长速度超过了 12%，占吸引外资总额的比重也从 2001 年的 23.85% 提高到 2006 年的 31.6%[④]。服务业开放带动了这一时期的服务业快速增长，提高了服务技术含量，优化了服务结构，也增强了服务出口能力[⑤]。根据世贸组织统计数据，2004 年中国服务业出口的世界排名为第 16 位，2005 年世界排名迅速上升为第 10 位，服务业进口排名由第 15 位上升为第 10 位；2005 年，中国服务业出口额达 812 亿美元，进口额达 853 亿美元，服务业进口居世界第 7 位，出口居世界第 8 位，上升速度罕见。这个时期服务业发展基础差，服务业外商直接投资也过多地集中于房地产等利润较高的传统服务业，影响了服务业知识含量，与发达国家和地区相比，中国服务业国际竞争力仍较弱[⑥]。服务业外商直接投资规模增长较快是这一时期服务业开放的主要特征，如何推进服务业利用外资由量向质的根本转变则是新的挑战[⑦]。

第四阶段，全面开放新格局时期（2007 年至今）。这个时期中国服务业开放迈入了新的阶段，服务业开放范围不断扩大，服务业开放质量显著提升，服务业开放从过去的“配角”逐渐步入“主角”且已经成为中国对外开放战略的关键

---

① 胡乃武．GATS 与中国服务业开放承诺［J］．浙江经济，2002（11）：48 -50.

②③⑦ 夏杰长，姚战琪．中国服务业开放 40 年——渐进历程、开放度评估和经验总结［J］．财经问题研究，2018（4）：3 -14.

④ 沈玉良，汤海燕．新一轮服务业开放的政策选择［J］．国际贸易，2007（11）：15 -18.

⑤ 张平．开放经济视野下的中国服务业发展研究［M］．北京：中国经济出版社，2016：137 -138.

⑥ 杨荣珍．中印服务业市场开放比较［J］．世界贸易组织动态与研究，2007（2）：21 -28.

支点①。2007年3月，国务院颁布《关于加快发展服务业的若干意见》，提出了中国服务业进一步扩大开放的战略任务和要求。党的十八届三中全会提出：要构建开放型经济新体制，着力推进金融、教育、文化、医疗等服务业领域有序开放，放开育幼养老、建筑设计、会计审计、商贸物流、电子商务等服务业领域外资准入限制。2007年12月开始生效的《外商投资产业指导目录（2007年修订)》，明确要进一步扩大服务业对外开放。2009年，废止《中西部地区外商投资优势产业目录（2004年修订)》，开始施行《中西部地区外商投资优势产业指导目录（2008年修订)》。2010年7月，财政部、国家税务总局、商务部联合印发《关于示范城市离岸服务外包业务免征营业税的通知》，为促进服务外包提供了更多的优惠政策②。2011年，废止《外商投资产业指导目录（2007年修订)》，施行《外商投资产业指导目录（2011年修订)》，增加了鼓励类条目，减少了限制类和禁止类条目，对外商投资铁路货物运输公司、粮食收购和其他农产品批发、零售、配送及普通高中教育机构等服务业进行了限制。2015年3月，国家发改委与商务部公布《外商投资产业指导目录（2015年修订)》，放宽了对外商投资房地产的限制，对此前关于外商投资房地产的全部限制类条款予以删除，从而拉开了中国取消房地产“限外令”的序幕。2017年3月，国家发改委和商务部发布了2016年版《外商投资产业指导目录》，限制类数量减少了一半，并进一步放宽外资股比限制。2016年版《外商投资产业指导目录》分为鼓励和外商投资准入负面清单两部分，其中外商投资准入负面清单分为限制外商投资产业和禁止外商投资产业两部分，未列入外商投资产业指导目录的为允许类项目。外商投资负面清单管理模式的实施大幅提高了自由贸易试验区投资便利化和规范化水平。2016年10月1日，中国开始实行“备案+负面清单”的管理模式。随着对外开放步伐的加快，中国开始建立市场准入负面清单制度和政府权力清单管理制度；自2017年7月28日起，施行《外商投资产业指导目录（2017年修订)》，积极主动扩大开放，提出外商投资准入负面清单，删除内外资一致的限制性措施。在中国对外直接投资增长迅速的背景下，2015年商务部出台《对外投资合作国别（地区）指南（2015年版)》，为中国企业“走出去”提供了公共服务的平台。2017年8月，商务部出台了《国务院关于促进外资增长若

① 夏杰长，姚战琪．服务业外商投资与经济结构调整：基于中国的实证研究［J］．南京大学学报（哲学·人文科学·社会科学版），2013（3）：25－33.

② 夏杰长，姚战琪．中国服务业开放40年——渐进历程、开放度评估和经验总结［J］．财经问题研究，2018（4）：3－14.

干措施的通知》，进一步减少了外资准入的限制，扩大开放，并在12个领域进一步放宽外资准入。在国家产业政策的支持、巨大的市场吸引，以及信息技术进步导致服务品的跨国贸易或跨境流动更加便利等因素的影响下，中国进入了“服务经济时代”。2011年服务业利用外资占比首次超过制造业，占据中国利用外资规模的“半壁江山”，随后每年都以较大幅度提升，2016年和2017年占比更是超过了70%①。

党的十九大以来，中国服务业对外开放步伐进一步加快。2017年10月，习近平总书记在十九大报告中强调：“推动形成全面开放新格局”“中国开放的大门不会关闭，只会越开越大”“中国坚持对外开放的基本国策，坚持打开国门搞建设”“发展更高层次的开放型经济”“实行高水平的贸易和投资便利化政策，全面实行准入前国民待遇加负面清单管理制度，大幅度放宽市场准入，扩大服务业对外开放，保护外商投资合法权益”“中国坚持引进来与走出去更好结合，坚持制造业开放和服务业开放更好结合，深化沿海开放和内陆沿边开放更好结合，坚持向发达国家开放和向发展中国家开放相结合”。② 习总书记对外开放的重要思想，为中国服务业开放战略指明了发展方向，更加坚定了中国扩大服务业开放力度和提升服务业开放水平的信心③。

二、中国服务业对外开放度测算

测算中国服务业开放度是一个很复杂的议题。我们可以从不同的视角进行测算和评判。

（一）通过对不同类型国家的OFDI、进出口贸易及FDI提升我国服务业开放度的具体分析

1. 通过对欧盟各国的对外投资提升我国服务业开放度的分析

使用以下方法计算通过对欧盟各国的对外投资提升的我国服务业开放度，即

①③ 夏杰长，姚战琪．中国服务业开放40年——渐进历程、开放度评估和经验总结［J］．财经问题研究，2018（4）：3－14.

② 习近平．决胜全面建成小康社会，夺取新时代中国特色社会主义伟大胜利——在中国共产党第十九次全国代表大会上的报告［M］．北京：人民出版社，2017：22－35.

计算全国层面通过对欧盟各国的 OFDI 获得的国外研发资本存量：

$$EOFDIR_t = (a_j OFDI_{jt}/GDP_{jt}) RDO_{jt} \tag{2-1}$$

其中，j=1，2，…，28，为本章选择的比利时、保加利亚、捷克、丹麦、德国、爱沙尼亚、爱尔兰、希腊、西班牙、法国、克罗地亚、意大利、塞浦路斯、拉脱维亚、立陶宛、卢森堡、匈牙利、马耳他、荷兰、奥地利、波兰、葡萄牙、罗马尼亚、斯洛文尼亚、斯洛伐克、芬兰、瑞典、英国欧盟 28 国；$OFDI_{jt}$为我国对欧盟 j 国的对外直接投资存量总规模，GDP_{jt}为 t 期欧盟 j 国的国内生产总值，a_j为中国对各国服务业对外投资占比，由于不能得到中国对各国服务业对外投资占比，因此使用中国各年服务业 OFDI 占比来代替，RDO_{jt}为欧盟 j 国的国内 R&D 资本存量。

当今，我国对欧盟各国 OFDI 提升我国服务业开放度排名前十位的国家和地区分别为荷兰、英国、德国、瑞典、法国、卢森堡、意大利、奥地利、比利时、西班牙，我国对欧盟各国 OFDI 提升我国服务业开放度排名后十位的国家和地区分别为马耳他、葡萄牙、斯洛伐克、斯洛文尼亚、塞浦路斯、希腊、立陶宛、克罗地亚、爱沙尼亚、拉脱维亚。因此，中国通过对荷兰的对外投资提升的我国服务业开放度最显著，而中国通过对拉脱维亚的对外投资提升的我国服务业开放度最弱（见表 2-1）。

2. 通过对 APEC 各国的对外投资提升我国服务业开放度的分析

使用以下方法计算通过对 APEC 各国的对外投资提升的我国服务业开放度，即计算全国层面通过对 APEC 各国的 OFDI 获得的国外研发资本存量：

$$AOFDIR_t = (\beta_j OFDIA_{jt}/GDPA_{jt}) RDOA_{jt} \tag{2-2}$$

其中，j=1，2，…，18，为本章选择澳大利亚、文莱、加拿大、智利、中国香港、印度尼西亚、日本、韩国、马来西亚、墨西哥、新西兰、菲律宾、俄罗斯、新加坡、泰国、美国、越南、秘鲁，$OFDIA_{jt}$为我国对 APEC 成员国 j 国的对外直接投资存量总规模，$GDPA_{jt}$为 t 期 APEC 成员国 j 国的国内生产总值，β_j为中国各年服务业 OFDI 占比，$RDOA_{jt}$为 APEC 成员国 j 国的国内 R&D 资本存量。

我国对 APEC 各国和地区 OFDI 提升我国服务业开放度排名前十位的国家和地区分别为中国香港、美国、新加坡、澳大利亚、加拿大、韩国、俄罗斯、日本、马来西亚、泰国，我国对 APEC 各国 OFDI 提升我国服务业开放度排名后五位的国家和地区分别为墨西哥、智利、菲律宾、秘鲁、文莱（见表 2-2）。

表 2-1　通过对欧盟各国的对外投资提升的我国服务业开放度

年份	2003	2004	2005	2006	2007	2008	2009	2010	2011	2012	2013	2014	2015	2016
比利时	5708. 37	21458. 85	29764. 42	30160. 91	452901. 50	473217. 29	779451. 26	1481539. 67	2075006. 20	3746007. 54	5045641. 95	8507983. 99	9019762. 18	9532666. 96
保加利亚	2163. 39	4989. 35	9446. 99	13091. 55	14634. 74	15603. 40	7903. 62	74988. 88	264388. 06	527597. 38	625807. 31	0. 00	1595178. 97	1133054. 82
捷克	2979. 90	9379. 98	11923. 10	112712. 61	185499. 70	297084. 12	442021. 97	501784. 00	712871. 26	2483565. 40	2555217. 31	3355197. 18	3089003. 09	3165726. 16
丹麦	1419008. 23	1173904. 04	1643126. 49	547110. 75	668235. 23	780500. 71	866341. 00	891171. 41	1000157. 42	1101216. 29	1674240. 35	4336953. 07	1750143. 54	4860570. 72
德国	1563358. 14	2265800. 43	4634563. 07	7235636. 04	14979349. 32	16225654. 28	20370381. 16	29149111. 76	46042380. 30	61246274. 60	73742902. 67	117157788. 16	119607107. 63	160942149. 30
爱沙尼亚	0. 00	0. 00	8292. 77	8769. 46	9741. 70	11718. 62	72242. 60	84814. 15	118503. 33	51136. 47	39735. 90	35562. 54	36978. 64	37321. 41
爱尔兰	2047. 64	341. 66	340. 36	188962. 14	261022. 90	1102933. 40	1186531. 73	1599075. 71	1655512. 82	2071763. 53	3322999. 91	2646542. 25	2656327. 62	6194623. 15
希腊	0. 00	1410. 50	1528. 27	1258. 39	1582. 70	8210. 00	7240. 37	18100. 08	21315. 50	28825. 43	638041. 03	707679. 37	807830. 92	328092. 90
西班牙	792766. 82	960478. 44	1015674. 17	996856. 32	1276554. 94	1405522. 10	1912741. 74	2392878. 94	3535310. 50	3875359. 30	2623370. 79	3664222. 83	5240437. 73	6406473. 27
法国	210462. 93	327635. 74	493249. 78	573129. 77	1848828. 36	2534030. 04	3368825. 98	3785868. 35	55862911. 24	60527154. 52	65362021. 15	132396304. 12	90254537. 29	81424602. 14
克罗地亚	0. 00	0. 00	4880. 75	3695. 74	44972. 43	51137. 53	47199. 79	43294. 16	42106. 41	44679. 79	44523. 62	65741. 65	71368. 98	73066. 50
意大利	155170. 82	159101. 58	161207. 91	503614. 95	1041347. 65	1149496. 47	1618866. 46	1962699. 42	3716142. 35	5030662. 10	5242580. 57	6933494. 56	8791845. 04	14803721. 71
塞浦路斯	0. 00	0. 00	2734. 04	2492. 33	3917. 94	3876. 49	4172. 18	4343. 02	280502. 13	279732. 78	521204. 78	359185. 68	351626. 47	357812. 07
拉脱维亚	4411. 14	4664. 19	6075. 64	9367. 58	2283. 35	2447. 05	1687. 50	2358. 22	2581. 15	2473. 10	2175. 70	2607. 25	4155. 19	4193. 71
立陶宛	0. 00	0. 00	21090. 19	19626. 61	22768. 73	22880. 31	22507. 55	22015. 34	24343. 75	42940. 71	78051. 28	90347. 92	91941. 13	113686. 75
卢森堡	0. 00	0. 00	0. 00	0. 00	780307. 91	1491165. 50	29329888. 69	63195170. 47	72539941. 65	79617025. 56	89236041. 35	141281977. 13	70436035. 98	80610961. 30
匈牙利	38029. 25	33920. 97	18489. 39	328797. 42	542681. 95	644189. 66	764859. 00	3811527. 35	3885995. 53	4425731. 70	4887140. 60	5303044. 50	5560131. 58	3082385. 40
马耳他	757. 75	1426. 49	5249. 09	7124. 64	7419. 42	18941. 99	17964. 89	11699. 89	15511. 96	19222. 11	17671. 57	28387. 12	56807. 85	897818. 74
荷兰	81015. 54	117358. 41	190659. 09	223771. 94	1693399. 24	2844904. 69	3904627. 94	5997445. 52	8664102. 26	14793843. 61	40996321. 84	58764692. 42	285514038. 02	295636459. 48
奥地利	11793. 60	11779. 21	1188. 79	5478. 00	71171. 04	77114. 18	27982. 30	39297. 18	450257. 82	1602465. 35	1494200. 33	4322105. 78	7120177. 47	11623339. 04
波兰	11152. 86	11481. 61	49712. 75	299252. 01	401288. 49	484917. 23	549768. 83	720668. 73	1026262. 76	1261337. 46	1469069. 12	2167612. 14	2496751. 60	2299544. 67
葡萄牙	1062. 91	1057. 78	0. 00	1191. 68	13943. 75	18235. 52	54881. 51	234079. 04	330938. 97	383843. 11	483413. 44	548284. 54	645468. 90	800313. 64
罗马尼亚	86701. 58	86167. 87	114678. 92	184582. 90	274603. 49	359806. 42	297177. 27	403776. 63	425156. 56	535339. 34	369379. 29	512610. 57	1257184. 23	1361704. 82
斯洛文尼亚	0. 00	0. 00	1710. 80	13567. 08	14418. 99	16805. 57	62688. 15	73560. 08	83010. 64	88738. 70	85615. 87	83479. 30	78151. 97	423724. 00
斯洛伐克	428. 05	363. 09	352. 02	296. 45	16536. 08	17400. 05	30577. 78	43260. 93	117131. 34	476543. 09	448406. 15	788894. 62	1064250. 58	695708. 16
芬兰	0. 00	0. 00	22355. 85	19925. 95	22699. 11	93889. 97	233972. 02	726346. 47	772215. 57	800122. 54	921548. 45	1312007. 94	1951581. 20	4386025. 02
瑞典	168177. 72	159077. 60	542054. 27	436640. 73	3458116. 79	4064427. 23	2663177. 54	34012551. 87	34049644. 40	54461399. 67	59533041. 47	66308892. 48	77983269. 85	82702456. 23
英国	917736. 68	1223096. 71	1208741. 15	1999610. 82	11230796. 16	10166772. 70	12077758. 91	16307813. 96	29118469. 17	98854029. 76	128780785. 75	150731617. 01	200178394. 59	213933586. 71

资料来源：笔者计算。

表 2－2　通过对 APEC 各国的对外投资提升的我国服务业开放度

年份	2003	2004	2005	2006	2007	2008	2009	2010	2011	2012	2013	2014	2015	2016
澳大利亚	5720215.16	6641889.05	8449269.63	10803489.24	23921408.53	59418488.80	96654051.68	133777145.66	169857262.93	212359897.02	252749501.42	364560962.73	432798818.53	508232252.09
文莱	21.03	37.51	514.26	438.28	1172.59	1779.10	4437.61	12082.59	16765.79	16902.24	17556.85	18022.19	19229.17	53790.10
加拿大	694193.52	853828.40	1452482.07	1711710.58	17358600.80	17455939.12	22126828.03	34251998.26	45924954.29	62475169.60	68945256.62	88100664.33	92643121.52	132808655.06
智利	1772.80	3328.22	8211.11	20985.16	127614.92	160931.76	160903.91	259321.16	237744.89	317135.71	460690.79	516289.52	555974.61	1129450.44
中国香港	127185988.16	158455740.63	201502745.01	209834438.74	374125160.15	614960945.02	877833551.60	1064472373.64	1294370858.63	1531574467.58	1809669324.63	2642488329.69	3533865001.95	4356989608.91
印度尼西亚	19608.55	41849.34	47670.53	66707.55	233268.49	262246.47	459301.86	684947.76	962818.12	1790480.67	2593125.77	4059887.31	4941031.17	5905925.09
日本	2069812.39	3059408.20	3416744.52	4575711.05	13478310.36	12553058.05	15439174.17	24816900.96	30392903.42	35778259.70	41405027.63	60621889.50	70502812.13	71942145.33
韩国	4211804.19	10303508.83	16505557.02	16748262.57	26433268.09	19692265.51	27725155.56	15733630.39	40669151.04	85236531.50	53547028.56	83004806.59	110499136.31	126294333.78
马来西亚	480064.93	535549.17	806092.98	749871.73	1389850.45	2102839.29	3345086.24	5253544.26	5644805.78	7719673.34	12902172.98	15736391.05	20470367.63	34668607.36
墨西哥	287482.72	357714.41	407998.92	299653.08	470988.41	604248.91	623553.30	585474.91	928658.98	1252012.28	1358885.47	2029957.75	2048493.24	2348398.74
新西兰	385571.87	272383.81	280763.23	363590.59	427738.54	619669.64	812463.06	1414368.59	1565686.56	2247552.94	4106225.37	7495335.33	9159885.19	15480501.53
秘鲁	104022.16	141920.04	143415.34	126570.17	154451.84	223478.21	305876.32	558181.66	455195.94	286620.98	466169.56	685754.07	584773.54	686659.97
菲律宾	8649.32	8559.86	15358.67	15052.65	34143.79	71590.20	112109.66	320068.09	396959.74	521823.17	630261.74	792601.66	801688.39	872312.70
俄罗斯联邦	603649.91	1030962.63	3544586.41	6221669.99	11492929.06	14168145.88	19191634.35	22530004.90	26361708.20	35200502.43	52664460.73	66230717.30	112157034.47	108876574.97
新加坡	2541946.77	3552528.91	5013063.35	6218433.99	24431823.49	64531334.34	72361672.18	87448794.37	156356545.01	171055358.13	195233049.04	317568094.35	538623122.77	612657984.41
泰国	281387.11	313974.98	342051.30	337500.36	549725.48	656070.20	725798.43	2302848.86	3238865.18	5884060.61	7190766.33	10449502.83	15248092.14	24889970.56
美国	9768062.42	11967594.37	14683467.85	19611919.39	35678673.73	48889088.76	65038159.98	95275253.89	170820041.28	317185346.80	394718776.92	733180581.40	805600765.95	1224005646.47
越南	38951.93	206699.03	290772.37	281433.17	511239.53	685866.69	895267.87	1299590.05	1683657.01	3116753.33	5330802.11	9346650.81	13294928.65	23085423.04

资料来源：笔者计算。

3. 通过对发达国家各国的对外投资提升我国服务业开放度的分析

使用以下方法计算通过对发达国家各国的对外投资提升的我国服务业开放度，即计算全国层面通过对发达国家各国的 OFDI 获得的国外研发资本存量：

$$DOFDIR_t = (\lambda_j OFDID_{jt}/GDPD_{jt})RDOD_{jt} \quad (2-3)$$

其中，j = 1，2，…，16，为本文选择的澳大利亚、比利时、加拿大、捷克、法国、德国、匈牙利、爱尔兰、意大利、日本、波兰、荷兰、西班牙、瑞典、英国、美国，$OFDID_{jt}$为我国对发达国家成员国 j 国的对外直接投资存量总规模，$GDPD_{jt}$为 t 期发达国家成员国 j 国的国内生产总值，λ_j为中国各年服务业 OFDI 占比，$RDOD_{jt}$为发达国家成员国 j 国的国内 R&D 资本存量。

我国对发达国家 OFDI 提升我国服务业开放度排名前十位的国家和地区分别为美国、澳大利亚、法国、德国、英国、日本、加拿大、瑞典、荷兰、比利时，我国对爱尔兰 OFDI 对我国服务业开放度的促进作用最弱（见表 2－3）。

4. 通过对发展中国家各国的对外投资提升我国服务业开放度的分析

使用以下方法计算通过对发展中国家各国的对外投资提升的我国服务业开放度：

$$DGOFDIR_t = (\rho_j OFDIDG_{jt}/GDPDG_{jt})RDODG_{jt} \quad (2-4)$$

其中，j = 1，2，…，18，为本章选择的新加坡、韩国、巴基斯坦、蒙古国、马来西亚、泰国、伊朗、印度、印度尼西亚、南非、巴西、哥伦比亚、阿根廷、土耳其、墨西哥、赞比亚、俄罗斯、哈萨克斯坦发展中国家，$OFDIDG_{jt}$为我国对发展中国家成员国 j 国的对外直接投资存量总规模，$GDPDG_{jt}$为 t 期发展中国家成员国 j 国的国内生产总值，ρ_j为中国各年服务业 OFDI 占比，$RDODG_{jt}$为发展中国家成员国 j 国的国内 R&D 资本存量。

我国对发展中国家 OFDI 提升我国服务业开放度排名前十位的国家和地区分别为新加坡、韩国、俄罗斯、南非、印度、伊朗、马来西亚、巴基斯坦、泰国、巴西，我国对发展中国家 OFDI 提升我国服务业开放度排名后八位的国家和地区分别为哈萨克斯坦、阿根廷、土耳其、印度尼西亚、蒙古国、墨西哥、赞比亚、哥伦比亚（见表 2－3）。

5. 中国与不同国家之间服务贸易的开放度分析

为了反映中国的贸易潜力，笔者计算了中国与 50 个国家或地区的贸易结合度指数（一国对某一贸易伙伴国的出口占该国出口总额的比重与该贸易伙伴国进口总额占世界进口总额的比重之比）。

使用以下方法计算中国的贸易结合度：

表 2-3 通过对发达国家和发展中国家的对外投资提升的我国服务业开放度

年份	2003	2004	2005	2006	2007	2008	2009	2010	2011	2012	2013	2014	2015	2016
捷克	16048.13	49362.78	62490.88	571792.22	861557.85	1360594.49	2473774.69	2981939.08	3738384.84	13867401.55	14599704.44	20437553.72	26275403.00	32113252.28
匈牙利	251802.11	218196.92	114260.82	2066180.23	3178534.19	3590985.76	4798009.26	25183350.88	24368673.83	30139581.77	30233790.11	34788087.90	39342385.68	43896683.47
美国	97893349.93	121549919.23	145599874.19	189986777.50	336254090.81	449353820.65	624678343.69	945174900.72	1670003972.79	3172450480.24	3904070492.40	7178814855.89	10453559219.38	13728303582.88
日本	28708827.09	40619071.87	45346262.02	63529976.40	188577230.64	162865065.95	205408576.05	321249438.44	368197087.03	451007682.72	625927121.51	970044660.10	1314162198.68	1658279737.26
澳大利亚	33749515.60	34056475.06	41471992.38	53170238.06	114805296.74	260480353.20	541964174.08	690830788.21	860524495.90	1090758030.23	1397513619.68	2308404171.48	3219294723.27	4130185275.07
德国	13383112.54	18846834.93	40546752.47	63374610.04	123189491.30	124280758.99	173547874.69	263221973.78	388672755.83	561994784.89	681381777.17	1066165552.80	1450949328.44	1835733104.07
加拿大	6909418.93	7775038.32	12579871.25	14275280.03	142034259.82	147462641.47	214744079.81	309977610.76	403421450.50	561792268.30	676571271.41	954761667.91	1232952064.40	1511142460.89
英国	10181801.80	12480202.91	12250416.51	19753906.15	100065476.63	100245850.12	142697689.51	192501037.38	326052767.01	1162836314.92	1448669915.91	1551832021.36	1654994126.82	1758156232.27
法国	1975704.03	2887939.88	4534229.69	5280464.20	16089603.37	21036422.91	29867851.57	36348945.77	516482672.19	610368835.22	651028095.58	1352074100.18	2053120104.77	2754166109.36
意大利	1456394.14	1406463.21	1475009.22	4498398.38	8432824.26	8943904.48	13899200.70	18126153.85	34068732.11	49771192.15	50642083.04	65490434.81	80338786.58	95187138.35
瑞典	1597322.63	1486777.59	5262820.36	4034644.04	31424100.03	34786682.26	28692362.38	359625747.93	324079962.42	551870113.08	587910442.11	725184212.06	862457982.02	999731751.97
爱尔兰	13947.86	2118.22	2143.51	1201367.80	1545325.60	6359322.11	7590946.84	11905287.10	12484890.73	17641651.24	28116193.95	23329085.52	18541977.10	13754868.67
比利时	44103.28	158203.54	230423.38	234712.86	3276896.20	3248374.34	5959730.21	11703619.03	15319274.32	28298618.15	37278084.33	64343857.37	91409630.40	118475403.44
波兰	63295.62	62940.06	258833.74	1623179.23	1993339.50	2165761.32	3022922.47	3756462.62	5261580.78	6456693.19	8014192.97	11452844.99	14891497.01	18330149.03
荷兰	706166.25	969735.06	1635829.65	1951534.06	14262165.49	23586615.90	36311121.50	58508057.72	75624844.45	142603087.54	392760152.70	561293288.74	729826424.77	898359560.80
西班牙	6174625.13	6863431.17	6999041.68	6497598.77	7523874.61	7897427.86	12453975.49	17487881.90	26912957.06	35057698.86	24494664.73	35824672.21	47154679.69	58484687.17
新加坡	18494510.84	23577328.60	32489438.19	39499346.22	133516190.44	337527746.97	500356536.73	575962179.52	914647502.75	1103731295.76	1287034179.23	1970933238.82	2654832298.40	3338731357.99
韩国	23348324.78	54767155.58	83975615.26	82035365.53	127876037.30	114082892.81	184294729.58	90979121.80	218776339.25	464911559.28	292056122.48	447242968.64	602429814.79	757616660.95
巴基斯坦	320156.04	409357.59	2273948.30	1573949.86	14855249.23	19283907.15	21443085.10	27471128.83	26611721.10	26794808.21	26404161.89	42982763.32	59561364.76	76139966.20
蒙古国	108149.77	578866.13	916194.31	1647786.51	3486108.92	5123896.40	9145258.91	7858744.45	7821921.24	11786902.16	13707770.58	17893755.86	22079741.13	26265726.40
马来西亚	2203798.34	2681736.85	4074161.45	3840929.36	6221465.23	8459203.81	14245407.62	20959304.54	23101126.49	33245247.00	57935708.05	71855246.68	85774785.31	99694323.94
泰国	1587395.49	1851599.77	2246889.05	2013532.70	3556188.09	4211587.66	4609975.75	11019963.36	13863231.12	24361299.96	28974412.40	43947686.35	58920960.31	73894234.26
伊朗	1105690.03	1932959.38	2040019.55	3130854.75	3279993.08	2325439.78	4943291.85	14208706.66	20191244.27	30831603.17	45244596.99	68366924.26	91489251.53	114611578.80
印度	28342.28	122773.86	396666.76	623275.91	3011696.66	6503794.10	6013124.42	11917969.55	16053045.24	30602785.87	63430799.42	90756873.94	118082948.47	145409022.99

续表

年份	2003	2004	2005	2006	2007	2008	2009	2010	2011	2012	2013	2014	2015	2016
印度尼西亚	81627.77	190757.47	226171.89	286124.46	967260.94	758458.87	1219523.80	1635754.36	2382326.11	5007203.84	8174490.83	14257764.63	20341038.42	26424312.22
南非	1749007.03	1935549.83	3719593.04	5234057.91	25755621.86	128451802.95	93124983.87	145019312.28	129540596.26	167284301.74	164256721.94	251771293.26	339285864.58	426800435.89
巴西	245437.74	220437.64	457657.87	257042.62	1463994.01	655626.54	3736799.07	14456948.94	3529086.26	6452188.55	10754523.71	29346953.28	47939382.85	66531812.42
哥伦比亚	—	24721.72	5063.57	—	1170.22	37712.22	35735.12	42086.60	191262.30	499288.80	112190.00	1358303.02	2604416.05	3850529.07
阿根廷	12671.99	193739.82	42989.75	102227.42	1576684.72	1734841.95	1964099.00	2478597.33	4194469.92	9864121.98	19013854.92	27038874.64	35063894.37	43088914.09
土耳其	26033.89	44147.16	63682.33	146251.58	195957.80	388708.63	8413639.70	8589347.69	8645467.98	11506920.62	14526823.20	23165202.37	31803581.53	40441960.70
墨西哥	2179282.57	2693094.83	2909538.51	2231887.63	3024481.47	3594830.58	4345307.59	3567276.69	5579437.35	8097511.98	8578005.28	12489667.35	16401329.42	20312991.49
赞比亚	13789.90	30255.43	43319.07	66633.68	152849.90	883086.24	1942229.54	2422172.62	3343455.04	6336861.92	7067471.74	9206091.28	11344710.82	13483330.37
俄罗斯	3009344.02	4895817.92	16187085.10	25269220.83	40127878.72	47700266.35	79587893.15	89910554.42	95681801.17	127416991.74	197376114.50	277414916.50	357453718.50	437492520.50
哈萨克斯坦	172572.31	181807.59	1701845.46	1458137.44	3408545.68	7355278.14	9553283.95	8617401.34	11940138.64	26560241.19	27328623.08	36092466.26	44856309.43	53620152.61
发达国家	203125435.08	249432710.74	318370251.76	432050659.98	1093514067.03	1357664581.81	2048110632.92	3268583195.17	5055214501.79	8486914434.06	10559211602.04	16924241067.02	23289270532.01	29654299996.99
发展中国家	54686134.79	96332107.15	153769879.46	169416624.39	372477374.28	689079081.17	948974904.73	1037116570.98	1506094172.50	2095291133.77	2271976570.23	3436120990.46	4600265410.68	5764409830.91

资料来源：笔者计算。

$$TRIN_{jt} = (EX_{jt}/EXC_t)/(IM_{jt}/IMW_t) \quad (2-5)$$

其中，$TRIN_{jt}$为中国与 j 国的贸易结合度，EX_{jt}为中国对贸易伙伴国 j 的出口额，EXC_t为中国出口总额，IM_{jt}为贸易伙伴国 j 的进口总额，IMW_t为世界进口总额。由于不能得到中国对各国的服务贸易出口额，因此笔者放弃计算中国服务贸易结合度，计算中国总体贸易结合度。

在计算各国贸易结合度时，在 2012 年缅甸进口占 GDP 比重快速提升，缅甸进口占比由 2011 年的 0.1% 迅速提升为 10.89%，并且 2011 年缅甸进口占比一直保持在 18% 以上，因此 2011 年以前与缅甸贸易结合度最高。对中国与各国的贸易结合度进行排序，中国与各国的贸易结合度大于 1 的国家和地区分别为中国香港、缅甸、巴基斯坦、越南、柬埔寨、菲律宾、哈萨克斯坦、马来西亚、中国澳门、蒙古、印度尼西亚、伊朗、智利、韩国、日本、泰国、澳大利亚、老挝、南非、俄罗斯、美国、秘鲁、印度、文莱、哥伦比亚，表明我国与以上国家的贸易结合度基本稳定，我国与以上国家在贸易方面联系紧密。同时，我国与意大利、加拿大、德国、比利时、法国、瑞典、冰岛、爱尔兰、瑞士的贸易结合度均小于 0.5。瑞士与我国的贸易结合度最低，因此我国与瑞士的贸易结合度很不稳定，与该国在贸易方面的相互依存度很低（见表 2－4）。

6. 对不同国家服务业外商投资的开放度分析

使用以下方法计算对不同国家服务业外商投资的开放度：

$$FDIR_t = (FDI_{jt}/GDP_{jt})RDO_{jt} \quad (2-6)$$

其中，j = 1，2，…，34，为本章选择的 34 个国家，即 16 个发达国家（澳大利亚、比利时、加拿大、捷克、法国、德国、匈牙利、爱尔兰、意大利、日本、波兰、荷兰、西班牙、瑞典、英国、美国）和 18 个发展中国家（新加坡、韩国、巴基斯坦、蒙古、马来西亚、泰国、伊朗、印度、印度尼西亚、南非、巴西、哥伦比亚、阿根廷、土耳其、墨西哥、赞比亚、俄罗斯联邦、哈萨克斯坦），FDI_{jt}为 j 国的外商直接投资存量总规模，GDP_{jt}为 t 期 j 国的国内生产总值，RDO_{jt}为 t 期 j 国的国内 R&D 资本存量。

可以看到，当今对不同国家外商投资的开放度排名前十位的国家和地区分别为日本、韩国、新加坡、美国、德国、法国、英国、瑞典、荷兰、加拿大，我国对不同国家外商投资的开放度排名后十位的国家和地区分别为哈萨克斯坦、印度尼西亚、波兰、伊朗、墨西哥、赞比亚、阿根廷、匈牙利、哥伦比亚、蒙古。

从表 2－5 可看到，从 2014 年开始，服务业外商投资的开放度迅速下将，由 2013 年的 7289787858 美元降低为 2014 年的 6042899790 美元、2015 年的 5444993946

表 2-4　中国与 50 个国家和地区的贸易结合度

年份/进口方	2003	2004	2005	2006	2007	2008	2009	2010	2011	2012	2013	2014	2015	2016
阿根廷	0.479	0.555	0.621	0.704	0.897	0.999	0.899	1.035	1.045	1.030	1.044	0.964	1.091	0.910
澳大利亚	1.282	1.321	1.238	1.212	1.296	1.240	1.238	1.343	1.325	1.172	1.112	1.176	1.216	1.365
比利时	0.391	0.434	0.461	0.478	0.482	0.475	0.417	0.456	0.484	0.411	0.360	0.366	0.385	0.359
巴西	0.596	0.755	0.737	0.813	0.899	1.059	0.938	1.081	1.086	1.060	1.018	0.961	0.927	0.938
文莱	0.289	0.345	0.329	0.490	0.436	0.428	0.456	1.103	1.460	1.892	2.127	3.082	2.858	1.103
柬埔寨	1.910	2.158	1.888	1.796	1.849	2.050	1.944	2.316	3.310	3.137	3.208	2.705	2.704	2.779
加拿大	0.384	0.438	0.488	0.514	0.546	0.567	0.537	0.511	0.485	0.489	0.483	0.475	0.478	0.497
智利	1.112	1.026	0.896	0.976	1.072	1.143	1.216	1.349	1.359	1.411	1.393	1.438	1.577	1.744
哥伦比亚	0.424	0.508	0.545	0.638	0.728	0.791	0.700	0.862	0.953	0.859	0.865	0.920	0.954	1.072
哥斯达黎加	0.269	0.348	0.402	0.551	0.608	0.553	0.621	0.606	0.624	0.551	0.526	0.583	0.653	0.758
捷克	0.537	0.362	0.330	0.347	0.452	0.503	0.554	0.627	0.544	0.436	0.445	0.467	0.503	0.532
法国	0.323	0.333	0.318	0.304	0.355	0.360	0.389	0.430	0.377	0.334	0.302	0.302	0.302	0.298
格鲁吉亚	0.216	0.167	0.199	0.252	0.395	0.500	0.454	0.515	1.051	0.825	0.898	0.841	0.756	0.812
德国	0.486	0.500	0.561	0.532	0.515	0.553	0.554	0.618	0.556	0.500	0.441	0.446	0.452	0.457
匈牙利	0.895	0.725	0.549	0.541	0.613	0.642	0.725	0.748	0.654	0.575	0.518	0.468	0.446	0.504
冰岛	0.225	0.159	0.170	0.134	0.135	0.160	0.129	0.142	0.117	0.134	0.193	0.165	0.138	0.146
印度	0.708	0.770	0.786	0.905	1.050	1.183	1.067	1.048	0.974	0.852	0.890	0.947	1.074	1.162
印度尼西亚	1.658	1.596	1.574	1.440	1.518	1.540	1.592	1.494	1.497	1.527	1.587	1.661	1.650	1.750
伊朗	1.163	0.931	0.974	1.030	1.306	1.202	1.136	1.352	1.573	0.851	1.251	2.414	2.051	1.750
爱尔兰	0.259	0.301	0.353	0.339	0.300	0.274	0.131	0.119	0.117	0.106	0.115	0.105	0.091	0.085
意大利	0.372	0.394	0.411	0.432	0.457	0.527	0.499	0.621	0.565	0.458	0.440	0.467	0.482	0.499
日本	2.701	2.516	2.278	1.991	1.915	1.785	1.949	1.799	1.700	1.551	1.549	1.424	1.478	1.612
哈萨克斯坦	2.370	2.107	2.471	2.062	2.190	2.604	2.468	2.422	2.034	1.824	1.918	2.071	1.600	1.982
韩国	1.934	1.904	1.834	1.721	1.736	1.941	1.731	1.563	1.387	1.367	1.384	1.460	1.637	1.742

续表

年份 进口方	2003	2004	2005	2006	2007	2008	2009	2010	2011	2012	2013	2014	2015	2016
老挝	2. 632	1. 869	1. 423	1. 587	1. 217	1. 330	1. 718	1. 582	1. 158	1. 557	2. 326	2. 202	1. 410	1. 365
马来西亚	1. 283	1. 231	1. 310	1. 310	1. 399	1. 577	1. 700	1. 512	1. 466	1. 730	2. 052	1. 965	2. 021	1. 936
马尔代夫	—	—	—	0. 209	0. 200	0. 197	0. 342	0. 431	0. 437	0. 365	0. 393	0. 349	0. 534	0. 933
墨西哥	0. 349	0. 416	0. 368	0. 451	0. 506	0. 548	0. 596	0. 629	0. 687	0. 701	0. 681	0. 688	0. 679	0. 719
蒙古国	2. 891	2. 997	3. 204	3. 378	3. 657	3. 153	4. 999	4. 092	3. 847	3. 339	3. 071	2. 937	2. 570	1. 808
缅甸	1100. 209	1135. 913	1317. 692	1304. 066	1392. 426	1226. 474	1180. 149	1226. 274	869. 638	8. 878	6. 229	5. 971	5. 222	4. 295
荷兰	0. 896	0. 924	1. 061	0. 998	1. 061	1. 023	0. 955	1. 075	1. 056	1. 003	0. 946	0. 952	0. 923	0. 962
新西兰	0. 651	0. 640	0. 640	0. 689	0. 714	0. 765	0. 811	0. 776	0. 840	0. 795	0. 771	0. 803	0. 885	0. 916
巴基斯坦	2. 777	3. 105	2. 580	2. 040	2. 534	1. 989	2. 077	2. 324	2. 273	2. 068	2. 302	2. 687	3. 058	3. 589
秘鲁	0. 650	0. 595	0. 629	0. 762	0. 898	1. 050	0. 999	1. 161	1. 160	1. 123	1. 193	1. 159	1. 215	1. 296
菲律宾	0. 000	0. 000	0. 000	0. 000	0. 000	1. 740	1. 905	1. 816	1. 946	2. 005	2. 194	2. 343	2. 278	2. 463
波兰	0. 415	0. 353	0. 383	0. 414	0. 479	0. 519	0. 563	0. 539	0. 507	0. 563	0. 524	0. 524	0. 555	0. 617
俄罗斯	1. 180	1. 254	1. 296	1. 084	1. 344	1. 183	0. 871	1. 056	1. 039	1. 006	1. 025	1. 165	1. 060	1. 316
新加坡	1. 034	1. 055	1. 072	1. 115	1. 183	1. 050	1. 154	0. 906	0. 799	0. 828	0. 855	0. 869	0. 988	0. 952
南非	0. 949	0. 909	0. 897	0. 974	1. 010	1. 056	1. 123	1. 209	1. 180	1. 267	1. 336	1. 255	1. 361	1. 342
西班牙	0. 312	0. 318	0. 396	0. 420	0. 466	0. 548	0. 491	0. 544	0. 496	0. 477	0. 465	0. 477	0. 510	0. 535
瑞典	0. 253	0. 245	0. 276	0. 274	0. 298	0. 300	0. 312	0. 330	0. 303	0. 291	0. 290	0. 284	0. 300	0. 289
瑞士	0. 115	0. 162	0. 165	0. 173	0. 198	0. 178	0. 123	0. 112	0. 101	0. 094	0. 083	0. 077	0. 079	0. 080
泰国	0. 916	0. 986	0. 959	0. 958	0. 986	1. 020	1. 074	1. 096	1. 099	1. 166	1. 156	1. 245	1. 430	1. 568
土耳其	0. 570	0. 496	0. 560	0. 710	0. 786	0. 673	0. 690	0. 699	0. 673	0. 637	0. 644	0. 691	0. 715	0. 723
英国	0. 411	0. 432	0. 445	0. 439	0. 498	0. 553	0. 578	0. 593	0. 574	0. 560	0. 569	0. 578	0. 608	0. 649
美国	1. 204	1. 252	1. 294	1. 288	1. 290	1. 293	1. 388	1. 378	1. 318	1. 300	1. 289	1. 270	1. 259	1. 309
越南	2. 387	2. 310	2. 356	2. 267	2. 416	2. 388	2. 658	2. 858	2. 805	2. 930	3. 375	3. 807	3. 297	3. 039
赞比亚	0. 394	0. 397	0. 297	0. 453	0. 579	0. 635	0. 460	0. 554	0. 804	0. 716	0. 572	0. 599	0. 525	0. 563

资料来源：笔者计算。

表 2-5 通过服务业外商投资提升的我国服务业开放度

年份	2003	2004	2005	2006	2007	2008	2009	2010	2011	2012	2013	2014	2015	2016
捷克	772177.16	2029078.50	338526.97	1186298.50	903602.78	2033493.30	116938.26	596135.13	597746.75	2060976.70	1192358.53	4054565.77	2331795.51	1696565.72
匈牙利	1441704.69	2777938.10	2593573.30	1947615.40	1185527.60	957824.72	1445661.90	1791708.80	979606.46	530724.32	268524.55	40188.66	338115.46	357951.99
美国	1075152215.00	994613064.00	760325655.00	705513182.00	646712956.00	749714586.00	692587150.00	818364691.00	642286478.00	701104415.00	764257357.90	639493735.70	558276908.10	641370207.95
日本	2134857866.00	2193000000.00	2757000000.00	2092000000.00	1676000000.00	1580000000.00	1763000000.00	1660000000.00	2490000000.00	2974000000.00	3538286892.00	2352777000.00	1846028446.47	1613000455.34
澳大利亚	63087609.22	63014593.00	39719520.00	59269021.00	38894107.00	42796997.00	52810089.00	39912869.00	35216106.00	38605599.00	40139900.35	32929717.38	48050295.57	48182282.76
德国	180224831.20	213193979.00	324401113.00	426232315.00	147853946.00	179253841.00	282619790.00	217706804.00	266737767.00	381618772.00	541054325.60	544979461.50	0.00	0.00
加拿大	110787628.40	112131153.00	77619660.00	69036227.00	62071846.00	85533947.00	160500887.00	105752127.00	73989594.00	70290632.00	88994447.95	61881046.56	45879846.67	55841056.75
英国	132183304.90	126002002.00	153615898.00	113997720.00	120958659.00	148131993.00	136507925.00	140789581.00	109377016.00	77452446.00	73166553.60	127283982.30	90992634.00	275816365.53
法国	119577611.20	120829545.00	115723356.00	72241190.00	79986102.00	100186547.00	127958097.00	258383494.00	155601340.00	146437918.00	167310578.10	162831441.20	335801765.79	243792860.85
意大利	31583048.89	26113722.00	30844870.00	33946951.00	31904558.00	44719391.00	36942854.00	44867776.00	42945018.00	30963211.00	40139188.20	48348601.04	38261359.18	35297200.67
瑞典	41258068.33	38190855.00	36616425.00	66113367.00	37360297.00	41603443.00	121521152.00	54765012.00	54074917.00	67420262.00	68076893.19	124424495.70	215694073.42	306495331.59
爱尔兰	810240.19	333523.19	731731.56	1829982.70	4460493.20	15845759.00	10423370.00	7899933.80	15213251.00	14803898.00	5717839.52	53905654.19	0.00	0.00
比利时	15631654.86	10937382.00	7440281.30	11164774.00	12777163.00	7379417.20	8586658.60	6219505.60	19260907.00	6809718.70	6208725.87	20155917.08	17447240.06	34484731.86
波兰	111303.34	96321.49	219586.19	246446.18	256265.07	295886.54	394603.03	465432.45	267528.71	160916.69	73471.53	108769.82	5079346.53	391162.56
荷兰	114100729.20	121031001.00	160249342.00	128897040.00	87622429.00	117478430.00	116096861.00	153751535.00	126456524.00	213846799.00	238383600.40	122089698.40	173123364.11	129469281.22
西班牙	7313774.94	11192485.00	14860969.00	17931693.00	15526669.00	15407261.00	26623459.00	25123019.00	27317925.00	40440029.00	36798004.99	21258457.28	28238344.38	28258335.29
新加坡	303467410.10	280493364.00	308782597.00	306090694.00	407086708.00	607945863.00	537945902.00	720477795.00	767774964.00	816454879.00	958886342.20	794681324.70	992809429.39	891639826.67
韩国	585050438.00	841061563.00	690400337.00	540053243.00	535571009.00	569651284.00	591945492.00	537563117.00	514781829.00	665817564.00	690805029.90	913985957.00	1036402940.41	1293659725.92
巴基斯坦	52433.57	70345.39	129784.08	105276.75	47679.47	285539.46	80957.35	119803.05	174393.90	31894.08	309235.19	381636.52	9698.22	9505.81
蒙古国	1904.69	1578.62	13187.32	27053.28	7650.16	10925.07	24647.62	24884.13	13166.68	1449.24	12861.97	1086.82	0.00	0.00

续表

年份	2003	2004	2005	2006	2007	2008	2009	2010	2011	2012	2013	2014	2015	2016
马来西亚	7218883.77	11567645.00	11057874.00	12311174.00	12441047.00	7832630.80	18437283.00	12172584.00	15147930.00	14945149.00	14811907.81	9051666.84	0.00	0.00
泰国	2400610.97	2512400.80	1379662.70	2010783.70	1161864.50	1685779.80	725569.17	732668.21	1566666.70	1293289.40	8606191.37	1233580.58	0.00	0.00
伊朗	36060.22	245305.31	214335.64	290700.35	276104.55	902643.43	628660.27	496281.26	171631.14	88701.06	78406.25	106497.98	73297.03	100971.97
印度	587396.38	724403.94	814270.83	2028256.40	1179672.60	3493038.20	2173133.90	1713058.20	1503274.00	1675596.60	1066019.91	1930746.43	3150634.45	1964981.19
印度尼西亚	296611.25	226110.19	195360.12	204951.41	264512.92	316179.54	247008.31	152804.64	94921.31	149764.35	336882.13	233868.85	362677.05	215334.15
南非	1665793.65	4967964.00	4944292.30	4749909.80	3505979.70	1460750.90	2409416.80	3246285.90	616257.45	816894.85	733198.87	355729.42	133902.45	282148.83
巴西	807967.72	1453663.70	1047458.80	2272517.80	1252415.10	1538918.10	2443406.10	2374697.20	1754207.90	2781760.10	1211544.33	1614022.46	4172309.37	4084927.57
哥伦比亚	3562.84	748.80	1721.48	2694.17	367.67	755.50	1262.64	424.08	83.97	260.59	3614.81	—	1812.14	1027.19
阿根廷	293964.65	427256.02	154225.71	99219.49	154334.65	171571.05	208876.57	14880.06	110600.92	132576.88	9064.94	65746.91	0.00	740.12
土耳其	283957.51	157185.33	468189.84	304049.32	222324.23	171624.47	588330.05	293459.89	461072.66	517654.12	1376728.54	477261.89	993840.14	1235716.60
墨西哥	163542.89	632064.94	204360.11	343582.69	156269.81	108290.80	32940.64	497713.55	139822.07	474749.29	502719.28	105143.96	283786.07	33007.71
赞比亚	143.75	1100.21	1095.95	2151.26	492.14	1079.53	1666.91	14609.89	40.68	28981.52	73870.97	—	42317.30	0.00
俄罗斯	3483462.01	6920823.70	4000535.90	2930277.80	2032039.70	2107378.20	1649713.80	1577528.30	1151215.60	1132999.90	873897.51	1862936.96	928303.88	5777842.83
哈萨克	8053.50	19861.75	22691.25	28201.66	12283.85	47094.59	204461.29	11745.15	68722.08	34258.16	21679.54	249850.10	85462.38	35103.87

资料来源：笔者计算。

美元、2016 年的 5613494650 美元，主要是因为 2013 年后在对华投资规模最大的 34 国中，虽然各国研发资本存量不断增长，但德国、爱尔兰、蒙古国、马来西亚、泰国、赞比亚等国家在华外商投资迅速降低为零，美国、日本、澳大利亚、加拿大、意大利、荷兰、西班牙、新加坡、巴基斯坦、印度尼西亚、南非、哥伦比亚、阿根廷、土耳其、墨西哥、哈萨克斯坦等国在华外商投资快速下降，从而导致通过外商投资溢出的国外研发资本存量迅速下将。

（二）中国服务业承诺开放度和真实开放度的测算和评估①

测算一个经济体服务业开放度的方法有三个：一是根据各国在 GATS 和《特惠贸易协定》（PTA）中所做的开放承诺减让表计算各国服务业承诺开放度；二是根据世界银行数据库中的服务业总体限制指数计算各国服务贸易政策友好度；三是计算外商直接投资依存度和进口依存度。本章使用前两种方法计算中国服务业开放度，并且不仅计算中国 FDI 限制指数，也综合考虑中国和各个经济体的服务业进口、服务业出口、服务业外商投资流入、服务业外商投资流出、按购买力平价计算的各国 GDP 等因素计算各个经济体的真实开放度。

1. 中国服务业承诺开放度的测算

我们根据 GATS 和 PTA 中所做的开放承诺减让表计算各国服务业承诺开放度。中国总体承诺开放指数高于发展中国家，但大大低于发达国家。经过计算，中国总体承诺开放指数均值为 39，发展中国家总体承诺开放指数均值为 33，发达国家总体承诺开放指数均值为 53。

根据 GATS，中国服务业在模式一，即在跨境提供上的承诺开放度高于发展中国家，但低于发达国家。中国在跨境提供上的承诺开放度为 40，发展中国家为 28，发达国家为 50。

根据 GATS，中国服务业在模式一，即在跨境提供上的政策开放度与发展中国家大致相等，但远远低于发达国家。中国在跨境提供上的政策开放度为 60，发展中国家为 61，发达国家为 72。同时，中国的实际开放度更低，具体见后文（见图 2 -1）。

中国服务业在模式三，即在商业存在上的承诺开放度与发展中国家大致持平，但明显低于发达国家。中国在商业存在上的承诺开放度为 39，发展中国家为 39.9，发达国家为 59。

① 姚战琪. 中国服务业开放度测算及其国际竞争力分析［J］. 国际贸易，2018（9）：48 -54.

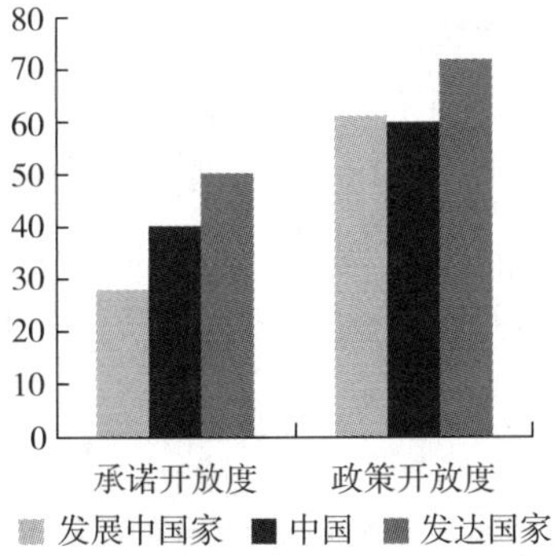

图 2-1 中国服务业模式一承诺开放度

资料来源：WTO 数据库。

中国服务业在模式三，即在商业存在上的政策开放度大大低于发达国家，与发展中国家大致相等。中国在商业存在上的政策开放度为 63，发展中国家为 55，发达国家为 77（见图 2-2）。

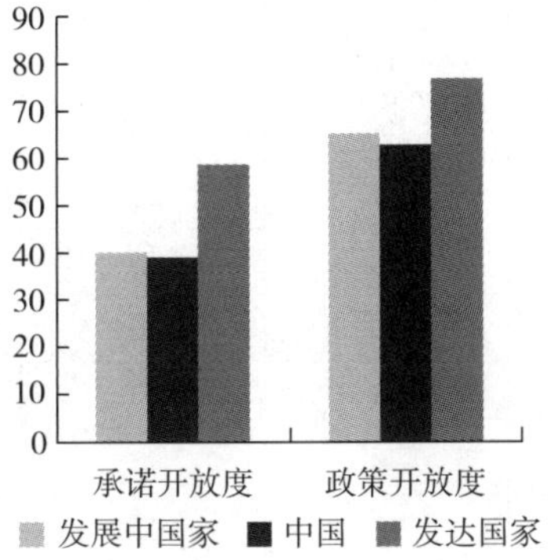

图 2-2 中国服务业模式三承诺开放度

资料来源：WTO 数据库。

分行业来看，中国绝大多数的服务业的承诺开放度都低于发达国家，但中国在视听、银行业两大部门的承诺开放度明显高于发达国家该行业承诺开放度的平均值。与其他发展中国家相比，中国绝大多数服务业的承诺开放度高于发展中国家，但中国电脑、旅游、健康、休闲、建筑等行业的承诺开放度低于发展中国家。我们也可以看到，中国的计算机、建筑、休闲服务业的承诺开放度不仅低于发达国家，也低于发展中国家。

2. 中国服务贸易政策友好度测算①

根据世界银行和 OECD 提供的中国和其他国家银行业、保险业、固定线路电信、移动通信、零售业、交通运输、专业服务七大产业的总体限制指数，为了更好地将各行业限制度指数与各国各产业的开放程度相对应，我们计算各国各产业的贸易政策友好度，即用 100 减去各产业限制度指数得到各产业贸易政策友好度，具体如表 2 -6 所示。

表 2 -6　中国和其他国家七大产业的政策友好度指数②

	银行业 (Banking)	保险业 (Insurance)	固定线路电信 (Fixed -line Telecommunications)	移动通信 (Mobile Telecommunications)	零售业 (Retail)	交通运输 (Transportation)	专业服务 (Professional)
中国	67.5	61.7	50	50	75	80.7	34
欧盟 20 国	96.2	95	100	100	75	62.9	46
美国	78.7	78.3	100	100	100	92.1	46
英国	100	98.3	100	100	100	76.9	55
法国	100	96.7	75	100	75	56.1	54
德国	100	96.7	100	100	100	75.6	41
丹麦	100	98.3	100	100	75	82.4	45
泰国	42.5	63.3	50	50	75	52.9	26
俄罗斯	57.5	46.7	50	50	100	85.8	68
哥伦比亚	78.7	70	50	50	100	96.5	66
埃及	57.5	56.7	75	75	50	50.3	18.5
墨西哥	88.7	78.3	50	75	100	38.5	57.5
马来西亚	55.6	55	75	75	75	44.6	27
菲律宾	53.7	56.7	50	50	50	55.8	20

资料来源：世界银行和 OECD 数据库。

我们根据世界银行和 OECD 数据库的数据，计算了银行业、保险业、固定线路电信、移动通信、零售业、交通运输、专业服务七大产业的总体限制指数，总体来看，中国零售业和交通运输业的政策友好度好于其他发展中国家和大多数发达国家，但中国银行业、保险业、固定线路电信、移动通信、专业服务等行业总

①② 姚战琪. 中国服务业开放度测算及其国际竞争力分析 [J]. 国际贸易，2018 (9)：48 -54.

体限制指数高于发达国家和部分发展中国家，因此中国银行业、保险业、固定线路电信、移动通信、专业服务等行业的政策友好度明显小于欧盟 20 国、美国、英国、法国、德国、丹麦、哥伦比亚、墨西哥。

我们也根据各行业的限制度指数计算了该行业的政策友好度指数，图 2－3 和图 2－4 分别为 2014 年和 2017 年中国服务业 22 部门的政策友好度指数。

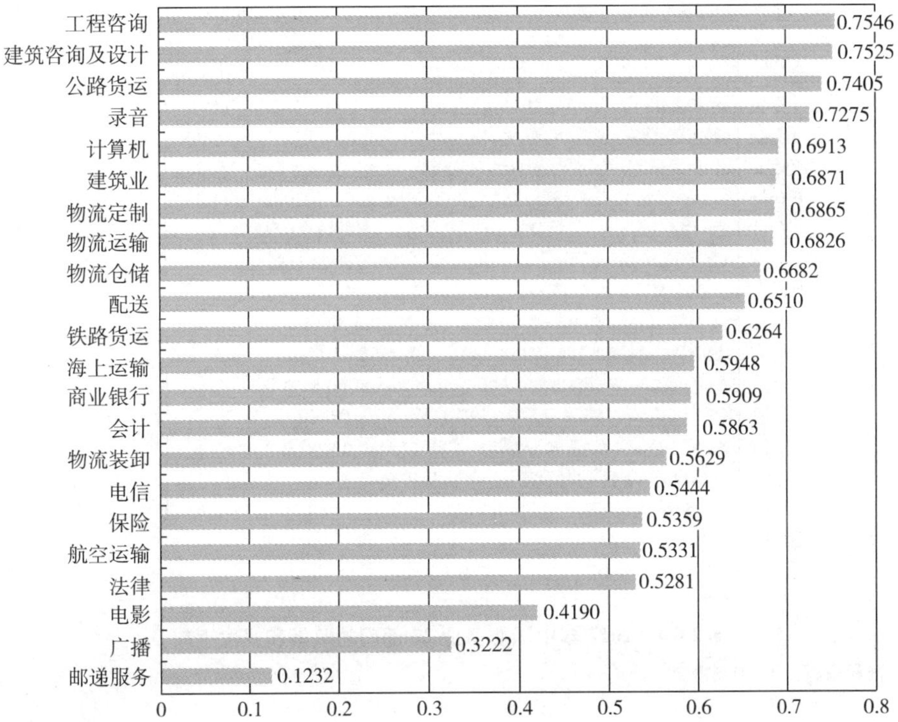

图 2－3　2014 年中国服务业 22 部门的政策友好度指数

资料来源：OECD 数据库。

使用 2014 年服务业 22 部门政策友好度指数对各产业从大到小进行排序，分别为工程咨询、建筑咨询及设计、公路货运、录音、计算机、建筑业、物流定制、物流运输、物流仓储、配送、铁路货运、海上运输、商业银行、会计、物流装卸、电信、保险、航空运输、法律、电影、广播、邮递服务。使用 2017 年服务业 22 部门政策友好度指数对各产业从大到小进行排序，分别为工程咨询、建筑咨询及设计、公路货运、配送、录音、铁路货运、建筑业、计算机、物流定制、物流运输、物流仓储、会计、海上运输、商业银行、电信、物流装卸、保险、航空运输、法律、电影、广播、邮递服务。因此，工程咨询行业的政策友好度最高，邮递服务的政策友好度最低①。

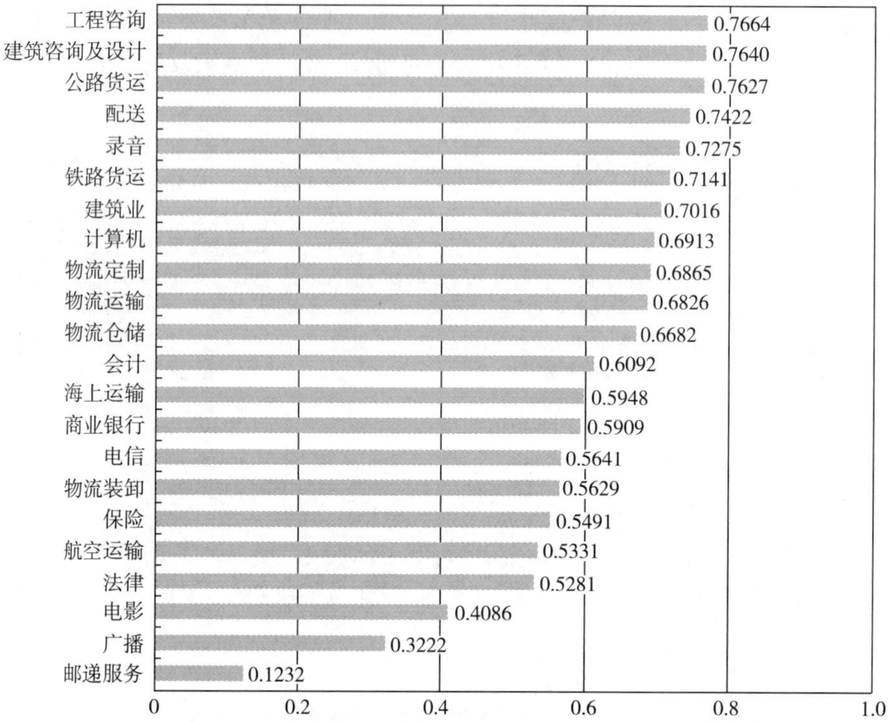

图 2－4　2017 年中国服务业 22 部门的政策友好度指数

资料来源：OECD 数据库。

可以看到，在 2004～2017 年，配送、铁路货运等产业的贸易政策友好度快速增长；邮递服务、广播、法律、航空运输、商业银行、海上运输、物流运输、物流定制等产业的贸易政策友好度没有变化；电影等产业的贸易政策友好度有所下降。

图 2－5 为中国各大产业模式一和模式三友好度指数的对比情况。可以看到，中国金融业模式一的限制指数显著大于模式三，也就是说中国金融业模式三的政策友好度明显优于模式一，同时，中国金融业中的银行业、银行贷款、银行存款、保险业、汽车保险、人寿保险的模式三的政策友好度优于模式一，但再保险

① 姚战琪. 中国服务业开放度测算及其国际竞争力分析［J］. 国际贸易，2018（9）：48－54.

的模式一的政策友好度优于模式三。中国交通运输业、国际航运客运模式三的政策友好度明显优于模式一，但国际海运模式一的政策友好度明显优于模式三的政策友好度。专业资格、会计和审计、会计、审计、法律、外国法律咨询等行业的模式一的政策友好度明显优于模式三。

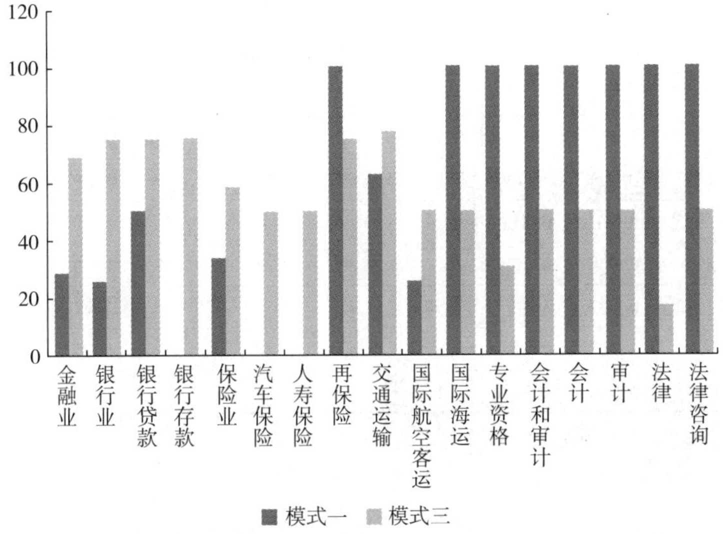

图 2－5　中国各大产业模式一和模式三政策友好度指数

资料来源：世界银行数据库。

3. 中国 FDI 政策友好度的测算①

OECD 对全球各国外商直接投资的限制政策进行打分，从而构建了全球各国各产业的 FDI 限制指数。FDI 限制指数取值为 0，表示该国该产业完全开放；FDI 限制指数取值为 1，表示该国该产业完全不开放。OECD 主要根据各国外资股权限制、筛选和事先批准要求、针对关键人员的规则、针对外商直接投资企业活动的其他限制提供各国 FDI 限制指数。为了更好地将各国 FDI 限制指数与各国各产业的 FDI 政策友好度相对应，我们计算各国 FDI 政策友好度，用 1 减去 FDI 限制度指数得到各产业 FDI 政策友好度，具体如表 2－7 所示。

① 姚战琪．中国服务业开放度测算及其国际竞争力分析［J］．国际贸易，2018（9）：48－54.

表 2-7　2017 年全球主要经济体服务业 FDI 政策友好度指数①

国别	商务服务业	金融服务业	传媒	通信业	交通运输业	批发零售业	电力	第一产业	制造业	总体
英国	0.92	0.92	0.732	0.92	0.662	0.92	0.94	0.87	0.92	0.876
澳大利亚	0.922	0.867	0.8	0.6	0.732	0.925	0.8	0.859	0.92	0.853
中国	0.775	0.51	0	0.25	0.508	0.882	0.56	0.625	0.9	0.684
加拿大	0.905	0.928	0.29	0.44	0.738	0.905	0.905	0.81	0.905	0.838
美国	1	0.958	0.75	0.89	0.45	1	0.803	0.819	1	0.911
日本	1	1	0.8	0.735	0.725	0.999	0.975	0.931	0.998	0.948
印度	0.437	0.721	0.72	0.825	0.907	0.709	0.936	0.787	0.965	0.788
俄罗斯	0.825	0.61	0.517	0.9	0.65	0.95	0.97	0.843	0.905	0.818
南非	0.74	0.948	0.702	0.99	0.807	0.99	0.99	0.99	0.99	0.945
巴西	0.975	0.892	0.45	0.975	0.725	0.975	0.975	0.862	0.975	0.908
韩国	1	0.95	0.437	0.675	0.492	1	0.583	0.75	1	0.865
法国	0.997	0.946	0.952	1	0.85	1	1	0.845	1	0.955

资料来源：世界银行和 OECD 数据库。

从 2017 年全球主要经济体服务业 FDI 限制指数来看，中国大多数服务行业的 FDI 限制指数均大于其他国家，尤其是中国金融服务业、传媒、通信、电力等行业的 FDI 的限制指数均大于几乎所有国家，即中国金融服务业、传媒、通信、电力等行业的 FDI 的政策友好度指数几乎小于所有发达国家和部分发展中国家。中国商务服务业 FDI 政策友好度指数大于印度和南非，但小于发达国家。中国交通运输业 FDI 政策友好度指数略大于美国、韩国，但小于其他国家。中国批发零售业 FDI 政策友好度指数大于印度，但小于其他发展中国家和发达国家。

对中国各行业 FDI 限制指数进行比较可以发现，若不考虑我国完全不开放的传媒业，通信业 FDI 限制指数最高，为 0.75，是韩国的 2.3 倍。

中国交通运输业 FDI 限制指数也很高，仅次于通信业。同时，虽然中国交通运输业的 FDI 限制指数小于美国、韩国，但大于英国、澳大利亚、加拿大、日本、俄罗斯。

中国服务业 FDI 限制指数接近 0.5 的产业为金融业，同时中国不断开放金融业，金融业 FDI 限制指数逐年下降。出台的《外商投资准入特别管理措施（负

① 姚战琪．中国服务业开放度测算及其国际竞争力分析［J］．国际贸易，2018（9）：48-54.

面清单）（2018 年版）》将大幅度放开市场准入，其中包括：取消对中资银行的外资单一持股不超过 20%、合计持股不超过 25% 的持股比例限制；证券公司、证券投资基金管理公司、期货公司、寿险公司在 2021 年取消外资股比限制；取消禁止外商投资互联网上网服务营业场所的规定。中国不断加大金融业开放力度，因此该行业的 FDI 政策友好度不断提高。

从各年中国各产业的 FDI 限制指数可以看到，除了通信业、传媒以外，中国商务服务业、金融服务业、交通运输业、批发零售业、电力、第一产业、制造业、总体的 FDI 限制指数逐年减少，尤其是从 2014 年开始，商务服务业、金融服务业、交通运输业、批发零售业、电力、第一产业、制造业、总体等产业的 FDI 限制指数迅速下将，推动中国服务业 FDI 的政策友好度快速提升（见表 2 –8、图 2 –6）。

表 2 –8 中国各产业 FDI 政策友好度指数①

年份	商务服务业	金融服务业	传媒	通信业	交通运输业	批发零售业	电力	第一产业	制造业	总体
2003	0.55	0.317	0	0.125	0.263	0.325	0.403	0.433	0.64	0.237
2006	0.625	0.458	0	0.25	0.378	0.37	0.461	0.541	0.708	0.68
2010	0.637	0.467	0	0.25	0.375	0.47	0.512	0.573	0.756	0.72
2011	0.637	0.467	0	0.25	0.375	0.47	0.512	0.573	0.756	0.72
2012	0.637	0.487	0	0.25	0.375	0.47	0.522	0.578	0.758	0.737
2013	0.637	0.487	0	0.25	0.375	0.47	0.522	0.578	0.758	0.737
2014	0.637	0.487	0	0.25	0.375	0.47	0.522	0.578	0.758	0.737
2015	0.675	0.49	0	0.25	0.475	0.52	0.552	0.614	0.796	0.795
2016	0.75	0.507	0	0.25	0.5	0.56	0.617	0.672	0.881	0.877
2017	0.775	0.51	0	0.25	0.508	0.56	0.625	0.684	0.9	0.882

4. 中国服务业真实开放度的测算

国内外学者一般直接使用贸易依存度计算我国服务业真实开放度，但他们没有考虑到规模经济和市场潜力对服务业真实开放度的影响。姚战琪（2015）测算我国服务业真实开放度时使用了如下方法②：

① 姚战琪．中国服务业开放度测算及其国际竞争力分析［J］．国际贸易，2018（9）：48 –54.

② 姚战琪．入世以来中国服务业开放度测算［J］．经济纵横，2015（6）：20 –26.

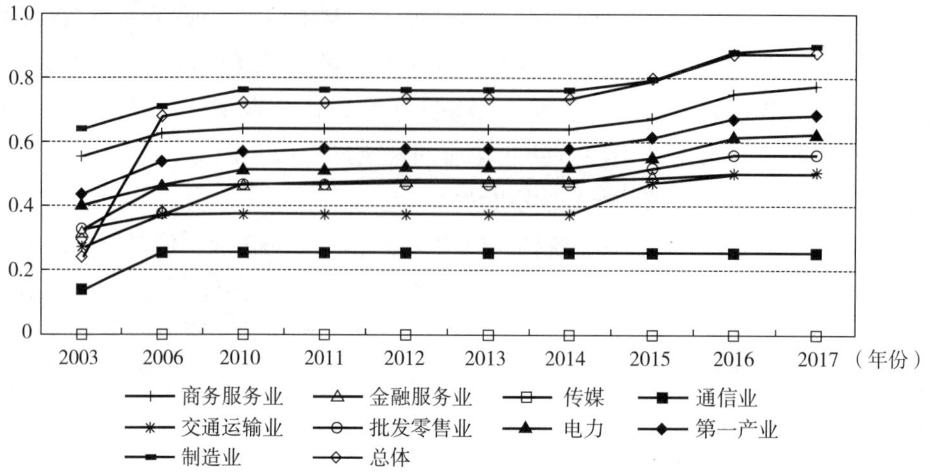

图 2－6　各年中国各产业的 FDI 政策友好度指数

资料来源：世界银行和 OECD 数据库。

$$SO = \frac{SIM + SEX + FDIO + FDII}{GDPP} \times \frac{1}{1 - GDPP/WGDPP} \qquad (2-7)$$

其中，SO 为服务业真实开放度，SIM 为服务贸易进口额，SEX 为服务贸易出口额，FDIO 为服务业外商投资流入额，FDII 为服务业外商直接投资流出额，GDP 为按购买力平价计算的各国 GDP，WGDPP 为按购买力平价计算的世界 GDP 之和。

计算结果如图 2－7 所示，可以发现：

第一，使用服务业真实开放度衡量的中国服务业贸易竞争力较弱，中国服务业真实开放度低于卢森堡、爱尔兰、荷兰、挪威、以色列、英国、韩国、美国、日本、南非、俄罗斯，也远低于欧盟、OECD 成员国，仅高于土耳其、印度、墨西哥、印度尼西亚等发展中国家。

第二，中国服务贸易进口快速增长，中国服务贸易进口依存度很高。从 2005 年开始中国服务贸易进口额超过服务贸易出口额，受国际金融危机的影响，2009 年和 2010 年中国服务贸易进口额下降，但从 2011 年开始快速增长。计算中国服务贸易进口依存度会发现，中国服务贸易进口依存度低于欧盟、OECD 成员国，也低于卢森堡、爱尔兰、荷兰、挪威、以色列、英国、韩国、美国、日本、南非、俄罗斯，但高于墨西哥、印度尼西亚、土耳其、印度。主要是因为我国服务贸易进口依存度的变动趋势与我国服务业真实开放度变动趋势相同，因此中国服务业的进口依存度是决定中国服务业真实开放度的主要因素。

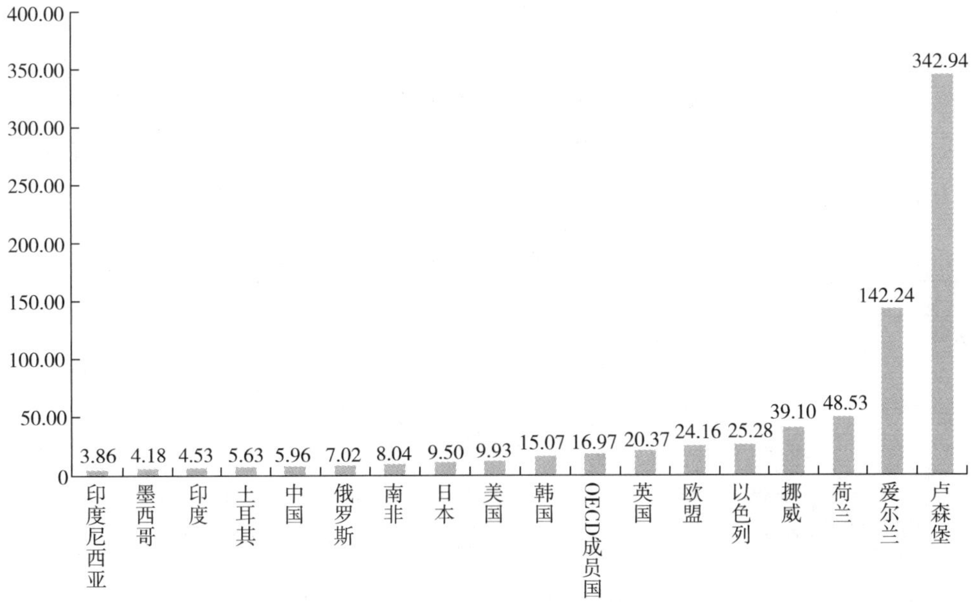

图 2－7　2014 年中国和各国的服务贸易依存度

注：由于仅能得到 2009～2014 年各国外商直接投资流出额和流入额，因此不能计算得到 2015 年后的各国服务贸易依存度。

资料来源：根据世界银行、OECD 提供的相关数据计算得到。

第三，中国服务贸易出口增长较慢。2011 年中国服务贸易出口快速增长，中国服务贸易出口额从 2010 年的 117532144243 美元增长为 2011 年的 201047004999 美元，增长 71.06%，但从 2012 年开始，中国服务贸易出口额增长缓慢，从 2014 年开始，中国服务贸易出口额逐渐减少，2014 年中国服务贸易出口额为 219140751664 美元，2015 年为 217399035857 美元，2016 年为 208403830208 美元，2017 年为 206453137562 美元，因此，我国服务贸易出口依存度很低。同时可以看到，中国服务业出口依存度与中国服务业真实开放度差异较大，在 2013 年，中国服务贸易出口依存度快速提升，但在 2014 年又迅速下降，因此中国服务贸易出口依存度不是决定中国服务业真实开放度的主要因素。

（三）中国服务业分行业开放度测算与分析[①]

1. 总体分析

按照世界贸易组织的分类标准，中国服务贸易部门分为 12 大类 155 个分部

① 夏杰长，姚战琪．中国服务业开放 40 年——渐进历程、开放度评估和经验总结［J］．财经问题研究，2018（4）：3－14.

门，其中列入承诺表中服务业的部门共9大类101个分部门。其中，金融服务14个，旅游服务2个，建筑服务5个，分销服务5个，教育服务5个，环境服务4个，运输服务12个，通信服务22个，商务服务32个，合计101个。承诺比例达63.13%，已超过一半，这一比重低于发达经济体，但远高于发展中经济体。中国服务业各部门的限制情况如表2-9所示。

表2-9 中国服务业各部门的限制情况

		跨境交付			境外消费			商业存在			自然人流动		
		无限制	有保留	不做承诺	无限制	有保留	不做承诺	无限制	有保留	不做承诺	无限制	有保留	不做承诺
市场准入	金融服务（14/17）	20	80	0	80	20	0	20	80	0	0	100	0
	旅游服务（2/4）	100	0	0	100	0	0	0	100	0	0	100	0
	建筑服务（5/5）	0	0	100	100	0	0	0	100	0	0	100	0
	分销服务（5/5）	50	25	25	100	0	0	0	100	0	0	100	0
	教育服务（5/5）	0	0	100	100	0	0	0	100	0	0	100	0
	环境服务（4/4）	0	100	0	100	0	0	0	100	0	0	100	0
	运输服务（12/35）	30	30	40	100	0	0	0	80	20	0	100	0
	通信服务（22/24）	32.35	57.14	10.51	91.45	0	8.55	0	91.45	8.55	0	91.45	8.55
	商务服务（32/46）	67.48	11.2	21.32	73.92	4.76	21.32	17.12	61.56	21.32	0	78.68	21.32
	娱乐服务（0/5）	0	0	100	0	0	100	0	0	100	0	0	100
	健康服务（0/4）	0	0	100	0	0	100	0	0	100	0	0	100
	其他服务（0/1）	0	0	100	0	0	100	0	0	100	0	0	100

续表

		跨境交付			境外消费			商业存在			自然人流动		
		无限制	有保留	不做承诺	无限制	有保留	不做承诺	无限制	有保留	不做承诺	无限制	有保留	不做承诺
国民待遇	金融服务（14/17）	80	0	20	100	0	0	60	40	0	0	100	0
	旅游服务（2/4）	100	0	0	100	0	0	50	50	0	0	0	100
	建筑服务（5/5）	0	0	100	100	0	0	0	100	0	0	100	0
	分销服务（5/5）	50	25	25	100	0	0	50	50	0	0	100	0
	教育服务（5/5）	0	0	100	100	0	0	0	0	100	0	100	0
	环境服务（4/4）	100	0	0	100	0	0	100	0	0	0	100	0
	运输服务（12/35）	60	10	30	100	0	0	60	20	20	0	100	0
	通信服务（22/24）	100	0	0	100	0	0	100	0	0	0	100	0
	商务服务（32/46）	100	0	0	100	0	0	80.95	19.05	0	0	100	0
	娱乐服务（0/5）	0	0	100	0	0	100	0	0	100	0	0	100
	健康服务（0/4）	0	0	100	0	0	100	0	0	100	0	0	100
	其他服务（0/1）	0	0	100	0	0	100	0	0	100	0	0	100

注：计算结果截至2016年。

从中国分部门承诺减让水平来看，被列入减让表中的建筑服务、分销服务、教育服务和环境服务的开放程度最高，占其部门总数比重均为100%，娱乐服务、健康服务及其他服务三类服务开放程度最低，未做任何承诺。同时可以看到，中国对商务服务做出了70%的承诺，对旅游服务做出了一半承诺，对运输服务的承诺最低，所占比重仅为34%。中国对通信服务和金融两大敏感性服务业做出的部门减让承诺最多，所占比重达 91. 67% 和 82. 35%①。

2. 主要服务行业分析

我们在计算中国服务业分行业的贸易承诺自由化指标时，主要使用未加权自由化指标和加权后自由化指标两种方法。未加权自由化指标对各行业具体承诺的自由化分值取其算术平均数；加权后自由化指标针对不同行业及其子部门选择不同的权重，用不同行业四种供应模式的权重代替简单的算术平均。由于各行业实际情况差别很大，因此它们在具体操作过程中，对于跨境交付、境外消费、商业存在和自然人流动等模式选择的侧重点必然有所不同，针对旅游业对外开放，消费者关注境外消费居多，金融保险业、房地产业等行业侧重于商业存在，针对其他服务业的对外开放侧重点都有差异。将以上方面改进后使用未加权自由化指标和加权后自由化指标两种方法，并用于计算中国服务业分行业的承诺开放度，对服务贸易部门 12 大行业在国民待遇和市场准入方面具体承诺的自由化指标进行计算，结果如表 2 - 10 所示。从表 2 - 10 可以看出，服务业各部门对外开放度有明显差别，服务业各部门的承诺情况差异明显。

表 2 - 10　分行业的贸易承诺自由化指标

行业名称	未加权			加权后			完全履行承诺		
	市场准入	国民待遇	总体	市场准入	国民待遇	总体	市场准入	国民待遇	总体
金融服务	0. 2176	0. 2745	0. 2461	0. 1482	0. 2176	0. 1829	0. 1853	0. 2465	0. 2159
旅游服务	0. 4250	0. 4833	0. 4542	0. 1950	0. 2300	0. 2125	0. 2600	0. 2300	0. 2450
建筑服务	0. 1067	0. 1000	0. 1033	0. 0600	0. 0460	0. 0530	0. 0600	0. 1440	0. 1020
分销服务	0. 6800	0. 7067	0. 6933	0. 5520	0. 6080	0. 5800	0. 6360	0. 6640	0. 6500
教育服务	0. 1067	0. 1267	0. 1167	0. 0600	0. 0180	0. 0390	0. 0600	0. 0180	0. 0390
环境服务	0. 1500	0. 2667	0. 2083	0. 0850	0. 2300	0. 1575	0. 0850	0. 2300	0. 1575
运输服务	0. 1857	0. 2429	0. 2143	0. 0857	0. 1829	0. 1343	0. 1277	0. 1829	0. 1553
通信服务	0. 1986	0. 3111	0. 2549	0. 0988	0. 2683	0. 1835	0. 1192	0. 2683	0. 1938
商务服务	0. 3899	0. 4725	0. 4312	0. 2439	0. 3896	0. 3167	0. 3078	0. 3896	0. 3487
算术平均值	0. 2734	0. 3316	0. 3025	0. 1698	0. 2434	0. 2066	0. 2046	0. 2637	0. 2341

注：本表没有列举表 2 - 1 的娱乐服务、健康服务及其他服务，是因为这三类服务业对外开放是 100% 不做承诺。因此，在计算分行业的贸易承诺自由化指标时，可以不考虑它们。计算结果截至 2016 年。

根据表 2 - 10 的计算结果，可以得出如下判断②：

①② 夏杰长，姚战琪. 中国服务业开放 40 年——渐进历程、开放度评估和经验总结［J］. 财经问题研究，2018（4）：3 - 14.

分销服务对外开放程度最高，该部门总体加权后自由化指标为 58%，子部门也有不同程度的承诺。完全履行承诺后分销服务开放度可达到 65%。在市场准入方面，该行业承诺开放度由未完全履行承诺的 0.5520 增长为完全履行承诺的 0.6360，在国民待遇方面，该行业由 0.6080 增长为 0.6640。

商务服务对外开放程度次之，该行业总体加权后自由化指标为 31.67%，完全履行承诺后该行业开放度达到 34.87%。在市场准入方面，商务服务承诺开放度由未完全履行承诺的 0.2439 增长为完全履行承诺的 0.3078。

加权后旅游服务的自由化指标迅速下降，该行业的自由化指标由未加权的 45.42% 变为总体加权后的 21.25%，完全履行承诺后该行业开放度达到 0.2450。同时，在市场准入方面，该行业承诺开放度由未完全履行承诺的 0.1950 增长为完全履行承诺的 0.2600。

通信服务和金融服务是中国加入 WTO 后最为敏感的行业，两者加权后的自由化指标分别为 18.35% 和 18.29%，完全履行承诺后该行业开放度达到 0.1938 和 0.2159。在市场准入方面，通信服务和金融服务的承诺开放度由未完全履行承诺的 0.0988 和 0.1482 分别增长为完全履行承诺的 0.1192 和 0.1853。国民待遇方面，金融服务由 0.2176 增长为 0.2465；通信服务没有变化，依然是 0.2683。

环境服务对外开放程度也较高，该行业总体加权后自由化指标为 0.1575。建筑服务总体加权后自由化指标仅为 0.053，笔者认为，这是对中国建筑服务对外开放度的明显低估。中国加入世界贸易组织以来，在市场准入和国民待遇下关于建筑业中的“有保留的承诺”中的大多数已经转换为“无限制”，建筑服务自由化指标实际上已经提高。

从市场准入和国民待遇两个角度分析，目前中国服务业的承诺开放水平并不高，但完全履行承诺后服务业开放水平明显提升。同时，可以看到中国绝大多数服务业在市场准入方面的承诺开放度小于国民待遇方面，这主要是因为发展中国家在选择服务贸易开放承诺时，在国民待遇方面做出让步，力争在市场准入方面争取有利条件促进国内服务业健康快速发展。

（四）中国服务业开放度的空间分析

1. 服务业外商投资开放度的空间分析

本章使用各省（自治区、直辖市）通过服务业外商投资获得的国外资本存量的方法计算它们的服务业外商投资开放度。首先计算 t 期全国层面通过外商投资获得的国外研发资本存量 $SFDI_t$，即：

$$SFDI_t = \sum_{j=1}^{10} (FDI_{jt}/GDP_{jt}) RD_{jt} \quad (2-8)$$

其中，j=1，2，…，10，本章选择对中国实际投资前10位的国家（地区），包括中国香港、中国台湾、韩国、新加坡、日本、美国、德国、法国、沙特阿拉伯、英国。FDI_{jt}为j国对中国的FDI存量总规模，GDP_{jt}为t期j国的GDP，RD_{jt}为t时期j国国内研发资本存量，RD_{jt}的计算方法和国内研发资本存量（RD_{it}）计算方法相同量。

其次，计算i省t期通过服务业对外直接投资获得的国外研发资本存量FDI_{it}：

$$FDI_{it} = (FDI_{it}/FDI_t) SFDI_t \quad (2-9)$$

其中，i=1，2，…，30为中国31省（自治区、直辖市），FDI_t为t年服务业FDI存量总规模。

数据来源于各省、自治区和直辖市各年统计年鉴，由于数据的可获得性限制，仅能得到2004～2014年各省级单位服务业外商投资额数据，因此计算2004～2014年30省（自治区、直辖市）服务业外商投资开放度。中国服务业外商投资开放度排名前10位的分别为江苏、广东、上海、浙江、辽宁、山东、福建、北京、天津、四川，而居后10位的分别为陕西、山西、内蒙古、黑龙江、云南、贵州、甘肃、新疆、宁夏、青海（见表2-11）。

2. 服务业对外直接投资开放度的空间分析①

本章使用各省（自治区、直辖市）通过服务业对外直接投资获得的国外资本存量的方法计算它们的服务业对外直接投资开放度：

首先，借鉴LP的方法计算t期全国层面通过服务业OFDI获得的国外研发资本存量$SOFDIR_t$，即：

$$SOFDIR_t = \sum_{j=1}^{34} (a_j OFDI_{jt}/GDP_{jt}) RDO_{jt} \quad (2-10)$$

其中，j=1，2，…，34，是指占中国OFDI总存量最多的34国，根据最新数据，占中国OFDI总存量最多的34国包括美国、加拿大、德国、法国、瑞典、巴基斯坦、意大利、捷克、澳大利亚、爱尔兰、比利时、波兰、荷兰、英国、匈牙利、西班牙、韩国、哈萨克斯坦、马来西亚、阿根廷、蒙古国、泰国、新加坡、伊朗、印度、印度尼西亚、墨西哥、南非、俄罗斯、巴西、赞比亚、哥伦比亚、日本、土耳其。计算通过服务业对外直接投资获得的国外研发资本存量有两

① 夏杰长，姚战琪．中国服务业开放40年——渐进历程、开放度评估和经验总结［J］．财经问题研究，2018（4）：3-14.

表 2-11 2004~2014 年 30 省（自治区、直辖市）服务业外商投资开放度

年份	2004	2005	2006	2007	2008	2009	2010	2011	2012	2013	2014	均值
北京	4.40E+09	5.40E+09	5.00E+09	4.50E+09	4.40E+09	5.40E+09	5.30E+09	6.10E+09	8.30E+09	1.10E+10	9.90E+09	6.34E+09
天津	3.90E+09	5.00E+09	5.00E+09	4.20E+09	4.20E+09	5.00E+09	4.80E+09	5.20E+09	6.60E+09	7.80E+09	7.10E+09	5.35E+09
河北	1.70E+09	1.90E+09	1.80E+09	1.50E+09	1.50E+09	1.90E+09	1.80E+09	2.10E+09	2.70E+09	3.30E+09	3.10E+09	2.12E+09
山西	5.80E+08	6.80E+08	8.00E+08	9.10E+08	8.10E+08	1.00E+09	1.00E+09	1.40E+09	1.80E+09	2.10E+09	1.90E+09	1.18E+09
内蒙古	9.00E+08	1.10E+09	1.10E+09	8.70E+08	1.00E+09	1.20E+09	1.00E+09	1.20E+09	1.40E+09	1.40E+09	1.30E+09	1.13E+09
辽宁	5.70E+09	7.20E+09	6.80E+09	5.50E+09	5.60E+09	6.70E+09	6.50E+09	7.50E+09	1.00E+10	1.10E+10	9.80E+09	7.48E+09
吉林	1.60E+09	1.80E+09	2.20E+09	1.60E+09	7.90E+08	9.80E+08	9.80E+08	1.10E+09	1.30E+09	2.00E+09	1.60E+09	1.45E+09
黑龙江	7.90E+08	9.70E+08	9.90E+08	7.40E+08	7.30E+08	9.10E+08	8.70E+08	9.50E+08	1.20E+09	1.40E+09	1.20E+09	9.77E+08
上海	1.40E+10	1.80E+10	1.60E+10	1.30E+10	1.30E+10	1.60E+10	1.50E+10	1.70E+10	2.30E+10	2.80E+10	2.60E+10	1.81E+10
江苏	1.80E+10	2.40E+10	2.30E+10	1.90E+10	1.90E+10	2.30E+10	2.20E+10	2.60E+10	3.50E+10	4.10E+10	3.60E+10	2.60E+10
浙江	7.00E+09	9.00E+09	9.10E+09	7.40E+09	7.20E+09	8.30E+09	8.10E+09	9.10E+09	1.20E+10	1.50E+10	1.30E+10	9.56E+09
安徽	1.10E+09	1.40E+09	1.30E+09	1.20E+09	1.20E+09	1.40E+09	1.30E+09	1.50E+09	2.20E+09	2.60E+09	2.40E+09	1.60E+09
福建	5.70E+09	6.70E+09	6.40E+09	5.20E+09	5.10E+09	6.00E+09	5.50E+09	6.20E+09	8.10E+09	9.60E+09	8.60E+09	6.65E+09
江西	1.40E+09	1.60E+09	1.70E+09	1.50E+09	1.50E+09	1.90E+09	1.90E+09	2.20E+09	3.00E+09	3.60E+09	3.30E+09	2.15E+09
山东	5.80E+09	7.00E+09	6.40E+09	4.90E+09	4.60E+09	5.70E+09	5.50E+09	6.50E+09	8.80E+09	1.10E+10	9.90E+09	6.92E+09
河南	1.20E+09	1.80E+09	1.70E+09	1.30E+09	1.30E+09	1.80E+09	1.70E+09	1.90E+09	2.60E+09	2.90E+09	2.90E+09	1.92E+09
湖北	1.90E+09	2.30E+09	2.00E+09	1.60E+09	1.50E+09	1.90E+09	1.90E+09	2.40E+09	3.20E+09	4.00E+09	3.80E+09	2.41E+09
湖南	9.90E+08	1.40E+09	1.50E+09	1.20E+09	1.20E+09	1.40E+09	1.40E+09	1.60E+09	2.10E+09	2.50E+09	2.30E+09	1.60E+09

续表

年份	2004	2005	2006	2007	2008	2009	2010	2011	2012	2013	2014	均值
广东	2. 20E + 10	2. 60E + 10	2. 30E + 10	1. 80E + 10	1. 70E + 10	2. 00E + 10	1. 90E + 10	2. 10E + 10	2. 70E + 10	3. 10E + 10	2. 80E + 10	2. 29E + 10
广西	1. 10E + 09	1. 30E + 09	1. 30E + 09	1. 10E + 09	1. 20E + 09	1. 40E + 09	1. 20E + 09	1. 40E + 09	1. 70E + 09	2. 00E + 09	1. 90E + 09	1. 42E + 09
海南	7. 20E + 08	8. 20E + 08	8. 50E + 08	4. 80E + 09	4. 40E + 09	4. 60E + 09	1. 10E + 09	1. 00E + 09	1. 50E + 09	1. 70E + 09	1. 40E + 09	2. 08E + 09
重庆	6. 00E + 08	7. 10E + 08	6. 70E + 08	1. 00E + 09	1. 10E + 09	1. 40E + 09	1. 50E + 09	2. 00E + 09	3. 00E + 09	3. 60E + 09	3. 30E + 09	1. 72E + 09
四川	1. 20E + 09	1. 50E + 09	1. 40E + 09	1. 40E + 09	1. 90E + 09	2. 30E + 09	2. 40E + 09	2. 60E + 09	3. 60E + 09	4. 40E + 09	4. 10E + 09	2. 44E + 09
贵州	1. 90E + 08	2. 10E + 08	1. 90E + 08	1. 40E + 08	1. 50E + 08	1. 80E + 08	1. 80E + 08	2. 60E + 08	4. 30E + 08	7. 30E + 08	7. 70E + 08	3. 12E + 08
云南	6. 60E + 08	7. 50E + 08	7. 70E + 08	6. 00E + 08	6. 40E + 08	8. 10E + 08	7. 90E + 08	9. 40E + 08	1. 30E + 09	1. 50E + 09	1. 20E + 09	9. 05E + 08
陕西	1. 00E + 09	1. 20E + 09	1. 10E + 09	8. 40E + 08	6. 20E + 08	8. 20E + 08	8. 00E + 08	9. 00E + 08	1. 70E + 09	2. 20E + 09	2. 20E + 09	1. 22E + 09
甘肃	2. 60E + 08	2. 80E + 08	2. 00E + 08	1. 60E + 08	1. 70E + 08	2. 50E + 08	2. 80E + 08	2. 90E + 08	3. 90E + 08	4. 00E + 08	3. 30E + 08	2. 74E + 08
青海	8. 00E + 07	6. 20E + 07	1. 40E + 08	1. 20E + 08	1. 50E + 08	1. 40E + 08	1. 00E + 08	1. 40E + 08	1. 60E + 08	1. 80E + 08	1. 50E + 08	1. 29E + 08
宁夏	3. 40E + 08	4. 00E + 08	3. 20E + 08	1. 10E + 08	1. 10E + 08	1. 30E + 08	1. 80E + 08	2. 00E + 08	1. 70E + 08	2. 20E + 08	2. 60E + 08	2. 22E + 08
新疆	1. 20E + 08	1. 60E + 08	1. 90E + 08	1. 60E + 08	2. 10E + 08	2. 40E + 08	2. 30E + 08	2. 50E + 08	3. 70E + 08	4. 00E + 08	3. 80E + 08	2. 46E + 08

注：由于版面有限，本表采取科学技术法，例如：20181700000000 = 2. 01817 × 10^{13}。计算器或电脑表达 10 的幂时一般是用 E，因此 20181700000000 = 2. 01817E + 13。表 2 – 12、表 2 – 13 同。

资料来源：笔者计算得出。

个步骤：第一，计算全国层面通过服务业 OFDI 获得的国外研发资本存量；第二，计算各省通过服务业 OFDI 获得的国外研发资本存量。计算全国层面通过服务业 OFDI 获得的国外研发资本存量时必须得到我国分别对 34 国的服务业 OFDI。$OFDI_{jt}$为中国对 j 国的 OFDI 存量总规模，a_j为中国对各国服务业 OFDI 所占比重，该数据不可得，因此分别使用中国对各大洲服务业 OFDI 所占比重来代替。GDP_{jt}为 t 期 j 国的 GDP，RDO_{jt}为 t 时期 j 国国内研发资本存量，RDO_{jt}的计算方法和国内研发资本存量（RDC_{it}）计算方法相同。

其次，计算 i 省（自治区、直辖市）t 期通过对服务业对外直接投资获得的国外研发资本存量 $SOFDIR_{it}$：

$$SOFDIR_{it} = (OFDI_{it} \times \varepsilon_i / OFDI_t) SOFDIR_t \quad (2-11)$$

其中，$SOFDIR_{it}$为 i 省 t 期通过对 34 国服务业 OFDI 获得的国外研发资本存量。$OFDI_{it}$为 i 省 t 期对外直接投资存量，由于各省服务业 OFDI 数据不可得，本章根据商务部公布的 1980 年至今中国对外投资企业名录中的各省（自治区、直辖市）境内投资主体在各国的境外投资企业名录，计算截至 2014 年末 i 省（自治区、直辖市）服务业对外投资企业数所占比重ε_i，即各省（自治区、直辖市）服务业对外投资企业数所占比重，$OFDI_t$为全国对外直接投资存量规模。中国对外直接投资存量数据来源于《中国对外直接投资统计公报》，其他数据来源于世界银行。

2004 ~ 2014 年 30 省（自治区、直辖市）服务业对外直接投资开放度如表 2 - 12 所示。中国服务业对外直接投资开放度排名前 10 位的分别为广东、浙江、江苏、北京、上海、山东、辽宁、天津、湖南、福建，而居后 10 位的分别为湖北、海南、江西、广西、内蒙古、甘肃、山西、宁夏、贵州、青海。

3. 服务贸易开放度的空间分析①

本章使用 30 省（自治区、直辖市）通过进口获得的国外资本存量的方法计算它们的服务业进口开放度。首先计算 t 期全国层面通过进口获得的国外研发资本存量 $SIMP_t$，即：

$$SIMP_t = \sum_{j=1}^{10} (IMP_{jt} / GDP_{jt}) RD_{jt} \quad (2-12)$$

其中，j = 1，2，…，10，为前文提到的 10 国，IMP_{jt}为 t 期中国从 j 国的进口存量总规模。

① 夏杰长，姚战琪．中国服务业开放 40 年——渐进历程、开放度评估和经验总结［J］．财经问题研究，2018（4）：3 - 14.

表 2－12 2004～2014 年 30 省（自治区、直辖市）服务业对外直接投资开放度

年份	2004	2005	2006	2007	2008	2009	2010	2011	2012	2013	2014	均值
北京	7.28E+05	1.00E+06	1.20E+06	3.10E+06	4.60E+06	8.00E+06	1.10E+07	1.60E+07	2.60E+07	4.50E+07	1.10E+08	2.06E+07
天津	8.84E+03	2.71E+04	7.89E+04	1.95E+05	2.33E+05	4.87E+05	8.57E+05	1.40E+06	2.90E+06	5.00E+06	1.40E+07	2.29E+06
河北	5.07E+04	8.40E+04	1.17E+05	2.12E+05	2.74E+05	5.35E+05	8.78E+05	1.50E+06	2.30E+06	3.50E+06	4.90E+06	1.30E+06
山西	3.98E+03	7.22E+03	1.69E+04	3.83E+04	2.40E+04	8.15E+04	1.03E+05	1.56E+05	2.63E+05	3.88E+05	4.68E+05	1.41E+05
内蒙古	1.47E+03	4.60E+03	1.10E+04	2.70E+04	3.70E+04	8.40E+04	1.04E+05	1.46E+05	4.16E+05	5.81E+05	9.00E+05	2.10E+05
辽宁	2.26E+04	2.61E+04	9.86E+04	2.44E+05	3.12E+05	8.89E+05	2.10E+06	3.20E+06	6.70E+06	7.60E+06	9.90E+06	2.83E+06
吉林	1.02E+04	1.32E+04	1.98E+04	6.17E+04	1.02E+05	2.20E+05	2.96E+05	4.28E+05	7.34E+05	1.10E+06	1.40E+06	3.99E+05
黑龙江	2.46E+04	6.70E+04	1.37E+05	2.52E+05	3.31E+05	4.09E+05	5.21E+05	8.20E+05	1.60E+06	2.10E+06	2.80E+06	8.24E+05
上海	1.30E+06	1.80E+06	2.80E+06	5.00E+06	3.40E+06	6.40E+06	1.20E+07	1.40E+07	4.00E+07	5.30E+07	8.20E+07	2.02E+07
江苏	4.07E+05	6.32E+05	1.10E+06	3.30E+06	4.50E+06	7.60E+06	1.20E+07	2.10E+07	3.90E+07	5.60E+07	8.50E+07	2.10E+07
浙江	3.04E+05	6.90E+05	1.30E+06	3.40E+06	4.30E+06	9.40E+06	2.00E+07	2.80E+07	4.40E+07	5.80E+07	8.80E+07	2.34E+07
安徽	3.31E+03	6.70E+03	1.79E+04	4.25E+04	5.30E+04	8.29E+04	3.52E+05	6.13E+05	1.20E+06	1.90E+06	2.30E+06	5.97E+05
福建	4.65E+04	5.48E+04	1.53E+05	4.16E+05	4.83E+05	7.83E+05	1.00E+06	1.50E+06	2.60E+06	3.20E+06	4.30E+06	1.32E+06
江西	1.16E+03	1.83E+03	4.66E+03	1.97E+04	3.08E+04	5.03E+04	9.13E+04	1.91E+05	5.00E+05	7.67E+05	1.40E+06	2.78E+05
山东	3.45E+05	5.20E+05	9.41E+05	2.10E+06	2.60E+06	3.80E+06	7.60E+06	1.50E+07	2.80E+07	3.80E+07	5.10E+07	1.36E+07
河南	1.22E+04	4.15E+04	2.26E+04	8.83E+04	1.26E+05	2.54E+05	3.30E+05	5.30E+05	1.00E+06	1.40E+06	2.00E+06	5.28E+05
湖北	2.71E+03	4.47E+03	8.73E+03	1.68E+04	1.77E+04	3.66E+04	6.88E+04	3.99E+05	8.17E+05	1.00E+06	1.50E+06	3.52E+05
湖南	2.60E+03	1.36E+04	4.48E+04	1.98E+05	4.28E+05	1.50E+06	2.10E+06	3.00E+06	4.90E+06	5.50E+06	7.30E+06	2.27E+06
广东	1.90E+06	2.90E+06	4.20E+06	1.10E+07	1.30E+07	1.60E+07	2.10E+07	3.80E+07	6.90E+07	9.60E+07	1.50E+08	3.85E+07
广西	2.90E+03	1.02E+04	9.56E+03	3.23E+04	4.34E+04	1.10E+05	2.02E+05	3.08E+05	5.13E+05	6.38E+05	9.66E+05	2.58E+05
海南	8.65E+02	9.44E+02	1.24E+03	6.05E+03	5.79E+03	1.70E+04	5.37E+04	3.08E+05	8.17E+05	8.57E+05	1.00E+06	2.79E+05

续表

年份	2004	2005	2006	2007	2008	2009	2010	2011	2012	2013	2014	均值
重庆	1. 76E +04	9. 98E +03	1. 31E +04	4. 40E +04	7. 12E +04	9. 01E +04	2. 06E +05	4. 05E +05	8. 25E +05	9. 52E +05	1. 40E +06	3. 67E +05
四川	8. 48E +03	2. 78E +04	5. 07E +04	2. 44E +05	2. 06E +05	3. 20E +05	7. 92E +05	1. 40E +06	2. 20E +06	2. 60E +06	3. 80E +06	1. 06E +06
贵州	5. 56E +01	1. 23E +02	6. 70E +01	2. 39E +02	9. 43E +02	1. 30E +03	1. 26E +03	3. 57E +03	8. 29E +03	3. 15E +04	3. 58E +04	7. 57E +03
云南	3. 02E +03	1. 03E +04	2. 23E +04	8. 76E +04	1. 80E +05	3. 45E +05	5. 99E +05	8. 21E +05	1. 70E +06	2. 30E +06	3. 40E +06	8. 61E +05
陕西	1. 40E +03	2. 40E +03	5. 60E +03	1. 72E +04	5. 51E +04	1. 37E +05	2. 43E +05	4. 63E +05	9. 61E +05	1. 10E +06	1. 50E +06	4. 08E +05
甘肃	8. 53E +02	2. 73E +03	4. 15E +03	1. 94E +04	4. 41E +04	5. 25E +04	6. 46E +04	1. 42E +05	3. 75E +05	4. 48E +05	4. 94E +05	1. 50E +05
青海	1. 81E +01	3. 90E +01	6. 04E +01	1. 13E +02	1. 54E +02	2. 71E +02	3. 39E +02	5. 80E +02	1. 84E +03	5. 40E +03	6. 56E +03	1. 40E +03
宁夏	4. 02E +01	3. 45E +02	9. 54E +02	1. 34E +03	1. 77E +03	2. 19E +03	2. 72E +03	4. 04E +03	1. 07E +04	1. 78E +04	4. 91E +04	8. 27E +03
新疆	2. 90E +03	7. 48E +03	1. 74E +04	4. 27E +04	1. 09E +05	1. 68E +05	2. 38E +05	4. 16E +05	7. 71E +05	9. 43E +05	1. 40E +06	3. 74E +05

资料来源：笔者计算得出。

表 2-13 2004~2014 年 30 省（自治区、直辖市）贸易开放度

年份	2004	2005	2006	2007	2008	2009	2010	2011	2012	2013	2014	均值
北京	4.00E+09	4.50E+09	5.90E+09	6.60E+09	7.40E+09	7.90E+09	1.00E+10	1.10E+10	1.10E+10	1.20E+10	1.50E+10	8.66E+09
天津	3.00E+09	3.70E+09	4.50E+09	4.80E+09	5.60E+09	5.70E+09	6.80E+09	7.80E+09	8.60E+09	1.00E+10	1.20E+10	6.59E+09
河北	7.40E+08	9.30E+08	1.10E+09	1.60E+09	2.70E+09	2.90E+09	4.30E+09	5.70E+09	5.30E+09	6.00E+09	5.90E+09	3.38E+09
山西	2.50E+08	3.60E+08	4.00E+08	7.10E+08	7.20E+08	7.10E+08	9.00E+08	1.00E+09	9.50E+08	9.00E+08	9.00E+08	7.09E+08
内蒙古	3.30E+08	3.90E+08	4.40E+08	6.70E+08	7.20E+08	7.70E+08	9.30E+08	1.00E+09	1.00E+09	1.10E+09	1.20E+09	7.77E+08
辽宁	2.70E+09	2.90E+09	3.10E+09	3.80E+09	4.90E+09	5.10E+09	6.70E+09	7.30E+09	7.70E+09	8.30E+09	9.10E+09	5.60E+09
吉林	7.40E+08	5.90E+08	7.30E+08	9.20E+08	1.10E+09	1.20E+09	1.60E+09	2.10E+09	2.20E+09	2.40E+09	2.70E+09	1.48E+09
黑龙江	4.60E+08	6.00E+08	9.20E+08	1.10E+09	1.40E+09	9.60E+08	1.20E+09	2.00E+09	2.10E+09	1.80E+09	2.30E+09	1.35E+09
上海	1.20E+10	1.20E+10	1.50E+10	1.70E+10	1.90E+10	1.90E+10	2.40E+10	2.80E+10	2.80E+10	3.00E+10	3.40E+10	2.16E+10
江苏	1.20E+10	1.50E+10	1.80E+10	2.10E+10	2.30E+10	2.20E+10	2.80E+10	3.00E+10	3.00E+10	3.20E+10	3.40E+10	2.41E+10
浙江	4.50E+09	5.40E+09	6.80E+09	7.90E+09	9.40E+09	8.60E+09	1.10E+10	1.30E+10	1.20E+10	1.30E+10	1.30E+10	9.51E+09
安徽	4.60E+08	5.30E+08	7.30E+08	9.20E+08	1.10E+09	9.90E+08	1.60E+09	1.70E+09	1.40E+09	2.00E+09	2.20E+09	1.24E+09
福建	2.60E+09	2.70E+09	3.00E+09	3.30E+09	3.80E+09	4.10E+09	5.60E+09	6.30E+09	6.70E+09	7.30E+09	8.70E+09	4.92E+09
江西	3.00E+08	2.90E+08	4.30E+08	6.20E+08	8.90E+08	8.50E+08	1.20E+09	1.30E+09	1.20E+09	1.30E+09	1.60E+09	9.07E+08
山东	4.30E+09	5.30E+09	6.50E+09	8.00E+09	1.10E+10	1.10E+10	1.50E+10	1.80E+10	1.90E+10	2.10E+10	2.30E+10	1.29E+10
河南	4.00E+08	4.40E+08	4.90E+08	6.50E+08	9.20E+08	8.60E+08	9.90E+08	1.60E+09	2.60E+09	2.90E+09	3.40E+09	1.39E+09
湖北	5.80E+08	7.40E+08	8.10E+08	9.30E+08	1.20E+09	1.10E+09	1.50E+09	1.70E+09	1.60E+09	1.80E+09	2.20E+09	1.29E+09
湖南	3.90E+08	4.00E+08	3.60E+08	4.60E+08	5.90E+08	7.30E+08	8.90E+08	1.10E+09	1.10E+09	1.20E+09	1.50E+09	7.93E+08
广东	2.30E+10	2.50E+10	3.10E+10	3.50E+10	3.80E+10	3.70E+10	4.70E+10	5.20E+10	5.60E+10	6.70E+10	6.50E+10	4.33E+10
广西	3.40E+08	3.70E+08	4.90E+08	7.10E+08	9.90E+08	1.20E+09	1.70E+09	2.80E+09	3.70E+09	3.60E+09	4.20E+09	1.83E+09
海南	2.80E+08	1.60E+08	3.00E+08	6.90E+08	9.70E+08	9.20E+08	1.00E+09	1.30E+09	1.40E+09	1.40E+09	1.70E+09	9.20E+08

续表

年份	2004	2005	2006	2007	2008	2009	2010	2011	2012	2013	2014	均值
重庆	2. 50E +08	2. 30E +08	2. 90E +08	3. 70E +08	4. 60E +08	4. 90E +08	6. 10E +08	1. 10E +09	1. 70E +09	2. 50E +09	4. 00E +09	1. 09E +09
四川	4. 30E +08	4. 60E +08	6. 50E +08	8. 00E +08	1. 10E +09	1. 40E +09	1. 80E +09	2. 20E +09	2. 40E +09	2. 70E +09	3. 20E +09	1. 56E +09
贵州	1. 50E +08	1. 20E +08	1. 10E +08	1. 50E +08	2. 50E +08	1. 60E +08	1. 80E +08	2. 70E +08	2. 20E +08	1. 90E +08	2. 00E +08	1. 82E +08
云南	2. 30E +08	3. 30E +08	4. 30E +08	5. 70E +08	6. 00E +08	5. 20E +08	6. 60E +08	7. 10E +08	7. 80E +08	8. 60E +08	1. 20E +09	6. 26E +08
陕西	2. 60E +08	2. 90E +08	3. 30E +08	3. 70E +08	4. 50E +08	6. 30E +08	7. 70E +08	8. 60E +08	7. 80E +08	1. 20E +09	1. 80E +09	7. 04E +08
甘肃	1. 20E +08	2. 40E +08	3. 70E +08	5. 30E +08	5. 90E +08	5. 00E +08	7. 80E +08	7. 30E +08	6. 20E +08	6. 60E +08	4. 20E +08	5. 05E +08
青海	2. 50E +07	2. 30E +07	5. 50E +07	5. 00E +07	5. 00E +07	7. 10E +07	6. 40E +07	5. 00E +07	4. 50E +07	6. 10E +07	4. 00E +07	4. 85E +07
宁夏	5. 30E +07	4. 80E +07	6. 70E +07	7. 80E +07	1. 10E +08	1. 30E +08	1. 30E +08	9. 30E +07	9. 30E +07	9. 80E +07	1. 80E +08	9. 82E +07
新疆	4. 10E +08	4. 20E +08	4. 20E +08	6. 00E +08	8. 00E +08	7. 10E +08	1. 10E +09	1. 90E +09	2. 30E +09	2. 60E +09	2. 80E +09	1. 28E +09

资料来源：笔者计算得出。

其次，计算 i 省 t 期通过进口获得的研发资本存量 FDI_{it}：

$$FDI_{it} = (IMP_{it}/IMP_t)SIMP_t \quad (2-13)$$

其中，IMP_{it}为 i 省（自治区、直辖市）t 期服务业进口贸易额，i = 1，2，…，30，为中国 30 省（自治区、直辖市），IMP_t为 t 年服务业进口总规模。

当前只有 30 省（自治区、直辖市）进口额和出口额，缺失服务业进口额和出口额的数据，因此，只能计算 30 省（自治区、直辖市）通过进口获得的国外研发资本存量。2004 ~2014 年 30 省（自治区、直辖市）贸易开放度如表 2 - 13 所示。中国贸易开放度排名前 10 位的分别为广东、江苏、上海、山东、浙江、北京、天津、辽宁、福建、河北，居后 5 位的分别为云南、甘肃、贵州、宁夏、青海。

第三章　中国服务业对外开放的绩效评估和时序选择

一、中国服务业国际竞争力分析

显示性比较优势指数（RCA）和贸易竞争力指数（TC）是分析服务业国际竞争力的主要指标，我们也将使用这套指标体系测度中国服务业的国际竞争力。

（一）中国与各国的服务贸易显示性比较优势指数对比分析

首先，通过计算服务贸易显示性比较优势指数来衡量各国服务业竞争力，即使用各国服务出口贸易额、各国总出口额、世界服务出口贸易额、世界总出口额计算各国的服务贸易显示性比较优势指数：

$$RCA_{ij} = (X_{ij}/X_{tj}) \div (X_{iW}/X_{tW}) \tag{3-1}$$

其中，X_{ij}表示国家 j 服务产品 i 的出口贸易额，X_{tj}表示国家 j 的总出口额；X_{iW}表示服务产品 i 的世界出口贸易额，X_{tW}表示世界总出口额。如果一国服务贸易显示性比较优势指数大于2.5，表明该国服务业具有极强的国际竞争力；服务贸易显示性比较优势指数在1.25～2.5，表明该国服务业具有很强的国际竞争力；服务贸易显示性比较优势指数在0.8～1.25，表明该国服务业具有较强的国际竞争力；服务贸易显示性比较优势指数小于0.8，表明该国服务业的国际竞争力较弱。

卢森堡、马耳他、东帝汶、塞浦路斯的服务贸易显示性比较优势指数均值为3.4，以上国家服务业具有极强的国际竞争力；冰岛、克罗地亚、希腊、英国、菲律宾、爱尔兰、丹麦、葡萄牙、爱沙尼亚、瑞典、法国、西班牙、柬埔寨、芬兰的服务贸易显示性比较优势指数均值为1.65，以上国家服务业具有很强的国际竞争力；奥地利、新加坡、挪威、拉脱维亚、比利时、瑞士、罗马尼亚、保加利亚、泰国、立陶宛、斯洛文尼亚、匈牙利、波兰的服务贸易显示性比较优势指数均值为1.08，以上国家服务业具有较强的国际竞争；意大利、德国、蒙古、中国香港、韩国、斯洛伐克、中国、文莱、越南的服务贸易显示性比较优势指数均值为0.55，因此以上国家或地区服务业的国际竞争力较弱①。

从表3－1可以看到，中国服务贸易显示性比较优势指数均值仅为0.581，虽然大于越南和文莱，但小于中国香港、韩国、蒙古、柬埔寨、菲律宾、新加坡、泰国、东帝汶、奥地利、比利时、保加利亚、克罗地亚、塞浦路斯、丹麦、爱沙尼亚、芬兰、法国、德国、希腊、匈牙利、冰岛、爱尔兰、意大利、拉脱维亚、立陶宛、卢森堡、马耳他、挪威、波兰、葡萄牙、罗马尼亚、斯洛伐克、斯洛文尼亚、西班牙、瑞典、瑞士、英国，这表明虽然改革开放后中国服务出口快速增长，但中国服务贸易总体上存在比较劣势，中国服务贸易不但落后于货物贸易，而且逆差不断上升，因此中国服务业的出口竞争力极弱，中国服务业的国际竞争力整体较弱②。

（二）中国服务业分行业比较优势指数分析

其次，通过计算服务贸易比较优势指数来衡量各国服务业总体竞争力：服务业各部门TC指数＝（服务业各部门出口额－服务业各部门进口额）／（服务业各部门出口额＋服务业各部门进口额）。我们通过对2012～2017年中国服务业各部门TC指数的分析（参见表3－2），可以发现：从整体上看，在2012～2017年，中国服务业总体TC指数长期为负，因此中国服务业贸易竞争力较弱，表明我国服务贸易竞争力不断下降。分行业看，中国运输、旅行、保险和养老金服务、知识产权使用费、个人/文化和娱乐服务、别处未提及的政府服务的贸易竞争力指数长期为负，表明我国运输、旅行、保险和养老金服务、知识产权使用费、个人/文化和娱乐服务、别处未提及的政府服务行业长期处于劣势；加工服务、维护和维修服务、建筑、金融服务、电信/计算机和信息服务、其他商业服务贸易竞争力指数为正，尤其是加工服务、维护和维修服务贸易竞争力指数最高，表明我国加工服务、维护和维修服务具有显著的比较优势。另外，中国金融服务业的TC指数在2012～2015年为负，但在2016年后中国金融业国际竞争力快速提升，并在2016年后保持在正数状态，2016年中国金融服务业TC指数为0.22，2017年为0.39，表明中国金融业竞争力显著增强③。

---

①②③ 姚战琪．中国服务业开放度测算及其国际竞争力分析［J］．国际贸易，2018（9）：48－54.

表 3－1　中国与各国的服务贸易显示性比较优势指数

年份	2005	2006	2007	2008	2009	2010	2011	2012	2013	2014	2015	2016	均值
中国	1. 990	0. 468	0. 480	0. 478	0. 432	0. 515	0. 508	0. 465	0. 427	0. 411	0. 399	0. 400	0. 581
中国香港	2. 882	0. 749	0. 787	0. 810	0. 747	0. 825	0. 876	0. 872	0. 833	0. 793	0. 741	0. 691	0. 967
韩国	2. 961	0. 730	0. 759	0. 857	0. 734	0. 732	0. 681	0. 735	0. 698	0. 714	0. 661	0. 648	0. 909
蒙古	7. 065	1. 362	1. 207	1. 053	0. 927	0. 721	0. 593	0. 757	0. 804	0. 496	0. 635	0. 697	1. 360
柬埔寨	5. 446	1. 302	1. 474	1. 496	1. 610	1. 643	1. 785	1. 815	1. 691	1. 569	1. 379	1. 283	1. 874
菲律宾	5. 011	1. 315	1. 412	1. 358	1. 444	1. 572	1. 690	1. 547	1. 680	1. 569	1. 750	1. 802	1. 846
新加坡	3. 158	0. 859	0. 924	0. 992	0. 975	1. 026	1. 081	1. 121	1. 155	1. 188	1. 219	1. 235	1. 245
泰国	3. 028	0. 798	0. 806	0. 795	0. 755	0. 748	0. 821	0. 922	1. 009	0. 918	0. 984	1. 025	1. 051
东帝汶	—	3. 899	4. 396	3. 730	3. 471	3. 441	3. 669	3. 362	3. 865	3. 797	3. 477	3. 348	3. 678
越南	2. 278	0. 560	0. 565	0. 494	0. 404	0. 450	0. 418	0. 388	0. 365	0. 316	0. 281	0. 276	0. 566
文莱	1. 761	0. 439	0. 460	0. 369	0. 498	0. 240	0. 198	0. 181	0. 194	0. 220	0. 410	0. 363	0. 445
奥地利	5. 208	1. 286	1. 243	1. 321	1. 283	1. 282	1. 310	1. 332	1. 371	1. 324	1. 254	1. 249	1. 622
比利时	4. 036	0. 992	1. 016	1. 163	1. 222	1. 279	1. 246	1. 311	1. 292	1. 327	1. 337	1. 215	1. 453
保加利亚	—	—	1. 437	1. 488	1. 487	1. 254	1. 108	1. 145	1. 055	1. 121	1. 058	1. 048	1. 220
克罗地亚	11. 371	2. 745	2. 668	2. 826	2. 556	2. 548	2. 646	2. 672	2. 560	2. 382	2. 226	2. 270	3. 289
塞浦路斯	—	—	—	3. 740	3. 229	3. 474	3. 605	3. 554	3. 619	3. 431	3. 220	3. 265	3. 460
丹麦	6. 853	1. 829	1. 851	1. 902	1. 662	1. 821	1. 844	1. 894	1. 844	1. 760	1. 654	1. 521	2. 203
爱沙尼亚	7. 380	1. 750	1. 611	1. 731	1. 698	1. 550	1. 424	1. 473	1. 495	1. 506	1. 413	1. 396	2. 036
芬兰	4. 340	0. 952	1. 013	1. 239	1. 361	1. 394	1. 398	1. 416	1. 375	1. 222	1. 312	1. 282	1. 525
法国	5. 068	1. 255	1. 280	1. 339	1. 289	1. 369	1. 457	1. 481	1. 476	1. 483	1. 391	1. 343	1. 686
德国	2. 895	0. 724	0. 689	0. 728	0. 759	0. 750	0. 756	0. 778	0. 774	0. 760	0. 729	0. 723	0. 922

续表

年份	2005	2006	2007	2008	2009	2010	2011	2012	2013	2014	2015	2016	均值
希腊	12. 598	3. 044	2. 912	3. 008	2. 672	2. 749	2. 753	2. 514	2. 480	2. 479	2. 296	2. 135	3. 470
匈牙利	3. 473	0. 802	0. 772	0. 802	0. 838	0. 872	0. 926	0. 936	0. 946	0. 931	0. 869	0. 871	1. 087
冰岛	8. 515	2. 042	2. 057	1. 846	1. 832	2. 029	2. 103	2. 166	2. 253	2. 157	2. 094	2. 309	2. 617
爱尔兰	6. 590	1. 783	1. 801	1. 929	1. 707	1. 935	2. 197	2. 294	2. 351	2. 213	1. 661	1. 754	2. 351
意大利	3. 955	0. 990	0. 929	0. 887	0. 870	0. 905	0. 909	0. 918	0. 884	0. 834	0. 776	0. 770	1. 136
拉脱维亚	6. 643	1. 732	1. 739	1. 835	1. 702	1. 510	1. 497	1. 409	1. 382	1. 262	1. 218	1. 223	1. 929
立陶宛	4. 239	1. 065	1. 020	0. 910	0. 927	0. 898	0. 867	0. 884	0. 891	0. 913	0. 920	0. 991	1. 210
卢森堡	14. 458	3. 691	3. 701	3. 677	3. 378	3. 653	3. 829	3. 861	3. 801	3. 708	3. 654	3. 587	4. 583
马耳他	12. 150	2. 984	3. 093	3. 586	3. 438	3. 606	3. 749	3. 652	3. 678	3. 690	3. 400	3. 392	4. 201
挪威	4. 387	1. 027	1. 052	0. 989	1. 030	1. 169	1. 033	1. 133	1. 159	1. 181	1. 223	1. 225	1. 384
波兰	3. 357	0. 853	0. 922	0. 925	0. 844	0. 888	0. 923	0. 927	0. 894	0. 868	0. 829	0. 843	1. 089
葡萄牙	5. 577	1. 447	1. 486	1. 551	1. 503	1. 529	1. 591	1. 564	1. 566	1. 534	1. 476	1. 472	1. 858
罗马尼亚	7. 853	2. 002	1. 459	1. 436	1. 148	0. 929	0. 904	0. 997	1. 139	1. 126	1. 097	1. 079	1. 764
斯洛伐克	2. 779	0. 637	0. 582	0. 581	0. 486	0. 453	0. 443	0. 459	0. 485	0. 454	0. 436	0. 425	0. 685
斯洛文尼亚	3. 713	0. 877	0. 854	0. 995	0. 942	0. 961	0. 960	0. 972	0. 957	0. 900	0. 869	0. 873	1. 156
西班牙	6. 332	1. 620	1. 516	1. 571	1. 459	1. 486	1. 538	1. 497	1. 399	1. 365	1. 296	1. 314	1. 866
瑞典	4. 293	1. 075	1. 104	1. 148	1. 182	1. 177	1. 264	1. 307	1. 427	1. 385	1. 401	1. 357	1. 510
瑞士	5. 941	1. 450	1. 413	1. 367	1. 312	1. 227	1. 206	1. 239	1. 139	1. 240	1. 177	1. 115	1. 652
英国	7. 421	1. 848	1. 997	1. 946	1. 876	1. 885	1. 929	1. 982	2. 019	1. 962	1. 900	1. 877	2. 387

资料来源：笔者根据 UNCTAD 提供的数据计算。

表 3-2 中国服务业各部门 TC 指数

年份	2012	2013	2014	2015	2016	2017	均值
总额	-0.1651	-0.2299	-0.3278	-0.3316	-0.3666	-0.3443	-0.2942
加工服务	0.9902	0.9932	0.9894	0.9844	0.9824	0.9806	0.9867
维护和维修服务	—	—	—	0.4658	0.4286	0.4477	0.4473
运输	-0.3762	-0.4295	-0.4310	-0.3771	-0.4086	-0.4294	-0.4086
旅行	-0.3418	-0.4267	-0.6754	-0.6949	-0.7092	-0.7362	-0.5973
建筑	0.5440	0.4651	0.5185	0.2404	0.2112	0.4729	0.4087
保险和养老金服务	-0.7215	-0.6941	-0.6614	-0.2774	-0.5132	-0.4406	-0.5514
金融服务	-0.0083	-0.0741	-0.0430	-0.0645	0.2241	0.3928	0.0712
知识产权使用费	-0.8885	-0.9188	-0.9413	-0.9056	-0.9066	-0.7140	-0.8791
电信、计算机和信息服务	0.4949	0.3826	0.3049	0.3935	0.3564	0.1832	0.3526
其他商业服务	0.0928	0.0947	0.2567	0.1926	0.1429	0.1790	0.1598
个人、文化和娱乐服务	-0.6364	-0.6897	-0.6615	-0.4390	-0.4869	-0.5696	-0.5805
别处未提及的政府服务	-0.0313	0.0132	-0.3158	-0.4159	-0.4096	-0.3391	-0.2497

资料来源：根据商务部数据计算。

二、服务业开放绩效评估：以服务业开放对出口技术复杂度的影响为例

改革开放后，中国服务业开放不断推进，从 2005 年开始中国服务贸易进口额超过服务贸易出口额，并且服务贸易进口与服务贸易出口之间的差距越来越大，2017 年中国服务贸易进口额为服务贸易出口额的 2.29 倍，并且服务贸易进口的增速一直高于服务贸易出口的增速。同时，不但中国货物进出口额快速增长，而且中国出口技术复杂度也显著提升，在服务业开放背景下如何提升我国出口竞争力，还需要深入剖析服务业开放通过何种渠道能够促进中国贸易结构转型升级，并分析服务业开放通过哪种渠道对中国贸易结构转型升级的促进作用最显著。

（一）模型构建、变量选取及描述性统计

1. 模型构建

本节使用中介效应检验法，通过构建 Sobel 检验法来检验中介效应是否显著①。在中介效应方程中，解释变量对被解释变量的影响不但表现为直接影响被解释变量，而且解释变量也通过若干中介变量间接影响被解释变量，即中介变量是联系解释变量和被解释变量之间关系的纽带。因此，建立以下中介效应模型：

$$etc_{it} = \alpha_0 + \eta_1 simp_{it} + \sum_{j=2}^{5} \eta_j control_{it} + \alpha_i + \lambda_{it} \tag{3-2}$$

$$M_{it} = \beta_0 + \gamma_1 simp_{it} + \sum_{j=2}^{5} \gamma_j control_{it} + \beta_i + \rho_{it} \tag{3-3}$$

$$etc_{it} = \chi_0 + \sigma_1 simp_{it} + mM_{it} + \sum_{j=2}^{5} \sigma_j control_{it} + \chi_i + \kappa_{it} \tag{3-4}$$

其中，i 为各省，t 为各年，etc 为各省出口技术复杂度或按境内目的地和货源地分的货物进出口额，simp 为各省服务业进口技术溢出，control 为控制变量，M 为中介变量，本节选择的中介变量包括中国服务业进口的技术效应、服务进口对人均 GDP 的拉动效应、服务进口对科技研发人员的推动效应、服务进口对研发能力的提升效应。本节从我国出口技术复杂度、货物进出口额两个方面测算我国贸易竞争力。

2. 变量选取及描述性统计

（1）被解释变量。被解释变量为中国出口技术复杂度与按境内目的地和货源地分的货物进出口额。借鉴 Hausmann 的方法计算我国出口技术复杂度，即使用两步法计算我国出口技术复杂度②，第一步计算 m 产业的出口技术复杂度（etc_m）：

$$etc_m = \sum_j \frac{(1-\theta)x_{mj} / \sum_j (1-\theta)x_{nj}}{\sum_j (1-\theta)x_{mj} / \sum_j (1-\theta)x_{nj}} Y_j \tag{3-5}$$

其中，Y_j为 j 省的人均 GDP，x_{mj}为 j 省 m 产业的出口总额，$\sum_j (1-\theta)x_{nj}$ 为

① Robert J. Barro. Democracy and Growth [J]. Journal of Economic Growth, 1996 (1).

② Hausman R., Hwang J., Rodrik D. What You Export Matters [J]. Journal of Economic Growth, 2007 (1).

j 省 12 大类产品的出口总额。

第二步计算 j 省出口技术复杂度（etc_{jt}）：

$$etc_{jt} = \sum_{i=1}^{n} \frac{(1-\theta)x_{ijt}}{\sum_{s=1}^{n}(1-\theta)x_{sjt}} \times etc_{it} \tag{3-6}$$

其中，x_{ijt}为 j 省产业 i 在 t 年的出口额，$\sum_{s=1}^{n}(1-\theta)x_{sjt}$为 t 年省级区域 j 产业 s 的出口总额。

（2）核心解释变量。使用以下方法计算中国各省通过服务贸易进口获得的国外研发资本存量。首先，使用式（3-7）计算 t 期全国层面通过从 j 国进口获得的国外研发资本存量：

$$re_t^{ip} = \sum_{j=1}^{34} \omega_j \times (im_{jt}/gdp_{jt})rdo_{jt} \tag{3-7}$$

其中，im_{jt}为 t 期我国从 j 国进口总额，rdo_{jt}为 j 国研发资本存量，gdp_{jt}为 j 国国内生产总值，ω_j为我国从 j 国服务贸易进口额占比，使用基于最新世界投入产出表（WIOT）中 29 个服务部门的中国从 j 国进口额占我国进口总额比重计算我国从 j 国服务贸易进口额占比。

其次，使用式（3-8）计算各省通过服务贸易进口获得的国外研发资本存量：

$$simp_{it} = (\kappa_i \times im_{it}/im_t)re_t^{ip} \tag{3-8}$$

其中，κ_i为从各省统计年鉴得到的各省服务贸易进口额占该省进口总额的比重，im_{it}/im_t为 t 期 i 省进口额占我国进口额比重。

（3）控制变量。本节控制变量包括三产产值与二产产值之比、资本存量、人力资本、各省劳动力。使用永续盘存法计算各省资本存量。使用 Barro（1996）的方法计算 i 省 t 时期的人力资本存量①：hcz_{it} = 6 × 各省小学比重 + 9 × 初中比重 + 12 × 高中比重 + 16 × 大专及以上比重。各省就业人员受教育程度比重来源于《中国劳动统计年鉴》。使用固定资产永续盘存法计算固定资本，将计算的 2003 年不变价的资本存量作为基准资本存量，然后利用资本盘存法的计算公式进行迭代换算，从而得到 2003 ~ 2016 年 30 个省份不变价的固定资本存量值。各省劳动力来源于各省统计年鉴。各省产值来源于《中国统计年鉴》。

（4）中介变量。本节选择以下中介变量，分别反映服务业进口的技术效应、

① Robert J. Barro. Democracy and Growth [J]. Journal of Economic Growth, 1996 (1).

服务进口对人均 GDP 的拉动效应、服务进口对科技研发人员的推动效应、服务进口对研发能力的提升效应：①各省技术效率。当前各省技术效率在影响该地区出口技术复杂度中扮演重要角色，因此本节使用 DEA 方法计算各省不同时期技术效率。②各省人均 GDP。使用各省人均 GDP 来衡量各省经济发展程度，不但中国服务业开放促进各省经济发展程度提升，而且各省经济发展程度提升也促进各省出口技术复杂度提升。③各省科技人员数量。各省科技人员数量是影响我国出口技术复杂度的重要因素，因此本节使用规模以上工业企业 R&D 人员数量来衡量各省科技人员数量。④各省研发能力。本节使用规模以上工业企业 R&D 经费与国内生产总值之比来衡量各省科技质量。

（5）数据来源及描述性统计。各变量的含义和描述性统计结果见表 3－3。本节使用的数据来源于 2003～2016 年《中国统计年鉴》、国际货币基金组织数据库、Wind 数据库和商务部网站，本节样本为 30 个省（直辖市、自治区），不包括西藏，数据均采用 Stata 13.0 进行处理。

表 3－3　描述性统计

变量类型	变量符号	变量名称	均值	最大值	最小值	标准差
被解释变量	etc_1	出口技术复杂度	26548.6000	57765.3400	8273.7300	11226.7400
	etc_2	按境内目的地和货源地分的货物进出口额	5.88E+11	7.93E+12	2.84E+09	1.15E+12
解释变量	serimp	按汇率折算后的服务业进口技术溢出	5.39E+09	9.21E+10	1.99E+07	1.06E+10
控制变量	sanerper	三产产值与二产产值之比	0.9306	3.6585	0.4971	0.4588
	kcaojia	资本存量	2.85E+12	1.70E+13	8.60E+10	2.86E+12
	hc	人力资本	903.8783	1331.0360	617.7400	120.3004
	renkou	各省劳动力	4522.7520	10724.0000	580.0000	2589.4440
中介变量	techch	各省技术效率	0.9882	1.1740	0.8770	0.0591
	rengdp	各省人均 GDP	29729.5400	105231.0000	3701.0000	20470.8500
	rdpe	规模以上工业企业 R&D 人员数量	65188.5000	426330.0000	554.0000	86190.0700
	rdqd	规模以上工业企业 R&D 经费与国内生产总值之比	0.0091	0.0215	0.0006	0.0050

（二）实证结果

1. 基准回归结果

表 3-4 为服务业开放对我国出口技术复杂度和货物进出口额的影响的基准回归结果。

表 3-4　基准回归结果

	出口技术复杂度	贸易竞争力		
	模型 1	模型 2	模型 3	模型 4
log（serimp）	0.3011*** (20.14)	0.0653*** (3.17)	0.8368*** (59.88)	0.8728*** (31.83)
sanerper		0.1025*** (2.30)		-0.3059*** (-5.29)
log（kcaojia）		0.4829*** (23.20)		-0.0556* (-1.84)
log（hc）		-0.4181*** (-3.11)		0.1967 (0.85)
log（renkou）		0.5908*** (4.69)		0.1354*** (2.25)
_cons	3.7000*** (11.62)	-12.4795*** (-5.69)	8.1527*** (27.36)	5.5671*** (3.31)
R^2	0.8310	0.9510	0.8885	0.9025
N	348	348	360	348

注：***、**、*分别表示 1%、5%、10% 的显著性水平，括号内为 t 检验值。

模型 1、模型 3 为通过服务贸易进口获得技术溢出对出口技术复杂度和货物进出口额影响的回归结果。研究结果显示，通过服务贸易进口获得技术溢出对出口技术复杂度和货物进出口额的两个变量均有显著的影响，通过服务贸易进口获得技术溢出变量的估计系数分别为 0.3011 和 0.8368，并且通过 1% 的显著性检验。模型 2、模型 4 分别为加入三产产值与二产产值之比、资本存量、人力资本、各省劳动力等控制变量后的回归结果。模型 2 和模型 4 的回归结果显示，中国通过服务贸易进口获得的技术溢出变量的估计系数分别为 0.0653 和 0.8728，并且通过 1% 的显著性检验，同时加入控制变量后的模型 4 中的服务业开放对我国货物进出口额的影响并未有太大波动，但加入控制变量后的模型2中的服务业开放对我国货物进出口额的影响迅速下降。也可看到，中国通过服务贸易进口获得的技术溢出对我国货物进出口额的促进作用最显著，中国通过服务贸易进口获得的技术溢出对我国出口技术复杂度的促进作用次之。这是因为中国服务贸易进口能促进反映中国贸易竞争力的货物进出口额不断增长，但由于体制性因素、技术因素、劳动力因素和金融因素，从而出现在中国经济快速增长的背景下出口技术复杂度整体升级缓慢，步履迟缓，抑制了我国出口技术复杂度整体升级的步伐。部分研究成果也发现，快速增长的中国出口额不一定能推动中国出口技术复杂度整体升级。

在本节选择的控制变量对我国出口技术复杂度和贸易竞争力的影响结果中，三产产值与二产产值之比对我国出口技术复杂度的影响为正，但该变量对我国货物进出口额的影响显著为负。一国出口规模波动幅度较大，而出口技术复杂度能促进我国全要素生产率不断提升。部分研究成果也发现服务业发展显著促进中国出口技术复杂度提升。韩玉军等（2016）[①] 使用我国第三产业产值占比来衡量我国产业结构，也发现产业结构优化能显著促进该国出口技术复杂度的提升。各省资本存量对我国出口技术复杂度的影响显著为正，但对各省进出口额的影响为负，因此出口技术复杂度对资本存量的需求快速增长，我国资本存量的增长快速推进我国提升出口技术复杂度，但对各省进出口额的影响不显著。同时，各省劳动力变量对各省出口技术复杂度和贸易竞争力的影响均显著为正，并且各省劳动力对出口技术复杂度的影响程度大于对贸易竞争力的影响程度，因此劳动力增长能显著促进我国出口技术复杂度提升。

2. 服务业进口影响出口技术复杂度和贸易竞争力的中介效应检验

表3－5为分别考虑服务进口对中国贸易竞争力升级的技术效应和人均GDP的拉动效应时，服务业开放对我国贸易竞争力升级的中介效应检验结果。

从表3－5的模型5、模型6和模型7的检验结果可以看到，我国服务业开放对出口技术复杂度的中介效应显著，因此本节着重分析服务业开放影响我国出口技术复杂度的中介效应。可以看到，模型6的Sobel检验、GoodmanTest 1检验、GoodmanTest 2检验均显著，中介效应比例为7.73%，说明我国服务业开放具有一定程度的技术效应，但促进效应极其有限。这与我国的实际情形相符，当前我国面临出口技术复杂度提升的艰巨任务，而我国各省技术效率增长缓慢，各省技

① 韩玉军，王丽，撒莉．服务业FDI对出口技术复杂度的影响研究——基于OECD国家和中国的经验数据考察［J］．国际商务（对外经济贸易大学学报），2016（5）．

术效率促进我国出口技术复杂度提升的作用极其有限。

表 3-5　服务进口对中国贸易竞争力升级的技术效应和人均 GDP 的拉动效应

	技术效应			人均 GDP 拉动效应		
	M	出口技术复杂度	贸易竞争力	M	出口技术复杂度	贸易竞争力
	模型 5	模型 6	模型 7	模型 8	模型 9	模型 10
log（serimp）	0.0142*** (4.98)	0.0489*** (2.38)	0.8425*** (31.93)	0.0655*** (5.40)	0.0561*** (3.04)	0.8045*** (29.75)
Sanerper	−0.0066 (−1.01)	0.1226*** (2.67)	−0.2633*** (−4.70)	0.0781*** (3.03)	0.1103*** (2.76)	−0.3874*** (−7.03)
log（kcaojia）	0.0334*** (6.08)	0.4535*** (19.46)	−0.2049*** (−6.31)	0.5669*** (42.03)	0.1407*** (3.30)	−0.5374*** (−7.78)
log（hc）	−0.0519 (−1.40)	−0.1981 (−1.37)	1.0415*** (4.48)	0.9005*** (8.63)	−0.8606*** (−6.62)	−0.5899*** (−2.51)
log（renkou）	−0.0574*** (−8.85)	0.5386*** (4.14)	0.3534*** (5.57)	−0.5096*** (−19.42)	0.4791*** (4.23)	0.5608*** (6.94)
M		0.2883*** (2.41)	1.4253*** (6.89)		0.5751*** (8.93)	0.8648*** (7.87)
_cons	1.1004*** (4.71)	−12.1797*** (−5.33)	−0.5396 (−0.32)	−4.6351*** (−6.19)	−3.4688* (−1.57)	9.9185*** (5.91)
R^2	0.8740	0.9457	0.9046	0.9629	0.9609	0.9198
N	319	319	319	319	319	319
Sobel 检验		0.0302 (z=2.1678)	0.0001 (z=4.0344)		0.0000 (z=4.6192)	0.0000 (z=4.4515)
GoodmanTest 1		0.0275 (z=2.2040)	0.0000 (z=4.0627)		0.0000 (z=4.6405)	0.0000 (z=4.4761)
GoodmanTest 2		0.0274 (z=2.2056)	0.0000 (z=4.0643)		0.0000 (z=4.6422)	0.0000 (z=4.4772)
中介效应比例		0.0773	0.0235		0.4016	0.0658

注：***、**、*分别表示 1%、5%和 10%的显著性水平，括号内为 t 检验值；Sobel 检验和 GoodmanTest 1、GoodmanTest 2 检验结果中括号内数字为统计量的 z 值。

模型9的Sobel检验、GoodmanTest 1检验、GoodmanTest 2检验均显著，中介效应比例为40.06%，说明我国服务业开放对人均GDP具有显著的拉动效应，我国服务业开放显著促进我国人均GDP增长，即我国通过服务贸易进口获得的技术溢出显著促进我国人均GDP增长，因此，服务业开放对人均GDP的拉动效应在服务业开放对我国产业结构升级的影响中存在中介效应。我国服务业开放借助人均GDP的拉动效应促进我国出口技术复杂度的提升。另外，模型10的中介效应比例仅为6.58%，因此各省人均GDP拉动效应促进各省进出口规模增长的作用很有限。

表3-6为使用研发劳动投入效应和研发资本投入效应等中介变量后服务业开放对我国贸易竞争力升级的中介效应检验结果。模型13说明我国服务业开放促进我国研发劳动投入增长，我国服务业开放对我国各省研发劳动投入增长具有促进作用。虽然模型13的Sobel检验、GoodmanTest 1检验、GoodmanTest 2检验也显著，但中介效应比例为3.36%，因此我国服务业开放通过我国研发劳动投入促进我国贸易竞争力和出口技术复杂度提升的作用很有限。

模型15说明我国服务业开放显著促进我国研发资本投入增长，我国服务业开放对我国各省研发资本投入增长具有显著的促进作用。从模型15的检验结果可以看到，服务业开放对出口技术复杂度的中介效应检验显著，并且模型15的Sobel检验、GoodmanTest 1检验、GoodmanTest 2检验也显著，中介效应比例为21.31%。因此，服务业开放通过研发资本投入促进我国出口技术复杂度显著增长。

通过上述实证分析，我们可以得出如下结论：

第一，通过服务贸易进口获得的技术溢出对出口技术复杂度和货物进出口额两个变量均有显著的影响，通过服务贸易进口获得的技术溢出对货物进出口额的促进作用最大，对出口技术复杂度的促进作用次之。

第二，从基准回归结果来看，通过服务贸易进口获得的技术溢出对出口技术复杂度和货物进出口额的中介效应均显著，但对货物进出口的中介效应大于对出口技术复杂度的中介效应。研发资本投入效应和人均GDP拉动效应在服务业开放对出口技术复杂度的影响中存在中介效应，但研发劳动投入效应在服务业开放对出口技术复杂度的影响中存在的中介效应不显著。

表 3 – 6　服务进口通过研发资本投入和研发劳动投入对中国贸易竞争力升级的推动效应

	研发劳动投入效应			研发资本投入效应			使用全部中介变量	
	M	出口技术复杂度	贸易竞争力	M	出口技术复杂度	贸易竞争力	出口技术复杂度	贸易竞争力
	模型 11	模型 12	模型 13	模型 14	模型 15	模型 16	模型 17	模型 18
log（serimp）	0. 1148 ***	0. 0407 ***	0. 8251 ***	0. 0984 ***	0. 0238 *	0. 8519 ***	0. 0193 ***	0. 7413 ***
	(2. 63)	(3. 23)	(22. 92)	(3. 49)	(1. 84)	(22. 24)	(1. 41)	(20. 51)
sanerper	0. 0174	0. 0883 ***	–0. 3747 ***	0. 1041 *	0. 0963 ***	–0. 3855 ***	0. 0940 ***	–0. 3257 ***
	(0. 17)	(3. 22)	(–4. 78)	(1. 57)	(3. 49)	(–4. 72)	(3. 59)	(–4. 44)
log（kcaojia）	0. 3972 ***	0. 3205 ***	–0. 4414 ***	0. 0416	0. 3135 ***	–0. 3757 ***	0. 2726 ***	–0. 7724 ***
	(5. 60)	(14. 13)	(–6. 79)	(0. 91)	(14. 35)	(–5. 79)	(6. 58)	(–7. 35)
log（hc）	0. 8661 ***	0. 3849 ***	1. 7654 ***	0. 9211 ***	0. 2922 ***	1. 9384 ***	0. 1694	0. 6145
	(2. 16)	(2. 85)	(4. 56)	(3. 54)	(2. 16)	(4. 82)	(1. 04)	(1. 49)
log（renkou）	0. 8880 ***	–0. 1682 ***	0. 2676 ***	0. 2530 ***	–0. 1931 ***	0. 4572 ***	–0. 0464 ***	0. 8031 ***
	(6. 14)	(–4. 69)	(2. 61)	(2. 72)	(–6. 07)	(4. 88)	(–0. 76)	(5. 18)
M		–0. 0231	0. 2360 ***		0. 0655 ***	0. 1554 *		
		(–1. 14)	(4. 07)		(2. 02)	(1. 62)		
techch							0. 0561	1. 4102 ***
							(0. 55)	(5. 81)
lrengdp							0. 1482 *	0. 9351 ***
							(1. 73)	(4. 37)
lrdrenyuan							–0. 0944 ***	0. 1390 ***
							(–3. 53)	(2. 05)

续表

	研发劳动投入效应			研发资本投入效应			使用全部中介变量	
	M	出口技术复杂度	贸易竞争力	M	出口技术复杂度	贸易竞争力	出口技术复杂度	贸易竞争力
	模型 11	模型 12	模型 13	模型 14	模型 15	模型 16	模型 17	模型 18
$rdqd_1$							0.1405 *** (3.54)	-0.0929 (-0.92)
_ cons	-24.8941 *** (-8.13)	0.7421 (0.75)	2.2427 (0.79)	-13.2228 *** (-6.68)	2.0683 *** (2.30)	-2.3841 (-0.89)	0.9381 (0.98)	1.9835 (0.77)
R^2	0.7914	0.8106	0.7804	0.6039	0.8158	0.7763	0.9243	0.8539
N	203	203	203	203	203	203	203	203
Sobel 检验		0.2951 (z = -1.0469)	0.027 (z = 2.2107)		0.0802 (z = 1.7491)	0.1422 (z = 1.4674)		
GoodmanTest 1		0.264 (z = -1.1168)	0.0238 (z = 2.2593)		0.0709 (z = 1.8056)	0.1285 (z = 1.5198)		
GoodmanTest 2		0.2643 (z = 1.1160)	0.0239 (z = 2.2575)		0.0711 (z = 1.8046)	0.1280 (z = 1.5217)		
中介效应比例		未通过 Sobel 检验	0.0336		0.2131	0.0176		

注：***、**、* 分别表示 1%、5% 和 10% 的显著性水平，括号内为 t 检验值；Sobel 检验和 GoodmanTest 1、GoodmanTest 2 检验结果中括号内数字为统计量的 z 值。

三、服务业对外开放的时序选择：渐进开放、由易到难

中国改革开放选择了“渐进式改革”的方式。这个选择适合中国特色社会主义发展道路和中国的现状，与中国经济社会发展状况、时代背景是契合的。这种道路的一大特点就是先在局部领域或者地区进行试点，通过实践积累足够的经验后，再根据实际效果和社会需要，不断深化和扩大改革开放范围，避免对国内产业造成过大冲击，降低系统性风险。服务业开放是一个系统工程，会受到复杂的国际环境等因素的影响，有些领域还涉及国家利益、国家安全及民众的心理承受能力。许多国家的经济开放经验和教训表明，服务业的开放，可以直接或间接地增强东道国的经济效率和技术水平，提高东道国的总体福利水平。但在推进服务业尤其是现代服务业开放过程中也是有代价的，如果没有把握好对外开放的度，也会对国家经济社会发展与安全造成冲击。因此，中国服务业开放，只能走分步渐进、由易到难的道路。

总之，我们需要充分权衡对外开放的成本和风险，坚持由易到难、循序渐进地对外开放。中国服务业开放，是在履行“入世”承诺后逐渐加大力度和扩大范围的。我们在充分考虑国家经济安全和相关因素对国内的冲击与影响的基础上，因势利导，有序开放，遵循如下时序，可以分两步走（当然，时序上的两步走也不是绝对的，时间上肯定也有交叉，只是一个大致的时序安排）：

第一步，较大力度放松对服务市场的直接管制，开放服务产品市场，减少服务产品领域非关税壁垒；加快开放服务要素市场，减少无形产品贸易壁垒和投资进入壁垒。这个阶段的重点任务之一就是深化自由贸易试验区改革，按照更高标准、更高要求，在试验区内创造更加开放和更加便利化的投资经营环境，系统化推进自由贸易试验区制度创新，为扩大服务业开放和高质量开放提供样板①。

第二步，更大幅度放宽服务业市场准入。党的十八届三中全会提出，要推进金融、教育、文化、医疗等服务业领域有序开放，放开育幼养老、建筑设计、会

① 来有为，陈红娜．以扩大开放提高我国服务业发展质量和国际竞争力［J］．管理世界，2017（5）：17－27.

计审计、商贸物流、电子商务等服务业领域的外资准入限制①。下一步，我们要贯彻落实党的十八届三中全会的精神要求，除了关系到国家安全的服务业都要尽可能放开，金融、教育、文化、医疗等服务正在有序开放，健康养老、建筑设计、会计审计、商贸物流、电子商务等服务领域的外资准入限制正在大幅削减，部分服务业的股权结构也可以探索或调整，还要不断扩大自贸区试点范围，探索建设中国特色自由港。这个阶段，尤其要加大金融服务业的开放力度。改革开放以来，中国金融业经历了计划经济体制到市场经济转型的恢弘变革，随着经济新常态的全面来临和供给侧结构性改革的深入推进，中国经济的转型升级和大量中国企业"走出去"对金融业扩大开放提出了新的更高的要求。作为资金这一重要生产要素的供给者，在有效防范跨境风险的前提下，稳步扩大金融业的有序开放，从逐步放宽外资金融机构在中国市场的持股比限制，到放松外资金融机构在华设立分支机构和经营地域限制，再到不断拓宽中外金融市场合作深度，金融业对外开放有利于在国内市场形成"鲶鱼效应"，从而提升中国金融业整体的资源配置效率，更好地服务于中国经济的转型升级需求。

① 本书编写组．中共中央关于全面深化改革若干重大问题的决定［M］．北京：人民出版社，2013.

第四章　服务业开放与产业升级

一、以服务业开放促进产业升级的理论分析

（一）服务业开放是构建更高水平开放型经济的重要组成部分

历史经验无数次雄辩地证明，开放带来进步，封闭必然落后，这也是中国人民在中国特色社会主义实践的艰难探索中总结的宝贵经验。党的十九大报告指出，要坚持全面深化改革，并且明确只有改革开放才能发展中国、发展社会主义、发展马克思主义。当前，中国正在积极推动开放型经济体制变革，稳步推进开放型经济体系的构建。从产业经济学视角来看，农业、制造业和服务业的发展水平是决定一国或地区经济发展水平的重要指标。而人类历史的发展规律告诉我们，从农业社会到工业社会，再从工业社会到服务业社会，是现代经济演进的一般规律。

通常来说，发达国家通常以服务经济为主导，而发展中国家通常以农业经济为主导。在人类进入服务经济社会后，出于对生产要素和商品市场的争夺，形成了由部分具有较强资源配置能力的跨国企业及围绕产业链上下游的大量中小企业组成的全球价值链。在这个链条中，发展中国家通过生产制造切入全球价值链，而发达国家则凭借自己在研发设计、金融、物流、品牌管控等服务业领域的竞争优势，支撑起了自己在全球价值链中的国际话语权。从中国的实际情况来看，出于保护国内弱势产业的考量及风险防范的担忧，中国的服务业开放力度远远低于制造业。随着中国开放型经济体系建设的全面推进，服务业国际竞争力羸弱、服务贸易长期逆差等问题开始集中暴露，成为目前中国开放型经济体系建设的最大“短板”。反观世界发达国家，都是通过对全球开放的服务业市场，充分调动服

务所需生产要素的配置效率，通过充分利用全球的资本、人力和产品市场，从而提升本国服务业的国际竞争力。

（二）进一步扩大双向开放是服务业高质量发展的基本要求

高质量发展是随着中国经济进入新常态而提出的一个新概念，在改革开放初期，中国通过借助于自身廉价的劳动力、原材料和广袤的国内市场，在沿海地区开办经济特区，通过“三来一补”等方式大力发展转口贸易和加工贸易，以此来切入发达国家主导的全球价值链。在此过程中，中国通过利用自身的比较优势，参与国际分工，获得了发展所必需的宝贵资金、发达国家转让的滞后技术、先进的管理经验和市场理念，使全国人民经历了一场市场经济理念的洗礼。但是，经过几十年的飞速发展，这一全球分工模式不可持续的矛盾愈加激烈，突出表现在环境污染、生态破坏、发展动能不足、国际分工“低端锁定”，中国经济发展到了一个迫切需要深层次变革的十字路口。尤其对于服务业来说，长期以来形成的实质上的“半封闭”状态，使国内服务业企业在国际市场中的竞争能力严重匮乏，中国服务贸易连续多年巨额逆差并呈持续扩大趋势。服务业国际竞争力不强的“短板”成为当前和今后一段时期服务业高质量发展的重要制约，也与中国服务业进一步扩大开放的政策总基调不符。因此，一方面，要鼓励中国服务业企业“走出去”，尤其是金融服务业、物流和商务服务业等，到海外市场接受国际竞争的洗礼，同时也可对中国企业和个人开拓海外市场形成有力支撑。另一方面，要大力引进国际先进的服务业企业“走进来”，充分尊重市场规律，创新管理模式，不断扩容“负面清单”，给予外资服务业企业国民待遇。依托国内市场的巨大体量优势，引进一批具有国际先进水平的研发设计、医疗服务等生产性和生活性服务业企业，不断满足企业转型升级和居民个人对美好生活的需要。最终通过“引进来”和“走出去”的双向开放，实现中国服务业高质量发展的目标。

（三）生产性服务业与制造业融合发展有利于提升资源配置效率

从辩证主义的角度来看，服务业的开放实际包括了两个方面，即国际市场的对内对外双向开放和服务业内部自身对其他行业的开放，而服务业内部对其他行业的开放主要是通过借助于现代信息技术和先进的服务理念而诞生出的两个全新的生产组织形式：制造业服务化和服务型制造。其中，前者是指制造业企业把产业链向服务环节延伸，在该生产模式下，制造业企业从单纯提供产品和设备向为客户提供全生命周期产品转型；而后者则是指制造业企业在生产过程中更多地采用柔性制造的理念，压缩客户需求和车间生产之间的传统距离，以更为高效的生产组织方式满足客户的个性化、多样性需求。产业融合实际上也是广义范围内的产业开放，从全球经验来看，无论是德国的“工业4.0”计划，还是美国提出的“工业互联网”概念，都把制造业的服务化和服务型制造作为未来工业转型的重要方向。在万物互联的时代，不同产业之间的物理界限日益模糊，越来越多的制造业企业将服务化转型作为顺应全球产业发展趋势，获取新的核心竞争力的关键。尤其是对于那些涉及农业、工业等产业的多个环节，具有专业性强、创新活跃、产业融合度高、带动作用显著等特点的生产性服务业，可以通过向制造业价值链渗透等方式将日益专业化和成熟化的人力和知识资本引入制造业当中，提高了产品的附加价值，成为制造业产业转型的关键（李晓庆，2018）[①]。通过生产性服务业与制造业的融合发展，向全球消费者提供“制造 + 服务”的一体化方案，不仅有效弥补了制造业企业在研发设计、营销物流、品牌管理等领域的“短板”，有效降低了成本，提升了产品的附加值，还有利于制造业企业向附加值较高的全球价值链下游延伸，从而提升了企业整合上下游资源的能力，最终推动并助力中国的产业升级。

二、服务业开放与中国产业结构升级的实证分析

（一）模型构建

本节使用中介效应检验法，通过构建 Sobel 检验法来检验中介效应是否显著。[②] 在中介效应方程中，解释变量对被解释变量的影响不但表现为直接影响被解释变量，而且解释变量也通过若干中介变量间接影响被解释变量，即中介变量是联系解释变量和被解释变量之间关系的纽带。本节建立以下中介效应模型：

$$inst_{it} = \alpha_0 + \eta_1 simp_{it} + \sum_{j=2}^{5} \eta_j control_{it} + \alpha_i + \lambda_{it}$$

$$M_{it} = \beta_0 + \gamma_1 simp_{it} + \sum_{j=2}^{5} \gamma_j control_{it} + \beta_i + \rho_{it}$$

① 李晓庆．美国生产性服务业与制造业融合及效应分析［D］．河北大学硕士学位论文，2018.

② Barro Robert J. Democracy and Growth［J］. Journal of Economic Growth, Springer, 1996, 1（1）: 1－27.

$$inst_{it} = \chi_0 + \sigma_1 simp_{it} + m M_{it} + \sum_{j=2}^{5} \sigma_j control_{it} + \chi_i + \kappa_{it}$$

其中，α 为随机扰动项，control 为控制变量，inst 为产业结构升级变量，simp 为通过服务业进口获得的国外研发资本存量。M 为中介变量，本节中介变量包括中国服务业对外开放的就业效应、贸易效应、资本效应、技术效应。

本节从产业结构合理化、反映产业结构高级化程度的产业结构层次系数两个方面测算我国产业结构升级。

（二）变量选取及描述性统计

1. 各变量的选择依据

（1）被解释变量。被解释变量为产业结构升级和产业结构高级化，使用三产产值与二产产值之比计算各省产业结构合理化变量（inst 1），使用以下方法计算反映产业结构高级化程度的产业结构层次系数：$inst\ 2 = \sum_{i=1}^{n}\sum_{j=1}^{i} q_j$。即对三次产业所占比重（$q_j$）进行加权求和，并按三次产业层次高低依次赋权，inst 2 值越大，该地区结构层次系数越大，表明产业结构高级化程度越高。其中，i = 1，2，3，n 表示产业部门，q_j表示产业 j 占比。

（2）核心解释变量。使用以下方法计算中国各省通过服务贸易进口获得的国外研发资本存量：

$$re_t^{ip} = \sum_{j=1}^{34} \omega_j \times (im_{jt}/ gdp_{jt}) rdo_{jt}$$

其中，im_{jt}为 t 期我国从 j 国进口总额，rdo_{jt}为 j 国研发资本存量，gdp_{jt}为 j 国国内生产总值，ω_j 为我国从 j 国服务贸易进口额占比，由于该数据不可得，使用中国服务贸易进口占中国进口额比重 im_{it}/im_t 为 t 期 i 省进口额占我国进口额比重。

$simp_{it} = (\kappa_i \times im_{it}/ im_t) re_t^{ip}$，$\kappa_i$ 为各省服务贸易进口占比。

（3）控制变量。使用以下方法计算通过服务业外商投资获得的国外研发资本存量：

$$re_t^{fdi} = \sum_{j=1}^{34} v_j \times (fdi_{jt}/ gdp_{jt}) rdo_{jt}$$

其中，fdi_{jt}为 t 期进入我国的 j 国外商投资额，v_j 为 j 国流入我国服务业外商投资额占比，由于该数据不可得，使用服务业外商投资额占我国外商投资额比重 fdi_{it}/fdi 为 t 期 i 省外商投资额占我国外商投资额比重。$fdip_{it} = (\theta_i \times fdi_{it}/fdi_t) re_t^{fdi}$，$\theta_i$为各省服务业外商投资额占比。

hcz 为各省人均人力资本。使用 Barro 等的方法计算 i 省 t 时期的人力资本存量①：hcz_{it} = 6 × 各省小学比重 + 9 × 初中比重 + 12 × 高中比重 + 16 × 大专及以上比重。各省就业人员受教育程度比重来源于《中国劳动统计年鉴》。lrengdp 为各省劳动生产率的对数。rdp 为各省人均研发资本存量。

（4）中介变量。本节选择以下中介变量，分别反映服务业开放的就业效应、技术效应、资本效应、贸易效应。①各省第三产业就业人数占总就业人数比重。我国服务业贸易具有显著的就业效应，不但不断增加的服务贸易进口促进就业增加，而且服务业开放也通过服务贸易进口获得的国外研发资本存量促进就业不断增长，本节选择各省第三产业就业人数占比来衡量。②各省技术效率。当前各省服务业开放显著推动我国技术效率提升，同时技术效率在促进该地区产业结构升级的进程中具有重要作用，本节选择 Techch 技术变动指数作为各省技术效率，即使用 DEA 方法计算各省不同时期技术进步水平。③各省投资。本节使用各省固定资产投资额占该省 GDP 的比重来衡量。④各省出口。本节使用按经营单位所在地分货物出口总额的各省出口额的对数来衡量。

2. 数据来源及描述性统计

各变量的含义和描述性统计结果见表 4 - 1。本节使用的数据来源于 2005 ~ 2016 年《中国统计年鉴》、国际货币基金组织数据库、Wind 数据库和商务部网站，本节样本为 30 个省（直辖市、自治区），不包括西藏，数据均采取 Stata 13.0 进行处理。

表 4 - 1　各变量描述性统计

变量类型	变量符号	变量名称	均值	最大值	最小值	标准差	平均值标准误
被解释变量	inst 1	产业结构合理化	5.4728	5.6248	5.3553	0.0477	0.0025
	inst 2	产业结构高级化	0.9306	3.6585	0.4971	0.4588	0.0242
解释变量	simp	通过服务进口获得的技术溢出	0.0030	0.0198	0.0002	0.0035	0.0002
控制变量	fdip	通过服务业 FDI 获得的技术溢出	368.6410	4305.0860	9.5411	579.9578	31.0890
	hcz	人均人力资本	3.28E - 05	1.43E - 04	8.51E - 06	3.05E - 05	1.63E - 06
	lrengdp	劳动生产率	10.0708	11.5639	8.2164	0.6937	0.0366
	rdp	人均研发资本存量	2150.0750	28549.1700	46.8566	3759.7150	201.5419

① Mackinnon D. P., Fairchild A. J. Current Direction in Mediation Analysis [J]. Current Directions in Psychological Science, 2009, 18 (1): 16 - 20.

续表

变量类型	变量符号	变量名称	均值	最大值	最小值	标准差	平均值标准误
中介变量	emp	就业效应	0.3484	0.7732	0.1493	0.0990	0.0052
	lex	贸易效应	25.1499	29.0155	21.2659	1.6687	0.0879
	guper	资本效应	5.99E-09	1.24E-08	2.54E-09	1.94E-09	1.02E-10
	tech	技术效应	0.9771	1.1740	0.8620	0.0597	0.0033

资料来源：笔者整理。

（三）回归分析

1. 基准回归结果

表4-2为服务业开放对我国产业结构升级的影响的基准回归结果。模型1、模型3为通过服务贸易进口获得技术溢出对产业结构高级化和产业结构合理化影响的回归结果。研究结果显示，通过服务贸易进口获得技术溢出对产业结构升级的两个变量均有显著的影响，通过服务贸易进口获得技术溢出变量的估计系数分别为3.67和27.66，并且通过1%的显著性检验。模型2、模型4分别为加入通过服务业FDI获得的技术溢出、人均人力资本、劳动生产率、人均研发资本存量等控制变量后的回归结果。回归结果显示，中国通过服务贸易进口获得的技术溢出变量的估计系数分别为4.48和22.45，并且通过1%的显著性检验。同时，加入控制变量后的模型2和模型4中的服务业开放对我国产业结构升级的影响并未有太大波动。也可看到，中国通过服务贸易进口获得的技术溢出对我国三产与二产之比的促进作用最显著，对我国产业结构高级化的促进作用次之。主要是因为中国服务贸易进口能促进反映中国产业结构整体升级状况的产业结构高级化不断提升，但由于体制性因素、技术因素、劳动力因素和金融因素，从而出现在中国经济快速增长的背景下国内产业结构整体升级缓慢，抑制了我国产业结构整体升级的步伐。

表4-2 服务业开放对我国产业结构升级的影响

	产业结构高级化		产业结构合理化	
	模型1	模型2	模型3	模型4
simp	3.666***	4.483***	27.664***	22.452***
	(3.05)	(18.45)	(2.86)	(3.35)

续表

	产业结构高级化		产业结构合理化	
	模型 1	模型 2	模型 3	模型 4
fdip		-4.000E-06*** (-2.68)		-8.600E-05*** (-2.57)
hcz		1322.328*** (8.58)		5330.686*** (4.72)
lrengdp		0.017*** (9.68)		-0.162*** (-12.27)
rdp		1.000E-06* (1.81)		9.200E-05*** (17.92)
_cons	5.461*** (703.14)	5.240*** (267.65)	0.846*** (10.40)	2.168*** (16.64)
R^2	0.303	0.586	0.147	0.739
N	348	348	348	348

注：***、**、*分别表示1%、5%、10%的显著性水平，括号内为t检验值。

在本节选择的控制变量对我国产业结构升级的影响结果中，通过服务业FDI获得的技术溢出对我国产业结构合理化和产业结构高级化的影响均为负，表明FDI进入我国服务业带来的技术溢出并不能促进我国产业结构升级，外商投资进入我国仅对我国劳动密集型产业既存在后向关联效应也存在前向关联效应，外商投资对我国资本密集型产业和技术密集型产业的前向关联效应显著为负，因此外商投资进入中国并不能促进我国知识和技术密集型产业攀升全球价值链。各省人均人力资本对我国产业结构合理化的影响显著为正，因此产业结构升级对人力资本的需求快速增长，我国人力资本快速推进我国产业结构合理化。各省劳动生产率显著促进我国产业结构高级化，但对我国产业结构合理化的影响显著为负，主要是因为第三产业的劳动生产率小于第二产业，而本节使用三产与二产之比来计算我国产业结构合理化。最后可以看到，我国人均研发资本存量对我国产业结构合理化的影响为正。

2. 服务业开放促进我国产业结构升级的中介效应检验

表4-3和表4-4为分别考虑服务业开放的就业效应和贸易效应时，服务业开放对我国产业结构升级的中介效应检验结果。从表4-3的模型5、模型6和模型7的检验结果可看到，我国服务业开放对产业结构合理化的中介效应显著，因

此本节着重分析服务业开放影响我国产业结构合理化的中介效应检验。可看到，模型7的Sobel检验、GoodmanTest 1检验、GoodmanTest 2检验均显著，中介效应比例为27%。模型7说明我国服务业开放具有显著的就业效应，中国服务业开放对我国就业效应具有显著的促进作用，即我国通过服务贸易进口获得的技术溢出显著促进我国就业增长，表明服务业的就业效应在服务业开放对我国产业结构升级的影响中存在中介效应。因此，中国服务业开放借助就业效应促进我国产业结构升级。国内其他研究成果也研究了服务贸易就业效应和服务业外商直接投资的就业效应①，但他们没有研究服务贸易通过何种渠道促进中国产业结构升级。

从模型8、模型9和模型10的检验结果可看到，在考虑服务业开放的贸易效应时，服务业开放对产业结构高级化的中介效应显著。模型10说明我国服务业开放显著促进我国出口增长，中国服务业开放对我国出口增长具有显著的促进作用，即我国通过服务贸易进口获得的技术溢出显著促进我国出口增长，从而可以加快中国产业结构升级步伐。但模型9的中介效应比例仅为11.6%，并且模型10的Sobel检验、GoodmanTest 1检验、GoodmanTest 2检验不显著。因此，我国服务业开放通过出口增长促进我国产业结构高级化的作用极其有限，这与我国的实际情形相符。当前我国面临产业结构升级的艰巨任务，而出口产品的结构和方式较为单一，出口促进我国产业结构升级的作用很有限。

表4-3 服务业开放对我国产业结构升级的中介效应检验

	就业效应			贸易效应		
	M	产业结构高级化	产业结构合理化	M	产业结构高级化	产业结构合理化
	模型5	模型6	模型7	模型8	模型9	模型10
simp	3.005*** (2.35)	3.602*** (3.76)	16.564*** (2.62)	38.165*** (12.63)	2.1437*** (2.09)	21.915*** (3.08)
fdip	-1.40E-05*** (-2.19)	-1.100E-05*** (-2.28)	-5.400E-05* (-1.74)	-4.200E-05*** (-2.57)	-9.000E-06* (-1.86)	-8.500E-05*** (-2.54)
hcz	764.096*** (3.34)	57.067 (0.40)	3953.183*** (3.45)	82.768 (0.19)	127.640 (0.85)	5437.590*** (4.55)
lrengdp	0.033*** (13.56)	0.031*** (13.34)	-0.231*** (-15.21)	0.009* (1.47)	0.021*** (5.89)	-0.167*** (-6.83)

① 李杨，张鹏举，黄宁．中国服务业开放对服务就业的影响研究［J］．中国人口科学，2015（6）：80-90，128.

续表

	就业效应			贸易效应		
	M	产业结构高级化	产业结构合理化	M	产业结构高级化	产业结构合理化
	模型 5	模型 6	模型 7	模型 8	模型 9	模型 10
rdp	8.000E-06 *** (8.31)	1.000E-06 (1.27)	7.500E-05 *** (14.32)	-1.100E-05 *** (-4.39)	5.000E-07 (0.62)	9.200E-05 *** (17.78)
M		-0.085 *** (-2.07)	2.041 *** (7.68)		0.007 *** (2.68)	0.004 (0.24)
_cons	-0.039 * (-1.63)	5.170 *** (268.10)	2.238 *** (18.49)	-0.003 (-0.05)	5.065 *** (113.70)	2.098 *** (6.77)
R^2	0.778	0.502	0.732	0.849	0.562	0.737
N	348	348	348	348	348	348
Sobel 检验		0.120 *** (z = -1.5528)	0.024 *** (z = -2.2497)		0.008 *** (z = 2.6177)	0.808 (z = 0.2423)
GoodmanTest 1		0.101 *** (z = -1.6386)	0.023 *** (z = -2.2674)		0.008 *** (z = 2.6256)	0.807 (z = 0.2431)
GoodmanTest 2		0.101 *** (z = 1.6391)	0.023 *** (z = 2.2647)		0.008 *** (z = 2.6295)	0.809 (z = 0.2407)
中介效应比例		未通过 Sobel 检验	0.270		0.116	未通过 Sobel 检验

注：***、**、*分别表示1%、5%、10%的显著性水平，括号内为t检验值。Sobel 检验和 GoodmanTest 1、GoodmanTest 2 检验结果中括号内数字为统计量的z值。

表4-4为使用资本效应和技术效应等中介变量后服务业开放对我国产业结构升级的中介效应检验结果。模型13说明我国服务业开放显著促进我国固定资产投资增长，中国服务业开放对我国各省固定资产投资额增长具有显著的促进作用。从模型13的检验结果可看到，服务业开放对产业结构合理化的中介效应检验显著，并且模型13的Sobel检验、GoodmanTest 1检验、GoodmanTest 2检验也显著，中介效应比例为21.8%。因此，我国服务业开放通过资本效应对我国产业结构合理化具有一定程度的促进作用。主要是因为我国服务业开放显著促进我国产业结构合理化，我国服务业企业对资本需求的增长速度远远快于制造业，因此我国服务业开放可以间接通过服务贸易活动实现资本积累，从而促进我国产业结构合理化。

模型15说明我国服务业开放显著促进我国技术效率增长，我国通过服务贸易进口获得的技术溢出显著促进我国技术效率增长，我国技术效应在服务业开放对我国产业结构高级化的影响中存在中介效应，我国服务业开放对我国各省技术

表 4-4 服务业开放对我国产业结构升级的中介效应检验及使用全部中介变量检验

	资本效应			技术效应			使用全部中介变量	
	M	产业结构高级化	产业结构合理化	M	产业结构高级化	产业结构合理化	产业结构高级化	产业结构合理化
	模型 11	模型 12	模型 13	模型 14	模型 15	模型 16	模型 17	模型 18
simp	1.500E-07*** (2.73)	2.874*** (3.11)	16.868*** (3.47)	4.267*** (3.09)	3.927*** (10.54)	18.913*** (16.50)	2.682*** (2.50)	14.640*** (2.17)
fdip	-5.420E-13*** (-2.17)	-1.300E-05*** (-2.60)	-2.520E-04*** (-4.19)	-2.200E-05*** (-2.36)	-6.000E-06*** (-2.76)	-3.800E-04*** (-37.59)	-1.200E-05*** (-2.45)	-5.600E-05* (-1.78)
hcz	9.000E-06 (0.46)	4.797 (0.04)	10621.220*** (6.15)	251.316*** (2.70)	1568.211*** (8.60)	10736.140*** (47.81)	156.802 (0.99)	3803.666*** (3.30)
lrengdp	2.900E-09*** (24.57)	0.043*** (12.01)	-0.393*** (-11.80)	0.061*** (11.89)	0.012*** (4.69)	-0.242*** (-24.99)	0.036*** (6.25)	-0.271*** (-7.45)
rdp	-1.51E-13*** (-3.35)	-1.000E-06 (-0.83)	1.720E-04*** (17.96)	-4.000E-07 (-0.40)	1.000E-06*** (2.34)	1.360E-04*** (115.58)	1.000E-06 (0.71)	7.500E-05*** (13.35)
M		-4871676*** (-4.64)	31400000*** (6.43)		0.051*** (20.84)	-0.710*** (-33.92)		
emp							-0.088*** (-2.12)	2.106*** (7.84)
lex							0.003 (1.36)	0.026 (1.46)
guper							-4516026*** (-3.99)	20300000*** (2.88)

续表

	资本效应			技术效应			使用全部中介变量	
	M	产业结构高级化	产业结构合理化	M	产业结构高级化	产业结构合理化	产业结构高级化	产业结构合理化
	模型 11	模型 12	模型 13	模型 14	模型 15	模型 16	模型 17	模型 18
tech							0. 042 *** (2. 00)	-0. 451 *** (-3. 49)
cons	-2. 000E-08 (-25. 91)	5. 063 *** (167. 85)	4. 078 *** (13. 12)	0. 343 *** (6. 78)	5. 235 *** (209. 99)	3. 530 *** (39. 93)	5. 007 *** (102. 01)	2. 272 *** (7. 23)
R^2	0. 786	0. 543	0. 751	0. 838	0. 617	0. 747	0. 488	0. 741
N	348	348	348	319	319	319	319	319
Sobel 检验		0. 0183 *** (z = -2. 3590)	0. 011 *** (z = 2. 5208)		0. 002 *** (z = 3. 0584)	0. 002 *** (z = -3. 0792)		
GoodmanTest 1		0. 016 *** (z = -2. 400)	0. 010 *** (z = 2. 5470)		0. 002 *** (z = 3. 0619)	0. 002 *** (z = -3. 080)		
GoodmanTest 2		0. 016 *** (z = 2. 3946)	0. 011 *** (z = 2. 5390)		0. 002 *** (z = 3. 0600)	0. 002 *** (z = 3. 0785)		
中介效应比例		未通过 Sobel 检验	0. 218		0. 052	未通过 Sobel 检验		

注：***、**、*分别表示 1%、5%、10%的显著性水平，括号内为 t 检验值。Sobel 检验和 GoodmanTest 1、GoodmanTest 2 检验结果中括号内数字为统计量的 z 值。

效率具有一定程度的促进作用。但从模型15的检验结果可看到，服务业开放对产业结构高级化的中介效应比例仅为5.2%，因此我国服务业开放通过技术效率增长促进我国产业结构高级化的作用很有限。因为对外开放的工业行业具有较高的技术效率，而服务业具有较低的技术效率，在服务业对外开放进程中，服务业对我国资本和劳动要素的需求不断增长，不断增长的服务业开放度在一定程度上增加而不是减少对我国劳动力和资本的需求。

模型17和模型18分别将就业效应、贸易效应、资本效应、技术效应所有中介变量加入回归方程，从估计结果可看到，加入所有中介变量后，我国通过服务贸易进口获得的技术溢出对我国产业结构高级化和产业结构合理化的影响系数分别为2.68和14.64，与我国通过服务贸易进口获得的技术溢出对我国产业结构升级的影响的基准回归结果中的影响系数（分别为4.48和22.45）相比明显下降。因此从总体上看，我国通过服务贸易进口获得的技术溢出可以通过就业效应、贸易效应、资本效应、技术效应间接促进我国产业结构升级。

3. 稳健性检验

本节在实证研究的基础上进行稳健性检验，使用通过制造业进口获得的技术溢出代替通过服务进口获得的技术溢出，来研究中国进口的逆向技术溢出效应是否促进中国产业结构升级。使用产业结构升级、产业结构高级化作为被解释变量，通过服务业FDI获得的技术溢出、人均人力资本、劳动生产率、人均研发资本存量为控制变量，进行稳健性检验。如表4－5所示，多数变量的估计值未发生显著性改变，说明本节的估计结果是稳健的。

表4－5　稳健性检验

	产业结构高级化		产业结构合理化	
	模型1	模型2	模型3	模型4
imz 1	0.943*** (4.06)	0.591*** (4.78)	6.180* (1.83)	1.493* (1.61)
fdip		−8.000E−06* (−1.74)		−5.500E−05* (−1.71)
hcz		−67.433 (−0.49)		5635.827*** (4.93)
lrengdp		0.029*** (15.17)		−0.162*** (−12.03)

续表

	产业结构高级化		产业结构合理化	
	模型 1	模型 2	模型 3	模型 4
rdp		1.000E-06 (1.38)		9.300E-05*** (17.01)
_cons	5.453*** (826.92)	5.165*** (269.2)	0.803*** (2.05E+01)	2.176*** (16.34)
R^2	0.305	0.601	0.142	0.743
N	360	348	360	348

注：***、**、*分别表示1%、5%、10%的显著性水平，括号内为t检验值。

（四）基本结论

本节通过引入服务业对外开放的就业效应、贸易效应、资本效应、技术效应作为中介变量，系统考察了中国服务业开放对中国产业结构升级的影响。结果发现：

第一，通过服务贸易进口获得技术溢出变量对我国产业结构高级化和产业结构合理化均存在促进作用，通过服务贸易进口获得技术溢出变量对产业结构合理化的促进作用最大，对产业结构高级化的促进作用次之。

第二，服务业对外开放对中国产业结构高级化和产业结构合理化的中介效应均显著，但对产业结构合理化的中介效应大于对产业结构高级化的中介效应。中国服务业对外开放通过就业效应、贸易效应、资本效应、技术效应等方式间接促进中国产业结构升级和产业结构高级化，服务业的就业效应和资本效应在服务业开放对我国产业结构升级的影响中存在中介效应，但技术效应在服务业开放对我国产业结构升级的影响中存在的中介效应不显著。

第三，东部地区通过服务贸易进口获得的技术溢出对该地区产业结构合理化和产业结构高级化的促进作用显著，中部地区和西部地区通过服务贸易进口获得的技术溢出对该地区产业结构合理化的促进作用也显著，但阻碍了对该地区产业结构高级化。

（五）政策建议

通过上述研究，我们提出如下政策建议：

第一，大力发展生产性服务业，推动中国产业结构不断升级。当前在中国对外开放的进程中，应以不断促进服务贸易与货物贸易的互动发展为核心，以大力推动中国货物贸易随产业结构的升级而升级和发挥生产性服务业对国际贸易的引领作用为两大“车轮”，提升中国国际贸易竞争力。

第二，中西部地区有序承接产业转移，从而中西部地区对外开放对该地区产业结构合理化具有显著的促进作用，但不利于该地区产业结构高级化，因此应制定政策加快我国中西部地区产业结构高级化的步伐，促进中西部地区产业结构不断升级。

第三，当前，通过服务业 FDI 获得的技术溢出对我国产业结构合理化和产业结构高级化的影响均为负，服务业外商投资进入中国均不能促进中国产业结构合理化和产业结构高级化，这表明 FDI 进入我国服务业带来的技术溢出并不能促进我国产业结构升级。因此，应制定政策消除外商投资障碍，促进中国不断提高参与全球价值链的潜入程度，促进中国产业结构不断升级，不断提升中国的全球价值链分工地位。

第四，本节发现，服务业的就业效应在服务业开放对我国产业结构升级的影响中存在中介效应，但此结论是通过从服务业就业效应的视角来研究服务业对外开放对我国产业结构升级的影响而得出的，即本节从通过服务进口获得的技术溢出对服务业的就业效应的影响的视角来分析服务业开放对产业结构升级的影响。但我们也应看到，并不是服务业各行业的进口都能促进就业，仅知识密集型和资本密集型服务贸易进口能促进就业增长，而劳动密集型服务贸易进口会产生负的就业增长效应。因此，在大力推动知识密集型和资本密集型服务贸易进口增长的同时，应关注劳动密集型服务业进口对我国就业的负面影响，保障我国劳动密集型服务贸易和该行业的就业稳步增长。

第五，我国产业结构升级的目标任重道远，本节选择第三产业产值与第二产业产值之比来计算各省产业结构合理化变量，但我们在促进我国产业结构升级的进程中不能过分强调服务业而忽视第二产业，在“十二五”时期，我国服务业占比快速提升，但我们也应清醒地认识到，当前欧美等发达国家再工业化、外部市场对我国工业产品的需求萎缩、满足高质量需求的我国高端工业品的有效供给不足也是促进我国服务业占比快速提升和第二产业占比迅速下降的重要原因，因此必须认识到我国产业结构升级的目标任重道远，不能简单地将第三产业占比上升作为我国产业结构升级的“政绩”，而且第二产业占比在短期内快速下降，很可能是由于我国第三产业对第二产业的支撑不足。因此，在推动产业结构升级的进程中，不能仅仅从数量指标上看进步，也应该大力发挥服务业对推动制造业升级的促进作用。

三、全球价值链攀升路径研究：以中国制造业为例

产业升级有许多表现和要求，包括产品升级、市场升级、技术升级。但站在开放型经济的视角，就是积极参与国际分工，攀升全球价值链。产业升级意味着我们不再走要素驱动粗放型增长道路，而是要追求经济高质量发展。制造业的高质量发展和服务业的高质量发展都是我们努力的目标，而且两者互为依存、互相促进。国内外的大量经验表明，在工业化中后期，生产性服务业的发展和开放对制造业高质量发展有着极为重要的推动作用，甚至是关键性作用。制造业高质量发展的一个重要要求就是制造业攀升全球价值链。长期以来，我国的制造业开放走的是一条国际代工的道路。不可否认，在改革开放初期，在我们还没有融入全球分工和价值链体系之前，国际代工是必经之路。但是如今，我国已经是世界制造业第一大国，规模上我们已经遥遥领先。我们需要的是高质量的制造业，不能再被“低端锁定”，要提高我国制造业的附加值和竞争力，要向全球价值链中高端攀升。

（一）引言

自 20 世纪 70 年代以来，出于成本考量，以美国为代表的发达国家开始将大量普通工业机械、汽车、机电产品、纺织等产业的制造环节向海外转移，这一过程被形象地称为“去工业化”。2008 年国际金融危机之后，美国逐渐意识到了这一模式所带来的产业结构过分“空心化”问题（胡鞍钢等，2018）[①]。美国总统特朗普执政以来，再次强化了“制造业回流”经济政策，由此引发了全球贸易领域一系列连锁反应。

但即便如此，从国际贸易的角度来看，最近 20 年来的一个不争事实是，全球经济已经深度一体化。各国充分发挥自己在技术、劳动力、资本等方面的比较优势，在全球经济中分工合作，生产过程被最大限度地“分割”成不同的生产环节，不同细分环节上的国家或地区共同组成了产品的价值。在这种模式下，产品生产边界日益模糊，世界各国依托国际分工，从事全球生产，形成了深度互联

① 胡鞍钢，任皓，高宇宁．国际金融危机以来美国制造业回流政策评述［J］．国际经济评论，2018（2）：112－130.

的全球价值链。

全球价值链的存在，意味着发展中国家可以通过嵌入其产品生产过程，甚至只是其中的某一个环节或者端口，从而成为工业制成品的出口国。以美国苹果公司为例，其在美国设计研发手机，在中国组装生产，在全球市场销售。① 美国凭借其丰富的资本和技术优势，居于全球价值链的中高端，出口资本品和中间品，而中国承接的多是劳动密集型加工环节。在这种分工模式下，贫穷经济体被锁定在全球价值链低端，无缘接触到更高增加值的环节。②

改革开放以来，中国通过嵌入全球价值链，解决了初步的发展问题。但随着从高速增长向高质量发展阶段转换，传统分工模式已无法满足中国国内日益趋紧的生产要素约束和环境保护要求。作为全球制造业大国，中国制造业企业在全球价值链分工中究竟处于何种地位？企业经营绩效本身如何助力中国制造业企业在全球价值链中的位置攀升？这些问题变得日益紧迫。

实际上，在全球价值链分工模式下，当前国际贸易模式已经发生了质的变化。其中重要的一点是，考虑到当前的贸易统计方法是以总值计算，无法反映全球价值链分工生产组织方式发生改变这一特征事实。世界贸易组织和经济合作与发展组织等从 2011 年起倡导从“全球制造”新视角看待国际化生产，提出以“贸易增加值核算”方法分析各国参与国际分工的实际地位和收益，并建立了世界投入产出数据库（WIOD）。③ 这为我们的研究提供了一个宝贵的切入点。

（二）理论分析与假说

从古典国际贸易理论的传统观点出发，无论是亚当·斯密的绝对优势理论还是李嘉图的比较优势理论，都强调贸易对于一国国民经济发展和社会福利提升的重要性。在后续学者的研究中，从新古典国际贸易理论的基本模型，到新贸易理论的前提假设，都存在一个基本共识，即强调了贸易是区域禀赋差异和全球产业分工所造成的必然现象。尤其是随着经济全球化进程的日益加速，产业内贸易和围绕中间品贸易产生的增加值贸易，逐渐取代传统的制成品贸易，成为主要的贸易形式。这是全球价值链理论的现实基础。

从定义来看，全球价值链是指散布于全球、处于价值链上的企业进行产品设

---

① 高盛．美国制造还是中国制造？处在十字路口的 25 年供应链投资［EB/OL］．http：//www. goldmansachs. com，2017－05.

② ［美］杜大伟，［巴西］若泽·吉勒尔梅·莱．全球价值链发展报告［M］．北京：社会科学文献出版社，2018：6.

③ 国务院新闻办公室．关于中美经贸摩擦的事实与中方立场［M］．北京：人民出版社，2018.

计、研发、生产制造、营销、交货、消费、售后服务、循环使用等各种增值服务的经济活动。如此一来，我们也很容易得到一个重要的发现，即全球价值链的参与主体是围绕全球价值链一系列经济活动的企业。换句话说，在研究全球价值链时，企业是绕不开的重要研究对象。但遗憾的是，企业层面生产和出口数据的缺乏，使大量类似的研究只能聚焦于宏观和中观产业领域。

但实际上，作为出口市场的主要参与者，企业的生产经营状况、出口市场情况与其自身在全球价值链分工中的地位密切相关。大量跨国公司的发展实践告诉我们，具有全球价值链位置优势的企业，必然具有较大的行业话语权，也更容易获取较多利益，企业的经营绩效也更好。反过来，企业经营绩效是否又会对企业在全球价值链中所处的位置产生影响？不同绩效变量对企业在全球价值链中位置的影响有何不同？这些问题，对于正在经历从高速增长向高质量发展阶段转换，竭力寻求全球价值链攀升的中国企业来说，毫无疑问具有极强的现实意义。

在传统的制成品贸易模式下，一个国家要想参与全球贸易，必须具有某个工业制成品的完整生产能力。但在全球价值链贸易模式下，只需通过嵌入产品的某个生产过程或某几个环节，就可以成为工业品的出口国。

如此一来，发展中国家就可以通过加入全球价值链贸易，为自身的经济发展和产业升级贡献力量。但是，这种模式也带来了一个新的问题，即发达国家依托在资金和技术方面的相对优势，牢牢占据了全球产业分工附加值的中高端，比如研发、设计、营销和品牌管理等环节。而相比之下，发展中国家往往只能参与生产制造、加工组装等附加值较低的环节。这种发展的鸿沟在全球价值链中主要体现在发达国家和发展中国家的角色分工上。考虑到技术攀升和资本积累的时间需求，发达国家和发展中国家这种分工地位的改变绝非一时之功，所以在全球价值链分工中，通常发达国家处于更具优势的地位。但是，参与全球价值链分工对于发展中国家来说，一是可以有效地解决自身的就业问题，提升资本存量；二是可以在参与全球分工的过程中，学习国外的先进技术，提升自身的发展水平。但是，这种因为资金、技术和本身发展阶段差异所造成的分工区别，最终会体现在一国或一地区，乃至不同产业和企业的全球价值链分工位置上。

通常情况下，就不同国家而言，发展中国家往往处于下游，而发达国家往往处于上游。但是，这种分工地位也可能会随着时间的推移而发生变化。比如，发展中国家可以通过嵌入全球价值链，逐步改善自身的分工地位，实现全球价值链的位置攀升。而在不同产业内部，考虑到与最终消费者之间的距离，原材料行业通常处于上游，而最终消费品通常位于下游。[①] 在实际生产过程中，发展中国家往往是原材料的提供者，而发达国家是最终消费品的使用者。因此，企业所在国（或地区）的整体发展阶段和企业生产的行业属性，将会对企业在全球价值链中所处的位置产生巨大的影响。

结合改革开放以来中国参与全球价值链分工的实际情况，我们提出本节第一理论假说：

H1：加入世界贸易组织使中国融入全球价值链的步伐加快，中国制造业企业通过融入全球价值链，与世界市场的联系日益密切。但在资金和技术方面的“短板”，使中国企业只能参与代工生产等较低附加值的环节，在全球价值链分工中的地位不高，还处于“低端锁定”状态。

再将分析视角聚焦于企业自身。加入世界贸易组织后，中国的大门向世界开放的程度更高，中国企业也有了更多走出国门、与世界竞争的机会。但是和发达国家相比，中国企业在技术研发、商业模式创新、国际化经营管理等领域都相对处于发展的早期阶段，在国际分工中通常只能参与生产制造等低附加值的环节，长此以往，中国企业产出的单位附加值更低，绩效表现难言乐观。从企业绩效出发，一个典型的经济直觉是，企业本身的经营情况可能会直接影响企业的生存，进而影响其在全球价值链中的位置。比如，经营绩效好的企业才能有更多生产要素继续投入再生产，增强研发实力，占据更大市场份额。

因此，沿着这个逻辑出发，我们可以得到本节的第二个理论假说：

H2：和单纯依靠规模效益的粗放式发展模式相比，中国企业在全球价值链分工中位置的改善更多地依靠技术效益提升和全要素生产率的提升，走集约式发展道路，企业经营绩效好的企业更容易实现全球价值链位置的攀升。

但是，一个典型的事实是，就不同企业而言，企业所处的地理区位可能通过与市场和原材料产地的距离及交通运输成本的差异影响企业的绩效指标。而在中国市场，不同的企业所有制属性，又往往会通过获取企业生产资源、与政府的沟通成本等多种隐形因素影响自身的绩效。因此，在分析不同企业全球价值链分工位置时，企业异质性因素的差异不容忽视。一般来说，处于沿海地区和陆路交通枢纽的企业，可能会在出口产品的运输成本上更有优势。而不同所有制属性，比

① 根据本节定义，原材料行业在价值链中的位置通常处于上游。例如，橡胶可以直接用作最终产品（直接一步到最终消费者手中），或者是制造轮胎，然后将其组装成汽车，再作为最终产品销售（分三步再到最终消费者手中）。相比之下，服装大多是最终产品（直接一步到最终消费者手中），很少作为其他行业的中间投入品使用。按照此逻辑，橡胶就会比衣服具有更高的上游度。

如集体企业和私营企业，可能在融资成本和其他无形商业成本上存在差异。不同的贸易方式，比如加工贸易和一般贸易，可能会对企业产品的技术赶超存在影响。企业所处的不同地区，又存在营商环境和文化上的部分差异。甚至就不同的原材料进口国和产品出口国来说，不同的地理区位和文化环境差异也会对企业的进出口产生一定的影响。比如，向伊斯兰国家出口猪肉制成品，无论产品质量有多高都难言成功。

再如，对于跨国企业和中资企业来说，跨国公司来华设立中外合资企业和中外合作企业，主要是出于成本优势的考量，追求利润最大化。在中国进行生产布局，纯粹是对中国相对较低的生产要素价格和广阔的国内市场的追求。在实际合作过程中，其通过对核心关键技术的限制和母国对研发、品牌管控等环节的掌握，仍旧牢牢掌握着全球价值链的核心“定价权”。相比之下，集体企业和私营企业由于自身发展水平的限制，只能从事相对低端的代工工作。考虑到外资的技术溢出效应，在此期间，外资制造业企业相对来说更有利于中国制造业企业攀升全球价值链。

因此，我们提出本节的第三个理论假说：

H3：外资企业在技术、管理和全球资源配置方面的能力，要显著高于集体企业和私营企业，中国企业实现全球价值链位置攀升，摆脱低端锁定的关键路径之一，在于不断扩大开放，充分利用好外资的技术溢出效应。而就不同贸易形式来说，考虑到集体企业和私营企业以代工贸易为主的局限，中国制造业企业要想实现在全球价值链中的位置攀升，必须改变以加工贸易为主的传统贸易形式，并在内部管理和生产组织方式上积极向外资企业学习赶超。

（三）测算方法和数据

1. 测算方法

（1）产业部门在全球价值链中的位置。在经济全球化浪潮下，产品生产在全球范围内按任务或功能切分，这种变化趋势对贸易模式产生了巨大影响。受经济社会发展水平差异和不同生产要素禀赋的影响，一些国家可能处于全球生产链条的上游，而一些国家可能集中于生产链条的下游。为此，首先要关注产业层面生产链位置。Antràs 等（2012）① 和 Fally（2012）② 分别利用不同方式提出了产

① Antràs P., Chor D., Fally T., Hillberry R.. Measuring the Upstreamness of Production and Trade Flows [J]. American Economic Review Papers and Proceedings, 2012, 102 (3): 412-416.

② Thibault Fally. Production Staging: Measurement and Facts [R]. Mimeo Working Paper, June, 2012.

业部门生产到最终需求的平均距离，即产业上游度（Upstreamness）。

其中，Fally（2012）[①] 认为，某一产业部门 i 分配给产业部门 j 的产出份额（即投入产出模型中分配系数 d_{ij}）越多，则该产业部门 i 相对处于生产链的上游位置，并以此方式定义了上游度。[②] Antràs 等（2012）[③] 根据产业部门产出的无穷级数形式的表达式来定义上游度，并论证了上述两种定义是等价的。

其设计思路如下。在封闭经济条件下，假设有 N 个行业，库存为零。则每个行业 $i \in \{1, 2, \cdots, N\}$ 总产出（Y_i）的价值等于其使用的最终产品（F_i）与其他行业中间产品投入（Z_i）的价值之和，用公式可以表示为：

$$Y_i = F_i + Z_i + F_i + \sum_{j=1}^{N} d_{ij} Y_j \tag{4-1}$$

其中，d_{ij}表示 j 行业价值一美元的产出需要 i 行业投入的价值，对应于投入产出表中的直接需求系数。根据这个逻辑进行迭代，我们可以解释行业 i 的产出作为中间品投入的全球价值链位置，从最终使用开始，则：

$$Y_i = F_i + \sum_{j=1}^{N} d_{ij} F_j + \sum_{j=1}^{N}\sum_{k=1}^{N} d_{ik} d_{kj} F_j + \sum_{j=1}^{N}\sum_{k=1}^{N}\sum_{l}^{N} d_{il} d_{lk} d_{kj} F_j + \cdots \tag{4-2}$$

进一步，通过计算行业投入在价值链上的平均（权重）位置，利用式（4－2），继而得到：

$$U_i = 1 \times \frac{F_i}{Y_i} + 2 \times \frac{\sum_{j=1}^{N} d_{ij} F_j}{Y_i} + 3 \times \frac{\sum_{j=1}^{N}\sum_{k=1}^{N} d_{ik} d_{kj} F_j}{Y_i} + 4 \times \frac{\sum_{j=1}^{N}\sum_{k=1}^{N}\sum_{l}^{N} d_{il} d_{lk} d_{kj} F_j}{Y_i} + \cdots \tag{4-3}$$

和上式相同，Y_i表示行业 i 的总产出，F_i表示使用 i 行业作为中间品投入生产后的产出。

考虑到对所有行业 j 来说，都存在 $\sum_{i=1}^{N} d_{ij} < 1$ 的情况。所以，尽管式（4－3）可能需要计算一个无穷的幂级数，但是上述计算过程实际上可以用一个 $N \times 1$ 的

①② 这种方法实际上是用自我嵌套的方式定义上游度：

$U_{i2} = 1 + \sum_j s_{ij} U_{j2} = 1 + \sum_j \frac{x_j a_{ij}}{x_i} U_{j2}$。其中，$U_{i2}$为 Fally（2012）定义的产业部门 i 的上游度；s_{ij}为投入产出模型中分配系数，表示 i 产业部门产出 x_i中被 j 产业部门使用比重；a_{ij}为投入产出表中直耗系数。写成矩阵形式，进一步计算可得：$U_2 = (1 - \Delta^T)^{-1} E_1$。其中，Δ 为分配系数矩阵，元素为 s_{ij}；E_1为所有元素为 1 列向量。

③ Antràs P., Chor D., Fally T., Hillberry R. Measuring the Upstreamness of Production and Trade Flows [J]. American Economic Review Papers and Proceedings, 2012, 102 (3): 412－416.

矩阵形式表示如下：

$$[1-D]^{-2}F$$

其中，D 为一个 N×N 矩阵，元素为 d_{ij}，而 F 为元素为 F_i 的 i 行的列向量。使用变量 $Y=[1-D]^{-1}F$，则从式（4－1）中可以推导出，上游度（生产阶段数）可以用 N×1 矩阵 $[1-D]^{-1}Y$ 表示，其中 Y 为元素为 Y_i 的 i 行列向量，写成矩阵形式为：

$$\left[\begin{bmatrix}1 & \cdots & 0\\ \vdots & \ddots & \vdots\\ 0 & \cdots & 1\end{bmatrix}-\begin{bmatrix}d_{11} & \cdots & d_{1j}\\ \vdots & \ddots & \vdots\\ d_{i1} & \cdots & d_{ij}\end{bmatrix}\right]^{-2}\times\begin{bmatrix}F_1\\ \vdots\\ F_i\end{bmatrix}=\begin{bmatrix}1-d_{11} & \cdots & -d_{1j}\\ \vdots & \ddots & \vdots\\ -d_{i1} & \cdots & 1-d_{ij}\end{bmatrix}^{-1}\times\begin{bmatrix}Y_1\\ \vdots\\ Y_i\end{bmatrix}$$

考虑到我们的主要目标是测量中国企业在全球价值链分工中的位置，因此，出口和进口是我们需要考虑的两个重要因素。如此一来，则在开放经济条件下，式（4－1）可以调整为：

$$Y_i=F_i+\sum_{j=1}^{N}d_{ij}Y_j+X_i-M_i$$

其中，X_i 和 M_i 分别代表行业 i 的出口和进口。很显然，净出口既不会比国内上游的生产多，也不会比其少，这就使我们采用国际贸易流量数据的研究不会对上述上游度的测算方法产生其他的影响。与 Antràs 等（2012）① 的方法类似，我们把 d_{ij} 定义为 $\frac{Y_i}{Y_i-X_i+M_i-N_i}$，其中，$X_i$ 和 M_i 分别代表 i 的总出口和总进口，NI_i 是 i 的库存变化净值。

如此一来，行业上游度的最终计算公式可以表示为：

$$U_i=\frac{[I-D]^{-1}Y}{Y_i}=[1-\Delta]^{-1}1 \tag{4-4}$$

其中，I 为 n×n 维单位矩阵，D 为 n×n 维的直接消耗系数矩阵，Y 为总产出的列矩阵，$[1-\Delta]^{-1}$ 为里昂惕夫逆矩阵，即完全需要系数矩阵，1 表示元素为 1 的列向量。

（2）企业层面的全球价值链位置。测算企业在全球价值链分工中的位置时，我们把进口和出口分别进行讨论。中国海关贸易数据库（Chinese Customs Trade Statistics，CCTS）提供了 HS 产品分类。根据 HS 代码分类与 WIOD 中产业部门的

① Antràs P.，Chor D.，Fally T.，Hillberry R. Measuring the Upstreamness of Production and Trade Flows [J]. American Economic Review Papers and Proceedings，2012，102（3）：412－416.

协调对应关系①，本书测算了企业的出口位置（上游度）和进口位置（下游度）。

全球价值链出口位置（出口上游度）定义公式为：

$$U_{ft}^{X} = \sum_{i=1}^{N}\left(\frac{E_{ift}}{E_{ft}}U_i\right) \tag{4-5}$$

其中，$E_{ft} = \sum_{i=1}^{N} E_{ift}$，为企业 f 的总出口；$E_{ift}$为企业在 i 产业部门的产品出口；$U_{ft}^{X}$为企业 f 的全球价值链出口位置；$U_i$为 i 产业部门的上游度。我们考虑企业可能出口多种产品类型，故以企业的各类出口产品占企业总出口的比重（份额）为权重，加权计算企业出口产品所属的产业部门的上游度。如果观察到一个企业的出口位置发生变化，则是由两个因素引起：一是企业出口产品所属的产业部门的上游度发生了变化；二是出口企业的出口产品结构发生了变化。该值越大，说明出口产品越处于上游。

全球价值链进口位置（进口下游度）定义公式为：

$$U_{ft}^{I} = \sum_{i=1}^{N}\left(\frac{I_{ift}}{I_{ft}}U_i\right) \tag{4-6}$$

其中，$I_{ft} = \sum_{i=1}^{N} I_{ift}$，为企业 f 的总进口；$I_{ift}$为企业在 i 产业部门的产品进口；$U_{ft}^{I}$和$U_i$分别为企业 f 的全球价值链进口位置和产业部门 i 的进口下游度。该值越大，说明进口产品越处于上游水平。②

为了更好地观测在时间变化趋势中公司进出口位置的变化，我们构造两者之差，以此来区分观测时间区间内企业生命周期变化对其进口下游度和出口上游度的影响。差值绝对值越大，说明该企业内部的生产阶段数越大，企业内部跨越的生产环节越长，企业进口生产要素进行生产，并继而出口，企业处于全球价值链的上游环节。计算公式定义为：

$$U_{ft}^{I} - U_{ft}^{X} = \sum_{i=1}^{N}\left(\frac{I_{ift}}{I_{ft}}U_i\right) - \sum_{i=1}^{N}\left(\frac{E_{ift}}{E_{ft}}U_i\right) = \left(\sum_{i=1}^{N}\frac{I_{ift}}{I_{ft}} - \sum_{i=1}^{N}\frac{E_{ift}}{E_{ft}}\right)U_i \tag{4-7}$$

（3）国家（区域）整体层面的全球价值链位置。为了从整体上考察一国（地区）的出口在全球价值链中位置，我们需要对各出口企业进行加权加总。以各企业所在行业的出口占全国总出口的比重为权数，可以得到一国（区域）的

① HS 编码与 WIOD 产业部门在统计口径上存在差异，笔者根据细分行业属性进行了配对，基本过程详见数据部分的分析。

② 苏庆义和高凌云（2015）认为，随着经济发展水平的提升，一国的整体出口上游度和制造业出口上游度会越来越低，即一国会越来越倾向于在下游生产。

全球价值链出口位置（出口上游度）：

$$U_{ft}^{X} = \sum_{f=1}^{F}\left[\frac{E_{ft}}{E_i}\sum_{i=1}^{N}\left(\frac{E_{ift}}{E_{ft}}U_i\right)\right] \tag{4-8}$$

同理，一国（地区）在全球价值链中的进口位置（进口下游度）可以定义为：

$$U_{ft}^{I} = \sum_{f=1}^{F}\left[\frac{I_{ft}}{I_i}\sum_{i=1}^{N}\left(\frac{I_{ift}}{I_{ft}}U_i\right)\right] \tag{4-9}$$

其中，E_i为一国（地区）总出口；I_i表示一国（地区）的总进口；F 表示企业的个数。

2. 数据

本节使用了 2000 ~ 2011 年中国海关贸易统计数据。该数据库记录了以美元计价，按国家（地区）细分的企业进出口数据，主要包括商品名称、HS - 8 位编码、进出口价值和数量、企业代码、企业名称、邮编、地址、消费地（进口）或生产地（出口）、贸易方式等变量。但该数据库提供的只是月度数据，本节首先把月度贸易数据加总，得到微观企业层面的年度进出口数据。其次，本节还采用了 WIOD 编制的 2000 ~ 2014 年 WIOT 数据。本文使用的第三个数据库是国家统计局工业企业年度调查数据（Chinese firms from the Annual Surveys of Industrial Firms，ASIF）。1999 ~ 2009 年 ASIF 包含了所有国有企业和 500 万元以上私有企业。① 其中，企业规模（总销售、总产出、雇员）、生产投入（工资、总固定资产、人均资本）等绩效变量是本节关注重点。

具体处理时，我们第一步利用 1996 ~ 2009 年中国工业企业数据库和 2000 ~ 2011 年海关月度数据库，首先将海关月度数据库加总，得到了 2000 ~ 2010 年海关年度数据。随后，我们使用两个数据库的企业名称和电话号码为关键识别信息，对两个数据库进行了匹配。考虑到国际 HS 编码主要为 6 分位数，我们将中国海关统计数据库 HS 8 分位编码根据行业分类调整到了 6 分位。

为进一步找出行业之间的对应关系，我们再次利用该匹配数据与 WIOD 数据库中的行业进行了匹配，鉴于 WIOD 中的行业分类为 ISIC 标准，我们在联合国统计数据库中找到了 HS 编码和 ISIC 编码之间的对应关系，随之进行了匹配。

① 工业企业数据库按以下标准进行了清理：a. 清除了非制造业企业；b. 产出、销售、出口、资本、总资产、固定资产、工资、中间投入及就业人数等数据为负的企业；c. 销售额低于出口额，或总资产低于固定资产等。

在匹配过程中，我们发现，因为统计口径和统计技术的改进，截至目前，HS 编码有 1988 年、1992 年、1996 年、2002 年、2007 年、2012 年共计六个版本，而联合国统计数据库只给出了 HS1996 和 ISICRev. 3 对应版本，以及 HS2002 和 ISICRev. 3. 1 对应版本。考虑到我们的数据区间，HS 2007 年以后的数据无法和 WIOD 进行匹配，为寻求匹配结果的准确性，我们又根据该数据库提供的 HS2002 和 HS2007 编码之间的对应关系，把两个不同年份的 HS 编码进行了匹配，找到了 HS2007 和 ISICRev. 3. 1 的对应关系。由此，得到了研究样本。与此同时，考虑到世界投入产出表中的行业名称表述与 ISIC 行业表述不尽一致，为了确保一致性，我们根据 ISICRev. 3. 1 的四位数行业代码，结合其所在行业，与 WIOD 数据中行业分类进行了手工匹配，由此得到了 ISICRev. 3. 1 行业代码与世界投入产出表的行业对应关系。

匹配过程中，我们严格按照 ISICRev. 3. 1 行业描述进行匹配，除完全一致的细分行业外，对于行业大类分类表述不明确的行业，我们按照其细分行业属性描述进行了手工匹配。其中，ISICRev. 3. 1 中 24 类 2423 编码对应药品制造业，该分类下其他细分行业对应化学制造业；29 类未另分类的机械和设备的制造及 33 类医疗器械、精密仪器和光学仪器、钟表的制造对应机械设备制造业；31 类未另分类的电力机械和装置的制造对应电气设备制造业；55 类两个细分行业对应住宿和餐饮业；63 类 6031、6032、6034 和 6309 对应仓储业，而 6034 对应住宿和餐饮业；64 类 6411、6412 对应邮政快递业，而 6420 对应电信业；67 类金融媒介活动的附属活动及 71 类不配备操作人员的机械和设备（租赁）以及个人和家庭用品的租赁皆对应金融业；72 类中，除 7250 归为计算机和电子产品外，其他划归为信息服务业；74 类所有细分行业对应法律、会计和咨询服务业；90 类对应供水业；91 类中，娱乐、文化和体育活动对应其他专业服务业，其他细分行业对应其他服务业；99 类域外组织和机构对应公共服务与管理。

最后，我们根据 ISICRev. 3. 1 中的四位数代码，利用联合国统计数据库中提供的 HS 编码与 ISIC 行业对应表进行了匹配，并最终得出了 HS 编码和 WIOD 各行业的准确对应关系。经过此轮匹配，我们得到了最终的研究样本①。

---

① 历年匹配成功企业数为：2000 年样本数为 13218 个公司，2001 年样本数为 16782 个公司，2002 年样本数为 21211 个公司，2003 年样本数为 25320 个公司，2004 年样本数为 39116 个公司，2005 年样本数为 42238 个公司，2006 年样本数为 47496 个公司，2007 年样本数为 49134 个公司，2008 年样本数为 65593 个公司，2009 年样本数为 55544 个公司。

（四）测算结果分析

1. 中国制造业部门的出口位置演化趋势

根据 WIOD 网站提供的 2016 年版世界投入产出表，在与工业企业和海关数据库时间区间进行匹配后，测算了 2000～2009 年中国各产业出口上游度数据。鉴于中国工业企业数据中企业只是制造业企业，因此，我们给出了此区间内我国制造业各细分行业的出口上游度，如表 4－6 所示。

表 4－6　中国制造业部门的出口上游度

行业分类	2000 年	2001 年	2002 年	2005 年	2007 年	2008 年	2009 年
石油业	2.6051	2.5596	2.4858	2.7138	2.8070	2.7732	2.9600
基础金属冶炼	2.4538	2.4310	2.2782	2.3024	2.3065	2.2828	2.4148
化学制造业	2.4562	2.3628	2.2332	2.3569	2.4196	2.5019	2.8022
造纸业	2.3079	2.2827	2.2331	2.6902	2.7612	2.7783	2.9808
橡胶和塑料业	2.1270	2.0996	1.9897	1.9361	1.9912	2.1043	2.3763
木制品加工业	1.9878	1.9627	1.8500	2.0916	2.1850	2.1741	2.4160
出版业	1.8702	1.8527	1.8012	2.1334	2.1448	2.1357	2.2984
金属制品制造业	1.8068	1.7464	1.6040	1.5943	1.6892	1.6725	1.8658
汽车制造业	1.6041	1.5857	1.5747	1.2694	1.4604	1.3380	1.4036
非金属矿物业	1.6566	1.5599	1.4429	1.5337	1.5251	1.5297	1.6019
电气设备制造业	1.4573	1.4300	1.3486	1.2466	1.3374	1.3330	1.4400
机械设备制造	1.3731	1.3800	1.3376	1.2678	1.4132	1.3408	1.4030
家具制造业	1.1378	1.1067	0.9614	0.8554	0.8488	0.7734	1.0178
药品制造业	1.1393	1.0691	1.0225	1.2527	1.3115	1.2527	1.2676
其他运输设备制造	0.9357	1.0135	0.9181	0.8131	0.8688	0.7305	0.7874
计算机和电子产品	0.9254	0.9692	0.8377	0.9778	0.7654	0.7815	1.0717
纺织业	0.9947	0.9529	0.8428	0.9144	1.0873	1.2128	1.5174
食品饮料和烟草业	0.8790	0.8277	0.7934	1.0909	1.1939	1.2654	1.4208

资料来源：笔者根据世界投入产出表计算而得。

从表 4－6 可以看出：

（1）与经济直觉基本一致，考虑到与最终消费之间的距离，基础原料工业相比直接生产消费品的工业门类来说，具有更高的上游度。比如，在 2000 年，排名前五位的行业分别是石油业、基础金属冶炼、化学制造业、造纸业、橡胶和塑料业，与之相比，食品饮料和烟草业、纺织业、计算机和电子产品排名后三位。到2005年，排名前四位的行业分别是石油业、造纸业、药品制造、基础金属冶炼业，而计算机和电子产品、纺织业、家具制造等行业排名靠后。在2009年，排名靠前的行业依然分别是造纸、石油、基础金属冶炼等行业，而靠后的还是诸如家具制造、计算机和电子产品等消费类行业。

（2）大部分行业出口上游度仍然呈现出了明显的攀升态势。2000～2009年，制造业18个细分行业中，超过60%的行业上游度呈现出了明显上升态势。其中，上升最快的是药品制造业，由2000年的1.14上升至2009年的2.8，升幅高达145.61%；食品饮料和烟草业由0.88上升至1.42，升幅61.36%；纺织业由0.99上升至1.52，升幅53.54%；其他如造纸业上升29%，出版业上升23%，木制品加工业上升21.61%，计算机和电子产品上升15.05%，石油业上升13.41%，橡胶和塑料业上升11.74%。这说明，虽然中国制造业企业参与全球价值链、融入世界市场的深度和广度在不断增加，但中国制造业各产业部门与全球最终需求之间的距离仍在增加，分工地位在恶化，中国制造业企业的核心竞争力仍然不强。

（3）上游度下降行业主要集中在基础金属冶炼、非金属矿物业、化学制造业、汽车制造业、其他运输设备制造业、电气设备制造业和家具制造业共计七个细分行业。造成这种现象的主要原因在于我国生产要素资源禀赋的相对优势变化和在全球价值链中的分工。以汽车制造业为例，我国在加入世界贸易组织后，大力引进全球汽车生产线，同时大量合资品牌涌入中国，大量汽车制造商凭借较低的人力资本和生产原料价格优势，发展零部件生产、整车组装，从而使汽车行业出口上游度逐渐向下游（消费市场）转移，即分工地位改善。

2. 中国制造业企业的全球价值链分工位置及变化

接下来，我们利用本节第二部分的方法和匹配完成的中国工业企业和海关数据库，从微观企业角度对我国的出口上游度和进口下游度进行测算。具体测算过程为：测算每个企业在每个细分行业的进出口值，以及该企业的总进出口值、所在行业的总进出口值和每年所有企业的进出口总值，然后利用每个企业在不同行业进出口的比例进行加权，由此得到了每个企业在每年的进出口位置指数。

同理，我们利用每个企业在每个行业的进出口占比，以及在全年总进出口中的比例作为权数，逐步加权并和每个行业的出口上游度和进口下游度相乘，由此得到了2000～2009年我国年度进出口位置。变化趋势如图4－1所示。

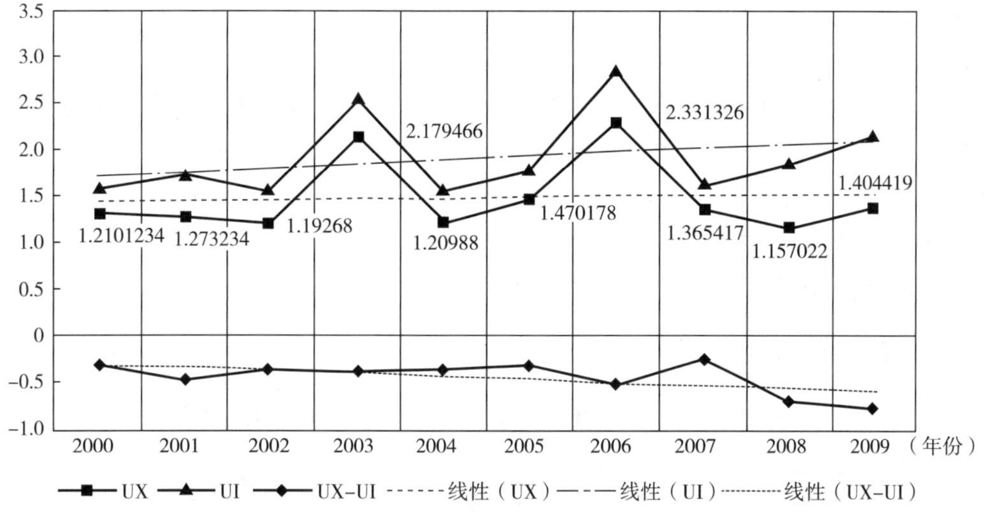

图4-1 中国在全球价值链出口和进口位置变化趋势

资料来源：笔者根据中国工业企业数据库和海关数据库绘制而得。

可以看出：（1）与出口上游度的绝对数值相比，在2000~2009年，我国的进口下游度指数高于出口上游度。这也符合我们的经济直觉，中国企业进口更上游产品，然后在内部生产，再向下游出口产品。这说明，中国企业在此时间区间内主要从事加工贸易，从国外输入先进技术、资金、原材料和核心零部件进行生产，再向全球进行出口。我国企业与国外企业相比，竞争优势不明显，基本处于全球价值链中的加工生产阶段，代工贸易特征明显。

（2）中国经济融入全球价值链的深度和广度在不断增加，[①] 从发展趋势来看，2000~2009年，我国的进出口位置指数（进口下游度和出口上游度）都基本呈现出明显递增的发展态势，如进口下游度指数从2000年的1.61增长至2009年的2.15，增长了33.28%；而出口上游度指数则从2000年的1.32上升至2009年的1.4，增长了6.38%。中国企业参与全球价值链的频率在加速。

（3）从两者的差值来看，UX-UI<0，这主要是进口相对上游产品的中间商品再进行出口而造成的。这说明中国制造业企业通常更倾向于出口位于下游位置的产品，而进口相对位于上游的产品。从两者差值的绝对值递增态势来看，中国

① Ming Ye和Sebastian Voigt（2014）使用WIOD数据库，对金砖国家全球价值链的长度、位置进行测算后发现，中国生产阶段的上游度在不断增加，但其他金砖国家在全球价值链上的地位相对没有变化。

企业虽然能够从事更多的全球价值链活动，但中国的大部分出口商品都是国外生产商从事再生产的中间品①。在这种分工模式下，与发达国家相比，中国制造业企业在全球价值链中的位置仍然处于相对不利地位。至此，理论假说 H1 得证，即中国在全球价值链位置中的"低端锁定"较为明显。综合来看，与相对较高的进口下游度相比，中国制造业企业的出口上游度一直在向下游扩展，这实际上反映了中国企业在为国外市场生产时，通常使用的是国外进口原料。这一发现也与加工贸易在中国经济中扮演的重要角色相一致。

(五) 模型设定

为全面考察中国制造业全球价值链攀升路径，我们建立以下模型，对进口企业和出口企业分别进行分析对比②。

1. 基本模型

为了综合考察企业经营绩效与其在全球价值链中所处位置的关系，我们建立以下基本模型：

$$\{U_{ft}^{X}, U_{ft}^{I}\} = \alpha + \beta \sum_{2000}^{2009} character_{ft} + \gamma\, control_{ft} + \varepsilon_{ft} \qquad (4-10)$$

其中，U_{ft}^{X}和U_{ft}^{I}分别表示企业出口上游度和进口下游度值，$character_{ft}$为表示企业绩效特征的核心变量，主要包括企业规模、资本与技术密集度、全要素生产率等，$control_{ft}$表示其他可能用到的控制变量，如不同所有制、不同贸易方式等。

2. 变量的选择

(1) 被解释变量。为了更全面地研究我国企业在全球价值链中的位置，我们分别从出口和进口两个角度来看。其中，U_{ft}^{X}衡量我国企业在全球价值链中的出口位置，我们称其为出口上游度；而U_{ft}^{I}衡量我国企业在全球价值链中的进口位置，我们称其为进口下游度。我们认为，在全球价值链分工中的位置一定程度上可以作为企业是否具有国际竞争力的重要参考，而实现全球价值链的位置攀升，摆脱"低端锁定"，正是高质量发展的题中之意。

(2) 解释变量。解释变量主要有九个，分别是企业的进口和出口值（exp 和

---

① Manova Kalina, Zhihong Yu. Firms and Credit Constraints along the Global Value Chain: Processing Trade in China [R]. NBER Working Paper No. 18561, 2012.

② 为此，我们找出了 2000~2009 年共计 10 年一直存续的公司，如此一来可能损失了一定量的样本，但删除掉已经被市场选择所淘汰的企业，可以使样本内企业的回归结果更具有可信度。我们认为，经历了市场经济大潮洗礼而存续下来的公司样本更具有说服力。经过匹配我们发现，自 2000 年开始，10 年间连续存续并且有出口行为的企业共有 2287 家。同样，连续存续并且有进口行为的企业共有 2363 家。

imp)、企业的总产出（output)、企业的销售额（sale)、企业的雇佣人数（emp)、企业的存续时间（tim)、企业的资本密集度（cap)、企业的技术密集度（tech）和全要素生产率（TFP)，我们都对其进行了对数处理。

变量的选择依据主要是：

首先，从规模变量来看，不容否认的一个经济现象是，在通常情况下，规模较大的企业往往占据着更有利的生产要素，如土地、人力资本等。而我们的样本为中国企业，就实际情况来看，大型企业往往承担着较大的社会责任（如就业和税收)，和中小企业相比，它们通常情况下也更容易获得政府财税支持和金融信贷资源的倾斜，这在无形之中增加了企业发展壮大的机会。在正常情况下，大企业具有较大规模的总产出和总销售额，市场生存能力强，存续时间自然就长，换言之，也更不容易倒闭，在进出口市场往往具有中小企业无法匹敌的竞争优势。就本节来说，我们在企业绩效特征变量的选择上使用的是2000~2009年企业f在每一年的进口和出口值、销售额、产出和雇佣劳动人数，同时还综合考虑了企业存续时间。这一方面是由于该数据更易于获得，另一方面的一个重要考量在于，模型被解释变量是企业在全球价值链中所处的位置，而这一位置在很大程度上是通过企业的生产组织方式和全球分工角色来体现的。比如，一个企业大量出口的是基础性生产资料，那么毫无疑问其处于全球价值链分工的上游；反之，如果一个企业大量出口工业制成品，那么可以大致判断其处于全球价值链的下游位置。此外，从总雇佣劳动人数来看，在全球价值链研究中有一种主流的观点认为，跨国公司在进行全球布局，或者说一国在参与全球价值链分工时，劳动密集型行业属于价值增加值较低的环节，通常位于价值链的低端，但也是一国或一地区参与全球价值链的重要基本要素。由此，在决定企业在全球价值链中所处位置的影响因素中，企业雇佣劳动人数也是一个非常值得考虑的解释变量。典型的是，发达国家和发展中国家的同类型企业，一般来讲在同一单位劳动产出下，其雇佣的劳动人数是不同的。

其次，从资本密集度和技术密集度两个解释变量来看，在本节中我们分别使用平均固定资产净值和平均工资来衡量。在此类研究中，早期做法是用资本总额/销售收入作为资本密集度指标①②，但考虑到货币折旧，更多的学者采用了固

① A. Bonaccorsi. Export Marketing Literature Supports the View That Firm Size is Positively Related to Export Intensity [J]. Journal of International Business Studies, 1992, 23 (4): 605-635.

② 钟昌标. 影响中国电子行业出口决定因素的经验分析 [J]. 经济研究, 2007 (9): 62-70.

定资产净值的方法，如 Borga 等（2009）①、葛顺奇等（2015）②。本节资本密集度处理方法和后者的思路一致，同时为了消除可能存在的异方差，我们同样对其进行了对数化处理。而在技术密集度指标选取上，我们借鉴的是 Hausmann 等（2005）③与陈晓华和范良聪（2011）④ 的做法，使用平均工资作为技术密集度指标的替代指标。其理论依据主要在于，不同要素密集度企业的出口技术结构升级速度对劳动收入存在影响，技术密集度高的企业，其员工收入要普遍高于劳动密集型企业。

最后，再来看全要素生产率。作为识别经济增长是投入型还是效率型的重要指标，全要素生产率可以衡量产出增长率超出要素投入增长率的部分，全要素生产率高，则说明这种增长方式可持续。在全球价值链分工中，跨国公司在全球的布局同样是通过拥有的技术优势，在劳动力资源丰富的地区进行组装生产，而自己通过掌握核心环节技术设计，占据着价值链中增加值较高的环节⑤。由此可以得出一个基本结论，即全要素生产率高的企业，其生产的效益更好、效率更高，也更具有持续性，因此在全球价值链中也通常占据着相对优势地位。反之，全要素生产率低的企业，由于其生产方式不具有持续性，因此在全球价值链中会处于相对弱势的地位。

（3）控制变量。在控制变量的选取上，我们采用的是不同的所有制形式，如集体、私营和外商独资等，不同的贸易方式，如中外合资、加工贸易和一般贸易等，以及产品的不同出口国和进口来源国。具体来说，比如在中国当时的营商环境下，集体企业可能会凭借其拥有的所有制优势从事私营企业所不能从事的行业，甚至在生产要素市场占据优势地位。已有研究认为，中国的上游行业主要被一些大型国有企业垄断⑥⑦。而外资企业也有可能拥有更多的技术，更先进的生

① Borga M., R. E. Lipsey. Factor Prices, Factor Substitution and Exporting in US Manufacturing Affiliates Abroad [J]. World Economy, 2009, 32 (1): 30-48.

② 葛顺奇，罗伟．跨国公司进入与中国制造业产业结构——基于全球价值链视角的研究［J］．经济研究，2015（11）：34-48.

③ Hausmann Ricardo, Jason Hwang, Dani Rodrik. What You Export Matters [R]. NBER Working Paper No. 11905, 2005.

④ 陈晓华，范良聪．要素密集度偏向型出口技术结构升级的收入分配效应——基于我国省级动态面板数据的 GMM 方法［J］．国际贸易问题，2011（7）：102-115.

⑤ 刘志彪，张杰．我国本土制造业企业出口决定因素的实证分析［J］．经济研究，2009（8）：99-112.

⑥ 刘瑞明，石磊．上游垄断、非对称竞争与社会福利——兼论大中型国有企业利润的性质［J］．经济研究，2011（12）：86-96.

⑦ Li Xi, Xuewen Liu, Yong Wang. A Model of China's State Capitalism [R]. Mimeo Working Paper, 2014.

产组织方式和更广阔的市场，通过全球布局来提高要素配置效率，从而影响企业绩效，并继而对其在全球价值链中的位置提升产生作用。从全球价值链中国企业参与情况来看，中资企业更多的是处于生产链下游的加工类企业，从事加工类贸易。在这种分工模式下，跨国企业通过在全球组织生产，牢牢占据了全球价值链分工中的相对优势。另外，由于各国生产要素禀赋的不同，比如中国对菲律宾贸易进出口结构和中国与美国的就存在明显不同，由要素禀赋导致的全球生产分工直接影响了相关企业在全球价值链中的位置。因此，与贸易伙伴之间不同的要素禀赋和不同的贸易方式同样会对企业在全球价值链中的位置产生影响。综合来看，将所有制属性、贸易方式和不同的贸易伙伴国作为控制变量，有利于我们更好地研究变量之间的因果关系。

各核心变量描述性统计如表4－7和表4－8所示。

表4－7　出口上游度模型数据描述性统计

变量名称	定义	样本数	均值	标准差	最小值	最大值
U_{ft}^{X}	出口上游度	22870	1.3121	0.5964	0	3.8515
exp_{ft}	总出口	22870	4.6199	0.8682	0	8.8209
tim_{ft}	存续时间	22870	1.0889	0.2747	0	3.3017
$tech_{ft}$	技术密集度	22870	1.0868	0.5497	－3.2553	5.4351
cap_{ft}	资本密集度	22870	2.2247	0.5505	－2.4487	7.3424
$sale_{ft}$	总销售额	22870	4.7700	0.5753	－2.4487	7.3424
$output_{ft}$	总产出	22870	4.7159	0.6379	0	7.5052
emp_{ft}	雇佣人数	22870	2.4854	0.4751	0	4.3788
TFP_{ft}	全要素生产率	22870	－0.004	0.5522	－9.9461	6.6503

资料来源：笔者计算。

表4－8　进口下游度模型数据描述性统计

变量名称	定义	样本数	均值	标准差	最小值	最大值
U_{ft}^{I}	进口下游度	23630	1.4698	0.8304	0	3.8505
imp_{ft}	总进口	23630	4.1892	1.1560	0	8.2330
tim_{ft}	存续时间	23630	1.0476	0.1999	0	3.3017
$tech_{ft}$	技术密集度	23630	1.1237	0.5207	－3.1065	5.4319
cap_{ft}	资本密集度	23630	1.8323	0.6439	－1.5863	6.2293
$sale_{ft}$	总销售额	23630	4.9136	0.6318	0	8.0455

续表

变量名称	定义	样本数	均值	标准差	最小值	最大值
$output_{ft}$	总产出	23630	4.9052	0.6478	0	8.0394
emp_{ft}	雇佣人数	23630	2.5133	0.5130	0	4.6732
TFP_{ft}	全要素生产率	23630	0.0038	0.2032	-4.4473	3.7492

资料来源：笔者计算。

3. 内生性的分析及解决办法

从我们所设置的几个核心变量来看。首先，资本密集度较高的行业集中在钢铁、机械、石油化工、交通等领域，其生产需要较多的资本投入。就该类型的中国制造业企业而言，其对国外先进的设备有较多的需求，同时随着中国企业技术水平的提高，该行业中国设备的出口也逐渐增加。因此，资本密集度和出口上游度及进口下游度之间可能存在内生性问题。

此外，对知识、技术等生产要素依赖程度较高的技术密集型企业，其在全球价值链中往往占据着出口的优势地位，反过来，占据着优势地位的企业又有可能有更多的资源加强研发从而保持自己的优势地位，由此，两者也可能存在相互作用的关系。但是，考虑到国外部分国家对中国的出口技术管制，技术密集度与进口下游度之间的内生性问题有待商榷。再看企业存续时间，存续时间在某种程度上是企业市场生存能力的一个替代指标，企业生存能力强，则有可能进行更多的出口，增加规模，或者通过进口在全球组织生产，同样，在全球范围内的进出口，又有可能在很大程度上影响企业的生存能力。因此，两者也有可能存在相互作用的内生性问题。

其次，再看以总销售额、总产出和总雇佣劳动人数为代表的企业规模变量。总产出的增加、总销售规模的扩大，有可能扩大出口和增加进口，从而影响企业在全球价值链中的位置。但同时，企业在全球价值链中的位置又可能通过影响企业绩效，反过来作用于企业的总产出和总销售额。因此，两者存在着可能的内生性问题。而雇佣劳动人数在不同要素密集型的企业之间可能存在较为显著的差异，比如劳动密集型企业对劳动力数量的需求就比较大，而科技研发型企业对劳动力质量的要求要远高于数量要求。科技型企业有可能通过技术研发改善其出口位置，其获利后扩大生产，对劳动力的需求同样小于基于位置改善获益后增加雇员扩大生产规模的劳动密集型企业，比较典型的如富士康和苹果公司。后者对劳动力数量的需求远远小于前者。这样的案例在商业模式发生激烈变革的今天也依然大有市场。但是我们却不能十分明确地说，企业在全球价值链中位置的改善就一定能够增加企业的就业人数或者减少企业的就业人数，在不同的企业生产方式下（比如劳动密集型和技术密集型），这一影响具有复杂性和多样性。尤其是在我们加入了不同贸易方式的控制变量后，这一作用路径的理论逻辑并不清晰。

最后，就全要素生产率而言。全要素生产率高的企业，其产出比例要高于生产要素的投入比例，这类企业的生存能力更强，因此在出口市场也更具有竞争力。全要素生产率将直接作用于企业在全球价值链中出口位置的攀升，而这种攀升带来的结果就是全要素生产率高的企业在全球组织生产，充分利用全球的生产要素和市场实现自身利益的最大化，并继而占据全球价值链的核心优势地位。反过来，这一核心优势地位，在其他条件不变的情况下，会进一步促进其效益的改善，继而促进全要素生产率的提升。因此，出口上游度和全要素生产率之间可能存在相互决定的内生性问题。但是，考虑到跨国公司对技术转移的限制，甚至有些国家直接限制高技术产业出口，因此企业在全球价值链中的进口位置是否能够促进企业全要素生产率的提升这一影响作用尚不得而知。综合来看，企业在全球价值链中的出口位置，有可能会通过使企业获利的方式改善企业绩效，进而影响全要素生产率。与此同时，在进口位置中处于优势地位的企业，也可以通过其对全球生产要素的调配，获取更多的技术优势从而提高其全要素生产率。因此，企业全要素生产率与出口上游度和进口下游度之间可能存在相互作用的内生性问题。

为了解决这些可能存在的内生性问题，我们采用了使用企业所在地（精确到省市）的工具变量法。我们认为，不同地区的生产要素禀赋、交通区位条件、市场空间甚至营商环境等的差异会直接作用于当地企业的日常经营和盈利能力，从而影响其绩效并继而作用于企业在全球价值链中的位置。但是，我们并不能说企业在全球价值链中的位置能对企业所在地产生影响，或者说这一影响的作用力很小。此外，为了更进一步解决模型可能存在的内生性问题，我们在回归分析过程中还采用了 GMM 估计的方法。

（六）回归结果分析

1. 静态面板回归结果

（1）进出口总值、企业存续时间、资本密集度和技术密集度。我们在方程（4-10）的基础上，设计如下模型：

$$\{U_{ft}^{X},\ U_{ft}^{I}\} = \alpha + \beta\ exp_{ft}/imp_{ft} + \delta\ tim_{ft} + \gamma\ cap_{ft} + \varphi\ tech_{ft} + \psi\ control_{ft} + \varepsilon \tag{4-11}$$

其中，除U_{ft}^{X}和U_{ft}^{I}外，exp_{ft}/imp_{ft}为企业 f 在 t 年的出口或进口总值的对数。tim_{ft}表示企业在每个观测年份的已存续时间。具体处理上，我们采取样本企业所在年份减去成立年份，将所得的数 +1，然后取对数而得。而$tech_{ft}$和cap_{ft}分别表示企业 f 在 t 年的技术密集度和资本密集度对数。

回归结果如表 4－9 所示。

表 4－9　进出口总值、企业存续时间、资本密集度和技术密集度对进出口位置的影响

	U_{ft}^{X}（出口上游度）			U_{ft}^{I}（进口下游度）		
	固定效应回归		工具变量法	固定效应回归		工具变量法
exp_{ft}/imp	−0.0349*** (0.000)	−0.035*** (0.000)	−0.0244*** (0.000)	−0.181*** (0.000)	−0.1794*** (0.000)	−0.1814*** (0.000)
tim_{ft}	0.5054*** (0.000)	0.5049*** (0.000)	0.5335*** (0.000)	1.9704*** (0.000)	1.9440*** (0.000)	1.9552*** (0.000)
$tech_{ft}$	0.0725*** (0.000)	0.0724*** (0.000)	0.0619*** (0.000)	0.0055 (0.596)	0.0065 (0.527)	0.0148 (0.172)
cap_{ft}	−0.0080 (0.419)	−0.0081 (0.411)	0.0068 (0.498)	−0.129*** (0.000)	−0.1319*** (0.000)	−0.1310*** (0.000)
集体企业		0.2390* (0.095)	0.1922 (0.192)		−0.4531 (0.139)	−0.3872 (0.216)
私营企业		0.2790** (0.039)	0.2397* (0.085)		−0.0637 (0.768)	−0.0493 (0.825)
外商独资		0.2237* (0.066)	0.1891 (0.130)		−0.0370 (0.840)	0.0004 (0.998)
中外合资		0.2165* (0.070)	0.1719 (0.160)		−0.2284 (0.206)	−0.2138 (0.245)
中外合作		0.1973 (0.124)	0.1664 (0.205)		−0.2456 (0.197)	−0.2129 (0.271)
常数 C	0.8621*** (0.000)	0.6515*** (0.000)	0.5342*** (0.000)	0.3946*** (0.000)	0.5483*** (0.003)	1.2003* (0.098)
Adj R^2	0.736	0.738	0.512	0.2741	0.2756	0.2881
Obs	22870	22868	22846	23630	23620	23618

注：*、**、***分别表示在10%、5%、1%的显著性水平上拒绝原假设。

如表4-9所示，无论是进口总量还是出口总规模，其在加入控制变量前后，对进口下游度和出口上游度的影响都显著为负。而与之相反的是，企业存续时间对进出口位置的影响显著为正。此外，衡量资本密集度的指标对出口上游度的影响也显著为正，对进口下游度为正但不显著。而衡量企业技术密集度的指标对出口上游度的影响为负但不显著，对进口下游度的指标同样为负且显著。

分开来看，就出口上游度而言，企业的存续时间和技术密集度对其影响显著为正，说明一般意义上的技术提升并没有促进其在全球价值链中的位置向下游转移，这基本符合该研究区间我们的经济直觉。作为加工贸易大国，在此期间，我国经济的增长方式一直以粗放型为主，过分看重增长速度，技术不足，或者即使技术提升，但对发展方式转型的潜在效应还没有充分发挥，我国企业在全球价值链中仍然扮演着加工贸易和中间品贸易的角色，难言全球价值链的攀升。而对进口下游度来说，进口总规模的扩张对我国企业进口下游度产生了显著负相关效应，说明在此期间中国制造业企业虽然在全球经济中主要扮演着进口原材料，在国内进行生产，继而再向国外市场出口的角色，即生产要素与市场“两端在外”的模式，但是这种量的积累正在缓慢引起“质”的提升，中国制造业企业缓慢向下游移动，促进了进口下游度的下降，我国企业与全球消费市场之间的距离在缩小，在全球价值链分工中的位置在逐步改善。此外，企业的资本密集度指标也与进口下游度显著负相关，这一发现基本与 Jiandong Ju 等（2015）① 认为，上游企业具有较高的资本密集度的结论相吻合，在全球价值链下游的企业普遍不具有资本密集型特征。而从另一个角度看，当一个企业拥有较为雄厚的资本实力时，能显著促进企业的研发能力，并进而促进产品和技术的出口，因此在客观上势必促进其在全球价值链中的位置攀升。值得指出的是，在加入企业所在地（精确到省市）工具变量后，上述方程的估计系数变化并不大，说明我们的估计结果具有较高的显著性。

值得关注的是不同企业属性的影响。就进口下游度而言，集体企业影响系数的绝对值最大，中外合资和中外合作系数的绝对值居中，而私营企业系数的绝对值最小。而就出口上游度而言，影响系数最大的是私营企业，其次是集体企业。但进口下游度的回归结果并不显著，我们重点分析出口上游度。在固定效应回归下，集体企业和私营企业的回归系数要明显大于外商独资和中外合资，说明虽然不同的所有制形式并没有显著改善中国企业的出口位置，但集体企业和私营企业

① Jiandong Ju, Xinding Yu. Productivity, Profitability, Production and Export Structures along the Value Chain in China [J]. Journal of Comparative Economics, 2015, 43 (1): 33-54.

对这种改善的负作用更大。换句话说，在此期间，受制于私营企业和集体企业的发展水平，与外商独资、中外合资相比，实现全球价值链的攀升，外资企业所扮演的角色更为重要。[①] 至此，理论假说二和理论假设三基本得证。

（2）总销售额、总产出和总雇佣劳动人数。我们在方程（4－10）的基础上设计如下模型：

$$\{U_{ft}^{X},\ U_{ft}^{I}\} = \alpha + \beta\ sale_{ft} + \gamma\ output_{ft} + \delta\ emp_{ft} + \theta\ control_{ft} + \varepsilon \tag{4-12}$$

其中，$sale_{ft}$表示某企业在观测年份总销售额的对数，$output_{ft}$和emp_{ft}则分别表示该企业每年的总产出和总雇佣劳动人数的对数，$control_{ft}$在此模型中代表企业所在的不同城市或者不同的出口国或进口来源国。

回归结果如表4－10所示。

表4－10　总销售额、总产出和总雇佣劳动人数对企业进出口位置的影响

	U_{ft}^{X}（出口上游度）			U_{ft}^{I}（进口下游度）		
$sale_{ft}$	0.165*** (0.000)	0.4210*** (0.000)	0.4214*** (0.000)	0.6423*** (0.000)	0.6425*** (0.000)	0.6429*** (0.000)
$output_{ft}$	−0.0282 (0.192)	−0.308*** (0.000)	−0.3076*** (0.000)	0.2247*** (0.000)	0.2246*** (0.000)	0.2228*** (0.000)
emp_{ft}	0.0497** (0.020)	0.542*** (0.010)	0.0543*** (0.010)	0.0259 (0.364)	0.0259 (0.364)	0.0256 (0.369)
常数C	0.536*** (0.000)	0.6233*** (0.000)	0.6127*** (0.000)	−2.854*** (0.000)	−2.8589*** (0.000)	−2.7841*** (0.000)
City		−0.00002*** (0.000)			0.000024 (0.672)	
Country			−0.0005*** (0.000)			−0.0007*** (0.000)
Adj R^2	0.0076	0.0440	0.0440	0.0771	0.0024	0.0777
Obs	22870	22846	22869	23630	23627	23629

注：*、**、***分别表示在10%、5%、1%的显著性水平上拒绝原假设。

从出口上游度指数来看，无论是否加入控制变量，在此期间，我国企业总销

① 毛其淋和许家云（2016）在研究类似问题时发现，跨国公司进入促进了本土企业尤其是民营企业向外资企业成本加成率的追赶，有利于改善行业的资源配置效率。

售额的增长没有推动企业出口位置的攀升。这说明，虽然从某种意义上，制造业企业占据的生产阶段越多，比如某制造业企业，研发能力强，生产规模大，则其市场占有率高，但是仅依靠规模的扩张并不利于企业在全球价值链中的地位攀升。与此类似，企业总雇员的增加也不利于全球价值链位置的攀升，说明在此期间，受加工贸易角色分工影响，企业规模的粗放式扩张并不利于制造业企业攀升全球价值链。但是，值得注意的是，在加入了企业所处的不同区域之后，衡量企业总规模的总产出变量与出口上游度呈现出了显著的负相关关系。这说明，在我国的不同地区，由于地理区位、发展阶段和营商环节的差异，企业总规模的扩张能够显著促进我国企业在全球价值链中分工地位的改善。这也从一个侧面说明了我国区域发展确实存在不平衡现象。在助力全球价值链攀升的过程中，不能“一刀切”，要因地制宜，立足自身实际，结合“一带一路”建设、京津冀协同发展、长江经济带发展等区域发展战略，有针对性地出台差异化的全球价值链位置攀升措施。

再从进口下游度指数来看，在加入控制变量“进口来源国”（Country）之前，企业总销售额的增加、总产能的扩张和总雇员的增加都对企业进口下游度产生了显著为正的影响。也就是说，企业总规模的扩张反而促进了进口下游度的上升，中国企业在全球价值链中向上游移动，分工位置并没有改善。但是，也可以看到，在加入了不同的进口来源国这一控制变量后，该控制变量系数虽然很小，但已显著为负。这说明，在比较优势理论下，不同国家所具有的不同生产要素禀赋优势为我国企业向全球价值链的下游移动创造了良好的条件。比如，在部分东南亚国家、亚非拉美等地区，我国企业生产的产品就具有相对的技术比较优势。[①] 但结合出口上游度和进口下游度的分析，从整体来看，规模扩张并不利于中国制造业企业在全球价值链中的位置攀升。

（3）企业全要素生产率。作为衡量产出超过要素投入的变量，TFP 是衡量技术创新、产业升级和资源配置效率的主要指标。我们借鉴 Olley 和 Pakes（1996）[②] 及鲁晓东和连玉君（2012）[③] 的方法，对样本企业 2000 ~ 2009 年的 TFP 进行了测算，并在模型（4 – 10）基础上做如下设计：

① 我们同样利用企业所在地工具变量，对总销售额、总产出和总雇佣劳动人数对企业进出口位置的影响进行了估计，各参数的变化并不明显，受篇幅所限，留案备索。

② Olley G. S. , Pakes A. The Dynamics of Productivity in the Telecommunications Equipment Industry [J] . Econometrica , 1996, 64 (6): 1263 – 1297.

③ 鲁晓东，连玉君. 中国工业企业全要素生产率估计：1999 – 2007 [J] . 经济学（季刊），2012 (1): 541 – 558.

$$\{U_{ft}^{X},U_{ft}^{I}\} = \alpha + \beta\sum_{2000}^{2009} TFP_{ft} + \gamma\ comtrol_{ft} + \varepsilon_{ft} \qquad (4-13)$$

其中，TFP_{ft}为观测企业每年的 TFP 值，而控制变量 $control_{ft}$是企业的不同贸易方式。回归结果如表 4－11 所示。

表 4－11　全要素生产率对企业进出口位置的影响

	U_{ft}^{X}（出口上游度）			U_{ft}^{I}（进口下游度）		
	固定效应回归		工具变量法	固定效应回归		工具变量法
TEP_{ft}	－0.067*** (0.000)	－0.059*** (0.000)	－0.0587*** (0.000)	0.686*** (0.000)	0.551*** (0.000)	0.5505*** (0.000)
保税转口		－0.4005 (0.176)	－0.4045 (0.171)		－0.3229 (0.271)	－0.3149 (0.283)
出料加工		0.9803** (0.032)	－0.9857** (0.031)		－0.6314 (0.447)	－0.6301 (0.448)
国际组织		0.2174 (0.634)	0.2167 (0.636)		0.5445 (0.512)	0.5410 (0.514)
加工贸易		－0.5076 (0.045)	－0.5112 (0.044)		0.1775 (0.494)	0.1779 (0.493)
进料加工		－0.3366 (0.184)	－0.3382 (0.182)		－0.2613 (0.314)	－0.2638 (0.310)
来料装配		－0.3679 (0.148)	－0.3709 (0.145)		－0.3404 (0.192)	－0.7837 (0.026)
外资进口		－0.1460 (0.622)	－0.1518 (0.608)		－0.5334 (0.041)	－0.5336 (0.041)
一般贸易		－0.3934 (0.121)	－0.3953 (0.119)		－0.0003 (0.999)	－0.0001 (0.084)
常数 C	1.3118*** (0.000)	1.7003*** (0.000)	1.6937*** (0.000)	1.467*** (0.000)	1.579*** (0.000)	1.5991*** (0.000)

注：①*、**、***分别表示在 10%、5%、1%的显著性水平上拒绝原假设。②部分贸易方式全称如下：保税转口是指保税区仓储转口贸易；出料加工是指出料加工贸易；国际组织是指国家间或国际组织无偿援助和赠送的物资；进料加工是指进料加工贸易；来料装配是指来料加工装配贸易；外资进口是指外商投资企业作为投资进口的设备与物品。

可以看到，就出口上游度而言，企业全要素生产率的增加与出口上游度呈现出了显著的负相关关系，在加入控制变量前，全要素生产率每增加 1 个百分点，出口上游度下降 6.7 个百分点（该参数在加入企业所在地工具变量后，变为 5.87）。这说明，企业全要素生产率的提升显著促进了企业在全球价值链中向下游位置移动，促进了企业在全球分工中的角色改善。但是，从进口下游度来看，在未引入控制变量情况下，全要素生产率每增加 1 个百分点，进口下游度增长 68 个百分点（加入工具变量后，该参数为 55）。也就是说，与出口不同的是，在此期间，我国企业全要素生产率的增长反而使进口位置向着全球价值链的上游移动。这一方面在一定程度上与中国制造业企业自 2004 年以来，企业间的配置效率不断恶化，制造业生产率增长空间在不断压缩相吻合（杨汝岱，2015）[①]。另一方面也与我国在全球价值链分工中所扮演的生产制造角色有关，中国企业进口再出口，而出口产品通常也是中间品。在这种情况下，产品的附加值较低，全要素生产率的改善对其影响并不明显。

另外两个可能的解释是：一是在此期间，中国企业与国外企业相比，普遍而言并没有较为核心的技术优势。我国经济增长中"质"的部分并不明显，仍然处于吸收引进国外先进技术的发展阶段，全要素生产率的变化并没有有效促进我国企业在全球价值链中的地位攀升。二是由出口产品的结构所决定，在此期间，中国出口产品仍然以技术含量较低的产品，如袜子、鞋子、衬衣等为主，对技术的要求远低于高精尖设备制造业，或者是基本生产原料，作为国际市场上重要的制造业大国，技术进步所带来的生产效率提高直接体现在了继续扩大生产上，这造成了进口下游度的不断攀升。

这再次说明，虽然我国企业已深度参与全球价值链分工，但是在全球价值链分工体系中仍然处于较为不利的地位。中国虽然是制造业大国，但并非制造业强国，尽快深入推动落实"中国制造 2025"战略落地生根，坚定走制造业强国之路，任重而道远。

再看不同贸易形式的影响系数。在工具变量回归下，就出口上游度而言，影响系数绝对值最大的是出料加工，此外加工贸易和进料加工、来料装配等也相对较大，其系数都为负。这说明代工模式中的技术溢出和积累效应也有利于中国全球价值链位置的改善。但实际上，这些回归系数通常并不显著。同理，就进口下游度而言，单纯的代工贸易模式系数的绝对值要明显大于一般贸易。这一发现说明，中国企业在全球价值链中分工处于不利地位的其中一个主要原因与中国企业

① 杨汝岱. 中国制造业企业全要素生产率研究［J］. 经济研究，2015（2）：61－74.

的贸易形式息息相关。中国制造业想要攀升全球价值链，必须走技术研发的集约式发展道路。至此，理论假说 H2 和理论假说 H3 进一步得证。

值得注意的是，如上文所述，考虑到模型可能存在的内生性问题，尤其是 TFP 和企业出口上游度及进口下游度之间，以及企业规模、存续时间等变量与所处位置之间可能存在的内生性问题，除了本部分增加的工具变量分析外，我们继续使用 GMM 的方法进行分析。

2. *动态面板回归结果*

为使回归结果更稳健，接下来，我们建立如下 GMM 模型：

$$\{U_{ft}^{X},\ U_{ft}^{I}\} = \alpha + \beta\, U_{f,t-1}^{X}/U_{f,t-1}^{I} + \gamma\, TFP_{ft} + \beta\, sale_{ft} + \delta\, tech_{ft} + \theta\, tim_{ft} + \varepsilon_{ft} \tag{4-14}$$

各变量的定义和上文相同。其中，$U_{f,t-1}^{X}$和$U_{f,t-1}^{I}$分别表示滞后一期的出口上游度和进口下游度。

GMM 的方法主要包括差分 GMM 和系统 GMM，最早由 Hansen（1982）[①] 提出，和传统的参数估计方法不同，其允许随机误差项存在异方差和序列相关，因而也常常被用于处理模型的内生性等问题。从其发展历程来看，由于差分 GMM 存在差分时容易消除非观测截面的个体效应及不随时间变化的其他变量等缺陷，而且差分 GMM 是使用滞后项作为差分的工具变量，因此可能存在弱工具变量问题。因此，联立了差分和水平方程的系统 GMM 逐渐成为大家使用广义矩估计进行参数估计时的首选。其优点在于，工具变量不仅包括了滞后的差分项，还包括滞后的水平项。考虑到本部分的样本数据特征，我们采用的是系统 GMM 估计方法。表 4－12 和表 4－13 分别表示出口上游度和进口下游度的回归结果。

如表 4－12 所示，以出口上游度为例。在逐渐引入变量过程中，我们发现，与静态分析相似，全要素生产率对出口上游度的影响始终为负且显著，其值介于 －2.37 和 －1.85。也就是说，TFP 每上升 1 个百分点，出口上游度下降 200 个百分点左右。这说明，全要素生产率的提升能够显著促进我国企业出口上游度的下降，有利于我国企业在全球价值链的位置攀升。但是技术密集度、企业销售规模、企业存续时间等变量对出口上游度的影响却显著为正。这一发现，基本与张为付和戴翔（2017）[②] 中国全球价值链分工地位确实处于中低端的结论相一致。

① Hansen Lars Peter. Large Sample Properties of Generalized Method of Moments Estimator［J］. Econometrica，1982，4（50）：1029－1054.

② 张为付，戴翔．中国全球价值链分工地位改善了吗？——基于改进后出口上游度的再评估［J］．中南财经政法大学学报，2017（4）：90－99.

即在2000~2009年，无论是企业规模的扩张，还是技术的改良，都没有对我国出口企业在全球价值链中的位置攀升产生积极的作用。造成这种现象的主要原因，可能是在样本选择区间内，中国制造业企业的技术水平还不够高。只有依靠要素生产率的提升，才能改善出口企业在全球价值链中的位置。

表4-12 出口上游度与企业规模、技术密集度和全要素生产率（GMM回归）

变量	（一）	（二）	（三）	（四）
TEP_{ft}	-2.0084*** (0.000)	-1.8519*** (0.000)	-2.3684*** (0.000)	-2.0908*** (0.000)
$U^{X}_{f,t-1}$	0.1602*** (0.000)	0.1189*** (0.000)	0.1757*** (0.000)	0.1456*** (0.000)
$tech_{ft}$		0.2006*** (0.000)	-0.0746 (0.229)	0.0474 (0.404)
$sale_{ft}$			1.0021*** (0.000)	0.5602*** (0.000)
ttm_{ft}				0.3050*** (0.000)
常数C	1.1150*** (0.000)	0.9500*** (0.000)	-3.6257*** (0.000)	-1.9419*** (0.001)
Arellan-Bond 一阶自相关AR（1）	-16.26 (0.000)	-16.13 (0.000)	-14.24 (0.000)	-13.99 (0.000)
Arellan-Bond 二阶自相关AR（2）	-3.03 (0.992)	-3.13 (0.921)	-3.18 (0.901)	-3.26 (1.000)
Sargan值	1106.72 (0.000)	1169.96 (0.000)	905.22 (0.000)	1003.19 (0.000)
Obs	20583	20583	20583	20583

注：*、**、***分别表示在10%、5%、1%的显著性水平上拒绝原假设。

再从进口下游度来看，如表4-13所示。在逐渐引入变量的过程中，全要素生产率对进口下游度的影响始终显著为正，其值介于7.12和9.62。也就是说，TFP每上升1个百分点，进口下游度会呈现出一个非常显著的上升。其中，技术密集度和企业存续时间对进口上游度的提升显著为正，这说明我国企业在此期间，仍然处于全球价值链分工中的代工生产或中间品贸易等环节。企业从国外引进先进技术、进口生产原料等生产要素，在国内进行生产并最终出口到国外，位置分工没有明显改善。但值得注意的是，企业规模对进口下游度提升的影响却为负，也就是说，规模的扩张反而造成了分工位置的改善。这一方面可以从企业生产国内增加值（DVAR）的角度予以解释，即企业规模的扩张所带来的生产要素的需求增长，而这些生产要素很可能主要在国内，也就是说，国内相对便宜的生产要素在企业生产中所占的比例提升，减少了对进口生产要素的需求。另一方面，规模扩张过程中的“技术外溢”效应改善了中国企业的生产技术，提高了全要素生产率，从而使其实现了在全球价值链中位置的攀升。但实际上，造成这种现象的主要原因在于中国制造业企业进口再继而出口的贸易模式，在全球价值链中，中国出口产品依然是以中间品为主。

表 4-13　进口下游度与企业规模、技术密集度和全要素生产率（GMM 回归）

变量	（一）	（二）	（三）	（四）
TEP_{ft}	8.3013*** (0.000)	8.4045*** (0.000)	9.6244*** (0.000)	7.1156*** (0.000)
$U^{I}_{f,t-1}$	0.2450*** (0.000)	0.2437*** (0.000)	0.2482*** (0.000)	0.1609*** (0.000)
$tech_{ft}$		0.0475 (0.361)	0.1127* (0.076)	0.2639*** (0.000)
$sale_{ft}$			-0.5891*** (0.000)	-0.5447*** (0.000)
ttm_{ft}				1.6745*** (0.000)
常数 C	1.1338*** (0.000)	1.0817*** (0.000)	3.9013*** (0.000)	1.8589** (0.004)
Arellan-Bond 一阶自相关 AR（1）	-11.23 (0.000)	-11.06 (0.000)	-9.37 (0.000)	-9.41 (0.000)
Arellan-Bond 二阶自相关 AR（2）	-4.14 (0.858)	-4.07 (0.936)	-3.50 (1.000)	-4.54 (1.000)
Sargan 值	1149.91 (0.000)	1110.54 (0.000)	1015.85 (0.000)	1231.07 (0.000)
Obs	21267	21267	21267	21267

注：*、**、*** 分别表示在 10%、5%、1% 的显著性水平上拒绝原假设。

总体来看，虽然企业绩效在进口下游度和出口上游度之间存在差异，但我们基本可以得出以下结论：全要素生产率的提升、技术效率的改善，都是改善中国企业全球价值链分工的关键。而单纯依靠规模的提升并不利于全球分工地位的提升。至此，理论假说二和理论假说三全部得证。这也从侧面告诉我们制造业高质量发展的重要性和紧迫性。

（七）结论及进一步讨论

本节通过对中国企业在全球价值链分工中所处位置的测算，以及对究竟是什么因素在影响这种位置指标的分析中，得到了以下主要结论：

第一，中国经济融入全球价值链的深度和广度在不断增加。2000～2009 年，我国的进出口位置指数（进口下游度和出口上游度）都基本呈现出明显递增的发展态势，如进口指数从 2000 年的 1.61 增长至 2009 年的 2.15，增长了 33.28%；而出口指数则从 2000 年的 1.32 上升至 2009 年的 1.40，增长了 6.38%。中国制造业企业能够从事更多环节的全球价值链生产。

第二，在 2000～2009 年，中国制造业企业的进口下游度指数高于其出口上游度指数。这说明，中国出口企业通常进口的是国外原材料，加工生产后再进行出口，这种进口继而再出口的模式使中国的出口中包含了大量他国（或地区）的转移价值。

第三，就影响因素而言，在此期间，虽然在不同出口地区或不同进口来源国之间存在差异，我国制造业企业技术提升和规模扩张一定程度上改善了制造业企业在全球价值链分工中的位置，但就根源而言，我国制造业企业在全球价值链分工中的地位提升主要通过提高全要素生产率。这是实现我国制造业企业高质量发展的根本抓手。

第四，就所有制属性而言，外资企业相比私营企业和集体企业更有利于中国制造业企业在全球价值链中位置的改善。这主要是由在加工贸易和转口贸易为主的贸易形式下，内外资企业的生产技术差异及外资企业的技术溢出所带来的整个行业生产效率的改善所造成的。

同时，可得到如下启示：

第一，我们的发现从微观层面验证了一个基本的经济直觉，即在外向型经济发展战略指引下，我国制造业企业虽然已经深度参与了全球价值链分工，但所扮演的更多是生产加工并继而出口的角色，在全球价值链中所处位置不高。提高制造业企业在全球价值链中的地位，既要鼓励加工制造业企业由纯粹代工制造向合作研发、联合设计、市场营销、品牌培育等价值链下游延伸，也要跟紧制造业服务化和服务型制造发展趋势，通过提高全要素生产率，扶持制造业企业向全球价值链高端环节跃升。尤其是要尽快改变以加工贸易为主的贸易形式。这既是解决我国制造业大而不强的客观需要，也是当前制造业高质量发展的根本出发点和归宿。

第二，对于制造业出口企业来说，找准自身的比较优势，积极扩展新市场，发挥规模效应，更好地融入当前依然以西方跨国公司为主导的全球价值链固然重要，但利用技术革新和商业模式创新向全球价值链研发和市场营销环节延伸也十分紧迫。相比之下，就制造业进口企业而言，通过扩大进口规模，积极承接产品技术研发、工业设计等高端服务业外包，引进国外的先进技术和高端人才，加强关键设备、零部件和国内急需的研发设计等的进口，全面提升全要素生产率。否则，实现全球价值链位置攀升将无从谈起。

第三，要坚持改革开放的基本国策不动摇，持续加大双向开放力度。实践证明，全球化是不可逆转的历史潮流，对外开放程度高的经济部门也相对具有较强的国际竞争力，因为在对外开放的过程中，国际、国内“两个市场”和“两种资源”是促使国内的制造业部门不断挖掘潜力，提升科研实力，实现高质量发展的重要支撑。

第四，本节的研究还需进一步深化。一方面，虽然本节将研究扩展到了进口和出口两个层次，但在全球价值链位置测度上，仅用了 Antràs 等（2012）① 的方法。近年来，随着全球价值链位置测度方法日益完善，可以进一步研究如何把新的位置测度方法应用于测度中国企业在全球价值链中的位置，使之更加精确，甚至在一定程度上对测算方法进行根本性的创新，这是我们未来重点的关注方向。另一方面，本节的分析更多的是一种相关性分析和现象解释，其中影响机理和因果关系还值得进一步深入探究。

四、以服务业开放促进产业升级的国际比较

受经济全球化的影响，全球制造业已深度互联，长期以来，发达国家占据了

① Antràs P., Chor D., Fally T., Hillberry R. Measuring the Upstreamness of Production and Trade Flows [J]. American Economic Review Papers and Proceedings, 2012, 102 (3): 412-416.

增加值较高的研发设计等环节，而发展中国家只能依托加工生产切入全球价值链。虽然美国特朗普政府推行了一系列的“逆全球化”举措，但借助于现代通信、物流等服务业的飞速发展，世界经济体一体化的趋势不可逆转。在这种全球分工模式下，一国或一地区的产业升级在很大程度上就体现为全球价值链位置的攀升。

制造业是国民经济的基础，从国际经验来看，发达国家无一例外都把发展壮大本国的制造业、掌握关键核心技术作为立国之本。典型的是德国“工业 4.0”计划、美国的工业互联网、日本的先进制造计划，其核心本质都是通过引领产业未来的发展方向，保持自身的全球竞争优势。但有意思的是，以上三国的服务业发展水平和开放水平同样非常高。世界银行数据显示，截至 2016 年，美国、德国和日本三国服务业增加值占 GDP 的比重分别为 76.68%、61.55%和 68.78%。

再看服务贸易限制指数（STRI），如表 4 – 14 所示，以物流货运在 2015 年的限制指数为例，德国为 0.165、日本为 0.215、美国为 0.241、中国为 0.437，中国指数显著高于德国、日本和美国。在 2015 年，会计服务业德国的服务贸易限制指数为 0.232，日本为 0.192、美国为 0.174、中国为 0.425。在 2015 年，法律服务业德国的服务贸易限制指数为 0.251，日本为 0.574、美国为 0.216、中国为 0.472。在商业银行服务业，2015 年德国的服务贸易限制指数为 0.162，日本为 0.202、美国为 0.224、中国为 0.409。在计算机服务领域，2015 年德国、日本和美国的指数分别为 0.190、0.156 和 0.180，而同期中国的指数为 0.309。服务贸易限制指数为 OECD 公布的各国和地区服务贸易开放程度指标，数字越高证明服务贸易的开放程度越低，截至目前，已发布了 2017 年的最新版本。

表 4 – 14 服务贸易限制指数对比情况

	德国			日本			美国			中国		
	2015 年	2016 年	2017 年	2015 年	2016 年	2017 年	2015 年	2016 年	2017 年	2015 年	2016 年	2017 年
物流货运	0.165	0.153	0.153	0.215	0.215	0.217	0.241	0.241	0.241	0.437	0.437	0.437
物流仓储	0.153	0.141	0.141	0.176	0.176	0.179	0.213	0.213	0.213	0.332	0.332	0.332
物流货运代理	0.157	0.144	0.144	0.182	0.182	0.185	0.221	0.221	0.221	0.317	0.317	0.317
物流报关经纪	0.143	0.130	0.130	0.180	0.180	0.156	0.237	0.237	0.237	0.314	0.314	0.314
会计	0.232	0.223	0.223	0.192	0.192	0.204	0.174	0.174	0.174	0.425	0.414	0.391

续表

	德国			日本			美国			中国		
	2015 年	2016 年	2017 年	2015 年	2016 年	2017 年	2015 年	2016 年	2017 年	2015 年	2016 年	2017 年
建筑	0. 217	0. 203	0. 203	0. 153	0. 153	0. 165	0. 189	0. 189	0. 189	0. 248	0. 236	0. 236
工程	0. 218	0. 204	0. 204	0. 111	0. 111	0. 123	0. 218	0. 218	0. 218	0. 245	0. 234	0. 234
法律	0. 251	0. 243	0. 243	0. 574	0. 574	0. 584	0. 216	0. 202	0. 202	0. 472	0. 472	0. 472
电影	0. 183	0. 173	0. 173	0. 090	0. 090	0. 105	0. 170	0. 170	0. 158	0. 581	0. 581	0. 591
广播	0. 197	0. 191	0. 191	0. 247	0. 247	0. 266	0. 256	0. 256	0. 256	0. 678	0. 678	0. 678
影音	0. 153	0. 139	0. 139	0. 099	0. 099	0. 107	0. 171	0. 171	0. 171	0. 273	0. 265	0. 265
电信	0. 165	0. 158	0. 158	0. 191	0. 191	0. 200	0. 124	0. 124	0. 124	0. 446	0. 436	0. 436
航空运输	0. 382	0. 377	0. 377	0. 396	0. 396	0. 403	0. 534	0. 534	0. 534	0. 467	0. 467	0. 467
海洋运输	0. 182	0. 176	0. 176	0. 191	0. 191	0. 208	0. 371	0. 371	0. 371	0. 405	0. 405	0. 405
公路货运	0. 190	0. 187	0. 187	0. 127	0. 127	0. 149	0. 174	0. 174	0. 174	0. 259	0. 237	0. 237
铁路货运	0. 205	0. 193	0. 193	0. 180	0. 180	0. 195	0. 157	0. 157	0. 157	0. 300	0. 286	0. 286
快递	0. 142	0. 130	0. 130	0. 248	0. 248	0. 263	0. 373	0. 373	0. 373	0. 877	0. 877	0. 877
配送服务	0. 106	0. 106	0. 106	0. 107	0. 107	0. 121	0. 156	0. 156	0. 156	0. 271	0. 258	0. 258
商业银行	0. 162	0. 152	0. 152	0. 202	0. 194	0. 206	0. 224	0. 224	0. 224	0. 409	0. 409	0. 409
保险服务	0. 141	0. 131	0. 131	0. 180	0. 173	0. 180	0. 290	0. 290	0. 290	0. 451	0. 451	0. 451
计算机服务	0. 190	0. 170	0. 170	0. 156	0. 156	0. 170	0. 180	0. 180	0. 180	0. 309	0. 309	0. 309
施工服务	0. 130	0. 130	0. 130	0. 113	0. 113	0. 128	0. 247	0. 247	0. 247	0. 313	0. 298	0. 298

资料来源：OECD 数据库（https：//stats. oecd. org/）。

在 2017 年，物流仓储行业的服务贸易限制指数，德国为 0. 141、日本为 0. 179、美国为 0. 213、中国为 0. 332，中国的指数要显著高于德国、日本和美国。在建筑行业，德国、日本和美国的数据分别为 0. 203、0. 165、0. 189，而同期中国的数据为 0. 236。在电影行业，2017 年德国的服务贸易限制指数为 0. 173，日本为 0. 105、美国为 0. 158，而中国同期的数值为 0. 591。最后，再以保险服务为例分析中外的对比情况。在 2017 年，德国保险服务业的服务贸易限制指数为 0. 132，日本为 0. 180、美国为 0. 290，而同期中国的数据为 0. 451。不难看出，在服务贸易领域，中国的对外开放程度与发达国家相比还有较大的差距。

在产业升级的过程中，一个突出的现象是服务业与制造业的融合发展，尤其是产业融合度强、带动作用明显的生产性服务业，通过与传统产业的融合发展，成为传统产业转型升级的有益支撑。为了测算两者的融合度，我们借鉴了张捷和陈田（2016）[①] 的方法，把传统制造业吸收生产性服务业投入的程度称为正向融合度（Z_{it}），以传统制造业各行业在生产过程中来自生产性服务业的中间投入占传统制造业总产出的比重来表示；与之相反，把生产性服务业吸收传统制造业投入的程度称为反向融合度（F_{it}），以传统制造业各行业对生产性服务业的中间投入占传统制造业总产出的比重来衡量。具体计算公式如下：

$$Z_{it} = \frac{Minterput_i}{\sum_{1}^{n} Output_i} \times 100\% \tag{4-15}$$

其中，t 表示年份，i 表示行业，Z_{it}表示在 t 年 i 行业生产性服务业与传统制造业 i 的正向融合度，分子 $Minterput_i$表示 t 年生产性服务业对传统制造业 i 的中间投入，分母 $\sum_{1}^{n} Output_i$表示传统制造业 i 的总产出。计算结果见表 4-15。

表 4-15　生产性服务业与传统制造业产业正向融合度

年份＼国家	德国	日本	美国	中国
2005	0.08763	0.112649	0.139352	0.1059
2006	0.087369	0.110112	0.142334	0.0949
2007	0.08544	0.107587	0.148609	0.087
2008	0.090177	0.105376	0.154486	0.0864
2009	0.094119	0.110074	0.151033	0.0838
2010	0.10061	0.102762	0.164411	0.0891
2011	0.094525	0.102762	0.167234	0.08
2012	0.093584	0.103606	0.164181	0.0785
2013	0.091259	0.106257	0.166944	0.081
2014	0.092045	0.10523	0.174567	0.0831

资料来源：笔者计算。

$$F_{it} = \frac{Sinterput_i}{\sum_{1}^{n} Output_i} \times 100\% \tag{4-16}$$

和式（4-15）的基本界定相同，其中，t 表示年份，i 表示行业，F_{it}表示在

① 张捷，陈田．产业融合对制造业绩效影响的实证研究——制造业与服务业双向融合的视角［J］．产经评论，2016（2）：17-26.

t 年 i 行业生产性服务业与传统制造业 i 的反向融合度，分子 $Sinterput_i$ 表示 t 年传统制造业 i 对生产性服务业的中间投入，分母 $\sum_{1}^{n} Output_i$ 表示制造业 i 的总产出①。计算结果见表 4－16。

表 4－16　生产性服务业与传统制造业的反向融合度

国家 年份	德国	日本	美国	中国
2005	0. 47015	0. 226416	0. 284022	0. 1287
2006	0. 467034	0. 223298	0. 280325	0. 1216
2007	0. 494503	0. 225253	0. 274116	0. 1164
2008	0. 497731	0. 210286	0. 262171	0. 1157
2009	0. 481355	0. 221306	0. 294481	0. 1203
2010	0. 496757	0. 206754	0. 289822	0. 1263
2011	0. 498612	0. 20305	0. 278377	0. 1186
2012	0. 494584	0. 198546	0. 291644	0. 124
2013	0. 517111	0. 202989	0. 30767	0. 1281
2014	0. 517951	0. 207034	0. 315371	0. 1359

资料来源：笔者计算。

在计算过程中，我们根据国家统计局于 2019 年 4 月 17 日发布的《生产性服务业统计分类（2019）》，把生产性服务业的范围限定为：为生产活动提供的研发设计与其他技术服务，货物运输、通用航空生产、仓储和邮政快递服务，信息服务，金融服务，节能与环保服务，生产性租赁服务，商务服务，人力资源管理与职业教育培训服务，批发与贸易经纪代理服务，生产性支持服务。在传统制造业范围的界定上，我们首先根据《国务院关于印发“十三五”国家战略性新兴产业发展规划的通知》（国发〔2016〕67 号），把新兴产业的范围界定为：节能环保、新一代信息技术、生物、高端装备制造、新能源、新材料和新能源汽车等。随后，我们借鉴了杨俊青等（2018）② 的方法，将传统产业的范围界定为主

① 两个政策含义是，正向融合度说明制造业吸收了较多的服务业产出，即制造业服务化，我们将其理解为制造业的竞争力更强。与之相反，反向融合度则说明服务业吸收了较多的制造业产出，也可称为服务型制造，我们将其理解为服务业的竞争力更强。

② 杨俊青，陈虹，许艳红．传统产业转型与新兴产业培育发展中的就业问题研究——以山西省为例［J］．中国人口科学，2018（5）：2－16.

要包括钢铁、煤炭、电力等以加工制造为主的行业①。

以正向融合度为例，如表 4－15 所示，在 2005 年，中国的正向融合度指数高于德国，但低于日本和美国，而到 2014 年，中国的指数为 0.0831，德国、日本和美国分别为 0.092、0.105 和 0.175，中国生产性服务业与传统制造业的融合度指数要显著低于其他三个国家。从正向融合度指数的政策含义，我们可以得出这样一个结论，即中国的制造业竞争力指数要显著低于德国、日本和美国。

再看反向融合度，如表 4－16 所示，在 2005 年，德国、日本和美国生产性服务业与传统制造业的反向融合度指数分别为 0.47015、0.22642 和 0.28402，而同期中国的反向融合度指数为 0.1287，显著低于其他三个国家。到 2014 年，德国生产性服务业与传统制造业的反向融合度指数为 0.51795，日本为 0.20703、美国为 0.31537，同期中国的指数为 0.1359，显著低于其他三个国家。从反向融合度的定义出发，不难发现，美国、德国和日本的服务业吸收了较多制造业的产出，其服务型制造发展水平较高，而中国在这方面与美国、德国和日本的差距非常明显。

综合来看，无论是正向融合度还是反向融合度，中国和美国、德国及日本的差距都非常明显。中国的生产性服务业与传统制造业的融合程度还比较低，没有形成对产业转型升级的有效支撑。

（一）美国

从经济的产业结构来看，美国是一个标准的以服务业为主体的国家，20 世纪 70 年代开始，大量美国企业出于成本优势的考量，将附加值较低的制造业环节转移到劳动力成本和生产要素价格更低的发展中国家，而自己则牢牢占据着生产设计、研究、品牌管理、物流和金融服务等附加值较高的服务业环节。相关数

① 在具体的处理过程中，我们借鉴了龚静等（2018）和刘斌等（2016）的做法，结合 WIOD 行业分类进行两个统计标准的手工匹配。具体匹配过程如下：在 WIOD 中，研发设计与其他技术服务业分别对应：建筑和工程活动；技术测试和分析（M71）、科学研究与发展（M72）、广告和市场研究（M73）、其他专业、科学和技术活动、兽医活动（M74－M75）。货物运输仓储和邮政快递服务分别对应：陆路运输和通过管道运输（H49）、水运（H50）、航空运输（H51）、运输的仓储和支持活动（H52）、邮政和快递活动（H53）。信息服务分别对应：电信（J61）、计算机编程、咨询和相关活动、信息服务活动（J62－J63）。金融服务和生产性租赁服务分别对应：金融服务活动、保险和养老基金除外（K64）、保险、再保险和养老基金、强制性社会保障除外（K65）、金融服务和保险活动的辅助活动（K66）。商务服务对应：法律和会计活动、总公司的活动、管理咨询活动（M69－M70）、广告和市场研究（M73）。人力资源管理与培训服务对应：教育（P85）、出版活动（J58）。批发经纪代理服务对应：汽车和摩托车的批发和零售贸易和维修（G45）、批发贸易，汽车和摩托车除外（G46）。节能与环保服务和生产性支持服务对应：行政和支持服务活动（N）和其他服务（R－S）。

据显示，截至2018年底，美国经济中服务业所占的比重已经超过了80%，相比之下，根据国家统计局最新数据，2018年中国服务业实现增加值469575亿元，同比增长7.6%，增速比第一产业和第二产业分别高出4.1个和1.8个百分点，持续领跑国民经济增长①。但即使如此，中国服务业增加值占全国GDP比重也只有52.2%，远低于美国同期水平。作为世界头号强国，美国的制造业在全球竞争中的优势也十分明显，典型如世界大型喷气式客机波音公司、新能源企业行业翘楚特斯拉、全球手机巨头苹果，此外还有大量的互联网技术企业，如谷歌、亚马逊等。在服务业领域，美国的服务贸易竞争力全球领先，如表4－17所示。

表4－17　美国服务贸易进口概览

年份	服务贸易占GDP比重（%）	美国服务贸易出口中国（百万美元）	美国服务贸易进口中国（百万美元）	美国服务出口中国知识产权使用费（百万美元）
2008	6.40	15845	10924	2310
2009	6.24	17061	9560	2194
2010	6.50	22500	10609	3333
2011	6.85	28435	11781	4127
2012	6.84	33039	13040	4599
2013	6.92	37523	13908	5693
2014	6.97	44280	14017	6583
2015	6.85	49021	14987	5993
2016	6.78	54939	16032	7946
2017	6.88	57628	17419	8762

资料来源：Wind数据库。

如表4－17所示，2008～2017年，美国对中国的服务贸易出口总值一直在持续增加，从2008年的158.45亿美元增加到2017年的576.28亿美元。同期，美国服务贸易自中国的进口额也从109.24亿美元上升到2017年的174.19亿美元。虽然美国服务贸易自中国的进口也在增加，但进口增速要远低于出口增速，导致美国在服务贸易领域对中国的绝对顺差，并且该顺差一直呈持续扩大的趋势。

① 2018年以来我国服务业运行情况［EB/OL］. http：//fgw.hebi.gov.cn/sfgw/638836/639672/639623/3042285/index.html.

美国服务业高度发达，产业门类齐全，国际竞争力强。随着中国经济发展和人民生活水平提升，服务需求明显扩大，2017 年，据中国商务部统计，美国是中国第二大服务贸易伙伴；据美国商务部统计，中国是美国第三大服务出口市场。美国是中国服务贸易最大逆差来源地，且逆差快速扩大。据美国方面统计，2007 ~ 2017 年，美国对华服务出口额由 131.4 亿美元扩大到 576.3 亿美元，增长了 3.4 倍，而同期美国对世界其他国家和地区的服务出口额增长 1.8 倍，美国对华服务贸易年度顺差扩大 30 倍至 402 亿美元。目前，中国对美国服务贸易逆差占中国服务贸易逆差总额的 20% 左右。中国对美国服务贸易逆差主要集中在旅行、运输和知识产权使用费三个领域。①

从美国服务业和制造业的发展历程看，美国的经验大致可以总结为：放松服务业管制，集中精力发展高端服务业和先进技术装备制造。1997 ~ 2001 年是美国生产性服务业迅速发展阶段，尤其通信技术及研发等行业获得政府大力支持，同时金融行业的管制逐渐降低，在此期间美国制造业与生产性服务业获得巨大的发展，生产性服务业投入生产领域的资本不断上升，两产业融合度进一步提高，经济在克林顿总统执政期间获得飞速发展②。康岳宗（2018）③ 研究发现，金融危机后美国政府通过金融改革和“再工业化”政策，促使金融资本逐渐回归实体经济，金融资本与生产资本出现再度耦合的现象，金融服务业对制造业的需求拉动效应和供给推动效应增强，金融资本由虚向实，有效促进了制造业的发展，并且金融服务业对高技术制造业发展的促进作用更加明显。

综合来看，美国主要是依托强大的服务业和制造业在全球进行生产资源和要素的再配置，从而通过较强的服务贸易竞争力牢牢占据了全球价值链的核心优势地位。值得关注的是，美国强大的资本市场在制造业发展壮大的过程中同样功不可没。数据显示，美国在 20 世纪经历了横向并购、纵向并购、混合并购、杠杆并购、跨国并购五次并购浪潮，几乎所有美国大企业均通过并购重组方式而成长④。面向全球开放的金融市场及强大的金融掌控能力，使美国制造业企业在转型升级和成长壮大的过程中如虎添翼。

① 中华人民共和国国务院新闻办公室．关于中美经贸摩擦的事实与中方立场［M］．北京：人民出版社，2018.

② 时鹏科．美国制造业转型升级过程中生产性服务业的发展研究［D］．山东师范大学硕士学位论文，2018.

③ 康岳宗．美国金融服务业对制造业发展的影响研究［D］．河北大学硕士学位论文，2018.

④ 缪姬蓉，俞翔，王煜若，叶杨翔．美国生产性服务业发展经验及对浙江的启示［J］．浙江经济，2018（4）：54 – 55.

（二）德国

作为老牌的制造业大国，德国拥有毋庸置疑的强大工业生产能力。但随着服务业在国民经济中占比地位的提升，如何发展服务领域成为德国政治讨论的重要话题。从数据来看，1960 年，德国服务业在全国总价值创造中只占 41%，到 1995 年则上升至 64.2%[①]。为了准确掌握服务业发展的新态势，德国联邦统计局自 20 世纪 90 年代就开始致力于对传统服务业以外的其他服务行业，尤其是新兴服务行业统计的研究，并在 2000 年建立了服务业抽样调查制度[②]。在对待服务业开放的问题上，德国基本遵循的是渐进和有限制的开放策略，以法律服务业为例，德国根据 WTO 基本规则，逐步制定了一套有关外国律师在德国境内执业的规定[③]。在对德国汉堡现代服务业发展模式进行总结后，李金辉（2009）[④] 发现，培育核心服务企业，形成集约发展模式，降低交易成本和商务成本，促进产业的融合与互动发展，是德国现代服务业发展的宝贵经验。实际上，德国服务业最为显著的特征是其与工业制造业的紧密联系。文史哲（2014）[⑤] 研究发现，德语中有一个专门名词“工业服务业”，用于指“脱离了工业产品无法单独存在的服务业”。德国人认为，其核心是所有环节——产品、融资与服务的无缝连接，让服务紧紧围绕着产品的整个生命周期。德国制造业中来自服务业的驱动力非常明显。隋玉琴等（2014）[⑥] 通过对制造业价值链上的中国和德国服务业驱动力进行比较后发现，本国服务企业驱动力方面，中国整体低于德国并且差距明显。

为了促进生产性服务业的发展，德国联邦政府于 2006 年第一次推出《德国高科技战略》，之后又在 2010 年颁布了更新版《思想、创新、增长——德国高科技战略 2020》，服务业被列为“高科技战略”的重要领域，力求通过现代科技保持德国服务业的国际竞争力。同时，该战略提出“工业 4.0”，使德国的生产性服务业因其世界知名的制造业基础，工业产品和服务完美结合形成强竞争力和高附加值，在全世界占据领先位置[⑦]。在对举世瞩目的德国“工业 4.0”计划进行

① H. 蒂曼，T. 考利施．德国的服务业［J］．国外社会科学，1999（1）：89－90.

② 国家统计局赴德国培训团．德国的服务业统计［J］．中国统计，2004（4）：56－57.

③ 王江．德国法律服务业开放的管窥和启示［J］．德国研究，2001（3）：54－57.

④ 李金辉．浅析滨海新区现代服务业发展——以德国汉堡为例［J］．天津经济，2009（11）：38－41.

⑤ 文史哲．德国工业与服务业相伴相生的启示［N］．中国信息报，2014－08－06（008）.

⑥ 隋玉琴，刘宝，刘岩．制造业价值链上的中国与德国服务业驱动力比较［J］．辽东学院学报（社会科学版），2014（3）：96－99.

⑦ 孙琼．借鉴德国经验，加快沈阳市现代服务业发展［J］．北方经贸，2016（4）：48－49.

研究后，金迪（2016）[①] 发现，德国制造业和服务业之所以能率先走到“工业 4.0”路口，一个重要的核心问题是，“工业 4.0”解决的不是生产效率的问题，而是“如何让工厂快速、低成本地直接生产和交付客户需要的东西”。在这个过程中，以商业模式创新和生产管理为主的服务业毫无疑问占据着主导地位。

综合来看，在服务业发展和产业转型升级的过程中，德国的经验基本可以总结为：第一，实行制造业和服务业同步发展的双重战略。德国制造业强大的重要支撑就是其独特的生产服务业优势。在服务业的对外开放方面，德国经历了先进口后出口，放松服务业管制及加入欧盟等制度性红利在其中发挥了重要作用[②]。第二，强化国际标准制定的话语权。德国服务业标准化走在全球的前列，自 1996 年国际标准化组织（ISO）提出“呼唤服务标准”以来，为研究、协调和开展服务领域的标准化工作，德国标准化学会（DIN）就专门成立了消费者满意和服务标准委员会（NAGD），专门承担服务标准的制修订工作。NAGD 的业务范围主要包括旅游服务、建筑物清洁服务、商业服务业、教育服务业、环境和基础设施服务业、健康医疗服务业、信息技术服务业、物流和运输服务业、社会服务业、娱乐和文化服务业等多项服务流程。截至目前，德国服务业标准形成了以服务业标准委员会（NADL）为主导，DIN 服务业标准化协调办公室（KDL）为协调支撑的管理机制。在国际层面，根据 DIN 的倡议，ISO 在服务业标准领域已经成立了五个技术委员会[③]。德国政府不遗余力地建立服务业标准并将其推广到全球。第三，高度重视中小企业的发展壮大。德国服务业和制造业中大多数是中小企业，而这些中小企业在很多领域都是“隐形冠军”。在德国，约占企业总数 99% 的中小企业，贡献了约 54% 的增加值，拉动了 62% 左右的就业，它们才称得上是德国工业和服务业的中坚力量。[④]

（三）日本

日本是中国一衣带水的邻邦，虽然其资源匮乏，但在一系列经济政策指引下，加之“二战”后全球经济格局的变化，日本经济在战后迅速崛起，成为名

① 金迪．德国制造业和服务业为什么能率先走到“工业 4.0”路口［J］．中国管理信息化，2016（11）：140－142.

② 俞晓晶．德国生产性服务业发展模式及其影响因素研究［J］．上海经济，2017（2）：17－24.

③ 黄丽华．德国服务业标准化现状［A］//中国标准化协会．第十四届中国标准化论坛论文集［C］．中国标准化协会，2017：6.

④ 同样是小企业，德国为何能称霸全球？［EB/OL］．https：//www.sohu.com/a/251428814_99938382.

副其实的服务业和制造业强国。2017 年，日本服务业增加值占 GDP 的比重为 71%，其中生产性服务业增加值占服务业增加值比重超过 60%。这和田正 (2017)① 认为，日本实现工业化后，经济的服务化趋向明显的结论基本吻合，同时他也认为，为了克服日本服务业存在的“成本病”问题，通过促进生产性服务业的大发展，可以有效提升经济整体的全要素生产率。肖高 (2018)② 在对日本服务业进行调研后发现，日本服务业分生产性服务业、消费性服务业和公共服务业三大类。其中，生产性服务业最为明显的特征是产业融合现象加剧。2011 年，日本国内提出“六次产业”概念，即通过产业化、制造业服务化来实现不同产业的融合发展。日本制造业和服务业的界限逐渐模糊，制造业服务化和服务业制造化的情况大量并存。庞德良和苏宏伟 (2016)③ 在对日本生产性服务业与制造业转型升级的内生与联动效应进行分析后发现，日本制造业对生产性服务业的中间需求由资源和劳动密集型低技术制造业向中高技术制造业转变，生产性服务业对制造业的中间投入结构不断升级，低技术制造业中间需求比重不断下降，而中高技术制造业中间需求比重不断提高。在对 20 世纪中后期日本转型升级的经验进行总结后，潘志和李飞 (2014)④ 认为，生产性服务业与制造业的关联互动是日本经验的重要组成部分。这一发现，与王厚双和宋子南 (2012)⑤ 在对日本现代服务业发展经验进行研究后得出的结论相吻合：日本经济的快速发展，与其大力发展服务业密不可分，而其成功经验之一即是十分注重发挥服务业对其他产业的联动效应。通过产业融合，日本走上了一条服务业和制造业良性互动的高水平发展之路。

综上所述，日本的经验基本可以总结为：通过扩大市场开放，引进民间资本进入生产性服务业领域，走生产性服务业的专业化发展道路，扎实提升本国生产性服务业的国际竞争力。同时，将生产性服务业与制造业的融合发展作为主攻方向，一来解决了服务业效率低下的“成本病”问题，二来通过生产性服务业与制造业的融合发展，赶上了日本完成工业后信息时代的班车，通过数字化、信息化，助力制造业转型升级，提升了全要素生产率。

---

① 田正. 日本服务业的发展与困境——基于生产性服务业的实证检验 [J]. 日本学刊，2017 (3)：109 - 128.

② 肖高. 日本生产性服务业发展的经验及启示 [J]. 政策瞭望，2018 (10)：47 - 50.

③ 庞德良，苏宏伟. 日本生产性服务业与制造业产业升级的内生与联动效应分析 [J]. 亚太经济，2016 (3)：60 - 67.

④ 潘志，李飞. 日本生产性服务业与制造业联动发展经验及其启示 [J]. 科技促进发展，2014 (2)：120 - 124.

⑤ 王厚双，宋子南. 日本发展现代服务业的经验探讨 [J]. 日本研究，2012 (1)：1 - 8.

五、以扩大服务业开放促进产业升级的战略思路

（一）把生产性服务业发展和双向开放作为主攻方向

生产性服务业具有较强的专业性和较高的产业融合度，产业内部创新业态活跃是全球产业竞争的战略制高点，加快发展生产性服务业是向结构调整要动力、促进经济稳定增长的重大举措。但是，当前中国的生产性服务业还普遍存在着发展水平相对滞后、产业开放度不高、内部结构失衡等问题，突出表现在知识产权、物流运输等领域中国长期并不断增长的服务贸易逆差。根据 OECD 公布的细分行业 STRI，中国的生产性服务业限制指数要显著高于发达国家，而在中国生产性服务内部，研发设计、金融服务等不同产业的发展体量也不在一个数量级。解决一切问题的关键是发展。当前，我国正在全面深化改革，全力构建开放型经济新体系。考虑到生产性服务业的独特属性，在产业转型升级的过程中，必须明确抓住提升生产性服务业发展水平这一主要矛盾，并且把扩大生产性服务业的双向开放水平作为矛盾的主要方面，最终通过鼓励国内的生产性服务业企业到全球市场接受国际同行的检验，“在游泳中学会游泳，在战争中学会战争”，提升自身的发展水平，夯实基本功。同时，通过进一步扩大开放，引入国外生产性服务业先进企业，提高国内市场生产性服务产品的供给质量，满足国内制造业企业的产业转型升级需求。

（二）以“二次入世”推动服务贸易国际竞争力提升

中国改革开放 40 年最宝贵的经验，毫无疑问就是要坚持扩大开放，坚持打开国门搞建设。加入世界贸易组织，拥抱国际规则，是广大中国企业融入全球生产和贸易体系，走向世界舞台的助推器。经过 40 年的飞速发展，中国从出口贸易领域的“一穷二白”，迅速跃升至全球最大的制造业出口国。国家统计局数据显示，2017 年，中国货物进出口总额达到 4.1 万亿美元，是 1978 年的 783 倍；制造业领域实际利用外资达 335 亿美元，对外直接投资累计 1201 亿美元[①]。中国

① 国家统计局网站（http：//data. stats. gov. cn/easyquery. htm？ cn = C01）。

制造业耀眼成绩的取得，与制造业不断扩大的对外开放不无关系。和服务业相比，中国制造业是开放最早、国内外市场主体竞争最为充分的领域。历史和实践都已经雄辩地证明，扩大开放是提升本国产业发展能力的基本举措之一。反观服务领域，受制于历史发展阶段的限制，出于国家安全等因素的考量，中国的服务业整体和细分行业开放水平普遍不高，服务贸易的国际竞争力羸弱，无法满足制造业企业和居民生产生活对日益增长的高质量服务产品的需求。从国际形势来看，美国特朗普政府正在全球范围内掀起一股“逆全球化”的浪潮，抛开其倒行逆施、违背国际经贸规则的言行不谈，其背后的核心本质是美国对中国崛起的深度忧虑，由此开始对中国进行一系列全方位的战略打压。为了实现其霸权主义目的，其一直阻挠 WTO 上诉机构法官的任命，使 WTO 的贸易争端解决机制近乎停滞。从中国的视角来看，2001 年成功“入世”，为中国制造业创造了飞速发展的战略空间，由此获得了长达近 20 年的飞速发展。在当前的国际形势下，应该以“二次入世”的战略眼光，稳步扩大服务业开放，创新管理模式，不断扩容服务业外资准入负面清单，在金融等领域展现出更为积极的开放姿态，逐步取消外资服务业企业持股比例和经验范围的限制，吸引外资服务业企业到中国开拓市场，最终形成服务业更高水平双向开放格局，稳步提升中国服务贸易的发展水平和国际竞争力。

（三）抓住“数字 +”在服务开放和产业升级中的作用

数字技术的飞速发展，是 21 世纪最为卓越的发明创造之一。借助于数字技术的飞速发展，传统的物理界限被迅速缩短，也由此诞生出了一系列新的产业业态，比如数字经济和数字贸易。在实体经济领域，信息技术的飞速发展使互联网、大数据、人工智能（AI）与实体经济的融合程度进一步加深，形成了体量庞大并极具发展潜力的数字经济产业。在服务业领域，数字技术正在飞速地融入人们生产生活的各个方面，如电子政务及各种依托于数字技术而诞生的细分生产和生活服务产品供给平台。在制造业领域，“互联网 +”与传统制造业深度融合，不仅大大改善了企业的生产效率，提高了企业对市场需求的响应速度，通过使用新兴数字技术，还提高了企业的生产效率，最终在无形之中促进了产业转型升级目标的实现。在数字经济时代，服务贸易的传统组织方式也发生了变化，贸易形式不再拘泥于跨境交付、商业存在、自然人流动和境外消费四种形式，也由此诞生出一种全新的业态——数字贸易。夏杰长（2018）① 研究发现，数字贸易

① 夏杰长．数字贸易的缘起、国际经验与发展策略［J］．北京工商大学学报（社会科学版），2018，33（5）：1－10.

兴起的直接原因在于数字经济的发展，而根本原因是技术创新引发的生产组织方式的深度变革；数字贸易的蓬勃发展是降低成本、提高生产效率及促进经济增长和商业版图重构的重要途径；发展数字贸易，既是满足居民日益增长的美好生活需要的重要抓手，也是实现中国经济由高速增长向高质量发展转换的重要手段。从世界发达国家的产业动向来看，其无一例外都把发展数字贸易及国内规则的国际化作为重点发展方向。因此，在扩大服务业开放和产业转型升级的过程中，必须高度重视数字贸易的发展及国际规则的变化，积极鼓励、包容数字技术与服务融合中产生的新业态，并积极参与国际规则的制定，为数字经济的国际规则制定贡献中国智慧。

（四）夯实为实体经济服务的金融体系，扩大金融服务业对外开放

为实体经济服务是金融服务业的本质要求，也是支持产业升级的必然选择。

1. 充分发挥好资本和金融市场在创新创业和产业转型升级中的重要作用

一是要鼓励金融机构对中小企业和创新创业企业的发展壮大给予资金支持。在当前中国金融市场以银行为主导的间接融资体制下，必须改革现有银行的授信管理体制，不断创新金融产品，变革商业银行考核管理手段，形成对小微企业和创新创业企业的友好融资环境。

二是要积极形成多层次资本市场体系，形成主板、中小板、创业板和科创板相互支撑、有序配合的直接融资市场体系，服务于企业的转型升级和创新创业企业成长壮大。

三是要大力发展私募股权投资和风险投资。从行业的本质属性来看，私募股权投资和风险投资本身天然具有支持实体经济的内在属性，是解决资金脱实向虚和杜绝资金体内循环的有力武器，在熟悉的"赛道"，私募股权和风险投资机构不仅能够敏锐地识别出具有发展潜力的初创企业，还能依托自身的管理能力和行业经验，为初创企业发展壮大进行增值，是创新创业的最有力推手。

四是逐步完善中小企业和初创企业的信用担保体系，相关政府部门也要在中小企业和担保机构开展抵押物和出质的登记、确权、转让等方面提供便利。积极开发适合中小服务业企业发展壮大和创新创业企业成长的金融产品。

2. 鼓励金融业与数字经济的跨界融合

金融业是实体经济发展的血脉，随着数字技术的飞速发展，传统金融业正在面临越来越强大的跨界竞争压力。典型如在支付结算领域，微信支付和支付宝支付正在不断蚕食传统银行的支付结算市场阵地，在消费信贷领域，各种互联网平

台更是层出不穷。因此，中国金融业应该抓住数字时代的历史机遇，加快自身的战略调整和转型升级，不断学习吸收新技术，推出与数字时代的消费需求相适应的金融产品和服务。通过融合创新，大力发展金融科技，充分运用金融科技手段拓展金融融合发展的可能性边界，提升自身风险防范和服务实体经济的能力。

3. 扩大金融服务业对外开放

改革开放40年来，中国金融业经历了计划经济体制到市场经济转型的恢弘变革，随着经济新常态的全面来临和供给侧结构性改革的深入推进，中国经济的转型升级和大量中国企业"走出去"对金融业扩大开放提出了新的更高的要求。作为资金这一重要生产要素的供给者，在有效防范跨境风险的前提下，稳步扩大金融业的有序开放，从逐步放宽外资金融机构在中国市场的持股比限制，到放松外资金融机构在华设立分支机构和经营地域限制，再到不断拓宽中外金融市场合作深度，金融业对外开放有利于在国内市场形成"鲶鱼效应"，从而提升中国金融业整体的资源配置效率，更好地服务于中国经济的转型升级需求。

第五章 中国服务业 FDI 的效应与路径

一、引言

纵观我国改革开放以来的经济发展与崛起历程，大规模的外资引进和服务贸易无疑在其中扮演了异常重要的角色。特别是在经济发展初期，境外资本的大量流入不仅解决了发展与建设投资资金短缺的问题，而且伴随外资流入而来的技术转移也帮助中国迅速弥补了工业发展的技术缺口与“短板”，由此使我国在最短的时间内完成了工业基础的积累和现代化进程，并成为支撑我国经济持续中高速增长的重要基石。

然而，上述过程更多发生在工业和制造业领域，而对于服务业而言，由于该产业对于国民经济的基础性作用以及涉及国计民生乃至意识形态等问题，我国在该领域的开放方面一直保持谨慎态度，进而使服务业的开放相对于制造业而言明显滞后。这些年来，服务业领域的市场化改革向纵深推进，服务业对内对外开放举措不断增强，服务业的开放程度也开始呈现加速提升的态势，特别是在加入 WTO 以来，为顺应国际经济开放趋势和对于“入世”承诺的要求，我国服务业领域对境外资本的管制得到了相当程度的放松，服务业外资流入的规模也随之出现了快速的增长，并在近年来超越制造业的外资流入规模成为我国外资流入的第一大领域。按照 WTO 有关协议，2006 年底，中国加入 WTO 的过渡期结束，中国开始全面履行服务业对外开放的承诺。新版《外商投资产业指导目录》的实施标志着中国服务业进入对外资企业全面开放阶段，投资壁垒进一步降低[①]。进入 2008 年以来，在全球金融危机、欧洲主权债务危机的相继打击之下，全球经济开始陷入萎缩和调整阶段。受到外部经济环境恶化的冲击，全球跨境投资的增

① 丁辉侠，董超．中国服务业投资的开放过程与政策启示［J］．国际经济合作，2010（3）：33－35.

速开始放缓，同时在我国原有赖以吸引外资的人口红利逐渐耗尽、劳动力成本优势日渐消失及中国制造业总体产能过剩和经济增长放缓的宏观经济背景下，我国的外资流入，特别是制造业的外资流入程度也出现了明显的减弱趋势，但相比之下，服务业却依然保持了强劲的增长势头。在 2008 ~ 2016 年，我国包括采掘、制造和建筑业在内的第二产业外资流入额从 538.60 亿美元萎缩至 402.13 亿美元，下降超过 25%，但同时期我国的服务业却依然保持了 10.42% 的年均实际利用外资增速，并成为支撑我国实际利用外资持续保持增长的重要支柱。在这种情况下，扩大服务业的开放，积极推动我国经济结构的转型也就成为化解我国当前经济困境的重要举措之一。

回望我国服务业发展和开放的历程，我们不难发现：我国服务业的发展实际上与我国经济体制改革带来的红利释放和体制性束缚解除存在着密切的联系。而之所以呈现这一特征，原因主要在于服务业是计划经济条件下管制最为严格、受到抑制最严重、市场化程度最为滞后的领域，因此，每一步改革措施的推进都可以成为释放服务产业活力、促进服务业高速发展的契机。而在这一过程中，对外开放作为倒逼服务业放松管制、加快推进市场化进程的重要推动力，无疑在我国服务业的改革与发展过程中扮演了异常重要的角色。而在世界经济进入后危机时代以来，外部经济环境的持续低迷及国内禀赋结构变化、产能过剩、结构失衡等不利因素的影响使中国经济，特别是制造业发展陷入了严峻的困境，服务业尽管仍保持一定的增速，但也进入了发展的瓶颈期，而市场化改革进程的迟滞显然成为阻碍服务业进一步发展的重要障碍。尤为重要的是，在发达国家和发展中国家利益难以协调、以多边协议为基础的 WTO 谈判陷入僵局迟迟无法推动的情况下，以更高层次的开放和公平市场环境构建为基础的双边贸易与投资规则开始成为世界经济秩序演化的新趋势，在新一代国际投资与贸易规则中，服务业开放被提到了前所未有的重要地位。由此也意味着，进一步扩大服务业的开放已经不仅仅是中国经济转型和发展的内在要求，同时也是新的国际形势压迫之下一个必然的选择，在这种双重压力之下，中国服务业的开放也势必要迈上一个新的台阶。

在新的背景下，我们需要对我国服务业的改革与开放历程重新审视，探寻服务业开放与发展之间的内在关系和互动机理，科学和客观地评价对外开放，特别是外资进入对于我国服务业发展的系统性影响，并对其背后的理论逻辑进行梳理和总结，以此建立服务业开放与发展之间的分析框架，为新形势下扩大服务业的开放寻求相应的理论基础；同时，结合对以往服务业发展绩效的评估，探寻我国在服务业的改革与开放过程中所存在的问题，为指导服务业的开放战略、科学和积极地利用国际投资促进服务业发展与转型升级提出相应的理论依据和战略思路。

二、境外资本流入下的中国服务业规模扩张

规模效应是外资流入对于相关产业所产生的最为直接的影响。有鉴于此，本节将主要从规模变化角度对外资流入产生的影响进行理论分析，并结合我国服务业发展的历史情况进行相应的实证检验。

（一）FDI与服务业规模扩张：理论模型

本部分主要借用国际贸易理论中经典的特定要素模型框架剖析境外资本流入对于相关产业，特别是服务产业规模变化所起到的作用，并从这一影响的背后机理出发，结合我国目前经济发展和制度环境的一些具体特征对FDI流入对我国服务业规模产生的影响进行相应的理论研判。

1. 基本框架——特定要素模型

本节的理论模型以特定要素模型为核心框架。基础的特定要素模型由两个生产部门（农业部门A与工业部门I）构成，两个部门分别使用土地O和资本K_I作为部门自身的特定生产要素，并同时使用劳动力L作为其共同使用的生产要素。假定特定要素O与K_I不能跨部门使用，但通用要素L则可以在部门之间进行流动。为了在该分析框架中容纳服务业部门，我们将上述两部门的模型扩展至三部门，即农业部门A、工业部门I和服务业部门S，三部门共同使用劳动力作为通用要素，但分别使用土地O、工业资本K_I和服务业资本K_S作为各自的特定要素。设三部门劳动力投入量分别为L_A、L_I和L_S，且一国劳动力禀赋数量为$\bar{L}$，则有：

$$L_A + L_I + L_S = \bar{L} \tag{5-1}$$

根据上述要素使用的假定，设三部门的生产函数分别为A（O，L_A）、I（K_I，L_I）及S（K_S，L_S），该生产函数均满足稻田条件（Inada Conditions）①，同

① 即各生产函数对其中各生产要素的一阶导数大于零，而二阶导数小于零。以工业部门生产函数I（K_I，L_I）为例，有$\partial I/\partial K_I>0$，$\partial I/\partial L_I>0$，且$\frac{\partial^2 I}{\partial K_I^2}<0$，$\frac{\partial^2 I}{\partial L_I^2}<0$，同时$\frac{\partial^2 I}{\partial K_I \partial L_I}>0$，该条件保证了生产函数的单调性和凸性，并体现了边际要素生产率递减的原则。

时设农产品、工业品和服务产品的价格分别为 P_A、P_I 和 P_S；土地要素、工业资本要素及服务业资本要素的报酬分别为 r_O、r_I 和 r_S；三部门劳动力的报酬分别为 w_O、w_I 和 w_S，由三部门各自的利润最大化问题可得一阶必要条件为：

$$\begin{cases} r_O = P_A \cdot \partial A/\partial O \\ w_O = P_A \cdot \partial A/\partial L_A \end{cases} \quad \begin{cases} r_I = P_I \cdot \partial I/\partial K_I \\ w_I = P_I \cdot \partial I/\partial L_I \end{cases} \quad \begin{cases} r_S = P_S \cdot \partial S/\partial K_S \\ w_S = P_S \cdot \partial S/\partial L_S \end{cases} \qquad (5-2)$$

式（5－2）表明，每个部门相关要素所有者获得的报酬相当于该要素边际产出与产品价格的乘积，即要素的边际产品价值 VMP。借助式（5－2）的方程组及均衡条件 $w_O = w_I = w_S$，在给定具体的生产函数形式的情况下，我们可以求取农业部门、工业部门及服务业部门各自的要素报酬和均衡的产出水平。但在不失一般性的前提下，我们也可以利用图 5－1 对外资流入条件下各部门之间产出水平的变化进行直观的判断。

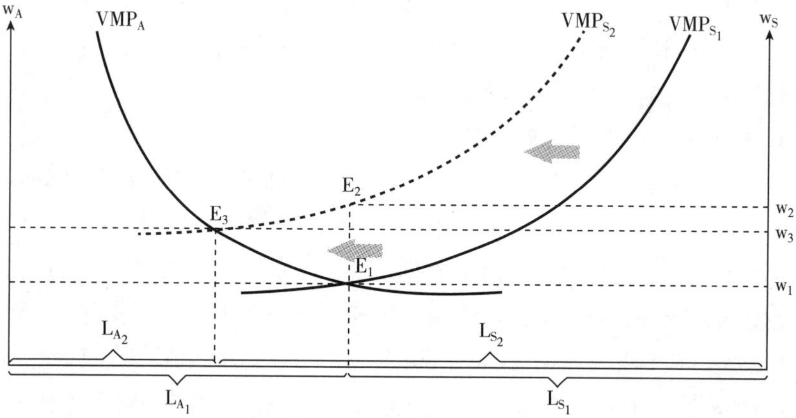

图 5－1　特定要素模型

图 5－1 中，我们将服务业部门的边际产出价值曲线及其坐标系水平翻转 180 度并与农业部门的边际产出价值曲线坐标系进行拼接，得到双纵轴的坐标系模型。在该模型框架下，我们可以将服务业所使用的特定资本分为国内资本 K_S^D 和外国资本 K_S^F 两部分，即 $K_S = K_S^D + K_S^F$。考虑服务业的外资流入增加，即 K_S^F 上升会引起服务业特定要素 K_S 的提高，根据生产函数的稻田条件假定，特定要素使用量的增加会引起服务业另一种要素边际产出水平上升，进而导致服务业劳动要素的边际产品价值上升。这种上升会表现为图中服务业劳动力的边际产品价值曲线外移至 VMP_{S_2} 的位置，新的劳动力分配均衡点会出现在点 E_3 处。由此

可得：

假说 1：在简单的完全竞争市场假设条件下，服务业外资流入的增加会对该国服务业的要素使用规模和产出规模产生正向的推动作用。

2. 进一步的讨论

上述的特定要素模型框架可以使我们对 FDI 流入对服务业规模扩张所产生的影响及其背后的理论机制形成较为清晰的认识。然而值得注意的是，这一简化的理论实际上是建立在完全竞争市场的假设前提之下的，在这样一个市场中，市场的容量、交易过程乃至要素的流动都不存在任何的限制，企业之间也保持着严格的同质性而并无技术能力和竞争力的差异。一旦我们将上述因素纳入考虑范畴，则很可能会发现国际投资的流入对于服务业规模的影响效应开始出现一定的变数。

（1）要素流动壁垒。生产要素，特别是作为通用要素的劳动力资源可以在国内各产业之间无成本地转移是前述特定要素模型得以正常运转的重要前提。然而在现实情况下，劳动力资源的跨行业转移势必难以达到理论预言的那样完美：首先，从劳动者自身因素来看，知识与技能的壁垒是阻碍劳动力实现跨行业转移的最主要因素；其次，从外部的制度环境因素来看，户籍制度及城乡二元化社会保障体制的存在也是制约我国劳动力，特别是农业劳动力向制造业及服务业转移的重要障碍；最后，成熟和完善的劳动力市场是消除劳动力转移过程中的信息不对称性、降低工作搜寻成本的有力保证。然而在我国目前的发展情况下，劳动力市场还远未达到健全的程度，对于劳动相关的法律法规的制定，以及各级劳动培训机构和中介机构仍有很多亟待完善之处，这也在一定程度上增加了劳动力实现跨行业转移的困难。

基于上述原因，劳动力特别是农村劳动力在向服务业转移的过程中会面临种种障碍和较高的成本，这种对劳动力转移的束缚可能使外资进入对服务业规模扩张的效应仅局限在资本注入和单一要素的增加层面，而难以带动整个产业规模实现更大的扩张，外资进入对服务业规模的影响也会变得更加有限。此外，在服务业内部不同行业之间对于知识和技能的要求也存在较大差异，一些层次较低的基础性服务行业，如居民生活服务业等所需要的知识技能门槛相对较低，而一些高端的技术密集型服务业，如金融、科研服务等则面临着很高的知识门槛。因此，根据上述思路，如果我们将视角深入到不同的服务业层面，则可以发现这种劳动力转移门槛的行业间差异可能也会引起 FDI 流入对其规模影响的差异：一些技能门槛较低的行业因更易于吸收其他行业的劳动力转移，因此，FDI流入对其规模促进效应可能会得到更好的发挥；而一些技能门槛更高的行业则因为行业间较高的劳动力转移壁垒，因此FDI对其规模促进效应会相对有限。

假说2：劳动力行业间流动壁垒的存在是制约FDI对服务业规模扩张效应发挥的重要因素，考虑到行业间的知识壁垒差异，外资流入在低端服务业更易产生规模扩张效应，但在高端服务业，其规模扩张效应可能相对有限。

（2）外资的“挤出”效应。从前述的基本理论框架来看，外资进入能够对服务业产生积极的规模扩张效应，其首要前提是外资的进入可以带来服务业资产规模的有效扩张。这对于一个市场需求几乎是“无限”的完全竞争市场而言显然不是问题，但在现实中，市场的容量却总是面临一定的限制，如果外资进入的同时，行业的市场需求规模不能做到有效地扩张，则势必会引起行业竞争的加剧，导致外资进入的同时出现国内资本被“挤出”的情况。这无疑会使境外资本的流入对国内服务业资本规模扩张的影响被大大削弱，甚至在极端情况下，如果被“挤出”的国内资本规模超过了流入的外资规模，则国内服务业的总体规模甚至可能会出现不升反降的反常现象。就此意义而论，国内外服务企业的竞争力差距很可能是制约外资流入能否产生有效的服务业规模扩张效应的另一个关键性因素。

假说3：国内外服务企业的竞争力差距是影响外资“挤出”效应，进而左右其对服务业规模所产生的影响的重要因素。国内外企业竞争力差距越小，外资流入的“挤出”效应越弱，则外资流入对国内服务业规模的带动作用越明显；国内外企业竞争力差距越大，外资流入的“挤出”效应越强，外资流入对国内服务业规模的影响会相应减小甚至转向负面。

（3）产品的价格弹性。另一个与市场结构相关并可能影响到外商投资的服务业规模扩张效应的因素是产品的价格弹性。在前述基本理论框架中，由于遵循了完全竞争市场的假设，因此境外资本的注入及由此带来的服务业投入规模的扩大与产出水平的上升并不会引起相关产业的价格变化。然而在一个不完全竞争，甚至具有相当垄断色彩的市场环境下，资本流入带来的产出规模的扩张则很可能带来产品价格的下降，由此抵消劳动边际产出水平的提升，从而使劳动的边际产品价值曲线无法达到预想的高度；极端情况下甚至可能会导致劳动边际产品价值曲线出现不升反降的局面。可以预见，当此类情况出现时，外商投资对于服务业规模扩张的影响也将变得相对有限，甚至可能为负（见图5-2）。

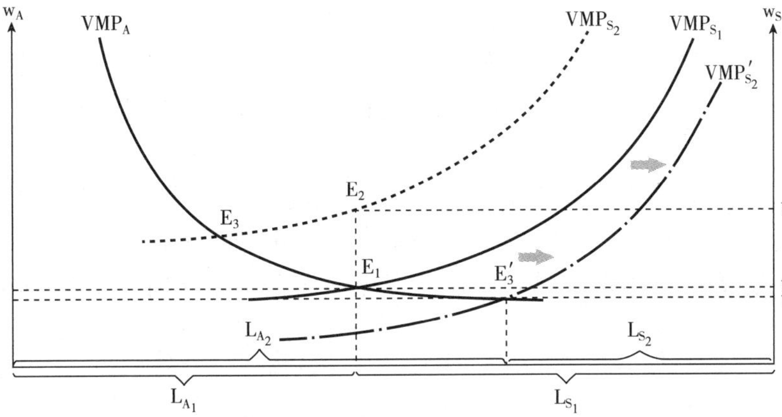

图 5-2 富有价格弹性情况下的外资流入与服务业规模变化

严格意义上来看，这种外资流入带来的产品价格变化，以及外资流入对服务业规模所产生的净效应取决于行业本身的价格弹性。对于一个缺乏价格弹性的产业而言，产出规模的扩大可能不会引起产品价格的显著下降，对于外资流入所产生的服务业规模扩张效果的抵消也会相对有限；而对于一个富有价格弹性的产业而言，产出规模的些许提升将会显著地降低市场的价格，对于外资流入所产生的产业规模扩张效果也会形成比较明显的抵消效应。由此可得：

假说4：服务业的外资流入对服务业规模的影响受相关产业的价格弹性影响，对于缺乏价格弹性的产业而言，外资流入对服务业所产生的规模扩张效应将会较为显著；而对于富有价格弹性的产业而言，外资流入对于服务业所产生的规模扩张效应将会较为有限。

（4）产业关联效应。以上我们更多的是从服务业本身的外资流入角度论述了境外投资对于服务业的规模扩张所产生的影响。然而从一个更广义的角度来看，经济体中的外资流入不仅来自服务业部门，而且可能来自其他部门，特别是制造业部门。那么，这种源自其他领域的外资流入是否有可能对服务业的规模产生影响呢？为了回答这一问题，我们考虑将图 5-1 的基础盒状图进行相应的扩展，以容纳制造业部门，具体如图 5-3 所示。在初始情况下，三个部门的均衡工资水平为 w_1。当制造业的资本流入增加引起制造业部门边际产品价值曲线由 VMP_{I_1} 外移到 VMP_{I_2} 时，会引起劳动力从农业和服务业部门向制造业部门流动，表现在图 5-3 中，即中间的纵轴连带坐标系向左侧移动。最终，新的均衡点出现在 E_2 位置，新的工资水平则为 w_3。此时，制造业、农业与服务业三个部门的劳动力报酬重新实现均等，经济结构达到新的均衡水平。相对于初始的均衡点而言，制造业的规模有所扩大，而服务业和农业的规模均有一定的萎缩，各自产业具体的萎缩程度则取决于各自边际产品价值曲线的倾斜程度，即劳动边际产出对于劳动力变化的敏感程度。由此可得：

假说5：在不考虑产业关联的情况下，制造业部门的外资流入会引起服务业部门的规模萎缩，其程度取决于服务业劳动边际产出对于劳动力流动的敏感程度，该敏感程度越低，则制造业外资流入带来的服务业规模萎缩效应越强烈。

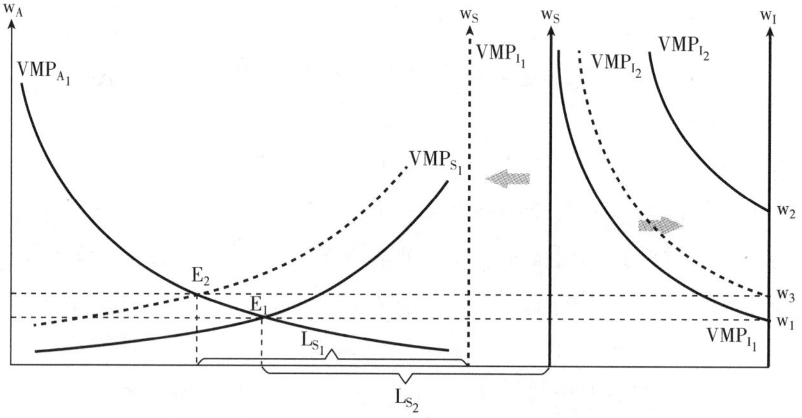

图5-3　包含制造业的特殊要素模型盒装图

上述分析主要建立在制造业与服务业之间不存在产业关联的前提下。但在现实中，很多制造业的发展需要依赖服务业中间产品的支持，因此，制造业规模的扩张会在产业关联效应的驱动下带来服务业市场需求的增加。而考虑到这种需求的增长所带来的变化，制造业的外资流入也可能会对服务业的规模形成一定的拉动。反映在服务业的劳动边际产品价值曲线上，这种价格的上升也会引起服务业边际产品价值曲线本身的外移（由 VMP_{S_1} 外移至 VMP_{S_2}），当这种效应足够强烈时，就可以抵消制造业外资流入对于服务业规模的"挤出"效应，对服务业的规模产生一定的正面影响（见图5-4）。

假说6：在考虑制造业与服务业之间的产业关联情况下，制造业部门的外资流入会引起相关服务产业市场需求的上升和服务业规模的扩张，产业关联程度越高，则这种行业外部的外资流入对于服务业规模的正面影响越强烈。

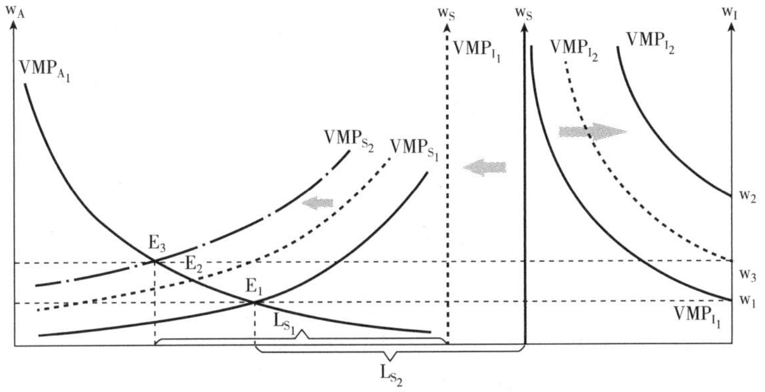

图 5-4 产业关联下的制造业外资流入与服务业规模变化

(二) FDI 与中国服务业规模扩张：实证检验

在上述的理论分析中，我们利用简单的特殊要素模型框架考察了外资流入对于服务业规模扩张可能产生的影响。从结论来看，外资流入尽管从理论上会对服务业的规模扩张产生一定的积极影响，但这种影响同时也会受到相关外部环境条件，特别是一些制度性因素的左右。那么，就我国经济发展实际而论，外资的流入又对我国服务产业的规模发展产生了怎样的影响呢？为了回答这一问题，我们需要以中国的现实经济发展数据为基础进行相应的实证检验。

1. 全国层面

我们首先从全国时间层面的动态视角来考察外资流入对我国服务业规模发展的影响情况。

(1) 模型构建。根据最基本的 Cobb - Douglass 生产函数形式，设服务业的产出水平为 Y_t，资本存量为 K_t，劳动投入为 L_t，全要素生产率为 A_t，则有：

$$Y_t = A_t K_t^{\delta} L_t^{1-\delta} \tag{5-3}$$

对式 (5-3) 等式两边同时除以 L_t，并取对数变换可得基本的线性检验式：

$$\ln(y_t) = \delta \ln(k_t) + \ln(A_t) \tag{5-4}$$

其中，$y_t = Y_t/L_t$，$k_t = K_t/L_t$。理论上而言，境外资本的流入可以通过作用于人均资本积累及技术进步等因素影响服务业的产出规模，但考虑到决定经济增长的各种因素的内生性及各影响因素之间的交互作用，要对 FDI 与技术进步之间的关系进行准确的测算是一件比较困难的事情。通常认为，在一个开放经济中可能对东道国的技术进步产生影响的因素包括对外开放、资本深化和制度变迁等。而 FDI 对经济增长的影响也主要是通过这些因素来实现的。FDI 的进入不仅会通过技术转移和溢出效应直接影响到东道国的技术进步和生产效率提升，同时还会通过影响资本深化和制度变迁对东道国的生产率水平产生间接的影响。与此同时，FDI 的流入还会受到东道国的技术水平、资本积累及制度环境的影响。这些因素之间的影响机制可以概括为图 5 –5。

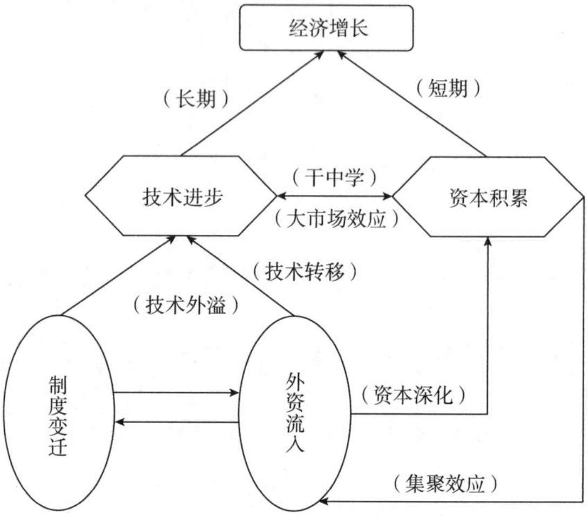

图 5 –5　FDI 与技术进步及其决定因素之间的互动关系

由于 FDI 和技术进步、资本深化及制度变迁等经济增长的决定因素之间存在复杂的互动关系，单纯以单方程回归的方式来考察 FDI 对这些因素的影响将不可避免地因为回归方程的内生性而导致回归结果有偏。克服这种内生性的一个有效方法就是建立联立方程模型进行估计。考虑到时间序列本身的特性，我们将利用向量自回归误差修正模型（VEC 模型）来考察 FDI 对技术进步、资本深化及制度变迁等的影响，由此建立 VEC 模型如下：

$$\begin{cases}\Delta\ln(y_t) = \sum_{i=1}^{T}\alpha_{1i}\Delta\ln(k_{t-i}) + \sum_{i=1}^{T}\alpha_{2i}\Delta\ln(FDI_{t-i}) + \\ \qquad \sum_{i=1}^{T}\alpha_{3i}\Delta\ln(Z_{t-i}) + \varepsilon_1\, ecm_{t-1} + C \\ \Delta\ln(k_t) = \sum_{i=1}^{T}\beta_{1i}\Delta\ln(y_{t-i}) + \sum_{i=1}^{T}\beta_{2i}\Delta\ln(FDI_{t-i}) + \\ \qquad \sum_{i=1}^{T}\beta_{3i}\Delta\ln(Z_{t-i}) + \varepsilon_2\, ecm_{t-1} + C \\ \Delta\ln(FDI_t) = \sum_{i=1}^{T}\theta_{1i}\Delta\ln(y_{t-i}) + \sum_{i=1}^{T}\theta_{2i}\Delta\ln(k_{t-i}) + \\ \qquad \sum_{i=1}^{T}\theta_{3i}\Delta\ln(Z_{t-i}) + \varepsilon_3\, ecm_{t-1} + C\end{cases} \tag{5-5}$$

其中，ecm 为误差修正项，即：

$$ecm_t = \ln(y_t) - \lambda_1 \ln(k_t) - \lambda_2 \ln(FDI_t) - C \quad (5-6)$$

在该 VEC 模型中，误差修正项的系数 ε 反映了变量之间的均衡关系偏离长期均衡状态时，将其调整到均衡状态的速度；所有作为解释变量的差分项系数反映了各变量的短期波动对解释变量短期变化的影响；协整方程则反映了各变量之间的长期均衡关系①。

（2）样本与数据选择。我们在构建 VEC 模型时选择了四个主要变量，即服务业的人均产出 y、外资依存度水平 FDI、人均资本存量变量及制度变量 Z。其中，外资流入及制度因素对于服务业产出规模的直接效应主要通过索洛余值 A 代表的全要素生产率变动来体现。各变量的具体构建方式与数据来源如下：

服务业人均产出（y）：以 1984～2016 年中国第三产业实际增加值（1984 年不变价计算）与第三产业从业人口的比重衡量。

服务业人均资本存量（k）：以中国各年度服务业实际资本存量除以就业人数衡量②。

外资依存度（FDI）：以中国 1984～2016 年外资流入存量占全国固定资产存量的比重作为外资依存度的指标。其中，外资流入存量与全国固定资产存量的计算方法参见服务业人均资本存量。

制度变量（Z）：该变量是一个较难量化的变量。鉴于我国的制度变迁中一个重要的内容就是产权的明确和对私人产权限制的放松，所以我们可以用非国有经济在国民经济中的比重作为制度变迁水平的一个代理变量。为此，我们以全国全部城镇就业人口中非国有企业的从业人口比重作为度量我国市场化程度变迁的指标。

全部样本数据取自历年《中国统计年鉴》。为了克服模型中可能存在的异方差现象，对各变量均取对数处理。各变量均为 I（1）过程，满足 VEC 模型构建的基础条件（见表 5－1）。

① 任重．教育、医疗公共品供给与城乡收入差距的关系研究［D］．南开大学博士学位论文，2009.

② 服务业资本存量的计算以永续盘存法为基础，具体如下：设历年经固定资产投资价格指数平减所得的实际固定资产投资额为 I_t，则第 t 年的实际资本存量为 $K_t = (1-\sigma) K_{t-1} + I_t$。其中，σ 为折旧率，现实计算中取 10%。基期资本存量取自李仁君．中国三次产业的资本存量测算［J］．海南大学学报（人文社会科学版），2010（2）：47－52.

表 5-1 变量的平稳性检验

变量	检验方式	SIC	DW	ADF	临界值		检验结果
					5%	10%	
ln (y_t)	C, T, 1	-3.3024	2.0617	-1.7348	-3.57	-3.22	不平稳
ln (k_t)	C, T, 1	-3.4569	2.1531	-2.2162	-3.57	-3.22	不平稳
ln (Z_t)	C, T, 2	-3.3140	2.2017	-3.0445	-3.59	-3.23	不平稳
ln (FDI_t)	N, N, 0	-2.6951	1.5730	-1.1042	-1.96	-1.61	不平稳
Δln (y_t)	C, T, 0	-3.1148	1.9673	-4.1261	-3.57	-3.22	平稳
Δln (k_t)	C, T, 0	-2.9805	2.0866	-7.1891	-3.57	-3.22	平稳
Δln (Z_t)	C, T, 0	-2.9352	2.0953	-3.2388	-3.57	-3.22	平稳
Δln (FDI_t)	N, N, 1	-3.1423	1.9850	-3.2230	-1.95	-1.61	平稳

注：检验采用计量经济分析软件 Eviews 5.1 进行。其中检验方式中的 C、T、N 分别代表检验式中包含常数项、时间趋势项，不包含常数项和时间趋势项。滞后期的确定以施瓦茨信息准则（SIC）判断。

资料来源：笔者计算。

同时，根据 Johansen（1988）及 Johansen 和 Juselius（1990）所提出的基于向量自回归模型的协整检验方法①，证实模型中至多存在一个协整关系②（见表 5-2）。

表 5-2 变量之间的协整性检验

协整关系个数	特征值	迹统计量	临界值	置信概率
0 个	0.5741	43.5101	35.1928*	0.0050
至多 1 个	0.3667	18.7392	20.2618	0.0796
至多 2 个	0.1742	5.5134	9.1645	0.2307

注：带有“*”标记的为最优滞后期水平。

资料来源：笔者计算。

（3）检验结果。我们以五种主要的判别准则对模型的最优滞后期进行检验，

① Johansen S. Statistical Analysis of Cointegration Vectors [J]. Journal of Economic Dynamics and Control, 1988 (12): 231-254; Johansen S., K. Juselius. Maximum Likelihood Estimation and Inference on Cointegration with Application to the Demand for Money [J]. Oxford Bulletin of Economics and Statistics, 1990 (52): 169-210.

② 郭璐. 中国企业海外投资的东道国监管壁垒——量化、原因与对策 [J]. 国际经济合作, 2018 (4): 30-34.

其中的三种判别准则（LR、AIC 与 SC）表明模型的最优滞后期为 2 期（见表 5 -3）。据此结果，我们选择 2 期作为模型的滞后期。

表 5 -3　VEC 模型最优滞后期检验

滞后期	判别准则				
	LR	FPE	AIC	SC	HQ
0	NA	1.8700E -05	-2.3677	-2.0836	-2.2644
1	217.4569 *	2.8300E -09	-12.0735 *	-10.4660 *	-10.9631
2	30.9046	1.1800E -09 *	-11.1792	-10.9317	-11.7352 *

注：带有“ * ”标记的为最优滞后期水平。

资料来源：笔者计算。

对该系统进行估计，结果如表 5 -4 所示。

表 5 -4　制度约束与外资依赖的 VEC 模型估计

	Δln（Y_t）		Δln（K_t）		Δln（FDI_t）	
	系数	标准差	系数	标准差	系数	标准差
协整项 $ecm_t - 1$	0.2055	(0.1501)	0.4277	(0.1253)	-0.0991	(0.1302)
Δln（Y_t -1）	0.7501	(0.4748)	0.1264	(0.4175)	-0.9142	(0.4100)
Δln（Y_t -2）	-0.1888	(0.4221)	-0.0509	(0.3556)	0.3470	(0.3649)
Δln（K_t -1）	-0.9364	(0.5007)	-0.1587	(0.4231)	1.1691	(0.4337)
Δln（K_t -2）	0.0631	(0.5483)	0.0032	(0.4625)	-0.4259	(0.4748)
Δln（FDI_t -1）	0.1778	(0.1583)	0.0137	(0.1330)	0.6050	(0.1359)
Δln（FDI_t -2）	0.0845	(0.1661)	0.2433	(0.1412)	-0.0538	(0.1439)
ln（Z_t）	0.4251	(0.1820)	0.6348	(0.1528)	-0.3170	(0.1571)
Constant	0.3187	(0.1152)	0.4437	(0.0968)	-0.1957	(0.0992)
协整方程	ln（Y_t）=1.5659ln（K_t）+0.5126ln（FDI_t）-0.0942Trend +0.6801 (0.2723 ***) (0.1388 ***) (0.0237 ***)					
R^2（Adjusted - R^2）	0.4206（0.1763）		0.8121（0.7338）		0.9649（0.9501）	
S. E.	0.0422		0.0353		0.0365	
AIC	-3.2354		-3.5843		-3.5319	
SIC	-2.8213		-3.1597		-3.1073	
F	1.7578		10.2453		65.0496	

资料来源：笔者计算。

图 5－6 显示了 VEC 模型下的预测值与实际值的情况，从总体上来看取得了较好的拟合效果。而对该系统方程进行 1～3 阶的 LM 检验及 White 检验结果也表明，模型中不存在明显的一阶及高阶自相关和异方差性。因此该结果是可以接受的。

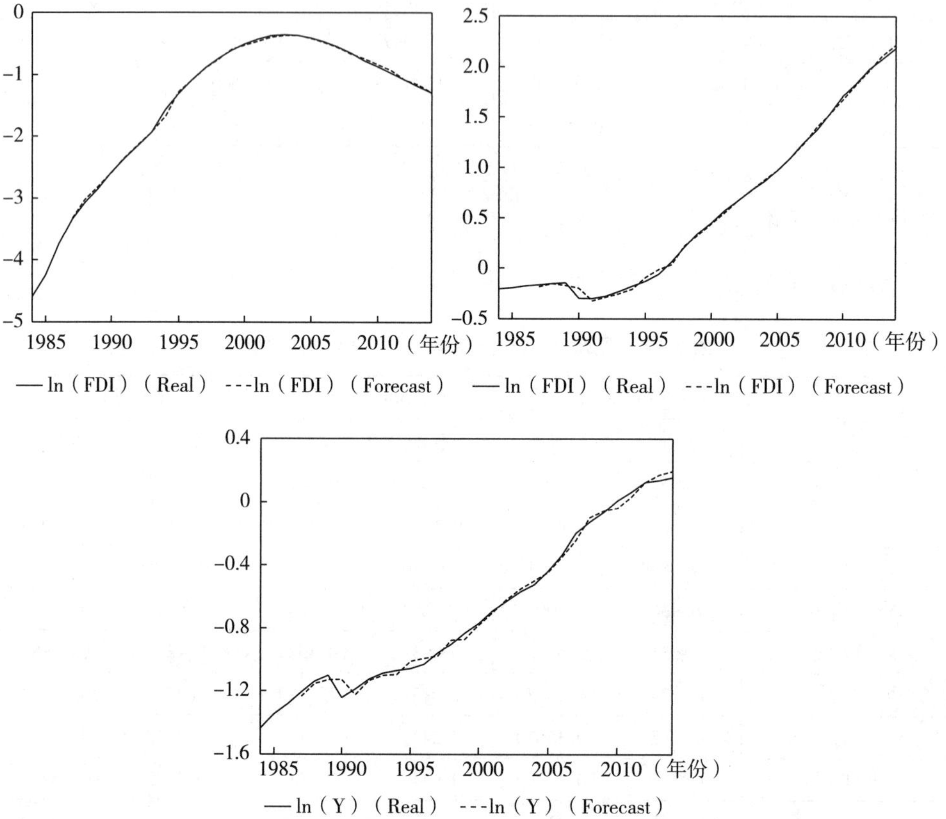

图 5－6　VEC 模型的拟合效果

资料来源：笔者计算。

从协整方程所体现出的长期关系来看，无论是资本深化程度还是外资流入都与服务业的产出规模之间存在显著的正相关关系。其中，资本深化程度对生产率的促进效果最明显，弹性为 1.5659；外资流入对服务业产出规模的影响弹性约为 0.5126。这一结果意味着导致我国服务业规模扩张的长期因素主要是资本积累，同时外资流入在其中也起到了一定的作用。

为了从更系统的角度考察FDI流入对技术进步及其他经济增长的决定因素所产生的影响，进一步采用VEC模型对各变量进行脉冲响应分析（见图5－7）。结果表明，外资流入的正向变化会引起服务业产出规模的扩大，随后会出现轻微的回落并稳定在新的均衡水平，进而表明外资流入在总体上会对服务业的规模形成一定的积极影响；但外资依存度的增加则会带来服务业人均资本存量水平在一定程度上的下滑，从理论层面来看，这一现象一方面可能体现了我国服务业外资引进仍以劳动密集型产业为主，另一方面也可能意味着外资流入对于我国本国服务业资本的挤出。此外，从外资流入本身的自反馈效应来看，外资流入在增强本国服务业规模的同时也使我国服务业本身的产业吸引力和集聚力得到强化，甚至对我国总体的经济发展产生了一定的积极效应，这种效应反过来又会成为吸引外资进一步流入的动因，由此使服务业的外资流入呈现“正反馈”的积极效应。

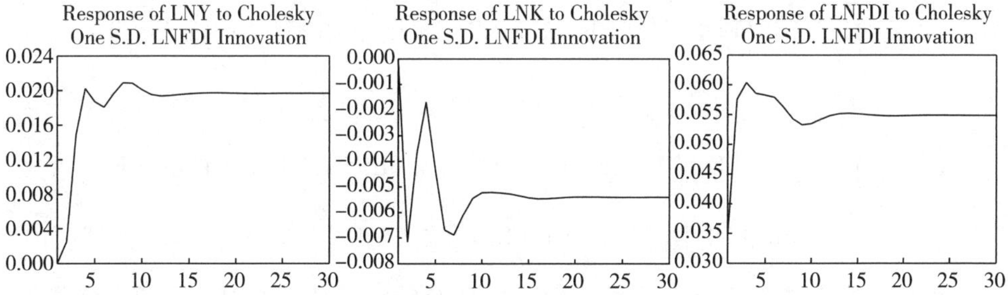

图5－7 外资流入的脉冲响应分析

资料来源：笔者计算。

2. 地区层面

由于我国的外资流入在地区及行业层面上存在着明显的不平衡特征，外资流入对服务业规模发展的影响也可能会在地区及行业的截面角度有不同的体现。因此，在从总体上评价了外资流入对我国服务业规模发展的影响的基础上，我们将进一步从地区及行业层面对这一问题进行进一步的实证检验。

（1）模型构建。假设地区i在第t年的服务业产出为$Y_{i,t}$，且该产出水平受到外资流入程度$FDI_{i,t}$及其他M个地区特征因素$X_{i,t}^{m}$（m＝1，…，M）的影响，则可得基本检验式如下：

$$\ln(Y_{i,t}) = \theta\ln(FDI_{i,t}) + \sum_{m=1}^{M}\lambda_m X_{i,t}^{m} + C \tag{5-7}$$

其中，系数θ代表了外资流入程度对服务业规模产生的影响。为了进一步明确不同地区及不同行业外资在其中起到的作用，我们可以考虑在基础检验式（5－7）的基础上将外资流入区分为四个层次，即本地区服务业外资流入 $FDI_{i,t}^{Service}$、本地区其他行业外资流入 $FDI_{i,t}^{Other}$、其他地区服务业外资流入 $FDI_{neighbor,t}^{Service}$、其他地区其他行业外资流入 $FDI_{neighbor,t}^{Other}$。由此可得检验方程为：

$$\ln(Y_{i,t}) = \theta_1\ln(FDI_{i,t}^{Service}) + \theta_2\ln(FDI_{i,t}^{Other}) + \theta_3\ln(FDI_{neighbor,t}^{Service}) + \theta_4\ln(FDI_{neighbor,t}^{Other}) + \sum_{m=1}^{M}\lambda_m X_{i,t}^m + C \quad (5-8)$$

此外，根据前文理论分析结果，外资流入对服务业规模的影响效应可能取决于当地劳动力在行业之间的可流动程度。为了验证这一结论，考虑设本地外资变量（服务业与非服务业）的系数 θ_s（s＝1，2）受本地劳动力跨行业可流动性 $LTR_{i,t}$变量的影响，即 $\theta_S = b_{S_1} + b_{S_2}\ln(LTR_{i,t}^{Service})$，将其代入检验方程（5－8）可得：

$$\ln(Y_{i,t}) = b_{11}\ln(FDI_{i,t}^{Service}) + b_{12}\ln(FDI_{i,t}^{Service}) \times \ln(LTR_{i,t}^{Service}) + \theta_2\ln(FDI_{i,t}^{Other}) + \theta_3\ln(FDI_{neighbor,t}^{Service}) + \theta_4\ln(FDI_{neighbor,t}^{Other}) + \sum_{m=1}^{M}\lambda_m X_{i,t}^m + C \quad (5-9)$$

$$\ln(Y_{i,t}) = b_{21}\ln(FDI_{i,t}^{Other}) + b_{22}\ln(FDI_{i,t}^{Other}) \times \ln(LTR_{i,t}^{Service}) + \theta_1\ln(FDI_{i,t}^{Service}) + \theta_3\ln(FDI_{neighbor,t}^{Service}) + \theta_4\ln(FDI_{neighbor,t}^{Other}) + \sum_{m=1}^{M}\lambda_m X_{i,t}^m + C \quad (5-10)$$

（2）样本与数据选择。检验方程中所涉及的解释变量与被解释变量的指标设定如下：

对于服务业的产出变量，考虑以各地区相应年度以2005年不变价计算的第三产业增加值作为度量指标；检验中所涉及的本地服务业与非服务业外资依存度指标分别以各地区历年服务业与非服务业外商固定资产投资完成额占当年该地区相关产业全部固定资产投资完成额的比重衡量；进一步利用各地区之间的地区相关系数对除本地区以外的其他地区相关外资变量进行加权求和可得到外地的服务业与非服务业外资依存度指标①。此外，考虑在模型中引入如下控制变量：

1）服务业增加值滞后项（$Y_{i,t-1}$）：用以控制其他未观测的因素的影响，以各地区服务业增加值的滞后一期值作为度量指标。

2）地区GDP总量（$GDP_{i,t}$）：用以控制地区经济规模特征的影响，以各地区

① 为了反映不同形式外资流入所产生的地区外部性，我们参照张宇（2018）的做法，构建了地理距离、经济差距及经济总量三种不同的地区相关系数矩阵。详见张宇．地方保护与经济增长的囚徒困境［J］．世界经济，2018（3）：147－169.

相应年度 2005 年不变价计算的国内生产总值衡量。

3）人均 GDP（$PGDP_{i,t}$）：用以控制地区经济发展水平的影响，以各地区相应年度以 2005 年不变价计算的实际人均国内生产总值衡量。

4）外贸依存度（$Open_{i,t}$）：用以控制地区经济开放程度的影响，以各地区人民币计价的进出口商品总额占该地区国内生产总值的比重衡量。

5）工业化程度（$City_{i,t}$）：用以控制各地区工业发展程度的影响，以各地区非农业增加值占当地国内生产总值的比重衡量。

6）政府主导程度（$Gov_{i,t}$）：用以控制地区政府对经济主导程度的差异，以各地区政府财政支出占 GDP 的比重衡量。

7）服务业市场化程度（$MKT_{i,t}$）：用以控制地区服务业市场化程度的差异，以各地区服务业固定资产投资中非国有企业投资所占比重衡量。

8）服务业人均资本存量（$k_{i,t}$）：用以控制服务业的技术结构的差异。服务业人均资本存量采用永续盘存法，计算中取 10% 折旧率，各地区基期服务业人均资本存量取自宗振利和廖直东（2014）。①

9）人力资本水平（$HR_{i,t}$）：用以控制地区人口素质的差异，以各地区六岁以上人口中大专以上学历所占比重衡量。

10）劳动力跨行业流动程度（$LTR_{i,t}$）：以各地区所有相关行业人均工资的标准差作为劳动力跨行业流动程度变量的度量指标。

考虑到检验样本数据的可得性，本部分以中国除西藏自治区及港澳台地区之外的其他 30 个省（市、区）在 2005～2015 年的相关数据作为检验样本，样本数据及各指标的计算数据均取自历年《中国统计年鉴》及《中国第三产业统计年鉴》。

（3）检验结果。为了消除地区间的截面异方差性，我们对样本数据的估计采用了截面加权（Cross－Section Weighting）的固定效应估计方法，并利用 Hausman 检验确定固定效应模型的适用性。利用该方法对基础模型进行估计，结果如表 5－5 所示。

从表 5－5 的估计结果来看，方程取得了较好的拟合效果，同时 Hausman 检验结果也证实了选择固定效应模型的合理性，检验结果是可以接受的。

① 参见宗振利，廖直东．中国省际三次产业资本存量再估算：1978—2011［J］．贵州财经大学学报，2014（3）：8－16. 原文中固定资产存量值均为 1978 年不变价，为保持样本统计口径的统一，在本部分计算中利用各地区固定资产投资价格指数将其转换为 2005 年不变价。

表5-5 外资流入与服务业规模扩张检验结果（地区层面）

	地理距离加权		发展水平加权		发展差距加权	
	系数	t检验	系数	t检验	系数	t检验
$\ln(Y_{i,t-1})$	0.8241	(54.78)***	0.8209	(52.77)***	0.8290	(53.43)***
$\ln(GDP_{i,t})$	0.0966	(6.82)***	0.0959	(6.42)***	0.0786	(4.46)***
$\ln(PGDP_{i,t})$	-0.0311	(-2.29)**	-0.0289	(-2.13)**	-0.0212	(-1.28)
$\ln(k_{i,t})$	0.0253	(5.43)***	0.0251	(4.62)***	0.0259	(3.89)***
$\ln(INDS_{i,t})$	0.0089	(0.71)	0.0088	(0.69)	0.0018	(0.15)
$\ln(Open_{i,t})$	0.0099	(4.62)***	0.0081	(4.05)***	0.0098	(4.07)***
$\ln(MKT_{i,t})$	0.0134	(4.14)***	0.0151	(4.23)***	0.0135	(2.61)**
$\ln(HR_{i,t})$	-0.0016	(-1.79)*	-0.0018	(-1.51)*	-0.0006	(-0.48)
$\ln(Gov_{i,t})$	0.0445	(9.08)***	0.0490	(9.99)***	0.0471	(10.53)***
$\ln(FDI_{i,t}^{Service})$	0.0012	(1.33)	0.0026	(1.49)	0.0007	(0.49)
$\ln(FDI_{i,t}^{Other})$	0.0029	(2.22)**	0.0038	(2.93)***	0.0024	(1.90)*
$\sum w^D \times \ln(FDI_{i,t}^{Service})$	-0.0117	(-3.64)***				
$\sum w^D \times \ln(FDI_{i,t}^{Other})$	0.0118	(4.91)***				
$\sum w^L \times \ln(FDI_{i,t}^{Service})$			-0.0120	(-3.41)***		
$\sum w^L \times \ln(FDI_{i,t}^{Other})$			0.0124	(4.15)***		
$\sum w^G \times \ln(FDI_{i,t}^{Service})$					-0.0038	(-2.34)**
$\sum w^G \times \ln(FDI_{i,t}^{Other})$					0.0052	(2.51)**
Constant	0.9389	(25.31)***	0.9558	(27.38)***	0.9440	(17.28)***
R^2 (Adjusted $-R^2$)	0.9999 (0.9999)		0.9999 (0.9999)		0.9999 (0.9999)	
S. E.	0.0124		0.0125		0.0126	
F Statistic [Probability]	59868.73 [0.0000]		57251.32 [0.0000]		56956.48 [0.0000]	
Hausman Test [Probability]	83.5348 [0.0000]		81.5544 [0.0000]		79.6357 [0.0000]	

注：括号内数字为相关回归系数的t检验值，其中*、**和***分别代表该回归系数通过10%、5%和1%置信概率下的显著性检验。

资料来源：笔者计算。

从本部分的核心变量，即外资流入程度对服务业规模扩张的影响来看，不同领域或行业的外资流入对特定地区服务业规模发展的影响有着明显的差异性。总体而言，服务业自身的外资流入，无论是来自本地，还是来自外地，不是一定能够给本地的服务业规模扩张带来积极效应。相对而言，来自本地和外地的非服务产业外资流入却对本地区的服务业规模扩张产生了显著的积极作用，这也意味着外资流入对于我国服务业规模扩张的促进作用受到前述劳动力跨行业流动壁垒及对国内企业的竞争性挤出等因素的影响似乎难以有效发挥，而目前外资流入对于服务业规模扩张的积极效果主要是通过产业间的关联，特别是制造业外资流入对于服务性产业的带动所实现。

进一步而言，考虑到地区之间不同的经济联系，地理距离上邻近地区的外资流入，特别是这些地区非服务业的外资流入对于本地服务业规模扩张的影响仍然是最显著的，原因在于邻近地区更低的运输成本更易于吸引外资与周边地区建立产业关联。同时，经济发达地区的外资因具有更高的技术含量，其服务业的外资对其他地区的竞争压力会更大，因此对其他地区的服务业规模扩张会形成更大的负面影响，但这种高技术含量的非服务业外资对其他地区服务业的关联带动效果也是最强烈的。相对而言，经济发展水平相近地区的外资流入则因为技术结构与竞争力同本地外资具有更强的相似性，对于本地区服务业规模扩张的正面影响和负面影响都处于相对较低的水平。

进一步对引入劳动力行业间流动程度与外资流入连乘变量的模型进行检验，结果如表5-6所示。从我们所关注的重点，即地区劳动力跨行业流动程度与本地外资流入的连乘项来看，行业间工资差异同本地服务业及非服务业外资变量的连乘项均呈现显著为负的结果，表明行业间工资差距的增加，即劳动力行业间流动壁垒的强化会对本地服务业外资所产生的规模扩张效果出现显著的负面影响，这也与前文理论分析的预期相一致，即服务业外资流入能否带来服务业规模的显著扩张实际上要依赖于劳动力是否可以在行业间实现有效的流动。

表5-6 劳动力跨行业流动程度对服务业外资规模效应的影响（地区层面）

	地理距离加权		发展水平加权		发展差距加权	
	模型(2.12)	模型(2.13)	模型(2.12)	模型(2.13)	模型(2.12)	模型(2.13)
ln（$Y_{i,t-1}$）	0.8229 (52.43)***	0.8246 (55.24)***	0.8206 (50.04)***	0.8222 (52.17)***	0.8261 (50.24)***	0.8291 (54.78)***
ln（$GDP_{i,t}$）	0.0897 (6.65)***	0.0937 (7.35)***	0.0874 (6.02)***	0.0915 (6.64)***	0.0711 (4.62)***	0.0757 (4.77)***
ln（$PGDP_{i,t}$）	-0.0293 (-2.29)**	-0.0371 (-2.96)***	-0.0257 (-1.98)**	-0.0343 (-2.59)**	-0.0186 (-1.20)	-0.0287 (1.88)*

续表

	地理距离加权		发展水平加权		发展差距加权	
	模型(2.12)	模型(2.13)	模型(2.12)	模型(2.13)	模型(2.12)	模型(2.13)
$\ln(k_{i,t})$	0.0231 (5.77)***	0.0246 (5.15)***	0.0222 (4.68)***	0.0230 (4.37)***	0.0228 (3.84)***	0.0216 (3.33)***
$\ln(INDS_{i,t})$	0.0079 (0.58)	0.0091 (0.77)	0.0074 (0.57)	0.0086 (0.67)	0.0010 (0.07)	0.0017 (0.15)
$\ln(Open_{i,t})$	0.0083 (3.97)***	0.0091 (4.02)***	0.0072 (3.87)***	0.0082 (3.73)***	0.0075 (3.31)***	0.0086 (3.52)***
$\ln(MKT_{i,t})$	0.0138 (4.22)***	0.0119 (3.88)***	0.0158 (4.93)***	0.0139 (4.68)***	0.0138 (2.69)**	0.0109 (2.31)**
$\ln(HR_{i,t})$	-0.0010 (-1.31)	-0.0015 (-1.45)	-0.0017 (-1.39)	-0.0019 (-1.33)	0.0000 (-0.07)	0.0004 (0.09)
$\ln(Gov_{i,t})$	0.0433 (8.37)***	0.0443 (7.71)***	0.0478 (9.44)***	0.0492 (8.23)***	0.0462 (8.57)***	0.0451 (7.83)***
$\ln(FDI_{i,t}^{Service})$	0.0273 (2.14)**	0.0017 (1.22)	0.0254 (1.89)*	0.0026 (1.48)	0.0337 (2.44)**	0.0004 (0.22)
$\ln(FDI_{i,t}^{Other})$	0.0024 (1.69)	0.0437 (7.70)***	0.0031 (2.23)**	0.0479 (5.78)***	0.0018 (0.99)	0.0525 (6.57)***
$\sum w^D \times \ln(FDI_{i,t}^{Service})$	-0.0124 (-4.05)***	-0.0118 (-3.99)***				
$\sum w^D \times \ln(FDI_{i,t}^{Other})$	0.0127 (5.37)***	0.0126 (5.63)***				
$\sum w^L \times \ln(FDI_{i,t}^{Service})$			-0.0123 (-3.55)***	-0.0113 (-3.56)***		
$\sum w^L \times \ln(FDI_{i,t}^{Other})$			0.0127 (4.53)***	0.0127 (4.51)***		
$\sum w^G \times \ln(FDI_{i,t}^{Service})$					-0.0048 (-2.53)***	-0.0048 (-2.52)**
$\sum w^G \times \ln(FDI_{i,t}^{Other})$					0.0063 (2.77)***	0.0066 (2.87)***
$\ln(WS_{i,t}) \times \ln(FDI_{i,t}^{Service})$	-0.0029 (-1.96)*		-0.0026 (-1.85)*		-0.0031 (-2.20)**	

续表

	地理距离加权		发展水平加权		发展差距加权	
	模型(2.12)	模型(2.13)	模型(2.12)	模型(2.13)	模型(2.12)	模型(2.13)
ln ($WS_{i,t}$) ×ln ($FDI_{i,t}^{Other}$)		-0.0049 (-6.47) ***		-0.0040 (-4.51) ***		-0.0054 (-5.36) ***
Constant	0.9857 (21.43) ***	1.0246 (23.08) ***	0.9953 (19.78) ***	1.0359 (21.46) ***	1.0079 (13.41) ***	1.0477 (15.01) ***
R^2 (Adjusted - R^2)	0.9999 (0.9999)	0.9999 (0.9999)	0.9999 (0.9999)	0.9999 (0.9999)	0.9999 (0.9999)	0.9999 (0.9999)
S. E.	0.0122	0.0123	0.0123	0.0124	0.0126	0.0126
F Statistic [Probability]	61235.69 [0.0000]	61430.45 [0.0000]	57435.29 [0.0000]	57986.43 [0.0000]	58586.27 [0.0000]	57442.91 [0.0000]
Hausman Test [Probability]	85.4913 [0.0000]	85.5389 [0.0000]	83.5341 [0.0000]	85.9845 [0.0000]	83.7466 [0.0000]	82.6994 [0.0000]

注：括号内数字为相关回归系数的 t 检验值，其中 *、** 和 *** 分别代表该回归系数通过 10%、5% 和 1% 置信概率下的显著性检验。

资料来源：笔者计算。

3. 行业层面

受到准入限制的影响，外资流入在我国服务业的行业层面也存在着比较明显的差异性，同时，针对行业层面的研究也有助于我们进一步判断本行业及关联产业的外资流入对相关服务产业规模发展的具体效应。

（1）模型构建。设服务产业 j 在第 t 年的实际增加值为 $Y_{j,t}$，则考虑构建检验模型如下：

$$\ln(Y_{j,t}) = \alpha_1 \ln(Y_{j,t-1}) + \sum_{h=1}^{H} \beta_h \ln(X_{j,t}^h) + \theta \ln(FDI_{j,t}) + \varepsilon_j + \kappa_t + C + \mu_{jt} \tag{5-11}$$

其中，$X_{j,t}^h$ 为 H 个反映行业特征的控制变量；$Y_{j,t-1}$ 为产出增加值的滞后变量，用以控制遗漏的行业特征的影响；$FDI_{j,t}$ 为外资依存度变量，反映该行业的外资流入程度；ε_j 和 κ_t 为截面及时间效应，C 为常数项，μ_{jt} 为随机误差项。外资依存度变量的系数 θ 反映了外资流入对于服务业行业产出规模的具体影响。为了具体区分本行业的外资流入与关联行业外资流入对于服务业行业规模的影响效应，考虑进一步将外资变量区分为本行业的外资依存度 FDI_{jt}^{self}、上游产业的外资

依存度 $FDI_{jt}^{upstream}$ 及下游产业的外资依存度 $FDI_{jt}^{downstream}$，则检验方程式变为：

$$\ln(Y_{j,t}) = \alpha_1 \ln(Y_{j,t-1}) + \sum_{h=1}^{H} \beta_h \ln(X_{j,t}^h) + \theta_1 \ln(FDI_{j,t}^{self}) + \theta_2 \ln(FDI_{j,t}^{upstream}) + \theta_3 \ln(FDI_{j,t}^{downstream}) + \varepsilon_j + \kappa_t + C + \mu_{jt} \quad (5-12)$$

其中，系数 θ_1、θ_2 与 θ_3 分别体现了本行业的外资流入、上游产业的外资流入及下游产业的外资流入对本行业产出规模的实际影响。

鉴于行业本身的市场化程度会影响外资的准入门槛及行业之间的要素流动，进而可能会影响外资流入的规模效应，为了确证这一点，考虑将外资依存度的回归系数 θ_1、θ_2 与 θ_3 分别视为行业市场化程度的线性函数并将其代入基础模型可得：

$$\ln(Y_{j,t}) = \alpha_1 \ln(Y_{j,t-1}) + \sum_{h=1}^{H} \beta_h \ln(X_{j,t}^h) + \lambda_{11} \ln(FDI_{j,t}^{self}) + \theta_2 \ln(FDI_{j,t}^{upstream}) + \theta_3 \ln(FDI_{j,t}^{downstream}) + \lambda_{12} \ln(MRT_{j,t}) \times \ln(FDI_{j,t}^{self}) + \varepsilon_j + \kappa_t + C + \mu_{jt}$$

$$\ln(Y_{j,t}) = \alpha_1 \ln(Y_{j,t-1}) + \sum_{h=1}^{H} \beta_h \ln(X_{j,t}^h) + \theta_1 \ln(FDI_{j,t}^{self}) + \lambda_{21} \ln(FDI_{j,t}^{upstream}) + \theta_3 \ln(FDI_{j,t}^{downstream}) + \lambda_{22} \ln(MRT_{j,t}) \times \ln(FDI_{j,t}^{upstream}) + \varepsilon_j + \kappa_t + C + \mu_{jt}$$

$$\ln(Y_{j,t}) = \alpha_1 \ln(Y_{j,t-1}) + \sum_{h=1}^{H} \beta_h \ln(X_{j,t}^h) + \theta_1 \ln(FDI_{j,t}^{self}) + \theta_2 \ln(FDI_{j,t}^{upstream}) + \lambda_{31} \ln(FDI_{j,t}^{downstream}) + \lambda_{32} \ln(MRT_{j,t}) \times \ln(FDI_{j,t}^{downstream}) + \varepsilon_j + \kappa_t + C + \mu_{jt} \quad (5-13)$$

通过连乘项的回归系数 λ_{12}、λ_{22} 与 λ_{32} 的方向与大小，可以明确行业市场化程度对于服务业外资规模效应的影响是否存在。

（2）样本与指标选择。检验涉及的指标设定与样本选择情况如下：服务业的行业实际增加值是检验模型的被解释变量，以服务业各行业的增加值经 2004 年为基期的定基价格指数调整后的结果作为度量指标；模型所涉及的本行业外资依存度以行业当年固定资产投资中外资和港澳台企业来源资金占全行业固定资产投资资金的比例来衡量，并以投入产出关联系数对各行业上游产业和下游产业外资依存度进行加权平均得到上游产业外资依存度和下游产业外资依存度指标。此外，为了控制行业的特征，除了以被解释变量的一期滞后值作为控制变量之外，进一步考虑引入如下两个行业特征变量：一是人均资本存量 k_{jt}，以各行业资本存量 K_{jt} 与该行业从业人口之比度量，用以反映行业的资本密集度；二是行业市场

化程度 MKT_{jt}，以各行业国有企业从业人口占全行业从业人口的比重衡量，用以反映该行业的市场化和准入程度。

以 14 个服务行业 2004～2013 年的相关数据作为检验样本[①]，相关数据取自历年《中国统计年鉴》及《中国第三产业统计年鉴》，中间投入品价值及各产业作为中间品进入其他行业的价值数据根据 2007 年 40 个部门的投入产出表计算整理。

（3）检验结果。利用面板数据模型对上述行业层面数据对式（5－12）进行回归分析，结果如表 5－7 所示。

表 5－7 外资流入与服务业规模扩张检验结果（行业层面）

	模型（2.15）			
ln（$Y_{j,t-1}$）	0.3051 (3.69)***	－0.0087 (－0.15)	－0.0189 (－0.88)	0.1987 (1.99)**
ln（$k_{j,t}$）	－0.0776 (－1.98)*	－0.1483 (－3.57)***	－0.1546 (－4.62)***	－0.0678 (－1.69)
ln（$MKT_{j,t}$）	2.7597 (9.21)***	1.5090 (5.52)***	1.6471 (14.81)***	2.2719 (6.72)***
ln（$FDI_{j,t}^{self}$）	－0.4758 (－7.44)***			－0.3771 (－4.53)***
ln（$FDI_{j,t}^{upstream}$）		－0.9463 (－6.32)***		－0.6859 (－2.90)***
ln（$FDI_{j,t}^{downstream}$）			0.3882 (2.66)**	0.4300 (2.52)**
Constant	3.5377 (4.31)***	6.6295 (9.87)***	8.9732 (8.04)***	4.5317 (5.16)***
R^2（Adjusted－R^2）	0.5367 (0.5194)	0.4766 (0.4575)	0.4463 (0.3459)	0.5749 (0.5508)
S. E.	0.6011	0.6368	0.7010	0.5812

① 14 个行业分别为：交通运输、仓储和邮政业，信息传输、计算机服务和软件业，批发和零售业，住宿和餐饮业，金融业，房地产业，租赁和商务服务业，科学研究、技术服务和地址勘查业，水利、环境和公共设施管理业，居民服务和其他服务业，教育业，卫生、社会保障和社会福利业，文化、体育和娱乐业，公共管理和社会组织业。

续表

	模型（2.15）			
F Statistic [Probability]	30.8821 [0.0000]	24.6892 [0.0000]	24.4482 [0.0000]	23.6342 [0.0000]
Hausman Test [Probability]	0.7981 [0.9217]	0.4627 [0.9798]	9.9712 [0.0233]	0.9681 [0.9871]

注：括号内数字为相关回归系数的 t 检验值，其中 *、** 和 *** 分别代表该回归系数通过 10%、5% 和 1% 置信概率下的显著性检验。

资料来源：笔者计算。

从核心变量，即行业的外资流入情况来看，我们注意到本行业的外资流入对行业自身的规模扩张产生了较为明显的负面影响，这表明在服务业国内企业总体技术水平相对有限且对富有活力的私营部门存在一定的体制束缚的情况下，外资的流入会对本行业的国内企业形成比较强烈的挤出。然而从产业关联的层面来看，可以发现尽管上游产业的外资流入对相关行业的规模扩张起到了一定的负面作用，但下游产业的外资流入却对相关行业的规模扩张产生了较为明显的促进作用。其背后的原因可能在于，位居产业链上游的境外资本通常会因掌握核心技术或关键部件的生产能力而具有较强的产业链控制力，而这些企业一般会倾向于在全球范围内进行生产布局并组织产业链下游环节的相关生产和经营活动，其对于国内的下游厂商的利用程度相对有限；但下游产业中，外资的一个主要的进入动机是寻求更为低廉的中间产品，因此会对国内的上游服务产业形成更大的需求，同时，为了保证中间品的品质和质量，下游产业的跨国公司通常也会主动地向上游的中间品供应商提供必要的技术支持和转移，也可能成为带动上游产业规模扩张的重要原因和推动力。

在明确了外资流入对服务业行业规模扩张的影响效果基础上，我们可以进一步对行业的市场化程度对服务业外资规模效应的影响进行检验，结果如表 5-8 所示。从检验结果来看，无论是对本行业的外资流入，还是上下游关联产业的外资流入而言，行业的市场化程度都对其所产生的规模扩张效应具有明显的促进作用。其中，由于市场化程度的加强会强化产业竞争，因此对本行业外资流入所产生的规模效应相对较弱，但仍可以通过降低外资企业及民营企业的准入门槛，甚至通过减少制度性的壁垒来激发国内企业的积极性和创造性，对于服务业外资流入的规模效应仍有比较明显的积极影响。相对而言，市场化程度的提升对于上下游产业的外资流入所产生的服务业规模扩张效果则会起到更为明显的激发效果，其中又以对上游产业的促进作用最为强烈，这也意味着市场化程度提升、市场准入壁垒降低可能会提升上游境外企业在本地建立产业链体系的意愿，并由此为相关行业的扩张提供更为广阔的市场基础。

表 5-8　市场化程度对服务业外资规模效应的影响（行业层面）

	模型（2.16）		
$\ln(Y_{j,t-1})$	0.1864 (1.95)*	0.1966 (2.08)**	0.0476 (0.52)
$\ln(k_{j,t})$	-0.0791 (-1.90)*	-0.0715 (-1.82)*	-0.1456 (-3.37)***
$\ln(MKT_{j,t})$	4.6952 (3.55)***	6.1192 (4.78)***	4.8617 (6.78)***
$\ln(FDI_{j,t}^{self})$	-0.3732 (-4.31)***	-0.3764 (-4.42)***	-0.4419 (-5.24)***
$\ln(FDI_{j,t}^{upstream})$	-1.1691 (-3.14)***	-0.6291 (-2.83)***	-0.9622 (-4.19)***
$\ln(FDI_{j,t}^{downstream})$	0.4820 (2.61)***	-0.0892 (-0.373)	0.3990 (2.40)**
$\ln(MKT_{j,t}) \times \ln(FDI_{j,t}^{self})$	1.0548 (1.86)*		
$\ln(MKT_{j,t}) \times \ln(FDI_{j,t}^{upstream})$		1.4627 (3.18)***	
$\ln(MKT_{j,t}) \times \ln(FDI_{j,t}^{downstream})$			0.8112 (3.97)***
Constant	3.7635 (3.78)***	3.2982 (3.37)***	5.1546 (6.12)***
R^2 (Adjusted-R^2)	0.5786 (0.5492)	0.5987 (0.5712)	0.6319 (0.6058)
S. E.	0.5691	0.5510	0.5436
F Statistic [Probability]	20.3758 [0.0000]	22.2279 [0.0000]	25.4624 [0.0000]
Hausman Test [Probability]	2.5317 [0.9042]	3.8943 [0.7214]	4.9173 [0.6706]

注：括号内数字为相关回归系数的 t 检验值，其中 *、** 和 *** 分别代表该回归系数通过 10%、5% 和 1% 置信概率下的显著性检验。

资料来源：笔者计算。

（三）基本结论

在本节中，我们着重从服务业规模扩张的角度对外资流入所产生的影响进行了相关的理论分析和实证检验，得到如下一些基本的结论：

从理论层面来看，在一个满足完全竞争假设的开放经济环境下，服务产业的外资流入会通过增加东道国服务业的要素使用规模引起服务业产出规模的扩大。然而这种规模扩张效应需要依赖于一定的外部环境条件，包括劳动力的跨行业流动壁垒、本国企业的技术能力、外资进入带来的“挤出效应”、产业的价格弹性及产业关联程度等。由此导致结论存在诸多的可能性。

在理论分析的基础上，我们进一步从全国宏观动态层面、地区层面及行业层面对相关问题进行了实证检验，并得到了若干更为系统性的认识。

首先，从总体层面来看，受我国服务业利用外资的技术结构及外资流入可能产生的“挤出”效应的影响，外资流入对于我国服务业人均资本水平形成一定程度的负面影响，但外资流入对于我国服务业总体规模扩张则产生了较为明显的积极效果。

其次，从地区层面来看，服务业本身的外资流入，无论其来自本地还是外地，均未能对本地的服务业规模扩张产生积极的效果；相对而言，非服务业的外资流入则对本地区服务业的规模扩张产生了极为明显的积极推动作用。就此而言，我国外资流入对于服务业规模扩张的促进作用仍主要来自产业关联，特别是非服务业外资流入对于服务产业的带动作用。而从影响因素来看，劳动力流动壁垒可能是制约外资流入积极效应发挥的重要限制。

最后，从行业层面来看，服务行业自身的外资流入对其规模扩张产生了较为明显的负面影响。同时，在跨国公司全球产业链布局的影响下，位居产业链上游并具有产业链控制权的外资企业对于其下游服务企业的规模扩张效果也呈现出一定的负面效果；但位居产业链下游的外资企业进入则会通过产业关联效应对上游的服务行业规模扩张形成有效的带动。从该效应背后的影响因素来看，服务业市场化程度的加强是激发外资流入所产生的规模效应的关键因素。

三、境外资本流入与中国服务业结构升级

进一步将视角深入服务业内部，可以发现，外资的进入实际上也是触发服务

业内部结构升级的重要因素。因此，本节我们将着重从服务业内部结构变化的视角对外资进入的影响机制、效应和制约因素进行考察。

（一）FDI 与服务业结构升级的理论分析

结合目前的研究现状，本节我们将主要从理论层面对外资流入与服务业结构升级之间的关系进行相应的探讨。

1. 基本框架：基于多要素多产品生产的分析

为了从更严谨的角度论证外资流入对行业结构的影响，我们首先通过构建一个基于多要素与多产品生产行为的数学模型对此进行初步的阐述。

（1）假设前提。假设一家服务企业使用资本要素 K 与劳动要素 L 进行生产，其可能生产的产品包括两种，即资本技术密集型产品 Y_K 与劳动密集型产品 Y_L。两种产品的生产均遵循规模收益不变的 Cobb - Douglas 生产函数形式，即资本与劳动两种要素具有一定的替代性，从而有：

$$Y_K = K_K^{\alpha_K} L_K^{1-\alpha_K} \quad Y_L = K_L^{\alpha_L} L_L^{1-\alpha_L} \tag{5-14}$$

其中，K_K 与 L_K 分别为资本技术密集型服务产品生产所投入的资本与劳动要素数量；K_L 与 L_L 则分别为劳动密集型服务产品生产投入的资本与劳动要素数量。α_K 与 $1-\alpha_K$ 分别为资本技术密集型产品的资本要素与劳动要素产出弹性；α_L 与 $1-\alpha_L$ 则分别为劳动密集型产品的资本要素与劳动要素产出弹性。对于两类商品而言，其要素密集度主要体现为要素产出弹性的差异，即：

$$\alpha_K > \alpha_L \tag{5-15}$$

此外，为了简化分析，我们假设两种产品价格均为 1，生产者每期可供生产投入的资金为 C。同时，假设国内的资本禀赋数量为 $\bar{K}$，且资本市场保持出清状态，即资本禀赋数量等于资本的实际需求量。

（2）模型求解。根据生产者追求生产的利润最大化目标 $\max\{Y_K + Y_L - C\}$ 的一阶必要条件可得：

$$\frac{rK_K}{wL_K} = \frac{\alpha_K}{1-\alpha_K} \quad \frac{rK_L}{wL_L} = \frac{\alpha_L}{1-\alpha_L} \tag{5-16}$$

由 $C = r(K_K + K_L) + w(L_K + L_L)$ 得：

$$\begin{cases} K_{K*} = \dfrac{\alpha_K C}{r} \\ L_{K*} = \dfrac{(1-\alpha_K)C}{w} \end{cases} \quad \begin{cases} K_{L*} = \dfrac{\alpha_L C}{r} \\ L_{L*} = \dfrac{(1-\alpha_L)C}{w} \end{cases} \tag{5-17}$$

代入生产函数可得①：

$$Y_{K*}=(B_KC)r^{-\alpha_K}w^{(\alpha_K-1)}\quad Y_{L*}=(B_LC)r^{-\alpha_L}w^{(\alpha_L-1)} \tag{5-18}$$

同时，由资本市场出清假设可得，资本的实际需求量（$K_{K*}+K_{L*}$）应等于资本禀赋$\bar{K}$，即：

$$\bar{K}=K_{K*}+K_{L*}=\frac{(\alpha_K+\alpha_L)C}{r} \tag{5-19}$$

由此可得：

$$r=\frac{(\alpha_K+\alpha_L)C}{\bar{K}} \tag{5-20}$$

由上述结果可以对外资流入对服务业行业结构的影响做出如下判断。

首先，从产品结构，即资本密集型产品与劳动密集型产品的产出比来看，根据式（5-18）的结果可得：

$$\frac{Y_{K*}}{Y_{L*}}=\frac{B_Kr^{-\alpha_K}w^{\alpha_K}}{B_Lr^{-\alpha_L}w^{\alpha_L}}=\frac{B_K}{B_L}\left(\frac{w}{r}\right)^{(\alpha_K-\alpha_L)}=\frac{B_K}{B_L}\left[\frac{w\bar{K}}{(\alpha_K+\alpha_L)\ C}\right]^{(\alpha_K-\alpha_L)} \tag{5-21}$$

因此，在$\alpha_K>\alpha_L$的情况下，当外资流入导致一国资本禀赋$\bar{K}$增加时，资本技术密集型产品在总产出中所占的比例会出现上升，即企业的产品结构会向资本技术密集型领域升级。

其次，从式（3-6）的结果来看，由于

$$\frac{K_{K*}}{L_{K*}}=\frac{\alpha_K}{(1-\alpha_K)}\left(\frac{w}{r}\right)=\frac{\alpha_Kw\bar{K}}{(1-\alpha_K)(\alpha_K+\alpha_L)C}$$

$$\frac{K_{L*}}{L_{L*}}=\frac{\alpha_L}{(1-\alpha_L)}\left(\frac{w}{r}\right)=\frac{\alpha_Lw\bar{K}}{(1-\alpha_L)(\alpha_K+\alpha_L)C} \tag{5-22}$$

因此，当存在外资流入，一国的资本禀赋$\bar{K}$增加时，两类产品的生产过程也均会呈现出使用资本来代替劳动的倾向，由此使每种产品生产过程中的技术结构也会呈现上升态势。

根据上述讨论，可得到有关外资流入与服务业结构升级的基本假说如下：

假说1：在资本市场价格机制充分有效且可以顺利出清的情况下，外资流入导致的本国资本禀赋的提升会使本国服务业的产品结构及产品生产过程中的技术结构向资本密集型方向升级。

① 其中，B_K与B_L分别为常数，即$B_K=\alpha_K^{\alpha_k}(1-\alpha_k)^{1-\alpha_k}$，$B_L=\alpha_L^{\alpha_L}(1-\alpha_L)^{1-\alpha_L}$。

2. 进一步的讨论

以上我们利用一个简单的多产品多要素框架对有关外资流入对服务业行业结构所可能产生的影响机制进行了简要的分析，然而上述讨论背后隐含的一个假设前提在于其所遵循的完全市场化假设。但对于我国这样一个处于改革阶段的转轨经济体而言，我国在很多领域，特别是在要素市场及企业的治理结构方面均存在着明显的扭曲，而这种扭曲在改革相对滞后的服务业领域表现得尤为明显。在这种情况下，外资的流入还能否继续发挥对于服务业结构升级的积极作用也就存在着相当的疑问。有鉴于此，以下我们将进一步基于前文的基本框架，从要素价格扭曲及治理结构扭曲的角度对此问题进行深入的讨论。

（1）要素价格扭曲与 FDI 的结构升级效应。前述理论分析的一个具体的机制在于，外资流入通过增加本国资本要素的禀赋降低了资本要素的价格，从而使企业的产品结构及相应产品生产过程中的技术结构向资本密集型领域升级。然而这一切所需要依赖的一个先决条件就是要素市场必须充分有效，进而使要素的价格能够完全地反映要素禀赋的变化。而在一个存在价格扭曲的要素市场当中，如果要素的价格不能对资本流入带来的要素禀赋结构变化做出反应，显然会向生产者传递错误的禀赋信号并影响其生产决策。在这种情况下，我们也很难期望外资流入能够对服务业的结构形成明显的积极影响。

要素价格扭曲的存在性是我们进行进一步讨论的前提。国内的一部分研究已经证实这一点。首先，劳动力价格低估是我国要素市场存在的第一类价格扭曲现象，盛仕斌和徐海（1999）研究发现，这一现象背后的原因，一方面来自劳动力市场的企业所有制形态差异；另一方面，目前的城乡户籍制度差异阻碍了劳动力自由流动，使劳动力市场出现了分割，压低了劳动力的价格。[①] 又如，谢嗣胜和姚先国（2006）曾发现对农民工的直接歧视和对城市工的制度性保护[②]导致了城市工和农民工的平均工资存在较大的差异。此外，劳动者权益保障体系的不完善也是我国经济中存在的重要现象，尤其对于处于人口红利期的中国经济而言，大量农村剩余劳动力向城市的转移使劳动力市场呈现严重的“买方市场”特征，缺乏工会组织支持的劳动者个体在薪酬福利方面的谈判能力相对于买方（企业）而言明显处于弱势地位，由此也使劳动力成本处于长期的低估状态。其次，资本价格的高估是我国要素市场存在的第二类价格扭曲现象。在我国金融体制仍残留相当计划经济参与的情况下，国有企业往往可以凭借其隐性的政府担保和垄断地

① 盛仕斌，徐海．要素价格扭曲的就业效应研究［J］．经济研究，1999（5）：68－74.

② 谢嗣胜，姚先国．农民工工资歧视的计量分析［J］．中国农村经济，2006（4）：49－55.

位所带来的巨额利润而获得较民营企业更高的信用能力，并由此低成本地占有大量的金融资源，并使广大的民营企业往往会陷入严格的金融约束或流动性限制的局面。这种民营经济层面的流动性紧张将在很大程度上推高资本的价格。尤为重要的是，监管部门为了防范金融资源过度流向政府融资平台或房地产等优势领域所带来的政府债务风险与地产泡沫风险，对于银行贷款资源的投放施加了很多限制条件，在这种情况下，已充分市场化并以逐利为主要行为导向的银行通常会选择将资金通过信托机构等“影子银行”系统投放到相关领域以获取更高的回报，由此导致了金融资源在进入相关领域过程中的中介链条被大幅拉长，期间所附加的中介成本也层层叠加而出现大幅上升，由此进一步推升了经济领域中的资产价格。

在劳动力价格相对低估和资本价格相对高估的情况下，外资流入对于服务业行业结构升级的促进作用可能会受到如下的影响而难以得到有效的发挥。

首先，从产品结构角度看，开放型经济的资本要素的相对增长，将诱导企业的产品结构从劳动密集型产业转向资本技术密集型，从而促进产业转移和产业结构优化。然而从式（5－21）的结果可以看出，劳动要素的价格被相对低估则会错误夸大劳动力的相对丰裕程度，对劳动密集型产业形成过度的吸引。

其次，从产业内部技术结构来看，伴随生产的专业化分工程度的增强，传统的国际分工由产品生产分工格局逐步演化为产业链分工。而从式（5－12）的结果来看，这种产业内部的技术结构变动同样依赖于企业所面临的要素价格，劳动力价格的相对低估也会制约企业的生产活动向更具技术含量的高端环节延伸，进一步限制了服务企业内部的技术结构升级与调整。

最后，从产品生产工艺来看，黄鹏和张宇（2014）的研究表明，只要资本要素和劳动要素有一定的可替代性，生产同一种商品的企业就很有可能因为要素配置的差异而形成不同的组织方式或生产方式。如果劳动力成本较高，特别是劳动力很稀缺的话，企业必然将以更多的资本来替代劳动力要素，并集中表现为现代工业生产对“自动化”的追逐及由此引发的生产工艺的变革①。但是劳动力价格的相对低估会使企业倾向于使用更为廉价的劳动力要素，由此降低了对资本要素及附着于资本品之上的技术创新的需求，并在相当程度上弱化企业进行研发创新活动的动力。

假说2：我国市场上所存在的资本价格相对劳动力价格的高估现象会扭曲外

① 黄鹏，张宇．中国要素价格相对扭曲对企业技术创新影响的研究——基于微观企业数据的 Probit 检验［J］．上海经济研究，2014（7）：31－41.

资流入所产生的禀赋结构变化，使外资流入对于服务业结构升级的促进作用受到一定的抑制。

（2）治理结构扭曲与 FDI 的结构升级效应。基础理论分析的另一个理论前提在于企业决策完全以企业的利润最大化作为目标。但在现实中，企业的经营管理活动往往是由职业管理者所进行的，当企业的管理者不能拥有企业全部的剩余索取权时，管理者的自利性行为将会使企业的产出决策偏离原有的水平，并由此对 FDI 的结构升级效应形成一定的影响。

为了进一步分析这种管理者自利行为与企业利润最大化行为之间的激励不相容所引起的委托代理问题，我们假设企业的管理者追求个人利益最大化目标。其中，管理者的收入来自企业利润的一个固定的分成比重 θ，该比重体现了管理者对企业经营的剩余索取权，即企业产权的明晰程度；同时，企业管理者在管理过程中要付出个人精力成本 H，其主要与其管理的资产规模有关，因此不妨假设 $H=\delta(K_K+K_L)r$。其中，系数 δ 体现了管理者个人的管理效率，δ 越高，则管理者对于每单位资本投入所付出的管理成本越大，即管理者的管理效率越低。

由上述条件可得管理者的行动目标为函数：

$$\max\{\theta(Y_K+Y_L-C)-2\delta r(R_K+R_L)\} \tag{5-23}$$

由一阶必要条件可得：

$$\begin{cases} K_{K*}^{C}=\dfrac{\varphi\,\alpha_K C}{[\varphi\,\alpha_K+(1-\alpha_K)]r} & K_{L*}^{C}=\dfrac{\varphi\,\alpha_L C}{[\varphi\,\alpha_L+(1-\alpha_L)]r} \\ L_{K*}^{C}=\dfrac{(1-\alpha_K)C}{[\varphi\,\alpha_K+(1-\alpha_K)]w} & L_{L*}^{C}=\dfrac{(1-\alpha_L)C}{[\varphi\,\alpha_L+(1-\alpha_L)]w} \end{cases} \tag{5-24}$$

其中，$\varphi=\theta/(\theta+\delta)$，易知 $0<\varphi<1$。进一步可得两类产品生产过程中的资本劳动比为：

$$\frac{K_{K*}^{C}}{L_{K*}^{C}}=\frac{\varphi\,\alpha_K w\bar{K}}{(1-\alpha_K)(\alpha_K+\alpha_L)C}=\varphi\frac{K_{K*}}{L_{K*}}$$

$$\frac{K_{L*}^{C}}{L_{L*}^{C}}=\frac{\varphi\,\alpha_L w\bar{K}}{(1-\alpha_L)(\alpha_K+\alpha_L)C}=\varphi\frac{K_{L*}}{L_{L*}} \tag{5-25}$$

由式（5-25）可知，在存在管理者私人自利行为的情况下，企业的两类产品生产过程中各自使用的资本劳动比会相对于无委托代理问题情况下有一个 φ 幅度的调整。由于 $0<\varphi<1$，因此在存在委托代理问题时，两类产品的资本劳动比都会相对于无委托代理情形下有所降低。进一步而言，在存在委托代理问题的情况下，境外资本流入所带来的资本禀赋 $\bar{K}$ 的增加会被委托代理扭曲 φ 所抵消，

进而降低了外资流入对于本国服务业内部技术结构升级的促进效果。

将式（5－25）结果代入生产函数可得企业资本技术密集型产品与劳动密集型产品产出之比为：

$$\frac{Y_{K*}^{C}}{Y_{L*}^{C}}=E\left(\frac{Y_{K*}}{Y_{L*}}\right)=E\frac{B_K}{B_L}\left[\frac{w\bar{K}}{(\alpha_K+\alpha_L)C}\right]^{(\alpha_K-\alpha_L)} \tag{5-26}$$

其中：

$$E=\frac{\varphi^{1-\alpha_L}\alpha_L+\varphi^{-\alpha_L}(1-\alpha_L)}{\varphi^{1-\alpha_K}\alpha_K+\varphi^{-\alpha_K}(1-\alpha_K)} \tag{5-27}$$

由式（5－27）可知，在存在管理者私人自利行为的情况下，企业的资本技术密集型产品产出比例也会在原有的产品结构基础上有一个幅度为 E 的调整。结合 $\partial\varphi/\partial\delta<0$，$\partial\varphi/\partial\theta>0$，易证实如下结论：

$$\frac{\partial E}{\partial\theta}>0\quad\frac{\partial E}{\partial\delta}<0\quad 0<E<1 \tag{5-28}$$

因此，在存在委托代理问题时，企业的资本技术密集型产品在全部产品中所占的比重也会相对于无委托代理行为时有所下降，同时外资流入所带来的资本禀赋的增加也会被委托代理扭曲系数 E 所抵消，进而降低外资流入对于服务业产品结构升级的促进效果。具体而言，当存在因管理者私人行为与企业所有者利益不相容而引起的管理者委托代理问题时，外资流入对于企业结构升级的影响在根本上取决于管理者的管理效率与企业产权的明晰程度。一般认为，国有企业会面临更为严重的实际管理者缺位和管理效率低下等问题，因此根据上述分析可以做如下理论判断：

假说3：在委托代理情形下，管理效率的低下和所有者的缺位会降低外资流入对于服务业结构升级的积极影响。由此引申，效率低下和所有者缺位现象更为严重的国有企业在面临外资流入时的结构升级效果可能相对于民营企业更为薄弱。

（二）服务业产业与技术结构的测度与评估

为了考察外资流入对服务业行业结构和技术结构所产生的影响，首先需要设计相关的指标体系对各地区服务业的行业结构与技术结构状况进行相应的测度与评估。

1. 服务业结构切入点：人均工资

要对一个地区的行业结构和技术结构进行测度，一个首要的前提是明确各相关行业自身的技术含量并对其进行具体的量化。理论上而言，行业的技术含量可以从多个角度得到相应的体现，如生产率（劳动生产率及全要素生产率）、利润率、增加值率等，然而，对于我国服务产业内部各行业技术含量和技术高度的测度，以上述指标为切入点则面临许多现实的问题。在综合考虑指标披露的完整性和可得性的基础上，我们发现，以相关地区服务业的人均工资水平，即服务业工资率作为评价地区服务业行业结构和技术结构的切入点是一个较为恰当的选择：一方面，根据效率工资的基本理论，在一个有效的劳动市场的前提下，劳动者所获得的工资应当与其边际贡献相符，从而使工资率成为产业技术含量的一个有效的反映；另一方面，在劳动力可自由转移和充分竞争的前提下，同一产业内部的工资差异也可以体现该产业自身的技术结构和技术层级情况（见图 5－8）。此外，以工资率为切入点评价服务业的行业结构状况，也贴近相关地区提升居民收入水平这一行业结构调整和升级的目标。基于上述讨论，我们可以将地区服务业的人均工资作为反映地区服务业生产率水平或技术水平的一个代理指标。

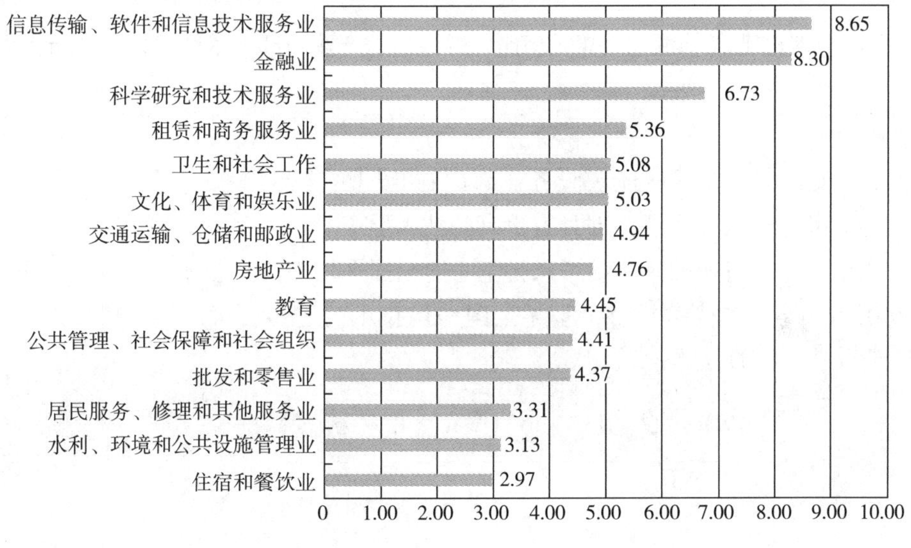

图 5－8　我国服务业各行业人均工资（2005～2016 年平均值）

资料来源：历年《中国统计年鉴》。

2. 行业结构与技术结构指标：基于人均工资的分解

考虑以人均工资为基本的切入点设计相应的指标分解体系，得到相关地区行业结构和技术结构的评价指标。

（1）行业结构与技术结构指标构建。记地区 i 在时期 t 的服务业从业人数为 $L_{i,t} = \sum_{j=1}^{J} L_{i,t}^{j}$，其中 $L_{i,t}^{j}$ 为该地区服务行业 j 的从业人数；该地区当年的全部服务

行业的工资总额为 $W_{i,t}$，则该地区在时期 t 的平均工资率 WR 为：

$$WR_{i,t} = \frac{W_{i,t}}{L_{i,t}} \quad (5-29)$$

记行业 j 的从业人口在地区服务业全部从业人口中的比例是 $\psi^j_{i,t} = L^j_{i,t}/L_{i,t}$，将行业在基期（t=0）的全国平均工资率 $WR^j_{A,0} = W^j_{A,0}/L^j_{A,0}$ 视为基准权重，定义地区 i 与产品结构有关的结构指数为：

$$PS_{i,t} = \sum_{j=1}^{J}(\psi^j_{i,t} \times WR^j_{A,0}) = \sum_{j=1}^{J}(W^j_{A,0} \times L^j_{i,t}/L^j_{A,0})/L_{i,t} \quad (5-30)$$

$PS_{i,t}$ 值越高，表明高工资率产业在地区服务业中的比重越高，即该地区服务业行业结构呈现高级化。从产业内部的技术结构来看，不妨将行业 j 本身在基期时的全国平均工资率 $WR^j_{A,0}$ 视为基准水平，由此 $WR^j_{i,t} = WR^j_{A,0} \times L^j_{i,t}$ 可视为地区在该基准工资率状态下的理论工资总额。将各地区服务业部门的实际工资总额 $\sum_{j=1}^{J} W^j_{i,t}$ 与理论工资总额 $\sum_{j=1}^{J} \bar{W}^j_{i,t}$ 相比可得当地与产业内部技术结构相关的指标为：

$$TS_{i,t} = W_{i,t}/\bar{W}_{i,t} = W_{i,t}/\sum_{j=1}^{J}(WR^j_{A,0}L^j_{i,t}/L^j_{A,0}) \quad (5-31)$$

$TS_{i,t}$ 值越高，表明该地区服务业部门在相同的产品结构下具有更高的工资率，即服务业部门在产业内部具有更高的技术层级。

由于 $TS_{i,t}$ 所应用的技术参考系为基年的全国平均工资（技术）水平，因此它体现了相关地区的技术相对于基年全国平均技术的进步程度。我们可以对指标 $TS_{i,t}$ 进行进一步的分解：

$$TS_{i,t} = \frac{\sum_{j=1}^{J}(WR^j_{A,t}L^j_{i,t}/L^j_{A,t})}{WR_{i,t}} \frac{\sum_{j=1}^{J}(WR^j_{A,0}L^j_{i,t}/L^j_{A,0})}{\sum_{j=1}^{J}(WR^j_{A,t}L^j_{i,t}/L^j_{A,t})} \quad (5-32)$$

其中，$RTS_{i,t} = \sum_{j=1}^{J}(WR^j_{A,t}L^j_{i,t}/L^j_{A,t})/WR_{i,t}$，代表了地区 i 的服务业技术层级与同时期全国平均水平相比的先进程度。$RTS_{it}>1$ 意味着该地区服务业内部的技术结构高于全国平均水平；$WTS_{i,t} = \frac{\sum_{j=1}^{J}(WR^j_{A,0}L^j_{i,t}/L^j_{A,0})}{\sum_{j=1}^{J}(WR^j_{A,t}L^j_{i,t}/L^j_{A,t})}$ 则代表了在地区的行业结构与技术结构均保持不变的情况下，由技术参考系本身的变化所引起的劳动生产率的变化，即行业总体的技术进步所带来的生产率提升，$WTS_{it}>1$ 表明行业总体的技术层级呈现改善状况①。

（2）行业结构与技术结构变迁状况。根据上述指标设定与分解方法，利用我国历年各地区分行业的城镇就业人口和工资总额数据可计算得到我国总体及各地区服务业的行业结构和技术结构指数，如表5－9所示。

表5－9 2016年中国各地区（除港澳台地区）服务业行业结构与技术结构指数

	人均工资	行业结构	技术结构	相对技术层级	工资总体提升		人均工资	行业结构	技术结构	相对技术层级	工资总体提升
全国	7.65	2.16	3.54	1.00	3.54	河南	5.33	2.09	2.55	0.71	3.59
北京	12.49	2.36	5.29	1.54	3.43	湖北	6.34	2.12	2.98	0.84	3.57
天津	9.67	2.19	4.42	1.26	3.49	湖南	6.33	2.15	2.95	0.83	3.56
河北	5.84	2.15	2.72	0.76	3.57	广东	8.52	2.16	3.94	1.12	3.52
山西	5.56	2.12	2.62	0.73	3.57	广西	6.24	2.10	2.97	0.83	3.59
内蒙古	6.59	2.14	3.08	0.87	3.53	海南	6.60	2.07	3.19	0.91	3.50
辽宁	6.10	2.19	2.78	0.79	3.52	重庆	7.25	2.11	3.43	0.97	3.56
吉林	5.79	2.15	2.68	0.76	3.54	四川	6.95	2.17	3.20	0.90	3.54
黑龙江	5.94	2.17	2.74	0.77	3.54	贵州	7.00	2.08	3.36	0.94	3.59
上海	13.37	2.20	6.07	1.73	3.50	云南	6.84	2.06	3.31	0.92	3.59
江苏	8.57	2.18	3.93	1.11	3.54	西藏	10.73	2.11	5.08	1.44	3.53
浙江	9.72	2.22	4.37	1.24	3.53	陕西	6.11	2.16	2.83	0.80	3.54
安徽	6.23	2.14	2.91	0.81	3.58	甘肃	6.15	2.10	2.94	0.82	3.57
福建	7.29	2.14	3.41	0.96	3.55	青海	7.07	2.15	3.29	0.93	3.55
江西	6.26	2.11	2.97	0.83	3.58	宁夏	6.54	2.15	3.04	0.86	3.55
山东	7.09	2.14	3.32	0.93	3.56	新疆	6.84	2.11	3.25	0.91	3.56

注：限于正文篇幅，表5－9中仅列示2016年结果。

资料来源：根据《中国统计年鉴》相关数据计算。

从全国层面来看，我国服务业的人均工资水平从2005年的2.09万元/年上升到了2016年的7.65万元/年，年均增长率约为12.52%，这一明显超过通货膨胀率的增长速度也意味着在剔除通货膨胀因素的情况下我国服务业的劳动生产率得到了较为显著的提升（见图5－9）。而从指标的分解情况来看，这一工资水平或效率水平的提升主要得益于产业内部技术结构的改善（见图5－9）。

① 张宇，蒋殿春．FDI、政府监管与中国水污染——基于产业结构与技术进步分解指标的实证检验［J］．经济学（季刊），2014，13（2）：491－514.

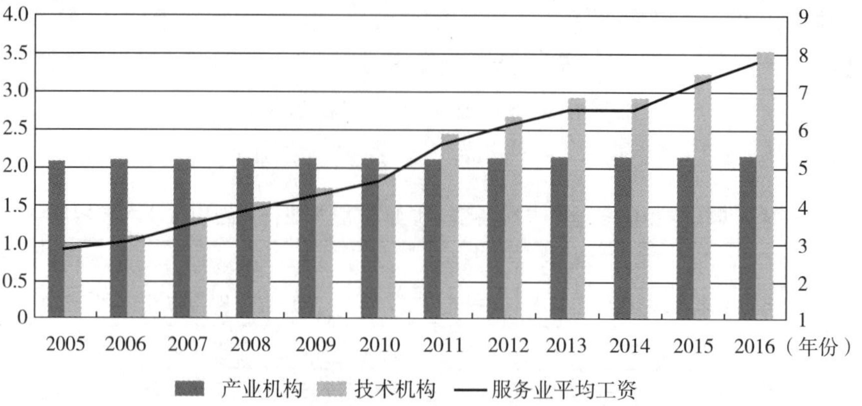

图 5-9　我国服务业人均工资与行业结构及技术结构指数

资料来源：根据历年《中国统计年鉴》计算整理。

进一步从服务业行业结构与技术结构的地区分布特征情况来看，其也呈现出一定的地区不平衡性特征。其中，在服务业的行业结构方面，以北京、上海为代表的直辖市及江苏、浙江和辽宁地区具有较高的行业结构层次；相对而言，其他地区的服务业技术结构相对于全国平均水平处于落后地位，其中又尤以东北（如黑龙江和吉林）、中原（如河北、河南和山西）及西南（如贵州、广西）的落后地位最为明显。由此可见，我国服务业具有较高层次的产业基本上只集中在北京和东部沿海地区的少数省份，呈现出明显的集聚性特征，这一方面反映出我国服务业在行业结构和技术结构方面的总体层次仍然不高，缺乏全国意义上的普遍性提升；另一方面，考虑到直辖市和东部沿海地区在服务业开放程度方面同内地之间的差异，我们似乎也不能排除服务业开放，特别是外资流入对于地区服务业行业结构和技术结构升级的影响，而后面一点也恰恰正是本节所关注的核心。

（三）要素价格扭曲下的 FDI 与服务业结构升级：实证检验

本部分我们将利用相关地区层面数据构建计量经济模型对 FDI 流入所产生的服务业结构升级效应及要素价格扭曲在其中所产生的影响进行进一步的实证考察。

1. 外资流入与服务业结构升级

首先考察外资流入对服务业结构升级的影响。

（1）模型构建。假设地区 i 在第 t 年的服务业结构指数（行业结构和技术结构指数）为 $S_{i,t}$，且该结构水平受到外资流入程度 $FDI_{i,t}$ 及其他 M 个地区特征因素 $X_{i,t}^{m}$（m = 1，…，M）的影响。仍然将外资流入区分为本地区服务业外资流入 $FDI_{i,t}^{Service}$、本地区其他行业外资流入 $FDI_{i,t}^{Other}$、其他地区服务业外资流入 $FDI_{neighbor,t}^{Service}$、其他地区其他行业外资流入 $FDI_{neighbor,t}^{Other}$ 四种类型，由此可得到检验方程为：

$$\ln(Y_{i,t}) = \theta_1 \ln(FDI_{i,t}^{Service}) + \theta_2 \ln(FDI_{i,t}^{Other}) + \theta_3 \ln(FDI_{neighbor,t}^{Service}) + \theta_4 \ln(FDI_{neighbor,t}^{Other}) + \sum_{m=1}^{M} \lambda_m X_{i,t}^{m} + C \quad (5-33)$$

（2）样本与数据选择。检验方程中所涉及的解释变量与被解释变量的指标设定如下：

对于被解释变量，选择前述计算的服务业行业结构指数 PS_{it} 与剔除了总体工资提升趋势的相对技术结构指数 RTS_{it} 作为度量服务业结构的指标；所涉及的外资依存度变量及控制变量均参见本章第二节实证检验部分。

考虑到检验样本数据的可得性，本部分以中国除西藏自治区和港澳台地区之外的其他 30 个省（市、区）2005~2015 年的相关数据作为检验样本，样本数据及各指标的计算数据均取自历年《中国统计年鉴》及《中国第三产业统计年鉴》。

（3）检验结果。为了消除地区间的截面异方差性，我们对样本数据的估计采用了截面加权（Cross - Section Weighting）的固定效应估计方法，并利用 Hausman 检验确定固定效应模型的适用性。利用该方法对基础模型式（5 - 33）进行估计，结果见表 5 - 10。

表 5 - 10 外资流入与服务业结构升级检验结果

	行业结构（PS）			技术结构（RTS）		
地区相关系数加权	地理距离	发展水平	发展差距	地理距离	发展水平	发展差距
$\ln(GDP_{i,t})$	-0.0069 (-2.67)***	-0.0084 (-2.76)***	-0.0068 (-2.27)**	-0.2523 (-5.64)***	-0.2771 (-5.88)***	-0.2466 (-5.43)***
$\ln(PGDP_{i,t})$	0.0113 (4.35)***	0.0129 (4.46)***	0.0091 (3.43)***	0.2963 (4.55)***	0.2942 (4.93)***	0.2919 (4.48)***
$\ln(k_{i,t})$	0.0065 (7.76)***	0.0060 (7.23)***	0.0062 (8.83)***	0.0206 (0.88)	0.0209 (0.93)	0.0217 (1.07)
$\ln(Inds_{i,t})$	-0.0096 (-2.87)***	-0.0097 (-2.96)***	-0.0101 (-2.77)***	0.0589 (3.98)***	0.0591 (4.02)***	0.0589 (4.11)***
$\ln(Open_{i,t})$	-0.0038 (-4.09)***	-0.0033 (-3.72)***	-0.0033 (-4.55)***	0.0117 (1.95)*	0.0120 (2.12)**	0.0114 (1.92)*
$\ln(MKT_{i,t})$	-0.0089 (-3.03)***	-0.0087 (-2.86)***	-0.0089 (-3.28)***	0.0248 (1.57)	0.0249 (1.62)	0.0251 (1.63)

续表

	行业结构（PS）			技术结构（RTS）		
地区相关系数加权	地理距离	发展水平	发展差距	地理距离	发展水平	发展差距
$\ln(HR_{i,t})$	0.0008 (1.99)***	0.0005 (1.91)*	0.0004 (1.13)	0.0041 (3.01)***	0.0046 (3.67)***	0.0044 (2.05)**
$\ln(Gov_{i,t})$	0.0024 (1.09)	0.0037 (1.59)	0.0027 (1.30)	−0.0887 (−4.01)***	−0.0886 (−4.10)***	−0.0908 (−4.26)***
$\ln(FDI_{i,t}^{Service})$	0.0001 (0.15)	0.0003 (0.27)	0.0001 (−0.23)	0.0062 (1.87)*	0.0077 (2.18)**	0.0078 (2.26)**
$\ln(FDI_{i,t}^{Other})$	0.0006 (0.76)	0.0003 (0.71)	0.0003 (0.76)	−0.0046 (−0.87)	−0.0047 (−0.99)	−0.0047 (−0.98)
$\sum w^D \times \ln(FDI_{i,t}^{Service})$	−0.0035 (−8.87)***			0.0035 (1.33)		
$\sum w^D \times \ln(FDI_{i,t}^{Other})$	0.0021 (4.72)***			−0.0024 (−0.74)		
$\sum w^L \times \ln(FDI_{i,t}^{Service})$		−0.0033 (−11.20)***			0.0026 (0.89)	
$\sum w^L \times \ln(FDI_{i,t}^{Other})$		0.0022 (5.13)***			−0.0019 (−0.67)	
$\sum w^G \times \ln(FDI_{i,t}^{Service})$			−0.0024 (−2.47)**			0.0008 (0.15)
$\sum w^G \times \ln(FDI_{i,t}^{Other})$			0.0015 (2.07)**			0.0002 (0.09)
Constant	0.6498 (38.57)***	0.6473 (36.57)***	0.6585 (39.46)***	−0.9878 (−5.01)***	−0.9211 (−4.20)***	−0.9437 (−4.53)***
R^2（$Adjusted-R^2$）	0.9585 (0.9509)	0.9569 (0.9493)	0.9536 (0.9457)	0.9857 (0.9831)	0.9857 (0.9838)	0.9852 (0.9837)
S. E.	0.0060	0.0061	0.0060	0.0442	0.0451	0.0433
F Statistic [Probability]	129.6548 [0.0000]	123.7593 [0.0000]	117.3356 [0.0000]	278.9462 [0.0000]	343.1970 [0.0000]	371.8593 [0.0000]
Hausman Test [Probability]	43.4031 [0.0000]	39.5370 [0.0395]	37.6217 [0.0000]	116.1413 [0.0000]	118.5938 [0.0000]	138.4663 [0.0000]

注：括号内数字为相关回归系数的 t 检验值，其中 *、** 和 *** 分别代表该回归系数通过 10%、5% 和 1% 置信概率下的显著性检验。

资料来源：笔者计算。

从表5－10的估计结果来看，方程取得了较好的拟合效果，同时Hausman检验结果也证实了选择固定效应模型的合理性，检验结果是可以接受的。

首先来看服务业行业结构方面的检验情况。从检验的核心变量，即地区的外资依存度与地区的服务业行业结构之间的关联情况来看，在剔除了可能影响地区服务业行业结构的诸多因素的情况下，外资流入对于地区服务业行业结构升级的影响是相对有限的。其中，本地区的服务业外资流入受到准入限制及地区的要素价格扭曲等因素的影响，对于本地服务业行业结构的补充升级效应相对较弱，加之外资流入对于国内服务企业的挤出，其流入在总体上并未对本地的服务业行业结构产生明显的升级效果；而其他地区的服务业外资流入在失去了对本地服务业结构升级的补充作用的情况下，其对于本地服务业的竞争性挤出甚至会对本地服务业的行业结构产生显著的负面作用。而从非服务业的外资流入来看，尽管由于制造业层次的相对低端所导致的对于高端服务业的带动作用相对有限，因此本地非服务业的外资流入对于本地服务业的拉动并不明显，但在综合考虑各地区的外资流入情况下，其他地区的非服务业外资流入，特别是一些经济发达地区的非服务业外资流入仍然对于本地区的服务业行业结构升级产生了较为显著的效果。而综合比较不同关联地区的外资流入对于本地服务业行业结构的影响，可以发现无论是对于服务业还是非服务业的外资流入，对于本地服务业行业结构影响程度最大的地区主要来自于经济发展水平较高的地区，这些地区所集中的高端外资流入对于其他地区的服务业结构升级产生了最为明显的积极影响；邻近地区次之，而经济发展程度相当的地区之间因为禀赋结构的相似性而易引起引资竞争，所吸引的外资结构也具有一定的趋同性，对于本地的服务业行业结构升级作用会相对有限。

其次考察外资流入对服务业行业内部技术结构的影响情况。从外资流入程度对于相关地区服务业技术结构升级的影响情况来看，本地服务业的外资流入所带来的先进技术转移的确成为了当地服务业技术能力的有效补充，进而对本地服务产业内部的技术结构提升起到了显著性的积极影响。对比本地服务业外资流入对服务业行业结构所产生的不显著性影响，可以认为，尽管受我国目前的禀赋结构及制度环境等因素的影响，外资的流入无法有效促进服务业行业间结构的高级化，但却提升了相关行业自身的技术能力和技术结构，进而实现了一种“低端产业高级化”的特殊效应。而除了本地服务业的外资流入之外，其他行业的外资流入及相关地区的服务业与非服务业外资流入均未能对本地区的服务业技术结构升级产生显著性的影响，表明我国的外资流入在产业间及地区间层面的技术溢出与扩散效应并未能够得到有效的发挥①。

2. 要素价格扭曲与服务业外资流入的结构升级效应

从前述检验结果来看，我国服务业本身的外资流入对于本地服务业的结构升级，特别是行业结构升级所产生的影响是比较有限的。根据前文理论分析的结果，服务业的外资流入是否会对本地服务业的结构升级产生积极效果，在一定程度上会受制于当地的要素价格扭曲程度，为了验证这一点，我们以下将进一步构建要素价格扭曲指数并检验其对于服务业外资流入所产生的结构升级效应的影响。

（1）模型构建。考虑将本地服务业外资流入对本地服务业结构升级所产生的影响系数 θ 视为受要素价格扭曲影响的函数，即$\theta_1 = \lambda_{11} + \lambda_{12}\ln(DIS_{i,t})$，将其代入模型可得：

$$\ln(S_{i,t}) = \lambda_{11}\ln(MKT_{i,t}) \times \ln(FDI_{i,t}^{Service}) + \lambda_{12}\ln(FDI_{i,t}^{Service}) + \theta_2\ln(FDI_{i,t}^{Other}) + \theta_3\ln(FDI_{neighbor,t}^{Service}) + \theta_4\ln(FDI_{neighbor,t}^{Other}) + \sum_{m=1}^{M}\lambda_m X_{i,t}^{m} + C \quad (5-34)$$

通过连乘项的回归系数 λ_{11} 的方向与大小，可以明确地区的要素价格扭曲程度对于服务业外资的结构升级效应的影响是否存在。

（2）要素价格扭曲测算。以宏观地区数据为基础的要素价格相对扭曲测度方法如下：

假定地区 i 的工业部门生产服从规模收益不变条件下的 Cobb – Douglas 生产函数形式，且技术进步为中性。生产过程中使用资本 K 与劳动力 L 两种生产要素，则有$Y_i = A_i K_i^{\alpha_i} L_i^{1-\alpha_i}$，其中，$Y_i$为地区 i 的产出水平，$\alpha_i$为当地资本要素产出弹性。另设地区 i 中劳动力要素与资本要素的报酬率分别为 w_i 与 r_i②，由该地区面临的产出最大化问题一阶条件可得③：

$$\frac{1-\alpha}{\alpha} = \frac{w_i L_i}{r_i K_i} = \frac{w_i L_i}{Y_i - w_i L_i} \quad (5-35)$$

式（5 – 35）给出了在要素投入效率最优情况下，劳动力要素报酬总额与资本产出弹性之间的关系，据此可推定，在不存在要素价格扭曲的情况下，劳动力的合理报酬水平$\overline{S_i}$应该为：

① 阻碍外资流入的技术升级效应在地区间扩散与溢出的原因包括很多，对于我国而言，地区之间所存在的地方保护与市场分割是其中的一个重要的因素。

② 为剔除政府税收因素影响，假定此报酬率均为税前报酬率。

③ 张宇，巴海龙．要素价格变化如何影响研发强度——基于地区研发强度分解数据的实证研究［J］．南方经济，2015（1）：54 – 70.

$$\bar{S}_i = w_i L_i = (1-\alpha) Y_i \tag{5-36}$$

另设该地区劳动力所获得的实际报酬为 S_i，则可定义该地区劳动力价格扭曲程度 DIS_i 为实际要素报酬与该要素所应获得的合理报酬之间的差额，即：

$$DIS_i = \bar{S}_i / S_i = (1-\alpha) Y_i / S_i \tag{5-37}$$

如果 $DIS_i > 1$，则表明劳动力要素所获得的实际报酬低于其应得的合理水平，即劳动力报酬存在着低估性扭曲①。

根据式（5-37），要计算相关地区面临的要素价格扭曲，首先需要确定各地区资本要素的产出弹性 α。为确定该参数的值，可定义地区生产函数 $y_{i,t} = A k_{i,t}^{\alpha}$，其中 $y_{i,t}$ 为服务业人均实际增加值（$Y_{i,t}/L_{i,t}$），$k_{i,t}$ 为服务业人均资本存量（$K_{i,t}/L_{i,t}$），利用变系数面板数据模型对各省（市、区）2005~2013 年服务业人均实际增加值 $y_{i,t}$ 和人均资本存量 $k_{i,t}$ 进行回归，可得到各地区服务业的资本产出弹性。

在获得资本要素的产出弹性的基础上，利用各地区的服务业增加值和工资总额数据，根据式（5-49）可计算得到各地区的要素价格扭曲程度（见表 5-11）。

表 5-11　2016 年要素价格扭曲测度结果

地区	α 值	要素价格扭曲指数	地区	α 值	要素价格扭曲指数
北京	0.8345	0.4252	湖北	0.4288	3.5954
天津	0.3744	4.3820	湖南	0.3620	4.5609
河北	0.4404	3.3942	广东	0.2809	4.3519
山西	0.4782	2.9273	广西	0.2498	3.6386
内蒙古	0.4230	3.9417	海南	0.3978	2.6557
辽宁	0.3339	4.1469	重庆	0.1600	4.7026
吉林	0.5224	2.9609	四川	0.3537	3.2642
黑龙江	0.4648	3.2295	贵州	0.3922	2.3080
上海	0.4747	1.8994	云南	0.3382	2.6676
江苏	0.5249	4.2538	西藏	0.1465	1.7547
浙江	0.2364	4.4850	陕西	0.3665	2.8637
安徽	0.2682	4.4355	甘肃	0.5741	1.6454

① 张宇，巴海龙．要素价格变化如何影响研发强度——基于地区研发强度分解数据的实证研究［J］．南方经济，2015（1）：54-70.

续表

地区	α值	要素价格扭曲指数	地区	α值	要素价格扭曲指数
福建	0.2787	4.7707	青海	0.3773	2.4919
江西	0.4840	2.9096	宁夏	0.2798	3.5934
山东	0.5226	3.7489	新疆	0.5330	1.6051
河南	0.3341	3.9475			

注：限于正文篇幅，表5－11中仅列示2016年结果。

资料来源：根据《中国统计年鉴》相关数据计算。

根据测算结果，我国除北京以外的其他地区的要素价格相对扭曲程度指数都显著高于1，且有相当部分地区，包括经济较为发达的江苏、浙江及广东等地的要素价格相对扭曲指数高于4，这一结果意味着我国的确如理论预判那样普遍存在劳动力要素价格相对低估的现象。

（3）检验结果。在获得了要素价格相对扭曲指数的情况下，我们可以依据式（5－34）来验证这一扭曲程度对外资流入所产生的服务业结构升级效应的影响。利用截面加权的固定效应模型对式（5－34）进行回归，结果如表5－12所示。

表5－12　要素价格扭曲与FDI的结构升级效应

	行业结构（PS）			技术结构（RTS）		
地区相关系数加权	地理距离	发展水平	发展差距	地理距离	发展水平	发展差距
ln（$GDP_{i,t}$）	−0.0094 （−2.46）**	−0.0115 （−2.78）***	−0.0095 （−2.47）**	−0.0138 （−0.29）	−0.0116 （−0.27）	−0.0104 （−0.21）
ln（$PGDP_{i,t}$）	0.0176 （5.08）***	0.0199 （5.57）***	0.0179 （4.92）***	0.0478 （0.87）	0.0454 （0.73）	0.0430 （0.71）
ln（$k_{i,t}$）	0.0034 （3.42）***	0.0023 （3.41）***	0.0032 （3.68）***	0.0183 （0.88）	0.0171 （0.78）	0.0208 （0.99）
ln（$Inds_{i,t}$）	−0.0078 （−2.47）**	−0.0074 （−2.37）**	−0.0089 （−2.52）**	0.0479 （4.46）***	0.0485 （4.59）***	0.0487 （4.89）***
ln（$Open_{i,t}$）	−0.0029 （−2.98）***	−0.0029 （−3.07）***	−0.0027 （−3.22）***	0.0157 （2.23）**	0.0149 （2.28）**	0.0144 （2.06）**
ln（$MKT_{i,t}$）	−0.0094 （−3.07）***	−0.0088 （−2.85）***	−0.0084 （−3.21）***	0.0308 （3.36）***	0.0297 （3.43）***	0.0281 （2.97）***
ln（$HR_{i,t}$）	0.0003 （0.73）	0.0001 （0.62）	0.0000 （0.00）	0.0014 （1.11）	0.0019 （1.42）	0.0019 （0.81）

续表

	行业结构（PS）			技术结构（RTS）		
地区相关系数加权	地理距离	发展水平	发展差距	地理距离	发展水平	发展差距
ln（$Gov_{i,t}$）	0.0042 (2.41)**	0.0078 (3.90)***	0.0057 (2.48)**	-0.0935 (-4.51)***	-0.0939 (-4.76)***	-0.0954 (-4.52)***
DIS × $\sum w^D$ × ln（$FDI_{i,t}^{Service}$）	-0.0120 (-11.09)***	-0.0113 (-13.02)***	-0.0116 (-10.42)***	-0.0537 (-8.45)***	-0.0547 (-8.48)***	-0.0530 (-8.13)***
ln（$FDI_{i,t}^{Service}$）	0.0062 (7.41)***	0.0061 (7.98)***	0.0069 (6.54)***	-0.0246 (-9.32)***	-0.0231 (-8.97)***	-0.0228 (-10.31)***
ln（$FDI_{i,t}^{Other}$）	0.0008 (1.33)	0.0007 (1.40)	0.0007 (1.41)	-0.0069 (-1.62)	-0.0068 (-1.69)*	
$\sum w^D$ × ln（$FDI_{i,t}^{Service}$）	-0.0043 (-11.36)***			0.0011 (0.40)		
$\sum w^D$ × ln（$FDI_{i,t}^{Other}$）	0.0022 (5.21)***			0.0004 (0.12)		
$\sum w^L$ × ln（$FDI_{i,t}^{Service}$）		-0.0047 (-16.98)***			-0.0007 (-0.24)	
$\sum w^L$ × ln（$FDI_{i,t}^{Other}$）		0.0021 (6.49)***			0.0013 (0.55)	-0.0054
$\sum w^G$ × ln（$FDI_{i,t}^{Service}$）			-0.0017 (-2.61)***			(-1.73)* -0.0023
$\sum w^G$ × ln（$FDI_{i,t}^{Other}$）			0.0011 (1.66)*			(-0.48) 0.0037
Constant	0.6163 (68.01)***	0.6288 (75.83)***	0.6294 (61.17)***	-0.5359 (-2.73)***	-0.5804 (-3.19)***	-0.5368 (-2.71)***
R^2（Adjusted - R^2）	0.9688 (0.9642)	0.9679 (0.9618)	0.9634 (0.9567)	0.9820 (0.9795)	0.9820 (0.9791)	0.9818 (0.9789)
S. E.	0.0054	0.0054	0.0057	0.0426	0.0432	0.0432
F Statistic [Probability]	178.9435 [0.0000]	169.5044 [0.0000]	143.8459 [0.0000]	273.0758 [0.0000]	287.4504 [0.0000]	274.3521 0.0000
Hausman Test [Probability]	37.4615 [0.0000]	32.5879 [0.0000]	29.8976 [0.0008]	107.3349 [00000]	112.4548 [0.0000]	119.1024 [0.0000]

注：括号内数字为相关回归系数的 t 检验值，其中 *、** 和 *** 分别代表该回归系数通过 10%、5% 和 1% 置信概率下的显著性检验。

资料来源：笔者计算。

模型各控制变量的检验结果与此前的检验相比并未发生显著的变化，对其经济含义的解释这里不再赘述。而就我们所关心的核心检验变量，即要素价格扭曲指数与本地服务业外资依存度的连乘变量的检验结果来看，其系数显著为负，由此表明要素价格扭曲指数的增加会显著弱化本地服务业外资流入对服务业行业间结构和行业内技术结构的提升效果。由于要素价格扭曲指数的增加意味着劳动力报酬相对于资本报酬的相对低估程度加剧，这一结果也由此证实了劳动力要素相对资本要素价格低估所带来的禀赋结构改变会导致外资流入的行业结构向低端的劳动密集型行业倾斜，弱化外资流入所带来的行业间结构升级效应；同时在行业内部也更倾向于使用劳动力来代替资本要素进行生产或集中在产业链的低端环节，由此降低外资流入对行业内部技术结构的升级效果。

3. 市场化与服务业外资流入的结构升级效应

从理论分析的结果来看，另一个可能会制约 FDI 的结构升级效应的因素来自于市场化程度偏低所导致的治理结构扭曲，特别是国有企业因存在所有者缺位和委托代理行为而导致的 FDI 结构升级效应的抑制。对于我国市场化改革相对滞后的服务产业而言，国有企业在其中所处的较大比重也是一个不容忽视的因素，并可能会由此制约 FDI 的结构升级效应的发挥。为了验证这一猜测，以下我们进一步对服务业市场化程度对 FDI 结构升级效应的影响进行实证检验。

（1）模型构建。为了验证市场化程度对 FDI 结构升级效应的影响，考虑将服务业本地外资依存度的回归系数 θ_1 视为行业市场化程度的线性函数，即 $\theta_1 = \gamma_{11}\ln(MRT) + \lambda_{12}$，将其代入基准模型可得：

$$\ln(S_{i,t}) = \gamma_{11}\ln(MKT_{i,t}) \times \ln(FDI_{i,t}^{Service}) + \gamma_{12}\ln(FDI_{i,t}^{Service}) + \theta_2\ln(FDI_{i,t}^{Other}) + \theta_3\ln(FDI_{neighbor,t}^{Service}) + \theta_4\ln(FDI_{neighbor,t}^{Other}) + \sum_{m=1}^{M}\lambda_m X_{i,t}^{m} + C \quad (5-38)$$

通过连乘项的回归系数 γ_{11} 的方向与大小，可以明确行业市场化程度对于服务业外资规模效应的影响是否存在。

（2）检验结果。为保证检验结果的延续性，模型（5－33）中所涉及的因变量、自变量及控制变量的选取与构建仍与前文保持一致，其中核心的市场化程度变量 $MKT_{i,t}$，也遵循前文，以各地区服务业中的非国有固定资产投资在全部固定资产投资中的比重作为衡量标准。检验样本仍以 2005～2015 年我国 31 个省（市、区）为基础。利用相关数据对模型（5－33）进行截面加权的固定效应回归，可得结果如表 5－13 所示。

表 5-13 外资流入与服务业规模扩张检验结果（地区层面）

地区相关系数加权	行业结构（PS）			技术结构（RTS）		
	地理距离	发展水平	发展差距	地理距离	发展水平	发展差距
$\ln(GDP_{i,t})$	-0.0025 (-0.41)	-0.0026 (-0.39)	-0.0022 (-0.47)	-0.2289 (-4.54)***	-0.2217 (-3.82)***	-0.2237 (-4.32)***
$\ln(PGDP_{i,t})$	0.0072 (1.49)	0.0072 (1.37)	0.0062 (1.50)	0.2741 (4.33)***	0.2678 (3.99)***	0.2698 (4.45)***
$\ln(k_{i,t})$	0.0054 (5.82)***	0.0058 (5.55)***	0.0061 (7.10)***	0.0139 (0.66)	0.0134 (0.62)	0.0137 (0.62)
$\ln(Inds_{i,t})$	-0.0081 (-2.57)***	-0.0081 (-2.69)***	-0.0108 (-2.99)***	0.0570 (3.51)***	0.0598 (3.49)***	0.0625 (3.93)***
$\ln(Open_{i,t})$	-0.0039 (-4.07)***	-0.0033 (-3.54)***	-0.0032 (-4.48)***	0.0069 (0.95)	0.0067 (1.18)	0.0065 (0.89)
$\ln(MKT_{i,t})$	0.0118 (1.77)*	0.0147 (2.23)**	0.0128 (1.83)*	0.2622 (3.99)***	0.2582 (4.13)***	0.2657 (3.95)***
$\ln(HR_{i,t})$	0.0009 (2.62)**	0.0007 (2.54)***	0.0007 (1.90)*	-0.0062 (-3.96)***	-0.0052 (-4.03)***	-0.0067 (-3.24)***
$\ln(Gov_{i,t})$	0.0024 (0.99)	0.0039 (1.37)	0.0035 (1.46)	-0.0789 (-3.53)***	-0.0825 (-3.83)***	-0.0819 (-3.58)***
$DIS \times \sum w^{D} \times \ln(FDI_{i,t}^{Service})$	0.0062 (4.57)***	0.0062 (5.04)***	0.0053 (4.35)***	0.0663 (3.75)***	0.0611 (3.33)***	0.0662 (3.49)***
$\ln(FDI_{i,t}^{Service})$	0.0024 (3.03)***	0.0039 (3.37)***	0.0023 (3.11)***	0.0448 (4.62)***	0.0409 (4.31)***	0.0448 (4.17)***
$\ln(FDI_{i,t}^{Other})$	0.0018 (2.57)**	0.0018 (2.69)***	0.0014 (2.89)***	0.0029 (0.64)	0.0029 (0.42)	0.0021 (0.43)
$\sum w^{D} \times \ln(FDI_{i,t}^{Service})$	-0.0032 (-6.07)***			0.0089 (2.28)**		
$\sum w^{D} \times \ln(FDI_{i,t}^{Other})$	0.0017 (3.31)***			-0.0041 (-1.41)		
$\sum w^{L} \times \ln(FDI_{i,t}^{Service})$		-0.0036 (-8.97)***			0.0061 (2.26)**	
$\sum w^{L} \times \ln(FDI_{i,t}^{Other})$		0.0022 (4.93)***			-0.0046 (-1.59)	

续表

地区相关系数加权	行业结构（PS）			技术结构（RTS）		
	地理距离	发展水平	发展差距	地理距离	发展水平	发展差距
$\sum w^G \times \ln$ ($FDI_{i,t}^{Service}$)			-0.0015 (-1.82)**			0.0049 (0.88)
$\sum w^G \times \ln$ ($FDI_{i,t}^{Other}$)			0.0008 (1.49)			-0.0014 (-0.67)
Constant	0.6658 (34.79)***	0.6689 (35.21)***	0.6739 (35.96)***	-0.6959 (-3.58)***	-0.6968 (-3.79)***	-0.7085 -3.59
R^2 (Adjusted - R^2)	0.9561 (0.9483)	0.9579 (0.9499)	0.9521 (0.9488)	0.9791 (0.9752)	0.9786 (0.9749)	0.9785 (0.9753)
S. E.	0.0058	0.0059	0.0059	0.0439	0.0441	0.0442
F Statistic [Probability]	119.2542 [0.0000]	124.1767 [0.0000]	108.1847 [0.0000]	240.8368 [0.0000]	241.6039 [0.0000]	241.7926 [0.0000]
Hausman Test [Probability]	34.7603 [0.0000]	28.2642 [0.0045]	29.4752 [0.0038]	131.1531 [0.0000]	161.9143 [0.0000]	148.0421 [0.0000]

注：括号内数字为相关回归系数的 t 检验值，其中 *、** 和 *** 分别代表该回归系数通过 10%、5% 和 1% 置信概率下的显著性检验。

资料来源：笔者计算。

回归同样取得了比较理想的拟合效果，且 Hausman 检验也基本证实模型中包含截面固定效应的合理性，检验结果也是可以被接受的。模型各控制变量的检验结果与此前的检验相比并未发生显著的变化，对其经济含义的解释这里同样不再赘述。

从本节所关注的核心变量，即市场化程度指标与本地区服务业外资依存度指标的连乘变量的回归情况来看，其系数显著为正，说明地区市场化程度的提升会极大地增强本地区服务业外资流入所产生的行业间结构升级和行业内技术结构升级效应。由于市场化指标是以地区非国有企业在服务业中所占比重来衡量，这一结果也从一定的侧面说明了国有企业本身所具有的治理结构缺陷，即所有者缺位现象和委托代理问题会在相当程度上制约外资流入所产生的服务业结构升级效果。

（四）基本结论

在本部分，我们从行业结构的角度对外资流入与我国服务业的结构调整与升级所产生的影响进行了理论分析与实证研究。通过这部分的考察，可以得到如下一些基本结论：

从理论层面来看，在市场机制有效运作的情况下，境外资本的流入将会改变东道国的要素禀赋状况，提高东道国资本要素与劳动要素的配比。在完善的市场经济环境下，由外资流入所带来的东道国禀赋结构改变会促使该国整体的行业结构及行业内部的生产方式向资本密集型方向转变。

然而，这种外资流入对东道国行业结构所产生的积极影响显然需要依赖于一定的先决条件。一方面，该理论假说要求要素市场的价格机制能够有效地运作，进而使外资流入所带来的要素禀赋结构改变能够及时在要素价格层面得到准确的反映；另一方面，该理论假说也要求企业作为经营的主体能够拥有对剩余收益的完全掌控权，保证企业在面临变化的要素价格时能够做出正确的决策。而遗憾的是，对于我国这样一个市场机制并不健全、要素市场发育明显滞后的转型经济体而言，实际上很难达到理论模型所要求的完美的市场化程度。其中，因户籍制度限制、劳动保障制度不足及金融资源配置扭曲所导致的资本价格相对劳动价格的高估，以及国有企业自身在治理结构中存在的所有者缺位和委托代理问题在理论上成为制约外资流入的结构升级效应得以发挥的重要障碍。

为了判断外资流入对我国服务业结构升级所产生的实际影响及背后的制约因素，我们也在理论分析的基础上设计相应的指标分解体系，构建各地区服务业的行业结构指数和行业内的技术结构指数，并通过系统的计量检验考察了外资流入对其产生的现实影响。结果发现，在控制和剔除了可能影响地区服务业结构的诸多因素的情况下，外资流入特别是本地区的服务业外资流入对本地区服务业的行业结构升级影响是相对有限的，但对于本地服务业内部的技术结构升级却产生了较为积极的影响。这一结果意味着服务业的外资尽管因种种因素限制而未能带来服务业整体行业结构的提升，但却在其所进入的普通服务领域中处于相对高端的地位，提升了相关产业内部的技术水平。比较而言，由于我国制造业等其他行业的技术层次相对低端，所吸引的外资也大多集中在产业链的低端地位，因此对本地服务业的行业结构和技术结构高级化的带动作用有限，但发达地区高层次的非服务业外资流入仍可以通过产业关联效应对其他地区服务业的行业间结构升级产生明显的带动作用。

造成外资流入的产业结构升级效果不佳的原因可能来自我国经济中存在的要素价格扭曲及国有企业比重过大而导致的治理结构缺陷。为了验证这一猜测，我们也在本部分尝试构建服务业的要素价格相对扭曲指数，并以行业中非国有企业投资占行业总固定资产投资比重作为市场化程度的指标纳入分析模型，检验了这些因素对服务业外资结构升级效应的影响。从检验结果来看，我国经济中绝大部分地区（除北京之外）的服务业均存在着明显的劳动力报酬相对于资本报酬低估的现象，而无论是这种以劳动力报酬相对低估为特征的要素价格扭曲还是以非国有经济占比度量的行业市场化程度，均对本地服务业外资流入的结构升级效应产生了显著性的影响，劳动力价格的相对低估性扭曲及市场化程度不足所导致的国有企业治理结构缺陷是导致我国外资流入无法产生明显的服务业结构升级效应的重要体制性原因。

四、境外资本流入的服务业技术溢出

实现技术进步一直是我国引进外资的目标之一，对于外资开放程度更高的制造业领域而言，有关外资进入与技术进步的探讨已经相当丰富，但是对于服务业而言，相关的研究却仍十分少见。为了进一步了解外资流入与我国服务业技术进步之间的相关关系及其背后的影响和制约机制，本节将着重从技术溢出角度来考察外资进入的影响。所谓技术外溢效应，主要是指 FDI 的流入对东道国的经济效率和经济增长及发展能力会发生无意识的影响。Kokko（1994）又总结了其他西方学者对相关问题的研究，对 FDI 的技术外溢效应的传播途径进行了系统的归纳，并总结为四种情况：模仿—示范效应、人员流动效应、竞争效应和关联效应①。

（一）服务业外资流入的技术溢出效应：实证检验

我们将利用数据包络分析（Data Envelope Analysis，DEA）方法计算服务业的全要素生产率，并以之作为服务业技术水平的衡量标准来检验外资流入对国内服务业技术进步产生的具体影响，以及国内的市场化程度在其中所起到的作用。

1. 我国服务业技术进步现状

为了从量化的角度验证外资流入对服务业生产率产生的影响，我们首先需要

① Kokko A. Technology Market Characteristics and Spillovers［J］. Journal of Development Economics, 1994（43）: 279 – 93.

对我国服务业的技术进步情况进行测度和考察。DEA 作为一种估计（全要素）生产率及其变化的非参数方法，不仅对样本容量的要求较低，而且对生产函数的具体设定没有要求，因此完全避免了由于随意假定生产函数而导致的衡量误差。因此，本节中我们将以 DEA 分析为基础计算各地区服务业的生产率水平，以此对我国服务业的技术水平进行分析和判断，并作为后续实证检验的基础。

（1）测算方法①。相关测算以投入效率为基础进行，假设在每一个时期 t，第 k(k = 1，…，K）个生产单位使用 n(n = 1，…，N）种投入，得到第 m(m = 1，…，M）种产出 $y^t_{k,m}$。在 DEA 条件下，每一期在固定规模报酬（Constant Returns to Scale，简记为 C）、投入要素强可处置（Strong Disposability of Inputs，简记为 S）条件下的参考技术，也即潜在技术前沿被定义为：

$$L^t(y^t \mid C,S) = [(x^t_1,\cdots,x^t_N):y^t_{k,m} \leqslant \sum_{k=1}^{K} z^t_k y^t_{k,m};x^t_{k,n} \geqslant \sum_{k=1}^{K} z^t_k x^t_{k,n};z^t_k \geqslant 0]$$

其中，z 表示每一个横截面观察值的权重。在此基础上，计算每一个生产单位基于投入的 Farrell 技术效率的非参数规划模型为：

$$F^t_i (y^t, x^t \mid C, S) = \min \{\theta^k\}$$

$$s.t.\ y^t_{k,m} \leqslant \sum_{k=1}^{K} z^t_k x^t_{k,n} \quad (m = 1, \cdots, M)$$

$$\theta^k x^t_{k,n} \geqslant \sum_{k=1}^{K} z^t_k x^t_{k,n} \quad (n = 1, \cdots, N)$$

$$z^t_k \geqslant 0 \quad (k = 1, \cdots, K)$$

由此，当$F^t_i(y^t, x^t \mid C, S) = 1$ 时，则意味着该生产单位处于技术前沿水平，其生产是有效率的。而$F^t_i(y^t, x^t \mid C, S)$的大小则反映了生产单位偏离技术前沿水平的距离，$F^t_i(y^t, x^t \mid C, S)$越接近 1，则生产单位越靠近技术前沿，其生产效率也就越高（Fare et al.，1994，1997）。

为了得到生产率随时间变化的 Malmquist 生产率指数，考虑引入距离函数（Distance Function）的概念。根据 Fare 等（1994），距离函数是我们已经讨论过的 Farrell 技术效率的倒数，从而可以定义技术前沿水平$L^t(y^t \mid C, S)$下的投入距离函数：

$$D^t_i(y^t, x^t)1/F^t_i(y^t, x^t \mid C, S)$$

投入距离函数可以看作某一生产点（x^t，y^t）向理想的最小投入点压缩的比例。根据 Caves 等（1982），基于投入的全要素生产率指数可以用 Malmquist 生产

① 汤雁冰. 外商投资挤出溢出效应实证研究［D］. 重庆大学硕士学位论文，2007.

率指数来表示，即：

$$M_i^t=\frac{D_i^t(x^t,\ y^t)}{D_i^t(x^{t+1},\ y^{t+1})M_i^{t+1}}\quad M_i^{t+1}=\frac{D_i^{t+1}(x^t,\ y^t)}{D_i^{t+1}(x^{t+1},\ y^{t+1})}$$

这两个指数分别测度了在时期 t 和 t+1 的技术条件下，从时期 t 到 t+1 的技术效率的变化。现实中常用以上两个指数的几何平均值来计算生产率的变动。

（2）测算结果。我们以我国 31 个省（市、区）历年服务业的实际增加值（经 GDP 平减指数调整）作为服务业的产出指标，以服务业的实际资本存量和从业人数作为投入指标，利用前述方法可计算得出我国各地区服务业的（相对）全要素生产率情况（见表 5－14）。

表 5－14　2016 年中国各地区服务业技术效率及其分解

地区	技术效率	规模效率	要素拥挤度	纯技术效率	地区	技术效率	规模效率	要素拥挤度	纯技术效率
北京	0.65	0.95	1	0.68	湖北	0.57	0.98	1	0.58
天津	0.94	0.94	0.94	1	湖南	0.72	0.98	1	0.73
河北	0.64	0.98	1	0.65	广东	0.87	0.87	1	1
山西	0.46	0.94	1	0.49	广西	0.46	0.93	1	0.49
内蒙古	0.65	0.93	1	0.69	海南	0.43	0.76	1	0.57
辽宁	0.69	0.97	1	0.71	重庆	0.53	0.93	1	0.56
吉林	0.62	0.93	1	0.66	四川	0.46	0.97	1	0.47
黑龙江	0.64	0.97	1	0.66	贵州	0.39	0.9	1	0.44
上海	0.98	0.98	1	1	云南	0.39	0.92	1	0.42
江苏	1	1	1	1	西藏	0.39	0.49	1	0.79
浙江	0.91	1	1	0.92	陕西	0.43	0.95	1	0.45
安徽	0.54	0.94	0.99	0.57	甘肃	0.38	0.89	1	0.43
福建	0.72	0.96	0.97	0.75	青海	0.38	0.56	1	0.68
江西	0.44	0.92	1	0.48	宁夏	0.36	0.58	1	0.61
山东	0.76	1	1	0.76	新疆	0.41	0.92	1	0.44
河南	0.45	0.99	1	0.45					

资料来源：根据《中国统计年鉴》数据计算。

我国服务业总体的相对效率分布情况是这样的：东部地区，特别是以上海、天津、江苏、浙江和广东为代表的沿海地区的服务业具有最高的效率，其中上海和江苏位于边界前沿。相对而言，在远离沿海地区和沿江经济带的西北和西南地区，服务业的相对效率水平则普遍较低。

而进一步从服务业相对效率的分解情况来看，很多西部地区服务业的低效率曾经主要来自规模效率的不足，即这些地区一般都呈现出一定的规模收益递减特征。在 2014 年之前，西部地区曾普遍存在着规模效率指数偏低的情况，但近年来，该情况已经得到了很大的改观。对于我国而言，要素拥挤并不是引起服务业效率低下的主要原因。

进一步从服务业的进步情况来看，以江苏、山东、浙江、上海和北京为代表的东部沿海地区仍然具有最高的生产率进步率（见图 5－10）。但需要注意的是，在全国 31 个省（市、区）中，仅有 13 个地区服务业的生产率出现了正向的增长，

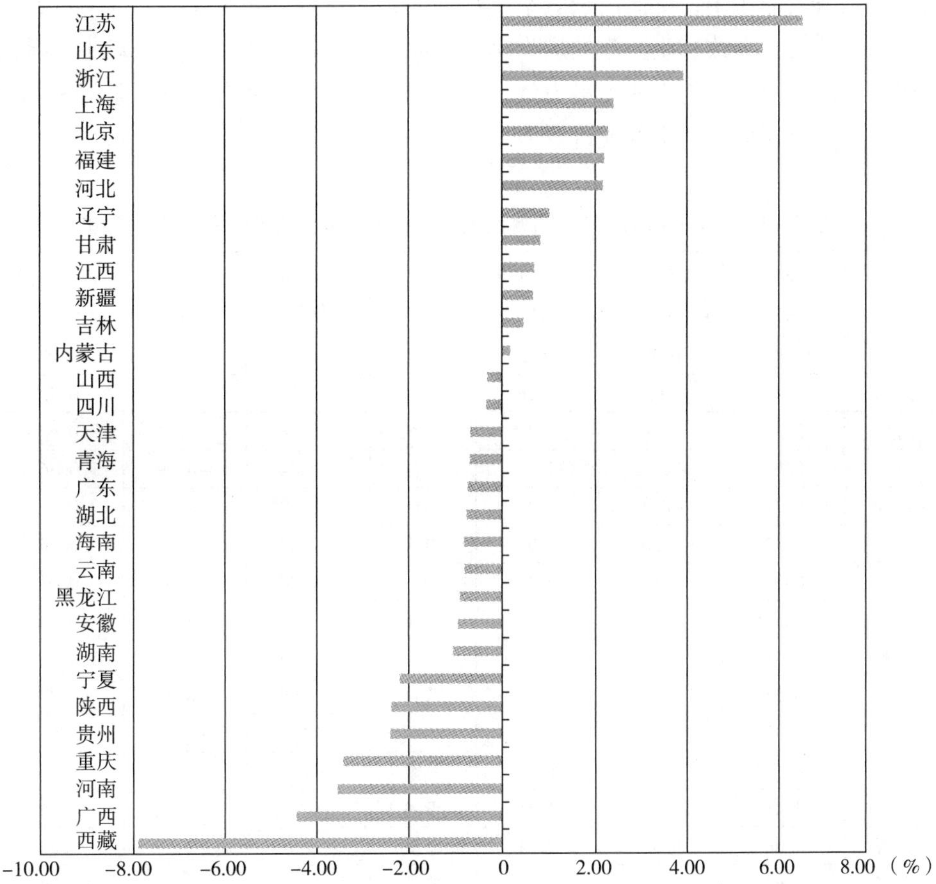

图 5－10　2005～2016 年我国各地区服务业生产率年平均进步率

资料来源：根据《中国统计年鉴》数据计算。

而另外18个地区服务业的生产率则出现了下滑，因此总体上我国服务业的技术效率动态进步情况不容乐观。此外，由于实现正向进步的地区，特别是效率提升较快的地区基本上都集中在效率水平较高的东部地区，这意味着我国服务业的技术进步格局会具有明显的“马太效应”，即效率水平越高、技术越发达的地区服务业越容易取得更快的效率提升速度，由此也可推测在未来一段时间内，我国服务业效率的地区间差异会呈逐渐拉大的态势。

表5-15显示了我国服务业生产率进步率，即Malmquist指数的分解情况。从该结果来看，我国东部地区较快的生产率进步速度主要源自技术边界外推的带动，即这些地区是我国服务业技术创新的主要领导力量。相对而言，中西部地区对技术边界外移效果的利用较为有限，技术边界进步并未能对其服务业生产率的增长起到太大的作用，反而由于效率进步率的大幅下滑，其距离边界前沿的距离被进一步拉大，导致其生产率的进步率呈现明显的下降态势。因此，对中西部地区而言，加大对技术前沿的追赶力度，在现有技术水平下努力提升要素的利用效率是提升其全要素生产率的关键。

表5-15　2005~2016年中国各地区服务业生产率年均进步率及其分解 单位：%

地区	Malmquist指数	效率进步（EC）	前沿进步（TC）	地区	Malmquist指数	效率进步（EC）	前沿进步（TC）
北京	1.04	0.50	0.45	湖北	-0.79	-1.15	0.27
天津	0.48	-0.70	1.26	湖南	-0.87	-1.24	0.45
河北	2.19	1.28	0.91	广东	-0.78	-1.31	0.63
山西	0.21	-0.28	0.27	广西	-4.44	-4.79	0.36
内蒙古	0.71	-0.46	0.90	海南	-0.92	-1.21	0.36
辽宁	2.43	0.26	1.90	重庆	-2.40	-3.46	0.99
吉林	0.86	0.59	0.27	四川	-0.30	-1.01	0.63
黑龙江	-0.65	-0.94	0.27	贵州	-3.41	-3.70	0.36
上海	2.31	-0.19	2.50	云南	-1.04	-1.50	0.36
江苏	6.54	1.21	5.19	西藏	-7.90	-8.26	0.27
浙江	3.95	-0.34	4.18	陕西	-2.18	-2.62	0.36%
安徽	-0.73	-1.81	1.08	甘肃	-0.31	-0.59	0.27
福建	2.21	-0.43	2.71	青海	-0.66	-1.13	0.36
江西	0.68	0.32	0.54	宁夏	-2.35	-2.73	0.36
山东	5.68	2.00	3.41	新疆	-0.71	-1.09	0.27
河南	-3.52	-3.99	0.27				

资料来源：根据《中国统计年鉴》数据计算。

2. 我国服务业的外资技术溢出效应

为了明确外资流入是否的确在服务业领域中产生积极的技术效应，以及这种技术溢出效应背后的影响因素，我们在本节进一步通过相应的计量经济模型对其进行系统的实证检验。

（1）模型设定。为估计我国 FDI 的溢出效应，我们以国内各地区服务业的劳动生产率或全要素生产率作为被解释变量，建立多元回归模型。为了便于对比，我们先采用通常的做法，不考虑国内制度变迁因素，考虑下列回归方程：

$$\ln(TFP_{i,t}) = C + \sum_{n=1}^{N} a_n \ln(X_{i,t}^n) + \theta \ln(FDI_{i,t}) + u_{i,t} \qquad (5-39)$$

其中，$TFP_{i,t}$是内资部门的 Malmquist 指数，也即 TFP 累计增长率；$X_{i,t}^n$为内资部门自身技术投入的若干控制变量，FDI 为外资存量，u 为残差。在该模型中，lnFDI 项的估计系数 θ 便代表外资技术溢出效应大小。

本部分的理论分析揭示，要评价中国等转型经济体中的 FDI 溢出效应，制度的动态性因素不容忽视。制度是经济中最本源的决定因素，它规定了竞争规则，决定了微观个体的激励方向，因此也决定了产业技术发展路径和速度。在转型经济中，制度变迁是解释生产率增长的一个不可或缺的变量，如果直接估计模型（5－39）将产业中不能为人力资本水平和研发活动等因素所解释的生产率提升简单归于 FDI 技术溢出效应，无疑会夸大 FDI 的贡献①。在新制度经济学中，制度变量已被明确地纳入标准的经济增长模型之中②。根据这种模型，TFP 不宜按索洛模型中那样解释为要素投入之外单纯的技术进步。应当说，TFP 同时包含了制度促进因素和技术进步因素。因此，我们在模型（5－39）的基础上引入国内经济制度变量 Z，建立下列模型：

$$\ln(TFP_{i,t}) = C + \sum_{n=1}^{N} a_n \ln(X_{i,t}^n) + \theta \ln(FDI_{i,t}) + \eta \ln(Z_{i,t}) + u_{i,t} \qquad (5-40)$$

为了进一步明确不同地区及不同行业外资在其中所起到的作用，我们同样考虑在检验式（5－40）的基础上将外资流入区分为四个层次，即本地区服务业外资流入 $FDI_{i,t}^{Service}$、本地区其他行业外资流入 $FDI_{i,t}^{Other}$、其他地区服务业外资流入 $FDI_{neighbor,t}^{Service}$、其他地区其他行业外资流入 $FDI_{neighbor,t}^{Other}$。由此可进一步得到检验方程为：

---

① 蒋殿春，张宇．经济转型与外商直接投资技术溢出效应［J］．经济研究，2008（7）：26－38.

② 包含制度变量的常见一般生产函数形如 Y = F(K，ZL)。其中，Y 是总产出，K 和 L 分别是资本和劳动投入，而 Z 是制度变量；ZL 被解释为特定制度环境中的“有效劳动”。舒元和徐现祥（2002）设定的我国总量生产函数就是这种类型，详见舒元，徐现祥．中国经济增长模型的设定：1952－1988［J］．经济研究，2002（11）：3－11.

$$\ln(TFP_{i,t}) = C + \sum_{n=1}^{N} a_n \ln(X_{i,t}^{n}) + \theta_1 \ln(FDI_{i,t}^{Service}) + \theta_2 \ln(FDI_{i,t}^{Other}) + \theta_3 \ln(FDI_{neighbor,t}^{Service}) + \theta_4 \ln(FDI_{neighbor,t}^{Other}) + \eta \ln(Z_{i,t}) + u_{i,t} \quad (5-41)$$

（2）样本与数据选择。检验方程（5－41）中所涉及的解释变量与被解释变量的指标设定如下：

对于服务业生产率，以各地区基年的相对技术效率为基础，乘以用 Malmquist 指数计算的相应年度全要素生产率累计进步率，得到各地区历年服务业的全要素生产率 TFP_{it}；检验中所涉及的外资依存度变量分为本地服务业、本地其他行业、外地服务业和外地其他行业四种，其指标构造方法同前。对于制度变量，控制地区服务业市场化程度的差异，以各地区服务业固定资产投资中非国有企业投资所占比重衡量。同时，为了控制这些地区特征对检验结果的影响，考虑在模型中引入如下控制变量：

1）地区 GDP 总量（$GDP_{i,t}$）：用以控制地区经济规模特征的影响，以各地区相应年度 2005 年不变价计算的国内生产总值衡量。

2）人均 GDP（$PGDP_{i,t}$）：用以控制地区经济发展水平的影响，以各地区相应年度以 2005 年不变价计算的实际人均国内生产总值衡量。

3）外贸依存度（$Open_{i,t}$）：用以控制地区经济开放程度的影响，以各地区人民币计价的进出口商品总额占该地区国内生产总值的比重衡量。

4）工业化程度（$City_{i,t}$）：用以控制各地区工业发展程度的影响，以各地区非农业增加值占当地国内生产总值的比重衡量。

5）政府主导程度（$Gov_{i,t}$）：用以控制地区政府对经济主导程度的差异，以各地区政府财政支出占 GDP 的比重衡量。

6）服务业人均资本存量（$k_{i,t}$）：用以控制服务业的技术结构的差异。服务业人均资本存量采用永续盘存法，即设各地区服务业相应年度经 2005 年为基期的固定资产投资价格指数平减处理所得到的实际固定资产投资额为 $I_{i,t}$，则第 t 年的实际资本存量为 $K_{i,t} = (1-\sigma) K_{i,t-1} + I_{i,t}$。其中，σ 为折旧率，现实计算中取 10%。各地区基期服务业人均资本存量取自宗振利和廖直东（2014）[①]。

7）人力资本水平（$HR_{i,t}$）：用以控制地区人口素质的差异，以各地区六岁

① 宗振利，廖直东．中国省际三次产业资本存量再估算：1978－2011［J］．贵州财经大学学报，2014（3）：8－16. 原文中固定资产存量值均为 1978 年不变价，为保持样本统计口径的统一，在本部分计算中利用各地区固定资产投资价格指数将其转换为 2005 年不变价。

以上人口中大专以上学历所占比重衡量。

考虑到检验样本数据的可得性，本部分以中国除西藏自治区和港澳台地区之外的其他 30 个省（市、区）2005 ~2013 年的相关数据作为检验样本，样本数据及各指标的计算数据均取自历年《中国统计年鉴》及《中国第三产业统计年鉴》。

（3）检验结果。为了消除地区间的截面异方差性，我们对样本数据的估计采用了截面加权的固定效应估计方法，并利用 Hausman 检验确定固定效应模型的适用性。利用该方法对基础模型式（5 -41）进行估计，结果见表 5 -16。

表 5 -16　外资流入对服务业的技术溢出

	地理距离加权		发展水平加权		发展差距加权	
	系数	t 检验	系数	t 检验	系数	t 检验
ln（$GDP_{i,t}$）	0. 2746	(4. 22***)	0. 2453	(3. 47***)	0. 2836	(5. 69***)
ln（$PGDP_{i,t}$）	0. 0117	(0. 19)	0. 0352	(0. 45)	0. 0079	(0. 23)
ln（$k_{i,t}$）	-0. 4649	(-15. 31***)	-0. 4662	(-14. 73***)	-0. 4688	(-15. 81)
ln（$Inds_{i,t}$）	-0. 1840	(-2. 82***)	-0. 1888	(-2. 96***)	-0. 1763	(-3. 39***)
ln（$Open_{i,t}$）	-0. 0583	(-3. 82***)	-0. 0613	(-3. 75)	-0. 0541	(-3. 84***)
ln（$HR_{i,t}$）	0. 0071	(0. 90)	0. 0144	(1. 57)	0. 0078	(1. 23)
ln（$Gov_{i,t}$）	0. 0521	(1. 25)	0. 0389	(0. 92)	0. 0463	(1. 26)
ln（$Z_{i,t}$）	0. 0522	(1. 36)	0. 0393	(0. 87)	0. 0450	(1. 31)
ln（$FDI_{i,t}^{Service}$）	0. 0167	(1. 73*)	0. 0175	(1. 78*)	0. 0173	(1. 82*)
ln（$FDI_{i,t}^{Other}$）	-0. 0142	(-2. 27**)	-0. 0148	(-2. 35**)	-0. 0162	(-2. 51**)
$\sum w^D \times \ln(FDI_{i,t}^{Service})$	0. 0098	(0. 57)				
$\sum w^D \times \ln(FDI_{i,t}^{Other})$	0. 0033	(0. 26)				
$\sum w^L \times \ln(FDI_{i,t}^{Service})$			0. 0118	(0. 59)		
$\sum w^L \times \ln(FDI_{i,t}^{Other})$			-0. 0063	(-0. 43)		
$\sum w^G \times \ln(FDI_{i,t}^{Service})$					-0. 0004	(-0. 07)
$\sum w^G \times \ln(FDI_{i,t}^{Other})$					0. 0084	(0. 87)
Constant	-1. 2799	(-3. 53***)	-1. 2786	(-3. 24***)	-1. 3194	(-3. 42***)
R^2（Adjusted - R^2）	0. 9654（0. 9591）		0. 9648（0. 9589）		0. 9656（0. 9597）	
S. E.	0. 0791		0. 0793		0. 0793	
F Statistic [Probability]	158. 0925 [0. 0000]		154. 6843 [0. 0000]		159. 8264 [0. 0000]	
Hausman Test [Probability]	79. 0936 [0. 0000]		85. 2483 [0. 0000]		77. 3975 [0. 0000]	

注：括号内数字为相关回归系数的 t 检验值，其中 *、** 和 *** 分别代表该回归系数通过 10%、5% 和 1% 置信概率下的显著性检验。

资料来源：笔者计算。

从最为关注的外资流入情况来看，我们在检验过程中同时纳入了本地及相关地区服务业和非服务业的外资流入变量，但从检验结果来看，外资流入在整体上对服务业的全要素生产率并未能产生明显的带动作用。其中，本地服务业的外资流入在跨国公司技术转移效应的带动下对本地服务业的生产率有一定的积极效果，但显著性仅维持在10%左右的水平；本地非服务业外资流入通过产业关联效应对本地服务业生产率的影响甚至显著为负；而外地的服务业与非服务业外资流入均未能对本地服务业生产率水平产生明显的影响。

因此，就总体意义而言，现实的证据似乎并不支持外资流入对服务业的技术溢出与促进效应的存在。而从前文的理论分析来看，在一个市场制度环境并不完善的领域，受到各类激励扭曲因素的影响，外资流入所产生的技术溢出效果将很难得到有效的发挥。特别是对我国服务产业而言，其市场化程度甚至还要远远落后于制造产业，这种市场化程度的不足或许是导致我们无法观察到外资流入对服务业产生的积极技术溢出效应的原因所在。

3. 市场化与服务业外资流入的区域内技术溢出

如前所述，市场化程度的高低是决定境外资本技术溢出效应能否产生的关键。考虑到在存在一定的市场分割现象时，制度因素对于境外资本技术溢出效应的影响将更集中地表现在相关地区内部，因此，我们这里也着重从本地的资本流入（包括服务业与非服务业）角度来考察服务业的市场化程度与外资技术溢出效应之间的关系。

为了验证市场化程度对外资技术溢出效应的影响，考虑在前述基本检验模型（5－41）的基础上将市场化程度与外资流入程度的交叉变量纳入分析。将代表外资技术溢出程度的系数θ视为本地服务业市场化程度Z的函数，即$\theta_j = aZ + b$，将其代入检验方程（5－41）中，整理可得：

$$\ln(TFP_{i,t}) = C + \sum_{n=1}^{N} a_n \ln(X_{i,t}^{n}) + a_Z \times \ln(FDI_{i,t}^{Service}) + b\ln(FDI_{i,t}^{Service}) + \theta_2 \ln(FDI_{i,t}^{Other}) + \theta_3 \ln(FDI_{neighbor,t}^{Service}) + \theta_4 \ln(FDI_{neighbor,t}^{Other}) + \eta\ln(Z_{i,t}) + u_{i,t} \quad (5-42)$$

$$\ln(TFP_{i,t}) = C + \sum_{n=1}^{N} a_n \ln(X_{i,t}^{n}) + a_Z \times \ln(FDI_{i,t}^{Other}) + b\ln(FDI_{i,t}^{Other}) + \theta_1 \ln(FDI_{i,t}^{Service}) + \theta_3 \ln(FDI_{neighbor,t}^{Service}) + \theta_4 \ln(FDI_{neighbor,t}^{Other}) + \eta\ln(Z_{i,t}) + u_{i,t} \quad (5-43)$$

加上交叉项之后，模型（5－42）和模型（5－43）实际上可以解释为一种“有条件的”（Conditional）关系，即回归系数b是Z＝0条件下FDI对TFP的影响，而回归系数 a 则代表了市场化程度对 FDI 技术溢出效应的激发效果。

仍然以各地区服务业固定资产投资中非国有企业投资所占比重作为市场化程度 Z 的衡量标准，对模型（5－43）采用截面加权固定效应方法进行估计，结果如表 5－17 所示。

表 5－17 市场化程度与 FDI 的服务业技术溢出效应

	地理距离加权		发展水平加权		发展差距加权	
	模型（2.12）	模型（2.13）	模型（2.12）	模型（2.13）	模型（2.12）	模型（2.13）
$\ln(GDP_{i,t})$	0.3879 (3.52***)	0.3678 (5.03***)	0.3719 (2.96***)	0.3493 (4.21***)	0.3941 (3.82***)	0.3778 (6.21***)
$\ln(PGDP_{i,t})$	－0.0857 (－0.88)	－0.0854 (－1.42)	－0.0723 (－0.75)	－0.0705 (－1.07)	－0.0922 (－1.02)	－0.0937 (－1.78)
$\ln(k_{i,t})$	－0.4649 (－13.97***)	－0.4463 (－16.35***)	－0.4693 (－13.91***)	－0.4489 (－15.93***)	－0.4662 (－14.97***)	－0.4479 (－17.46***)
$\ln(Inds_{i,t})$	－0.1894 (－2.90***)	－0.1783 (－2.81***)	－0.1958 (－3.33***)	－0.1843 (－2.94***)	－0.1878 (－3.37***)	－0.1753 (－3.25***)
$\ln(Open_{i,t})$	－0.0513 (－3.30***)	－0.0520 (－3.60***)	－0.0558 (－3.24***)	－0.0545 (－3.57***)	－0.0497 (－3.43***)	－0.0489 (－3.77***)
$\ln(HR_{i,t})$	0.0101 (1.22)	0.0084 (1.03)	0.0177 (2.11**)	0.0158 (1.81*)	0.0097 (1.36)	0.0086 (1.32)
$\ln(Gov_{i,t})$	0.0208 (0.52)	0.0317 (0.62)	0.0109 (0.37)	0.0238 (0.59)	0.0231 (0.50)	0.0335 (0.88)
$\ln(Z_{i,t})$	0.0559 (2.78***)	0.0518 (2.24**)	0.0622 (3.34***)	0.0548 (2.54**)	0.0562 (3.31***)	0.0547 (2.42**)
$\ln(FDI_{i,t}^{Service})$	0.0011 (0.09)	0.0163 (1.69)	0.0006 (0.04)	0.0162 (1.57)	－0.0007 (－0.07)	0.0156 (1.79)
$\ln(FDI_{i,t}^{Other})$	－0.0168 (－2.67***)	－0.0359 (－2.88***)	－0.0167 (－2.73***)	－0.0354 (－2.98***)	－0.0179 (－2.81***)	－0.0382 (－3.24***)
$\sum w^D \times \ln(FDI_{i,t}^{Service})$	－0.0037 (－0.26)	－0.0024 (－0.18)				
$\sum w^D \times \ln(FDI_{i,t}^{Other})$	0.0069 (0.41)	0.0079 (0.55)				
$\sum w^L \times \ln(FDI_{i,t}^{Service})$			－0.0059 (－0.27)	－0.0032 (－0.13)		

续表

	地理距离加权		发展水平加权		发展差距加权	
	模型（2.12）	模型（2.13）	模型（2.12）	模型（2.13）	模型（2.12）	模型（2.13）
$\sum w^L \times \ln$ $(FDI_{i,t}^{Other})$			0.0017 (0.09)	0.0019 (0.17)		
$\sum w^G \times \ln$ $(FDI_{i,t}^{Service})$					-0.0035 (-0.56)	-0.0046 (-0.72)
$\sum w^G \times \ln$ $(FDI_{i,t}^{Other})$					0.0079 (0.98)	0.0097 (1.37)
$\ln(Z_{i,t}) \times \ln$ $(FDI_{i,t}^{Service})$	0.1383 (2.34**)		0.1524 (2.76**)		0.1399 (2.62**)	
$\ln(Z_{i,t}) \times \ln$ $(FDI_{i,t}^{Other})$		0.1437 (2.41**)		0.1567 (2.64**)		0.1525 (2.63**)
Constant	-1.2478 (-3.91***)	-1.1459 (-4.04***)	-1.2436 (-3.78***)	-1.1437 (-3.82***)	-1.2457 (-3.93***)	-1.1404 (-3.82***)
R^2 (Adjusted - R^2)	0.9687 (0.9630)	0.9669 (0.9621)	0.9681 (0.9624)	0.9663 (0.9607)	0.9693 (0.9631)	0.9676 (0.9613)
S. E.	0.0784	0.0788	0.0781	0.0784	0.0788	0.0784
F Statistic [Probability]	168.6246 [0.0000]	157.0183 [0.0000]	167.7254 [0.0000]	154.9153 [0.0000]	169.1541 [0.0000]	154.2557 [0.0000]
Hausman Test [Probability]	78.9524 [0.0000]	76.0075 [0.0000]	84.2605 [0.0000]	84.1524 [0.0000]	71.0145 [0.0000]	73.8536 [0.0000]

注：括号内数字为相关回归系数的 t 检验值，其中 *、** 和 *** 分别代表该回归系数通过 10%、5% 和 1% 置信概率下的显著性检验。

资料来源：笔者计算。

检验结果中各控制变量的回归系数与基础检验式（5-41）基本相同。唯一的差别之处在于市场化程度变量本身对服务业生产率的影响变为显著为正。考虑该变量的回归系数相当于连乘项 Z×ln（FDI）=0 时的结果，而 ln（FDI）=0 实际上发生在外资依存度取极大值 1 的情况下，这也意味着随着外资流入程度的上升，本地服务业的市场化程度也会得到相应的提高并对本地服务业的生产率产生更为积极的效果，这实际上也成为外资流入对我国这样的转型经济国家的另一种技术溢出的渠道。

而从关键的连乘项 Z×ln（FDI）的系数不难发现，无论是对服务业本身的外资流入，还是对本地非服务业的外资流入，市场化程度的提高都可以显著地增强其所产生的技术溢出效果。结合前述基础检验式的回归结果，可以认为市场化程度的不足是导致外资流入对我国服务业的技术溢出效果难以发挥的关键性因素之一，而提升市场化水平则可以有效地增进外资流入对服务业的技术溢出效应。

4. 市场分割与服务业外资流入的区域间技术溢出

外资流入所带来的竞争、模仿、示范及产业关联了技术溢出效应。这种效应既可能发生在区域内部，也会拓展到其他区域。然而，这种区域间技术溢出效应能否得到有效的发挥，在很大程度上取决于各地区之间的市场一体化程度。为了验证这一点，我们特此对市场分割与服务业外资流入的区域间技术溢出效应之间的关系进行进一步的实证检验。

（1）市场分割的测算。要明确市场一体化对 FDI 市场分割程度的影响，首先需要确定市场一体化的程度。市场一体化的度量方法包括很多，比较常见的有通过地区间产业结构趋同程度或专业化分工程度来测度市场分割的生产法①、通过贸易流量、强度或结构测度地方保护与市场分割状况的贸易法②及通过地区间商品价格差异考察市场分割状况的价格法③等。而从实际效果来看，生产法所测度的市场分割程度中包含了地区间由于经济增长和运输成本降低而出现的产业结构趋同效应，因此倾向于高估地区间的市场分割程度，而贸易法所要求的区域间贸易流量数据又极难准确地度量，因此我们在这里主要沿循 Parsley 和 Wei（1996）④ 及陆铭和陈钊（2009）的思路，采用地区间价格变动的方差来测度地区间的市场分割程度。

借鉴 Parsley 和 Wei（1996）的研究方法，考虑用相对价格的绝对值 $|\Delta P^K_{i,j,t}|$ 来计算价格的方差。其中，$P^K_{i,j,t} = \ln(P^K_{i,t}/P^K_{i,t-1}) - \ln(P^K_{j,t}/P^K_{j,t-1})$ 为产品 K 在地区 i 与地区 j 之间的相对价格差异。采用绝对值的形式使两个地区的置放顺序不致影响到相对价格方差 $var(\Delta P^K_{i,j,t})$ 的大小。考虑到 $|\Delta P^K_{i,j,t}|$ 并不是全部由地区

---

① Young A. The Razor's Edge: Distortions and Incremental Reform in China [J]. The Quarterly Journal of Economics, 2000, 115 (4): 1091-1135.

② Poncet S. Measuring Chinese Domestic and International Integration [J]. China Economic Review, 2003 (14): 1-21.

③ 陆铭，陈钊．分割市场的经济增长——为什么经济开放可能加剧地方保护［J］．经济研究，2009 (3): 42-52.

④ Parsley D. C., Shangjin Wei. Covergence to the Law of One Price without Trade Barriers or Currency Fluctuations [J]. Quarterly Journal of Economics, 1996 (111): 1211-1236.

间的市场环境差异所引起，因此需在$|\Delta P^{K}_{i,j,t}|$中去掉其均值$|\Delta \bar{P}^{K}_{i,j,t}|$后得到相对价格变动部分$P^{K}_{i,j,t}$，该价格只与地区间的市场分割因素及一些随机性因素有关。

利用$P^{K}_{i,j,t}$计算的地区 i 与地区 j 在给定时期 t 内 K 种产品价格变动的方差 var（$P^{K}_{i,j,t}$），可以反映两个地区之间产品市场的分割程度。然而，对任意一个地区 i 而言，其面临的其他地区 j 包括很多，如何将其进行加总综合得到该地区 i 的市场分割指数就成为一个需要解决的问题。桂琦寒等（2006）① 及赵奇伟和熊性美（2009）② 的做法是将我国 31 个地区按照是否接壤进行划分，测算出与地区 i 接壤的各地区与地区 i 之间的相对价格方差并求取其平均值。然而，该方法的一个缺陷在于：作为一个统一的市场，地区 i 不仅与相邻地区发生经济联系，同时也会同很多不相邻的地区发生贸易往来。而相邻性与否也很难作为判断地区经济联系是否密切的因素③。为了避免这一缺陷，同时对存在不同经济联系的地区之间的市场分割程度进行考察，本部分拟以各地区之间的地区相关系数作为权重对地区 i 与其余 30 个地区之间的相对价格指数进行加权平均。

（2）市场分割对 FDI 区域间技术溢出的影响。为了验证市场分割对外资区域间技术溢出效应的影响，同样考虑借助连乘变量模型，在基本检验模型（5－41）的基础上将市场化程度与外资流入程度的交叉变量纳入分析。将代表外地外资技术溢出程度的系数 θ 视为市场分割程度 MS 的函数，即 $\theta_j = cMS + d$，将其代入检验方程（5－41）中，整理可得：

$$\begin{aligned}\ln(TFP_{i,t}) = {} & C + \sum_{n=1}^{N} a_n \ln(X^n_{i,t}) + \theta_1 \ln(FDI^{Service}_{i,t}) + \theta_2 \ln(FDI^{Other}_{i,t}) + \\ & c\,MS_{i,t} \times \ln(FDI^{Service}_{neighbor,t}) + d\ln(FDI^{Service}_{neighbor,t}) + \theta_4 \ln(FDI^{Other}_{neighbor,t}) + \\ & \eta \ln(Z_{i,t}) + u_{i,t} \qquad (5-44)\end{aligned}$$

$$\begin{aligned}\ln(TFP_{i,t}) = {} & C + \sum_{n=1}^{N} a_n \ln(X^n_{i,t}) + \theta_1 \ln(FDI^{Service}_{i,t}) + \theta_2 \ln(FDI^{Other}_{i,t}) + \\ & \theta_3 \ln(FDI^{Service}_{neighbor,t}) + c\,MS_{i,t} \ln(FDI^{Other}_{neighbor,t}) + d\ln(FDI^{Other}_{neighbor,t}) +\end{aligned}$$

① 桂琦寒，陈敏，陆铭，陈钊．中国国内产品市场趋于分割还是整合：基于相对价格法的分析［J］．世界经济，2006（2）：20－30.

② 赵奇伟，熊性美．中国三大市场分割程度的比较分析：时间走势与区域差异［J］．世界经济，2009（6）：41－53.

③ 比如，对于影响两地运输成本进而影响地区之间的市场一体化程度的地理距离而论，同样为相邻的两个地区，北京与天津之间的公路里程约为 130 公里，而北京与河北（以省会城市石家庄为目标计算）之间的公路里程则为 270 公里。而新疆与青海两个接壤地区之间的公路里程（以两地省会间距计算）则更是达到了 1439 公里。在这样的差异条件下，仅以接壤与否作为地区市场分割指数的考察对象显然有失严谨。

$$\eta \ln(Z_{i,t}) + u_{i,t} \tag{5-45}$$

加上交叉项之后，模型（5－44）和模型（5－45）的回归系数 c 代表了市场分割对 FDI 区域间技术溢出效应的激发效果。仍然以各地区服务业固定资产投资中非国有企业投资所占比重作为市场化程度 Z 的衡量标准，对模型（5－45）采用截面加权固定效应方法进行估计，结果如表 5－18 所示。

表 5－18　市场分割与 FDI 的区域间技术溢出效应

	地理距离加权		发展水平加权		发展差距加权	
	模型（2.12）	模型（2.13）	模型（2.12）	模型（2.13）	模型（2.12）	模型（2.13）
$\ln(GDP_{i,t})$	0.2798 (4.21***)	0.2789 (4.27***)	0.2512 (3.35***)	0.2509 (3.31***)	0.2871 (5.54***)	0.2873 (5.51***)
$\ln(PGDP_{i,t})$	0.0173 (0.29)	0.0183 (0.39)	0.0423 (0.57)	0.0413 (0.55)	0.0147 (0.28)	0.0144 (0.24)
$\ln(k_{i,t})$	-0.4733 (-15.92***)	-0.4738 (-15.92***)	-0.4764 (-15.60***)	-0.4762 (-15.59***)	-0.4786 (-16.97***)	-0.4785 (-16.96***)
$\ln(Inds_{i,t})$	-0.1873 (-2.89***)	-0.1866 (-2.94***)	-0.1918 (-3.09***)	-0.1923 (-3.04***)	-0.1802 (-3.41***)	-0.1791 (-3.12***)
$\ln(Open_{i,t})$	-0.0572 (-3.66***)	-0.0583 (-3.84***)	-0.0614 (-3.79***)	-0.0619 (-3.75***)	-0.0542 (-3.94***)	-0.0522 (-3.74***)
$\ln(MKT_{i,t})$	-0.0062 (-0.43)	-0.0077 (-0.56)	-0.0089 (-0.57)	-0.0088 (-0.56)	-0.0094 (-0.87)	-0.0093 (-0.74)
$\ln(HR_{i,t})$	0.0078 (1.02)	0.0079 (0.98)	0.0139 (1.64)	0.0136 (1.63)	0.0085 (1.17)	0.0079 (1.35)
$\ln(Gov_{i,t})$	0.0533 (1.35)	0.0537 (1.22)	0.0423 (0.97)	0.0414 (1.12)	0.0522 (1.46)	0.0524 (1.46)
$\ln(FDI_{i,t}^{Service})$	0.0149 (1.62)	0.0149 (1.60)	0.0161 (1.63)	0.0164 (1.68)	0.0143 (1.62)	0.0144 (1.62)
$\ln(FDI_{i,t}^{Other})$	-0.0119 (-2.21**)	-0.0118 (-2.24**)	-0.0115 (-2.02*)	-0.0120 (-2.01**)	-0.0139 (-2.49**)	-0.0124 (-2.41**)
$\sum w^D \times \ln(FDI_{i,t}^{Service})$	0.0060 (0.42)	0.0063 (0.59)				
$\sum w^D \times \ln(FDI_{i,t}^{Other})$	0.0049 (0.31)	0.0042 (0.29)				

续表

	地理距离加权		发展水平加权		发展差距加权	
	模型（2.12）	模型（2.13）	模型（2.12）	模型（2.13）	模型（2.12）	模型（2.13）
$\sum w^L \times \ln$ ($FDI_{i,t}^{Service}$)			0.0052 (0.35)	0.0059 (0.27)		
$\sum w^L \times \ln$ ($FDI_{i,t}^{Other}$)			-0.0022 (-0.11)	-0.0038 (-0.25)		
$\sum w^G \times \ln$ ($FDI_{i,t}^{Service}$)					-0.0018 (-0.23)	-0.0017 (-0.19)
$\sum w^G \times \ln$ ($FDI_{i,t}^{Other}$)					0.0090 (0.99)	0.0084 (0.93)
ln ($MS_{i,t}$) × ln ($FDI_{i,t}^{Service}$)	0.8449 (4.33***)		0.8809 (4.05***)		0.8920 (4.37***)	
ln ($MS_{i,t}$) × ln ($FDI_{i,t}^{Other}$)		0.8683 (4.24***)		0.9124 (3.59***)		0.9052 (4.41***)
Constant	-1.3548 (-4.32***)	-1.3557 (-4.31***)	-1.3623 (-3.87***)	-1.3598 (-3.82***)	-1.3762 (-3.94***)	-1.3759 (-3.91***)
R^2 (Adjusted - R^2)	0.9661 (0.9603)	0.9663 (0.9605)	0.9654 (0.9592)	0.9657 (0.9596)	0.9669 (0.9607)	0.9673 (0.9607)
S. E.	0.0795	0.0794	0.0792	0.0792	0.0793	0.0793
F Statistic [Probability]	158.1501 [0.0000]	156.7159 [0.0000]	153.8366 [0.0000]	150.3963 [0.0000]	158.4311 [0.0000]	157.0294 [0.0000]
Hausman Test [Probability]	78.3506 [0.0000]	76.1644 [0.0000]	77.9635 [0.0000]	78.4821 [0.0000]	72.0857 [0.0000]	74.5910 [0.0000]

注：括号内数字为相关回归系数的 t 检验值，其中 *、** 和 *** 分别代表该回归系数通过 10%、5% 和 1% 置信概率下的显著性检验。

资料来源：笔者计算。

在加入连乘变量之后，各控制变量的表现与此前也基本保持一致，表明检验结果具有一定的稳健性。同时，在加入连乘变量之后，市场一体化程度与相关地区服务业和非服务业的外资流入的连乘项都表现得极为显著，即随着市场一体化程度的提升，境外资本流入对本地服务业产生的技术溢出效果也会得到明显的加强。这一结果证实了市场分割对外资流入的区域间技术溢出的阻碍作用，同时也表明提升市场一体化程度是增强外资流入的跨区域技术溢出、扩大外资流入的积极效应的关键所在。

（二）基本结论

在本节，我们着重从技术溢出的角度讨论了外资流入对相关产业生产率水平可能产生的溢出影响，并从市场化程度的角度出发分析了该溢出效应背后可能的影响因素。通过本节的分析和讨论，可以得到如下一些基本的结论：

首先，从理论来看，外资流入可以通过竞争、示范、模仿、产业关联乃至促进东道国制度变迁等方面对相关行业的生产率产生积极的促进作用，即形成所谓的技术溢出效果。在市场化较为充分的环境中，境外资本流入带来的竞争效应较容易得到发挥，同时技术价值的充分体现也会对本国企业形成有利于技术进步和技术创新的激励，促进技术溢出效应的发挥；但在一个市场化条件不充分的制度环境下，产权界定的模糊、资源分配的行政主导倾向及地方保护造成的市场分割等因素会扭曲外资企业和内资企业所面临的激励环境，降低技术进步对于相关企业的内在价值，进而使其丧失开发转移先进技术或对先进技术进行学习和模仿的动机，并形成境外资本技术溢出效应发挥过程中的阻碍。

其次，从服务业技术水平的现实情况来看，我国服务业生产率水平的地区分布呈现出一定的东高西低的不平衡特征，而从动态的技术进步格局来看，我国服务业总体的技术进步效果并不乐观，在 2005～2013 年，全国仅有 10 个省份呈现出服务业生产效率的正向增长，而其余地区均出现了不同程度的下滑，且我国不同地区之间服务业生产效率的差距呈现进一步扩大的趋势。

再次，从外资流入与我国服务业的技术进步格局之间的关系来看，外资流入与各地区相对的生产率水平之间存在着一定的正相关性，但与服务业生产率的动态进步率之间的相关性表现得并不明显。在控制了相关的地区经济发展因素、地区特征及制度因素对服务业生产率的影响的情况下，本地服务业的外资流入尚可以通过一定的技术转移效果对本地服务业生产率产生有限的正向效果，但非服务业的外资流入对本地服务业生产率会形成负面的溢出效应，而外地的外资流入在地方保护和市场分割的阻碍下，对于本地服务业生产率水平无法产生任何可观测到的影响。因此，就总体意义而言，外资流入对于我国服务业生产率的促进作用和溢出效应是比较有限的。

最后，我们也结合理论分析的结果，从市场化程度及市场分割的角度进一步探查了导致我国服务业外资技术溢出效应难以发挥的制度根源。检验结果证实，市场化程度对于本地服务业和非服务业技术溢出效果都会存在显著的激发作用，而市场一体化程度的加强也会显著增强外资流入在区域之间产生的技术溢出效果。这些结论从一定的层面证实了理论分析中有关市场化因素对FDI技术溢出效应影响的猜测，同时也意味着在政策层面中，积极推进国内的市场经济体制改革、改善国内的相关制度环境是更好地利用境外资本的技术溢出效应，带动国内服务业实现技术进步和生产率提升的关键所在。

五、境外资本流入与中国服务贸易出口竞争力

随着技术条件的进步和对外开放的不断深化，服务贸易已经开始成为国际贸易中的重要组成部分。而作为服务贸易本身的重要载体和推动力量，境外资本流入对我国服务贸易的影响也是一个值得关注的问题。

（一）外资流入与服务贸易：理论分析

尽管作为一类特殊的贸易形式，服务贸易与传统意义上的货物贸易在发生条件、实现方式和影响因素等方面都存在着显著性的不同，但借助于传统分析所提供的国际直接投资与国际贸易关系的分析框架，我们仍然可以从特定的角度对国际直接投资与服务贸易产生的影响进行有针对性的分析。

1. 服务贸易的特殊性

在借助传统的国际投资贸易效应框架对服务贸易进行分析与探讨之前，一个首先需要明确的问题即是服务贸易本身所具有的特殊性。

相对于传统意义上“可贸易”的货物贸易而言，服务活动因其本身的无形性、生产与消费之间不可分割及产出的不可贮存，服务的提供者和服务的消费者必须直接面对面地进行交易，因此在相当长的一段时期内，服务活动一直被研究领域视作“不可贸易品”。然而，随着科技的发展与社会的进步，一些新的技术，特别是以互联网为基础的信息技术的出现与发展突破了导致服务活动不可贸易的技术壁垒，使服务贸易具有了现实的可行性。因此，科学技术的发展实际上使服务活动发生了分化，并形成了两类与货物贸易均存在较大差别的产出类别：一类是传统意义上产出与消费行为仍不可分割的不可贸易的服务产品，这类服务产品主要以部分消费服务项目（如餐饮等）为代表，其极高的运输成本与交易成本使这类产品仍不具备通过国际贸易进行交换的可行性；另一类则是因信息技

术和互联网技术发展而导致产出和消费可以分离的服务产品（如咨询、金融服务等）。尽管与传统货物一样，这类服务产品具有了同样的可贸易特质，但其与可贸易的货物之间也存在一个明显的差别，即相关产品从生产者到消费者之间的提供几乎不会产生任何的运输成本和交易成本。

服务活动在交易成本方面的两种极端表现使其在贸易的实现方式方面也同传统的货物贸易有着很大的差别。根据《服务贸易总协定》的定义，服务贸易有跨境提供、境外消费、商业存在及自然人移动四种基本形式。[①] 这四种服务贸易的实现形式与货物贸易都有着显著的差别。

2. FDI 与服务贸易创造

总量规模的改变是国际直接投资对服务贸易产生的直接影响。这种由国际直接投资引发的服务贸易总量变化可以分为替代效应与创造（互补）效应两类，而进一步从投资的母国与东道国来看，其具体的效应又存在着进一步细分的可能。

（1）FDI 与东道国服务贸易创造。从进口创造角度来看，对于东道国而言，由于很多服务类产品因其不可储存、不可运输及生产和消费过程的不可分性而具有极高的交易成本，服务类产品无法如传统的货物贸易那样通过直接的进出口进行国际的交换[②]。然而，在存在国际投资的情况下，资本要素的流动及由此带来的人员要素的流动使服务产品的跨境提供成为可能。除了直接作为服务贸易的依托与存在形式而带动东道国服务进口之外，国际直接投资的存在还可能通过产业关联效应进一步引致相关的服务进口。从更为广义的视角来看，如果境外直接投资的流入能够显著地提升东道国的经济发展水平和收入水平，也可以引发东道国的企业和消费者对相关服务产品的需求，进而使东道国服务进口的规模随着国际直接投资的增加而扩大。

从出口创造角度来看，与传统的货物贸易相比，国际投资在服务出口方面所能带来的创造效应可能相对有限。这种现象背后的原因可能在于服务业的直接投资在相关产品不可运输、存储及生产、消费同时性的特殊限制下，具有典型的市场导向型特征，因此很多服务业跨国企业，特别是不可贸易的服务业提供者基本遵循着“当地生产—当地销售”的交易模式，在东道国生产后难以将相关的服务再次出口到第三国或者返销到母国[③]。然而，随着现代信息技术的迅猛发展及数字经济的日渐深入，一些服务行业的传统交易障碍陆续被突破，这使这些可贸

---

①②③　付娟．我国外商直接投资的服务贸易发展效应研究［D］．辽宁大学博士学位论文，2008.

易的服务产业往往可以突破运输成本造成的产业布局限制，而更倾向于通过国际投资向具有比较优势的地区集中，并以此作为其生产经营的基地向全世界提供相关的服务产品。

（2）FDI 与母国服务贸易创造。除了对投资东道国服务贸易的规模会产生较为明显的影响之外，国际直接投资活动对投资母国的服务贸易规模也会产生相应的影响。

从出口创造角度来看，国际直接投资是承载母国服务出口的基本载体，也是服务贸易出口的主要表现形式之一。同时，尤其是生产者服务 FDI 在某种程度上表现为一定的封闭性，即外资生产者服务业大多只为外资工业企业服务，因此一些制造业 FDI 的流动会带动母国服务产品的跟随性流动并带来出口的增加①。而且，因为服务消费者在购买服务前无法获知服务的质量，所以存在着明显的信息障碍，而 Horst 和 Marc（2007）通过信息经济学模型证明服务业 FDI 的信息障碍可以通过信号显示很容易解决②。谭洪波和郑江淮（2012）研究发现，这些企业不仅识别和认可来自同一国家的服务业 FDI 企业提供的服务质量的能力更强，而且还激励了服务提供者提供高质量的服务，进而增加了当地企业购买 FDI 企业服务的可能③。此外，很多跨国公司在东道国本土开展经营活动的过程中，通常伴随着母国向东道国的人员流动。这些在异国工作与生活的人员在日常生活中也往往会出于消费习惯乃至文化契合等原因而更多地选择来自母国的相关个人消费服务，从而成为 FDI 引致的母国服务出口的另一个重要方面。

从进口创造来看，相对于由国际直接投资带来的出口创造，FDI 对母国服务贸易进口的创造效应主要集中在一些具备可贸易特质的服务领域。在这些领域中，信息技术和网络技术的支持使相关的服务提供企业可以在世界任何角落以近乎为零的运输成本向需求方提供相应的服务产品，成本优势也由此成为这些企业在生产区位选择过程中关注的首要因素。在这种情况下，一些原本在母国境内进行生产并为母国国内消费者提供服务产品的国内服务企业会倾向于以国际直接投资的方式将提供服务的基地选择在更具成本优势和区位优势的地区，并以服务贸易的方式向母国及其他国家的消费者提供相应的服务产品。这会导致原本在母国

---

① 任兆鑫．服务业 FDI 流入对服务贸易出口竞争力的影响研究［D］．首都经济贸易大学硕士学位论文，2014.

② Horst R.，Marc von der Ruhr. Foreign Direct Investment in Producer Services：Theory and Empirical Evidence Applied［J］. Economics Quarterly，2007，53（3）：299－321.

③ 谭洪波，郑江淮．国外服务业贸易与 FDI 演进：文献综述及引申［J］．改革，2012（8）：98－106.

国内进行的服务生产与消费活动演变为母国以服务贸易进口的方式满足国内消费者的服务需求，本质上可以视为由服务业国际直接投资引发的服务进口创造效应。

3. FDI 与贸易替代

要素流动可以代替货物流动实现同样的生产和消费格局，这是经典的国际贸易理论分析所得到的重要结论，这也意味着国际直接投资的存在可能在一定程度上对贸易形成一定程度的替代。然而，这种分析所依赖的基础更多源自可贸易的货物产品，而对于具有较强不可贸易特性的服务产品而言，这种替代效应的表现可能远不如理论中展现得那样显著。从现实来看，一些不具备可贸易特性的服务产品显然可以通过国际直接投资的存在实现其在可贸易情形下的生产规模。但在现实层面上，这种要素流动对服务产品流动的替代实际上仅替代了那些原本就无法发生的贸易，这些服务业 FDI 的流动所提供的商业存在本身就是服务贸易的一种基本形式，因此在某种程度上，我们也可以将其归结为国际直接投资对服务贸易的创造。因此，严格意义上来看，国际直接投资对服务贸易的替代效应可能只存在于如下两种情形当中：

一是以内部化替代外包，对于服务业而言，如果该产业也是跨国公司生产价值链体系当中的一部分，则跨国公司也可以在内部化与外包两者之间进行选择。如果跨国公司选择将其生产环节中的服务业部分（如仓储、物流、企业管理服务等）以契约化的方式进行外包，并在东道国选择外包对象，则会在东道国的服务企业与跨国公司之间形成一定的服务贸易流动；而如果跨国公司选择以内部化的方式将这些产业链中的服务环节纳入自身股权控制范围，则由此带来的新建或并购投资则会使原有的服务贸易被内部化的经营所代替，从而令该笔国际直接投资产生一定的贸易替代效应。

二是技术溢出带来的东道国服务业竞争力提升。这一情形相对更为间接，随着跨国公司在东道国投资与经营活动的深入，国内服务企业可以通过学习、模仿乃至人员流动等获得一定的技术溢出效果，并提升自身服务产品的质量和技术，这可能会吸引部分国内企业和消费者转而选择从国内服务提供商处购买相关的服务，并减少对跨国公司服务产品的需求，由此形成了国际直接投资在间接意义上对服务贸易的替代。

（二）我国服务业出口的现状与特点

为了了解我国服务业出口的现实情况，我们首先从服务业整体的角度对我国服务业出口的现状和发展趋势，以及与世界范围内主要国家的对比情况，从动态发展和横向比较两个视角出发进行分析与考察。

1. 中国服务业出口的发展与现状

20 世纪 80 年代以来，随着我国改革开放的起步和国际分工参与程度的逐步加深，我国的服务贸易出口也得到了较为快速的发展。UNCTAD 服务贸易统计数据显示，我国在 1982 ~ 2017 年的服务贸易出口额由最初的 25.12 亿美元增长到了 2280.9 亿美元，总体上增长了近 91 倍，年平均增长率达到了 13.75%（见图 5 - 11）。

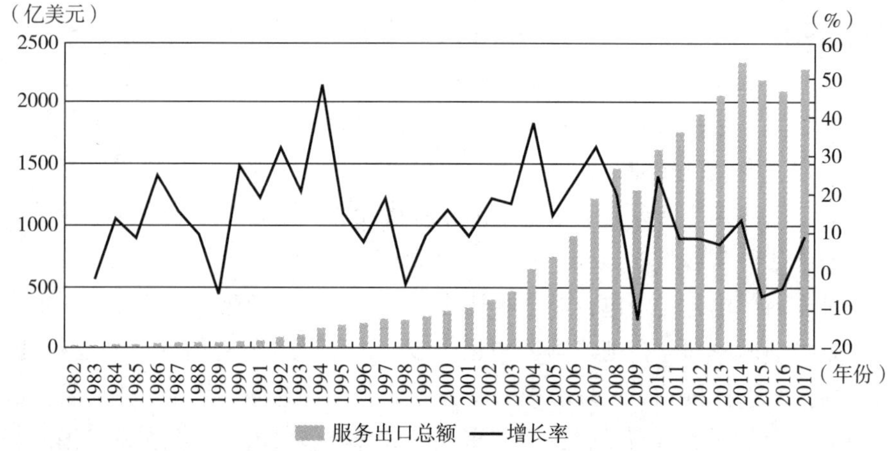

图 5 - 11　1982 ~ 2017 年中国服务业出口总额与年均增长率

资料来源：UNCTAD 服务贸易统计。

随着服务业出口规模的扩大，我国服务业出口在国民经济及世界服务贸易中的地位也得到了显著的提升。从服务业出口在世界服务业出口总额中的比重情况来看，1982 年改革开放之初这一比例仅为 0.63%，甚至在经过十年的发展与增长之后的 1992 年，该比例也仅仅达到 0.95%。但经过了 20 世纪 90 年代中期及 21 世纪初若干年的快速增长，我国服务业出口占世界服务业出口总额的比重在 2000 年首次突破 2%，2017 年该比例达到 4.3%。由此意味着我国在世界服务出口领域的地位得到了显著的提升（见图 5 - 12）。

此外，从服务业出口在我国国民经济中的地位来看，我国服务业出口额占我国同时期 GDP 的比重尽管呈现出一定的波动，但总体上仍保持了一定的阶段性跃升态势。在加入 WTO 后的 2004 年到金融危机爆发的 2008 年，该比例甚至突破3%。尽管在金融危机之后受外部经济环境恶化等因素的影响，服务业出口占 GDP 的比重有所回落，但基本稳定在2.3%左右的水平。

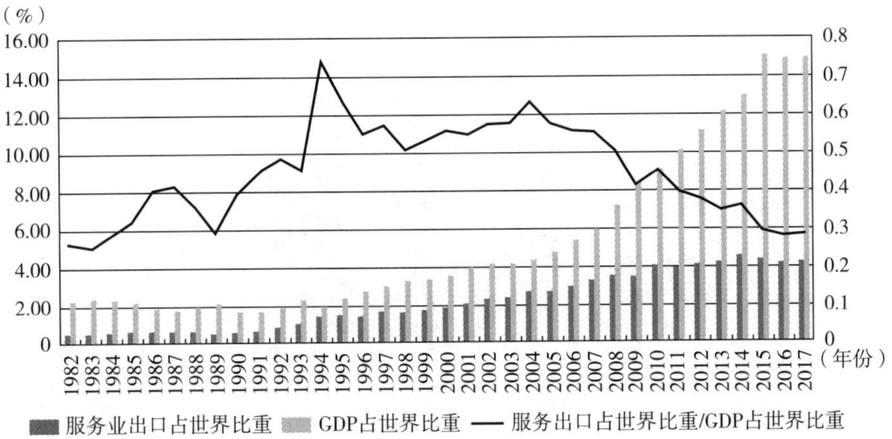

图5-12　1982~2017年中国服务业出口及GDP占世界服务业出口比重

资料来源：UNCTAD 服务贸易统计。

2. 服务业出口规模的国际比较

在从动态变化趋势角度考察我国服务业出口的发展历程和现状特征基础上，为了明确我国服务业出口在世界范围内的地位和影响力，我们可以进一步从横向对比角度选择若干典型国家同中国进行相应的比较分析。

根据 UNCTAD 服务贸易统计，从世界范围内服务业出口的总体国别分布情况来看，以美国、英国、德国和法国等为代表的欧美发达国家是世界服务业出口的主体力量。其中，美国在2017年实现服务业出口额7808.75亿美元，约占全世界当年服务业出口总额的14.72%，为世界第一大服务贸易出口国；同时，服务业的出口较多地集中在发达国家，在世界服务贸易出口排名前20位的国家当中，仅有中国和印度两个发展中经济体，其余均为发达国家。相对而言，中国服务贸易在总体规模上并不逊色，在2017年以2280.9亿美元的服务贸易出口额位列美、英、德、法之后而跻身世界第五大服务贸易出口国，占世界服务出口总额约4.3%，因此，在服务贸易出口的总体规模方面，凭借我国经济在规模和体量方面的优势，我国仍获得了相对可观的市场份额（见图5-13）。

然而，如果剔除经济规模因素，进一步对比服务业出口在相关国家经济中的比重情况，则可以发现我国在服务业出口的开放程度或相对竞争优势方面与其他国家存在着较大的差距。无论是与发达国家相比，还是与新兴发展中国家相比，乃至于与经济转轨国家相比，我国服务业出口占 GDP 的比重都处于明显偏低的地位，在服务出口的开放程度和相对竞争力方面仍有不小的差距。

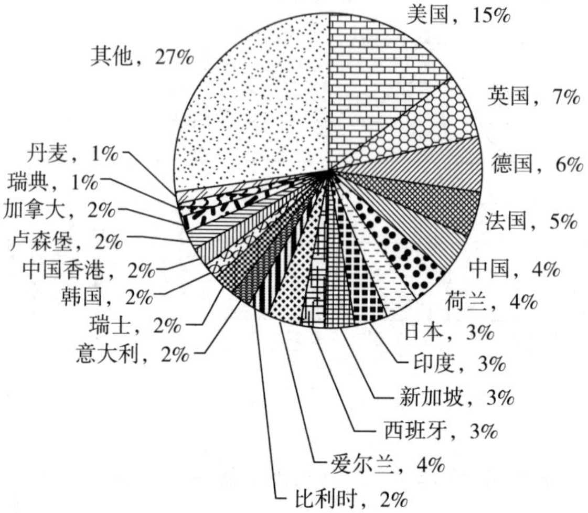

图 5－13　2017 年主要国家和地区服务业出口分布

资料来源：UNCTAD 服务贸易统计。

3. 中国服务业出口的产业分布

在明确了我国服务贸易出口总体情况的基础上，我们可以进一步从产业分布角度对我国目前服务业的出口情况进行考察。图 5－14 反映了我国目前服务业出口的产业分布情况。在 2017 年我国服务业的全部出口当中，其他商务服务业、旅行及运输服务业是我国服务贸易出口的主要组成部分。在此其中，其他商业服务出口总额达到 1147.4 亿美元，占到了当年全部服务贸易出口总额的 27%，旅行和运输服务业也分别实现出口总额 387.99 亿美元和 371.04 亿美元，占到了当年服务业出口总额的 17% 和 16%。上述三大产业合计贡献了我国服务业出口总额的 46% 以上。除此之外，加工贸易服务，电信、计算机与信息服务，以及建筑服务也在服务业出口当中占据了一定的份额，三者在 2017 年分别以 180.67 亿美元、277.67 亿美元和 239.26 亿美元占到了我国当年全部服务业出口总额的 8%、12% 和 10%。而包括金融服务、养老与保险服务、维护修理服务及个人文化休闲服务在内的其他服务业出口总计仅占我国服务业出口总额的 30% 左右，属于服务贸易出口当中相对弱势的产业。

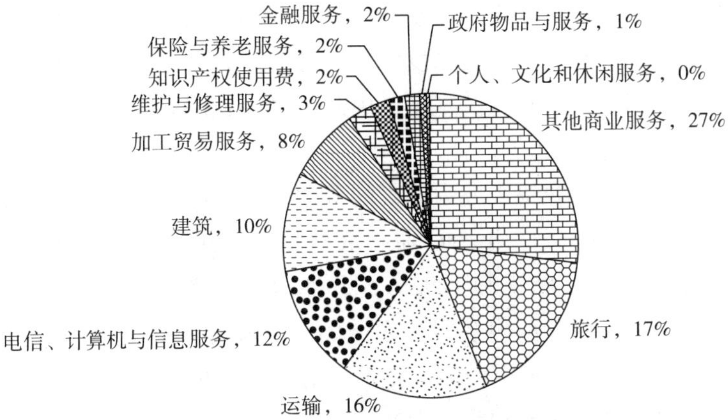

中国

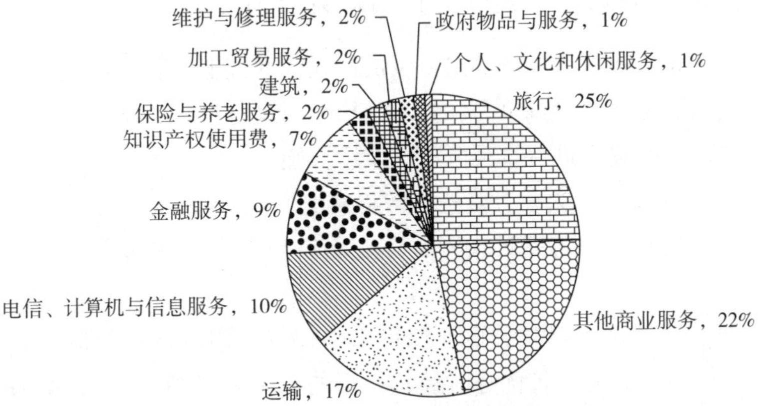

世界总体

图 5－14　2017 年中国与世界总体服务业出口产业分布

资料来源：根据 UNCTAD 服务贸易统计数据计算。

但与世界总体情况相比，我国服务业出口的产业分布也存在着自身的一些特征。

首先，从世界范围内来看，旅行、运输和商务服务仍然是服务出口的最大来源所在。而反观我国的情况，尽管运输服务在服务业出口中的比重与世界平均水平大体相当，但其他商务服务业的出口在全部服务出口总额中的比重却要明显高于世界平均水平，表明我国在其他商务服务领域可能具有一定的竞争优势。

其次，高端服务业比重偏低。从世界范围内来看，通常被认为具有较高附加值和技术能力的金融与知识产权使用费出口已经形成了一定的规模。2017 年，全球范围内上述两个产业分别占当年全球服务贸易出口总额的 9.09% 和 7.58%；但从我国服务贸易的现状来看，受制度约束和技术能力所限，我国金融服务与知识产权使用费出口则仍处于较低的水平，由此彰显出我国服务业出口在高端领域仍处于较为明显的劣势。

最后，以加工贸易和建筑服务为代表的劳动密集型产业在我国服务业出口中仍占重要地位。据统计，2017 年全球加工贸易服务和建筑服务分别仅占当年全球服务贸易出口总额的 1.85% 和 1.92%，并非全球服务贸易出口的主要来源；但中国当年在加工贸易服务和建筑服务领域的出口却分别达到了 180.67 亿美元和 239.25 亿美元，分别占到当年中国服务业出口总额的 7.74% 和 10.25%，跻身我国服务业出口贡献的第五和第六大产业。

（三）外资流入与中国服务业出口竞争力

在初步了解了我国服务业的出口发展情况的基础上，我们可以通过设计相应的指标对我国服务业出口竞争力和技术结构状况进行量化考察，并对外资流入与服务业出口之间的关系进行直观分析和实证检验。

1. 中国服务业出口竞争力与技术结构高度

首先从量化分析的角度对我国服务业出口与技术结构高度情况进行测度与评估。

（1）显性比较优势指数。显性比较优势指数（RCA）是分析一个国家或地区的某种产品是否具有比较优势时经常使用的一个测度指标①。我们的分析也首先从服务业的显性比较优势指数为出发点来进行。

假设世界范围内有 m 个国家从事某种产品 j（j = 1，…，n）的出口，则对于每一种具体的产品 j，国家 i（i = 1，…，n）在此领域出口额为 E_{ij} 的显性比较优势指数 RCA_{ij} 为：

$$RCA_{ij} = \frac{E_{ij} / \sum_{j=1}^{n} E_{ij}}{\sum_{i=1}^{m} E_{ij} / \sum_{j=1}^{n} \sum_{i=1}^{m} E_{ij}} \tag{5-46}$$

式（5 - 46）的分子表示 i 国 j 产业的出口占本国全部出口额的比重，而分母则表示世界范围内产业 j 的出口占全世界出口额的比重。该指数的取值位于［0,

① 蓝天．中国文化产业发展的优势、困境与国际竞争力提升［J］．产业组织评论，2014，8（4）：138 - 161.

∞）。如果一国在某种产品上完全没有出口，则该国在该产品上的显性比较优势指数为 0。一般认为，当显示比较优势指数大于 1 时，该国在该产品上具有比较优势，该数值越大，则比较优势越明显①。

（2）服务贸易产业结构高度。在确定了各产业的比较优势指数的基础上，我们可以进一步结合各国在相关产业的比较优势状况具体分析我国同世界主要国家之间在服务贸易结构上的优势和劣势领域，并据此对我国服务业产业结构状况形成一个直观的认识。

樊纲等（2006）等曾经从附加值角度提出了一个相应的测算办法，即"技术附加值"指标②。在该指标看来，一个产品是否蕴含了较高的技术含量，主要体现在该产品是否具有较高的增加值。假设国家 i（i = 1，…，m）在产业 j（j = 1，…，n）上的显示比较优势指数为 RCA_{ij}，另设国家 i 的人均 GDP 水平为 Y_i，则产业 j 的现实技术附加值指数 rtv_j 可定义为：

$$rtv_j = \sum_{i=1}^{m} \omega_{ij} Y_i \tag{5-47}$$

其中，ω_{ij} 为 i 国在 j 产品生产上的比较优势权重，即 $\omega_{ij} = RCA_{ij} / \sum_{i=1}^{m} RCA_{ij}$，显然易知 $\sum_{i=1}^{m} \omega_{ij} = 1$。该公式意味着如果在一种产品上具有比较优势的国家大多数是高收入国家，即 rtv_j 比较高，则可以认为该产品具有较高的技术附加值，因此属于高技术产品；反之，如果该产品的生产绝大多数集中在低收入国家，即 rtv_{it} 比较低，则可以认为该产品具有较低的技术附加值，因此属于低技术产品。

为了便于度量和比较，在计算得到各产业技术附加值指数 rtv_j 的基础上，可进一步对其进行标准化处理并映射到［0，100］区间，进而得到各产业技术附加值指数 RTV_j，即：

$$RTV_j = \frac{rtv_j - \min\{rtv_j\}}{\max\{rtv_j\} - \min\{rtv_j\}} \times 100 \tag{5-48}$$

根据式（5-47）及式（5-48）的基本原理，结合前文计算得到的各国相关服务产业出口显性比较优势指数及各国以 2005 年不变价和美元市场汇率计价的人均 GDP 数据，可以对 2005～2017 年 12 个服务出口产业的技术附加值进行具体的测度，结果见表 5-19。

①② 樊纲，关志雄，姚枝仲．国际贸易结构分析：贸易品的技术分布［J］．经济研究，2006（8）：70-80.

表 5-19　2005~2017 年各服务产业技术附加值

年份	2005	2008	2010	2011	2012	2013	2014	2015	2016	2017
加工贸易服务	1.40	11.90	11.50	8.51	7.07	2.58	4.24	6.74	12.33	13.15
维护与修理服务	34.31	41.31	49.57	47.32	46.17	49.18	41.29	26.39	34.30	34.52
运输	14.82	19.86	20.25	15.91	17.45	19.71	22.85	24.97	27.39	25.48
旅行	11.89	15.62	16.50	14.51	15.87	16.09	18.98	10.68	17.75	16.47
建筑	10.36	14.94	10.05	4.35	4.95	5.53	17.17	10.03	18.69	28.13
保险与养老服务	34.18	55.27	59.54	51.71	56.37	57.53	67.54	64.81	63.43	75.59
金融服务	100.00	100.00	100.00	100.00	100.00	100.00	100.00	100.00	100.00	100.00
知识产权使用费	59.92	62.56	73.65	73.73	90.74	96.94	86.94	99.52	93.55	92.26
电信、计算机与信息服务	12.44	25.51	23.33	19.12	22.26	20.77	29.92	37.17	39.30	38.78
其他商业服务	19.32	39.17	40.79	35.10	38.78	38.08	34.07	34.95	40.25	38.27
个人文化和休闲服务	20.09	30.52	34.41	34.05	35.69	48.80	47.96	38.32	41.58	45.10
政府物品与服务	0.00	0.00	0.00	0.00	0.00	0.00	0.00	0.00	0.00	0.00

资料来源：根据 UNCTAD 数据计算。

该测度结果所反映的各产业技术高度和层次基本上与直觉判断相吻合。根据这一测度结果，服务业中技术含量最高的产业为金融服务行业，其历年标准化后的技术附加值水平达到了最高的 100；其次为与技术创新密切相关的知识产权使用费及和金融产业存在较大关联的保险与养老服务，其在 2017 年的得分分别达到了 92.26 和 75.59，此三个行业可以归属为高技术行业；个人文化和休闲服务，与产品相关的维护与修理服务，电信、计算机与信息服务，以及其他商业服务的技术附加值得分位于 30~50，大体上可归属于中高技术行业；建筑、运输业和旅行服务产业的技术附加值得分大体位于 10~30，可归属于中低技术行业；相对而言，加工贸易服务、政府物品与服务的技术附加值基本位于 10 以下，因此属于低技术行业范畴。

在获得了各产业的技术附加值指数，并对相关产业技术含量的高低进行量化评价的基础上，我们可以进一步结合相关国家在各行业的出口水平对其贸易结构高度进行进一步的评价。

根据洛伦茨曲线和基尼系数的基本原理，我们可以将各类服务贸易出口产业按照其技术附加值从低到高的顺序排列在坐标横轴之上，同时以坐标的纵轴表示该国在相应技术附加值水平下的累计出口份额，即该技术附加值以下的各行业累计出口占全部出口的比重，由此形成一条出口技术分布的“技术高度曲线”，并以图 5－15（a）中阴影部分的面积大小作为出口技术结构高度的评价指标，该面积越大，则表示该国出口的技术结构高度越理想。

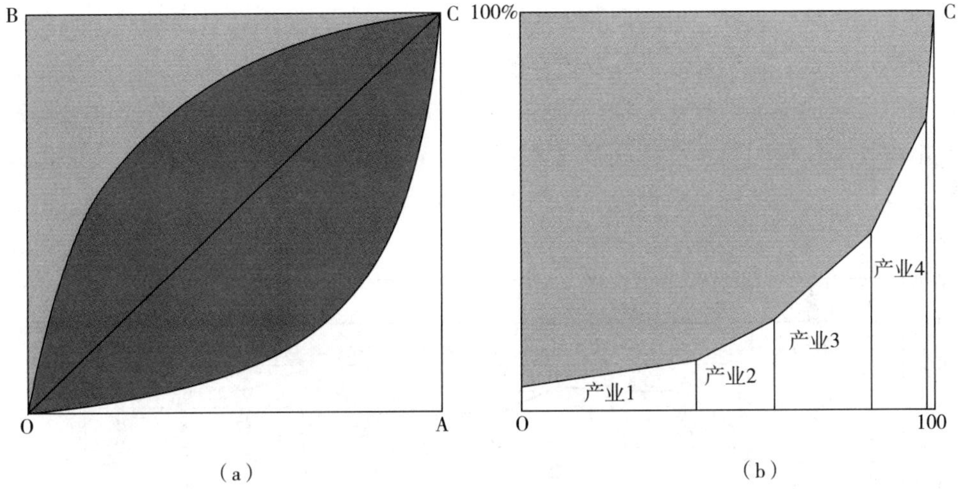

图 5－15 产业技术结构高度指标构建示意图

以阴影部分面积作为出口技术结构高度的评价依据，因此可以得到相应的计算公式为：

$$TSH_i = 100 - \sum_{j=1}^{m} [(RTV_j - RTV_{j-1})(S_j + S_{j-1})/2] \quad (5-49)$$

其中，TSH_i为国家 i 的出口技术结构高度指标，RTV_j与 RTV_{j-1}分别为第 j 个行业及技术附加值仅次于 j 的行业的技术附加值；S_j与 S_{j-1}分别为该国在 j 行业及技术附加值仅次于 j 的行业所对应的累计出口份额。根据 RTV 指标与累计出口份额指标取值区间可知，技术结构高度指标取值在［0，100］区间，其计算结果越接近 100，则表明该国出口产品的技术结构越高；反之则表明该国出口产品的技术结构越低。利用上述原理，我们可以对我国的服务业出口技术高度情况进行相应的评估与考察。

利用 UNCTAD 的服务贸易统计数据和此前计算的相关产业技术附加值，结合式（5－49）可以得到我国在 2005～2017 年的服务业技术高度指数，如图 5－16 所示。从图中来看，我国服务产业出口的技术高度在近年来呈现出一定的上升态势。但总体上我国在服务业领域的出口技术结构仍然偏低，技术结构指数在相当时期内低于20，仅相当于最高值的1/5。由此表明，我国在服务产业出口的结构调整与升级方面仍然有很长的路要走。而在服务业出口技术结构升级的过程中，其与外资依存度变化的趋势之间并不存在明显的吻合性特征。在2005~2008年，我国的外资依存度在逐年走低，而服务业的出口技术结构却在这一时期呈现出明显的上升态势，表明这一时期我国的外资流入处于某种结构调整的时期；而在这一调整进行到一定阶段后，外资依存度的提升与服务业出口技术结构的变化则呈现出了一定的同步性特征，特别是在2010~2017年，外资依存度的变化与服务业出口技术结构的同步性特征表现得更为明显。由此表明，外资流入在促进我国服务业出口技术结构升级过程中的作用在逐步增加。

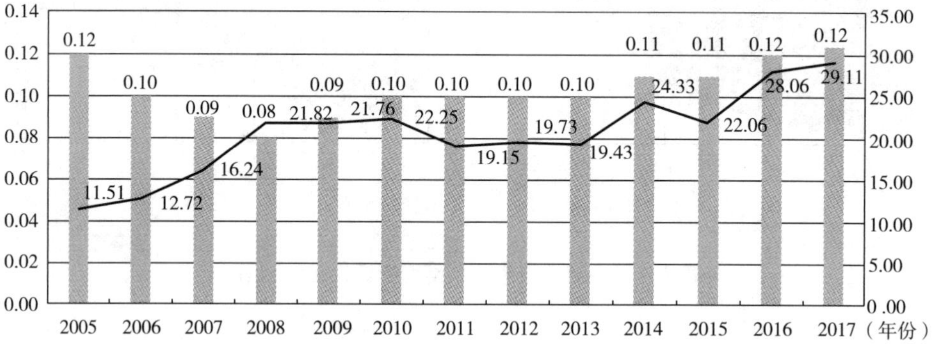

图5-16　2005~2017年中国外资依存度服务业出口技术结构指数

资料来源：根据UNCTAD数据计算。

在考察了我国服务业出口技术结构的动态变化情况后，我们也可以进一步以欧美发达国家、亚太国家、转型经济国家和新兴经济体为对象，对我国与相关国家在服务业总体出口技术结构方面的情况进行横向的对比，以明确我国在此方面与各国存在的差异。

首先，从中国与欧美发达国家之间的服务业技术高度差异情况来看。如前所述，由于欧美发达国家的服务业出口大多集中在技术附加值较高的金融、知识产权使用及养老与保险服务领域，因此其服务业出口的技术结构总体上位于较高的水平。图5-17显示了我国与世界主要欧美国家相比的服务业出口技术结构指数情况。从中可以看出，大部分欧美发达国家的服务业出口技术结构指数位于30以上，相对而言，中国在服务业出口方面的技术结构指数约为29.11，落后于大多数的欧美发达国家。而对比相关国家的外资依存度情况，也可以发现我国与发达国家相比在外资依存度方面存在着巨大的差距。

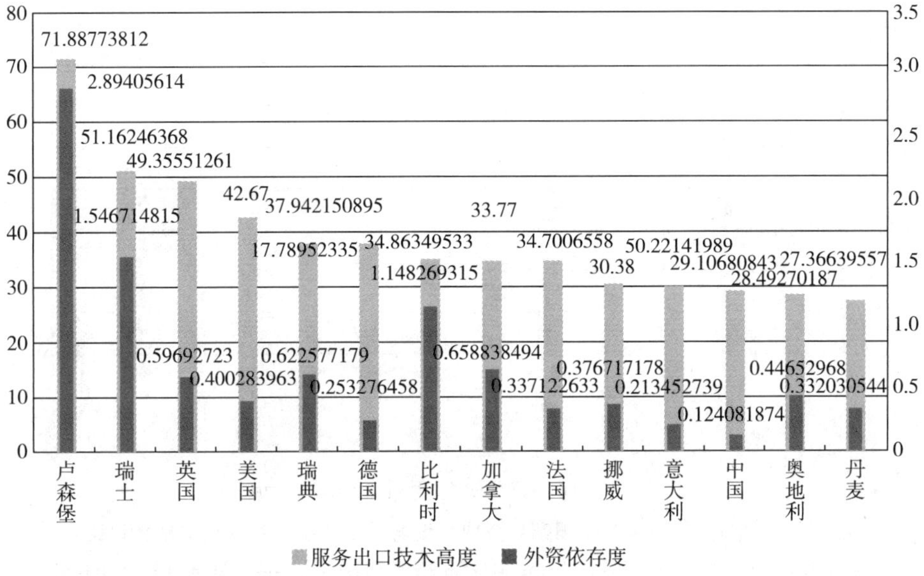

图 5－17 中国与欧美主要国家外资依存度服务业出口技术结构指数对比

注：美国、加拿大与挪威为 2014 年数据，其余为 2017 年数据。为便于显示，外资依存度数据为百分比值。

资料来源：根据 UNCTAD 数据计算。

其次，从中国与主要亚太国家的服务业出口技术结构高度情况来看，由于经济发展水平较为相近，我国同亚太地区国家在服务业出口结构高度上的差异同欧美国家相比并没有那样显著，但在比较的过程中也处于相对落后的地位，出口技术结构指数居样本国家中的第 7 位（见图 5－18）。而与服务业出口的技术高度相比，我国的外资依存度与亚太地区国家相比，偏低程度更为明显，仅高于日本，居倒数第二位。相比之下，具有较高服务业出口技术高度的中国香港地区和新加坡同样也是亚太地区中外资依存度最高的地区。

再次，前文的国际比较结果显示，我国在服务业出口结构方面同转轨经济国家具有较强的相似性特征，而从服务业出口的技术结构高度指数来看，转轨经济国家的服务业出口技术结构普遍偏低。在这其中，中国的出口技术结构与之相比处于相对前沿的位置，其出口技术结构得分仅次于排名首位的拉脱维亚而居于转轨经济国家的第二位（见图 5－19）。但在转轨经济国家当中，外资依存度与出口的技术高度之间的关系并不明显。

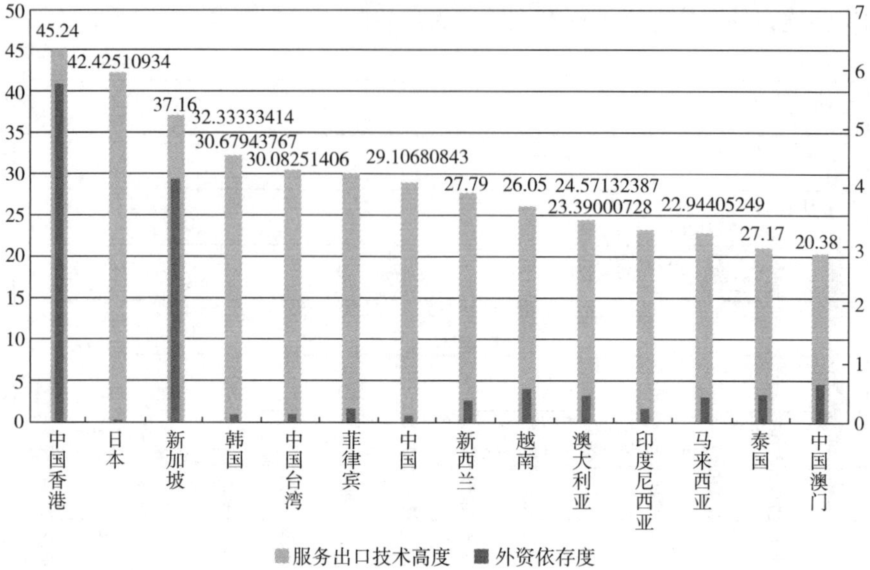

图 5－18　中国与亚太主要国家外资依存度与服务业出口技术结构指数对比

注：中国香港、新加坡、新西兰、越南、泰国与中国澳门为 2014 年数据，其余为 2017 年数据。为便于显示，外资依存度数据为百分比值。

资料来源：根据 UNCTAD 数据计算。

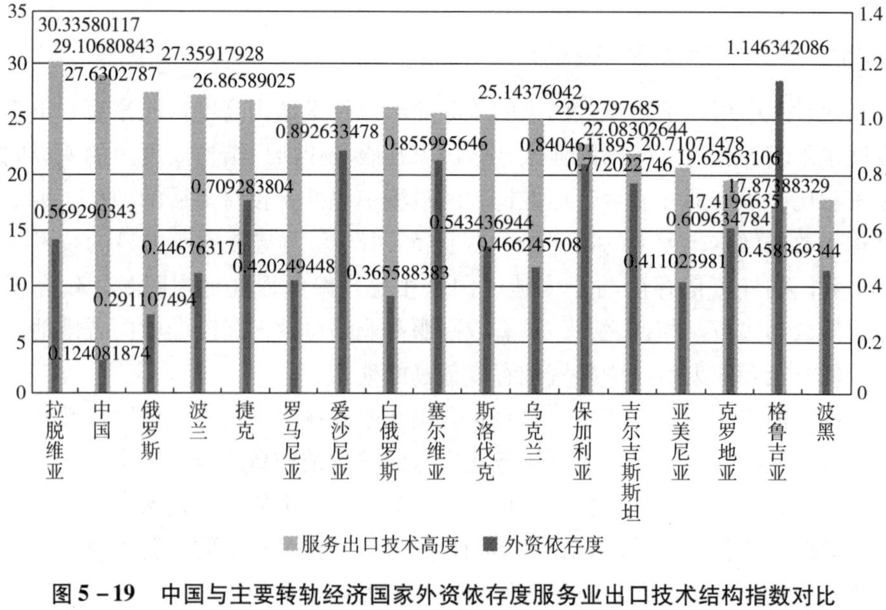

图 5－19　中国与主要转轨经济国家外资依存度服务业出口技术结构指数对比

注：为便于显示，外资依存度数据为百分比值。

资料来源：根据 UNCTAD 数据计算。

最后，对比一下同为新兴发展中国家代表的金砖国家之间的服务业出口技术结构状况。图 5 - 20 显示了印度、巴西、俄罗斯、南非和中国，即“金砖五国”的服务业出口技术结构得分情况。从中可以看出，中国的出口技术结构得分为 29.11，居印度和巴西之后而居于金砖国家的第三位。而从外资流入程度与服务业出口技术高度之间的关系来看，在金砖国家当中两者也同样未能表现出明显的关系。

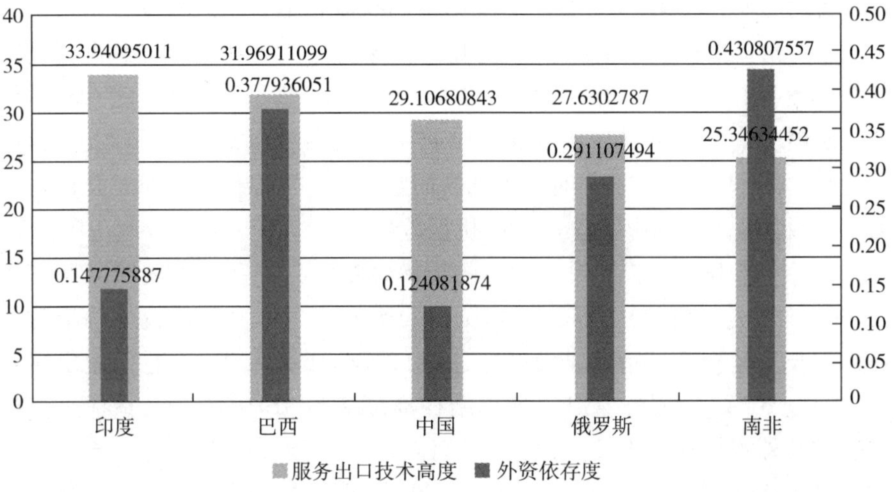

图 5 - 20 中国与金砖国家外资依存度与服务业出口技术结构指数对比

注：为便于显示，外资依存度数据为百分比值。

资料来源：根据 UNCTAD 数据计算。

2. 外资流入与服务业出口竞争力的实证检验

为了从更为严谨的角度判断外资流入对服务业出口竞争力的影响，我们在本节将利用相关国别数据进行系统的实证检验。

（1）模型建立。为从完整的角度考察外资流入对一国服务贸易出口竞争力的影响，我们拟从服务业出口规模、服务业出口比较优势及服务业出口技术结构高度三个角度对相关问题进行考察，为此，分别考虑建立如下三个计量回归模型：

$$\ln(EXP_{i,t}) = \theta_1 \ln(FDI_{i,t}) + \theta_2 [\ln(FDI_{i,t})]^2 + \sum_{m=1}^{M} \lambda_m X_{i,t}^m + C + v_i + \varepsilon_t + u_{i,t} \quad (5-50)$$

$$\ln(RCA_{i,t}) = \theta_1 \ln(FDI_{i,t}) + \theta_2 [\ln(FDI_{i,t})]^2 + \sum_{m=1}^{M} \lambda_m X_{i,t}^m + C + v_i + \varepsilon_t + u_{i,t} \quad (5-51)$$

$$\ln(TSH_{i,t}) = \theta_1 \ln(FDI_{i,t}) + \theta_2 [\ln(FDI_{i,t})]^2 + \sum_{m=1}^{M} \lambda_m X_{i,t}^m + C + v_i + \varepsilon_t + u_{i,t} \quad (5-52)$$

其中，$Exp_{i,t}$为国家 i 在 t 年时的服务业总体出口额，用以考察外资流入程度对服务业出口规模的影响；$RCA_{i,t}$为国家 i 在 t 年时的服务业出口显性比较优势指数，用以在剔除国家经济总量因素的情况下考察外资流入与该国服务业出口总体竞争优势的影响；$TSH_{i,t}$为服务业的技术结构高度指数，用以考察外资流入对于该国服务业出口结构的影响。$FDI_{i,t}$为相关国家历年的外资依存度状况，为刻画其对于服务业出口规模、竞争优势与技术结构的非线性影响，在模型中纳入该变量的二次项。$X_{i,t}^m$为影响该国服务业出口的 M 个控制变量，用以剔除相关因素的内生性影响；v_i与 ε_t为国别与时间维度的固定效应，用以体现不可量化的国别特征因素对服务业出口的影响；$u_{i,t}$为随机误差项。

（2）指标与样本选择。对于模型的被解释变量，分别以相关国家历年服务业出口总额（美元现价）、前文计算所得的服务业总体显性比较优势指数及服务业出口技术结构高度指数作为服务业出口规模变量 $EXP_{i,t}$、服务业出口竞争力优势变量 $RCA_{i,t}$及服务业出口技术结构高度变量 $TSH_{i,t}$的度量指标。在核心解释变量及外资依存度 $FDI_{i,t}$方面，我们以各国历年外商直接投资流入存量占该国 GDP 的比重作为基本的度量指标。在控制变量方面，为了全面地控制各国的特征因素对于检验结果的干扰，选择了如下若干变量作为模型的控制变量：

1）国家经济发展水平（$PGDP_{i,t}$）：以各国历年以美元现价计价的人均 GDP 作为度量指标，以控制国家经济发展总体水平对服务业出口的影响。检验中对该变量取对数值，同时为了考察其中可能包含的非线性特征，在模型中同时纳入该变量对数值的二次项 $[\ln(PGDP_{i,t})]^2$。

2）国家经济规模（$GDP_{i,t}$）：以各国历年以美元现价计算的国内生产总值作为度量指标，以控制国家规模因素对于服务业出口的影响，检验中对该变量取对数值。

3）国民收入（$Income_{i,t}$）：以各国历年以美元现价计算的人均国民收入作为度量指标，用以控制各国居民富裕程度对于服务业出口的影响。检验中对该变量取对数值。

4）国家干预程度（$Gov_{i,t}$）：以各国历年政府支出占 GDP 的比重作为度量指标，用以控制各国政府对经济的干预程度对服务业出口的影响。检验中对该变量取对数值。

5）贸易开放度（$Open_{i,t}$）：以各国历年商品与服务出口总额占 GDP 的比重作为度量指标，用以控制该国总体的贸易开放程度对服务业出口的影响。检验中对该变量取对数值。

6）清关效率指数（$CLEF_{i,t}$）：以世界银行《世界发展指数》（*World Development Index*，WDI）数据库统计计算的各国海关清关效率综合指数作为度量标准，用以控制该国贸易监管效率与制度对于服务业出口的影响。

7）基础设施水平（$Infra_{i,t}$）：以世界银行 WDI 数据库统计计算的各国与贸易相关的基础设施综合指数作为度量指标，用以控制贸易基础设施建设情况对于服务业出口的影响。

在样本选择方面，考虑数据的完整性和可得性，本检验选择了世界范围内 147 个国家和地区在 2005～2017 年的相关数据作为检验样本，相关指标与数据取自世界银行 WDI 数据库与 UNCTAD 贸易与投资数据库。

（3）检验结果。利用时间与截面双固定效应模型对方程（5－50）～方程（5－52）进行相关的估计检验，可得检验结果如表 5－20 所示。

表 5－20 外资流入与贸易出口检验结果

	出口规模		竞争优势		技术结构	
被解释变量	$\ln(EXP_{i,t})$		$\ln(RCA_{i,t})$		$\ln(TSH_{i,t})$	
$\ln(FDI_{i,t})$	0.0472 (1.46)	−0.0788 (−1.84)*	0.0303 (1.19)	−0.0720 (−1.98)**	0.0421 (1.68)*	0.0266 (1.23)
$[\ln(FDI_{i,t})]^2$	— —	−0.0244 (−2.36)**	— —	−0.0198 (−2.41)**	— —	0.0125 (1.64)
$\ln(PGDP_{i,t})$	0.4618 (1.89)*	0.4377 (2.02)**	0.2146 (0.96)	0.1951 (0.98)	0.2001 (1.00)	0.2124 (0.73)
$[\ln(PGDP_{i,t})]^2$	−0.0374 (−4.50)***	−0.0343 (−4.72)***	−0.0231 (−2.90)***	−0.0206 (−2.95)***	−0.0523 (−2.91)***	−0.0539 (−4.03)***
$\ln(GDP_{i,t})$	0.4846 (4.83)***	0.4486 (4.20)***	−0.3395 (−3.76)***	−0.3687 (−3.83)***	0.6188 (2.98)***	0.6372 (4.03)***
$\ln(Income_{i,t})$	0.1038 (1.18)	0.1078 (1.32)	0.1911 (2.30)**	0.1943 (2.54)**	0.3279 (3.36)***	0.3259 (2.40)**
$\ln(Gov_{i,t})$	−0.0667 (−1.06)	−0.0612 (−0.99)	−0.0068 (−0.15)	−0.0023 (−0.05)	−0.0798 (−0.86)	−0.0826 (−1.21)

续表

	出口规模		竞争优势		技术结构	
被解释变量	ln（$EXP_{i,t}$）		ln（$RCA_{i,t}$）		ln（$TSH_{i,t}$）	
ln（$Open_{i,t}$）	-0.0648 (-1.79)*	-0.0589 (-1.65)*	-0.6050 (-21.37)***	-0.6002 (-21.93)***	0.0921 (1.24)	0.0891 (1.83)*
ln（$CLEF_{i,t}$）	0.0919 (5.26)***	0.0848 (3.50)***	0.0700 (5.75)***	0.0642 (3.67)***	0.1097 (2.59)** *	0.1134 (2.89)***
ln（$Infra_{i,t}$）	-0.1475 (-3.74)***	-0.1344 (-3.86)***	-0.1173 (-3.77)***	-0.1066 (-4.06)***	-0.1550 (-3.07)***	-0.1617 (-3.23)***
Constant	0.6586 (1.20)	0.9406 (1.70)*	1.3092 (3.04)***	1.5380 (3.59)***	-4.7714 (-2.62)***	-4.9157 (-4.89)***
R^2 (Adjusted - R^2)	0.9944 (0.9936)	0.9946 (0.9937)	0.9687 (0.9638)	0.9693 (0.9644)	0.8258 (0.7984)	0.8263 (0.7987)
S. E.	0.1737	0.1720	0.1455	0.1442	0.2502	0.2500
F Statistic [Probability]	1135.22 [0.0000]	1150.87 [0.0000]	196.45 [0.0000]	199.01 [0.0000]	30.09 [0.0000]	29.98 [0.0000]
Hausman Test [Probability]	142.90 [0.0000]	165.82 [0.0000]	121.23 [0.0000]	138.97 [0.0000]	137.25 [0.0000]	141.14 [0.0000]

注：括号内数字为相关回归系数的 t 检验值，其中 *、** 和 *** 分别代表该回归系数通过 10%、5% 和 1% 置信概率下的显著性检验。

资料来源：笔者计算。

回归结果表明，三组方程均取得了较为理想的拟合效果，且 Hausman 检验证实了截面及时间层面固定效应的合理性，检验结果是可以接受的。

从外资依存度对服务贸易出口的影响来看，三组方程的检验结果均表明，在不包含非线性特征（FDI 变量的二次项）的情况下，外资流入程度对于服务贸易出口的规模、竞争优势及技术结构均未能产生明显的影响，但在加入了外资变量的二次项后，可以发现外资流入程度与服务业的出口规模及出口的显性比较优势水平之间均呈现出明显的倒“U”形关系，即随着外资依存度的增加，该国服务业出口的规模及剔除了经济规模后的服务业出口显性比较优势会呈现先升后降的态势，由此也意味着对于服务业出口规模与比较优势的提升而言，存在着一个最优的外资依存度水平，过高和过低的外资流入均不利于服务业出口规模与竞争优势的提升。根据相关回归结果的测算，在服务业出口规模的促进方面，该最优的外资依存度水平为 0.2，而对于服务业出口的竞争优势促进而言，该最优的外资依存度水平约为 0.16。我国目前的外资依存度水平为 0.11 左右，低于该最优的外资依存度水平，因此目前的情况下提升外资开放程度对于服务业出口规模和竞争力的提升会具有一定的积极效果。

相对而言，即便在加入了外资流入变量二次项的情况下，外资流入也仍然没有能够对服务业出口的技术结构产生显著性的影响。结合服务贸易规模方面的实证检验结果可以推断，在全球性的国际分工与产业布局背景下，作为产业转移的载体，国际资本的流动仍主要体现为边际产业从发达国家向发展中国家，特别是已经具备了一定的经济基础的中等国家的转移，并以这些国家作为服务生产和提供的基地向全球提供相关的服务出口（这也是经济发展水平与服务出口规模之间呈现倒“U”形关系的原因）；但在边际产业转移的同时，高端的服务产业仍集中在经济发达国家内部，由此导致这些转移到发展中国家的边际产业只能在总体上增加东道国服务业的出口规模，却并未能够带来发展中国家服务业出口技术结构的显著提升。

（四）总结

在本节，我们以国际直接投资与国际贸易间关系的经典理论研究为基础，结合服务贸易的具体特征从理论上剖析了国际直接投资与服务贸易之间可能存在的内在关联，在此基础上，进一步以分行业的国别服务贸易出口数据为基础，通过构建显性比较优势指数和技术结构高度指数对我国服务产业整体的竞争力情况、优势与劣势领域及产业技术结构高度情况进行了量化考察，并对国际直接投资与服务贸易规模、竞争力及结构高度之间的关系进行了实证检验。通过上述研究与分析，可以得到以下一些基本结论：

首先，从理论分析来看，由于服务业本身所具有的生产与消费不可分割性特征及由此所引发的高昂交易成本，国际直接投资就成为了国际服务贸易的一种重要的承载方式而在服务贸易中扮演了更为基础性的角色。另外，随着现代信息技术的快速发展和普及，服务品交易障碍迅速被打破，服务变得越来越可贸易，而且贸易频率越来越高，甚至很多服务产品可以借助现代技术实现“零交易成本”。这使这些可贸易的服务产业往往可以突破运输成本造成的产业布局限制，而更倾向于通过国际投资向具有比较优势的地区集中，并以此作为其生产经营的基地向全世界提供相关的服务产品，进而强化了外资流入对服务贸易出口的促进作用。此外，FDI 的存在除了可以直接带动部分产业的服务贸易出口之外，还可以通过一定的技术溢出效应激发国内相关服务企业的学习和模仿动机，并通过建立相关的产业关联来提高东道国服务企业的创新能力和技术水准，从而促进国内服务业的国际竞争力逐渐提升，带动服务出口规模的进一步增长。

其次，从我国服务贸易的现实发展情况来看，应当承认，我国经济目前的比较优势和竞争优势仍主要集中在商品和制造业贸易领域，在服务贸易领域目前仍处于一定的劣势地位。而从我国服务业出口竞争优势的具体领域分布来看，我国目前仅在加工贸易服务和建筑服务两个领域内建立了一定的竞争优势，这与我国此前在制造业和基础设施建设领域所建立的基础存在密不可分的关系；相对而言，在一些技术含量要求更高的产业（如金融、知识产权）及一些与制造业关联不甚密切的产业（如养老与保险服务、个人文化休闲服务）等领域则处于比较明显的绝对劣势地位。而从出口的技术结构高度来看，我国具有比较优势的加工贸易和建筑服务行业都属于技术附加值最低的低端行业，这样的竞争优势结构导致了我国服务业出口的技术结构高度仍处于较低的水平，从国别之间的对比来看，我国服务业出口的技术结构高度不仅远低于欧、美、日等发达国家和地区，甚至与菲律宾、越南等亚太国家相比也处于一定的劣势地位。而作为金砖国家中的重要成员，中国在服务业出口技术结构上也不占优势。偏低的技术结构也是我国在服务业领域，特别是高端服务业领域竞争力不足的另一个重要表现，同时也意味着我国在服务业的发展过程中除了规模提升之外，实现结构转型和调整升级也同样是一个任重道远的目标。

最后，从外资流入与服务贸易出口之间的现实关联情况来看，实证检验结果表明，外资依存度的提高尽管可以促进服务贸易总体的出口规模并增加该国在服务出口方面的竞争优势，但该效果也具有一定的倒“U”形非线性特征，即存在一个最优的外资依存度水平，在达到该水平之前，外资依存度的增加会显著增进东道国的服务贸易出口规模与比较优势，但在超过该水平之后，外资依存度的增加则会导致服务出口规模与比较优势的降低。因此，对于相关国家而言，保持一个适度的外资流入水平是最大限度地发挥其对服务贸易出口促进作用的关键。就我国目前情况来看，我国的外资依存度尚明显低于最优的临界水平，因此对于我国而言，通过扩大外资领域的开放来促进服务贸易出口规模与竞争力的提升仍具有很大的政策操作空间。

六、中国服务业利用外资的战略选择与政策建议

在系统性地剖析了外资流入对服务业的规模、结构、技术进步及对外贸易的影响之后，我们可以结合相关的理论与实证研究结果，提出我国未来服务业发展过程中利用外资的战略选择与政策建议。

（一）服务业外资开放的基本战略

1. 明晰新国际投资规则下服务业外资开放的基本原则

自2008年全球金融危机爆发以来，尽管在外部经济形势恶化的负面冲击之下，很多国家，特别是发达国家在政策取向上逐渐趋向保守，在贸易与投资开放的相关政策方面日益收紧，甚至导致WTO框架下的多边贸易与投资协议乃至跨太平洋伙伴协议（TPP）与跨大西洋贸易与投资伙伴关系协定（TTIP）的推动陷入僵局，但同时，以美国为首的发达国家所推动的区域性的双边及诸边贸易与投资协议则引导世界范围内的贸易与投资合作向新的方向发展，由此打开了国际投资规则由第二阶段向第三阶段过渡的大门。结合新一代国际直接投资规则的发展趋势，未来我国在服务业开放的政策制定方面应当遵循以下一些基本原则：

（1）贸易自由化原则。贸易自由化原则是WTO及服务贸易总协定的主旨和基本诉求，也是目前新一代区域性投资与贸易规则发展的基础和核心原则。根据GATS条款的规定，在市场准入方面，成员国有责任和义务为其他成员国的服务和服务提供者提供进入本国市场的通道和方便；根据国民待遇原则，要求成员国在具体承诺表所列领域中给予国外服务和服务提供者与本国服务和服务提供者相同的待遇，不受另外的歧视或限制①；而新一代投资与贸易规则更是强调了给予外资企业以“准入前国民待遇”的更高市场准入要求。

贸易自由化的推进意味着一国的服务市场将对外资更加开放。作为WTO的正式缔约方，我国在加入WTO之后及时履行了相关承诺，对存在的服务领域限制外资进入的范围、外资的比例和外资投资的地域等非国民待遇做出了相应的调整和改革，有步骤地开放了包括商务、通信、建筑、分销、金融、旅游和交通等

① 韩常青．加入WTO：中国服务业的应对路径选择［J］．统计与决策，2003（6）：25－26.

在内的众多服务部门，甚至在保险和旅游服务等领域提前履行了 WTO 的有关承诺①。然而从总体来看，由于我国服务业的总体发展水平同发达国家之间仍有一些差距，这种情况显然无法顺应未来国际直接投资规则发展的要求。在未来服务业的发展和开放过程中，有必要结合国际贸易与投资规则发展的新趋势，及时调整相关的政策和制度，充分贯彻贸易和投资自由化的原则，有序地扩大服务业对外资的开放程度。

（2）公平竞争原则。公平竞争原则是新一代国际直接投资规则所强调的一项新的原则。所谓公平竞争原则，主要是指对国内外不同的企业，包括国内不同地区、不同所有制企业之间在政策、待遇方面的公平和统一。

新一代国际直接投资不仅强调了对于境外资本的开放，而且更注重各类企业之间的公平竞争。目前，尽管我国在相关领域的市场化方面，特别是推动外资准入和民营企业发展方面出台了很多原则性的规定，但在现实的贯彻过程中，很多服务业领域仍存有对外资企业甚至民营企业过高的政策性门槛，特别是民营企业，在发展中一直居于政策性主从次序的底层。这一情况不仅难以负荷国际直接投资协定发展的新要求，而且也极大地束缚了国内企业的活力。因此，在未来的发展中，应当顺应国际投资规则的发展要求，及时抓住服务业扩大对外开放的机遇，在有序推动服务业对外开放的同时实现服务业的对内开放，改变目前部分服务行业垄断经营严重、市场准入限制过严和透明度低的状况，逐步形成公开透明、管理规范和全行业统一的市场准入制度，形成国有资本、民营资本和外资公平竞争的市场机制。

（3）透明度原则。透明度原则是促进国际服务贸易正常进行及公平竞争的重要原则之一。按照透明度原则的要求，成员国要及时、充分地公布有关服务贸易的政策、法规或习惯做法，以便使相关利益主体和贸易商都可以充足适时了解这些法律和法规②。

在加入 WTO 之后，顺应贸易与投资开放的要求，我国在推进相关领域政策透明度方面取得了一定的进展，但总体上距离国际投资规则的要求和外资企业的期望仍存在一定的差距，很多法规缺乏详细的披露，且政策法规执行的统一性及连续性也存在不够严密之处，对于我国引资环境产生了较大的负面影响。在我国人口红利逐渐消退、经济结构转型及新兴发展中国家的竞争压力之下，我国原有的区位优势和对境外投资企业的吸引因素正在逐步减弱或消失，引资环境和制度

①② 郑长娟．服务业外商投资进入模式及中国服务业发展研究［D］．哈尔滨工程大学博士学位论文，2004.

环境等软环境建设的重要意义也日益凸显。

为此，我国在未来利用外资的过程中也需要按 WTO 原则，适时修订《外商投资法》，并做好相关法律和条例的衔接工作，在不损害国家安全和公共利益的前提下，对有关政策、规定做到规范、统一和及时公布，让投资者在第一时间知晓有关法律和政策，为国内外服务投资者创造优良的营商环境和政策环境，维护投资者正当权益。

（4）差别优惠原则。WTO 成员国经济发达程度不尽相同，既有发达国家，也有发展中国家。考虑到发展中成员经济发展的特殊需要，WTO 在其相关的投资和贸易协定中对发展中成员规定了一些差别待遇或者特殊例外。首先，允许发展中成员用较长的时间履行义务，或有较长的过渡期；其次，允许发展中成员在履行义务时可以有较大的灵活性；最后，规定发达国家对发展中国家提供技术援助，以便发展中成员更好地履行义务。另外，WTO 还允许发展中成员为保护民族工业和本国经济利益而使用保护措施。作为发展中国家的一员，处于经济转型时期的中国在相关产业，特别是与发达国家的企业存在较大技术差距和竞争力差距的服务业开放过程中，也应当充分利用这些对发展中成员的差别优惠，结合国内不同服务行业的国际竞争力状况、服务业改革的进度及其对国民经济的重要程度，明确开放顺序，实行渐进式开放。

（5）安全与效益并重原则。改革开放以来，外资大规模进入制造业领域，以制造业为基石的加工贸易赢得了广阔的发展空间并取得了长足的进步。但在现实中，由于现行的以 GDP 为核心的政绩考核体制和由此引发的地方政府之间的“锦标式”竞争，各地区不断加大对境外投资企业的鼓励和支持力度，过度的利益出让使我国外资企业在规模和数量不断扩张的同时，外资企业所产生的效益却十分低下。因此，在后续的服务业开放与引进外资的过程中，需要在兼顾跨国公司利益，尽力消除对外资企业的各类优惠政策的同时尽力维护我国自身的利益，要从追求外资数量粗放增长的开放模式转向追求质量效益优先开放模式。

另外，与制造业不同，服务业很多领域的开放不仅关系到国家的经济安全和政治安全，诸如教育、医疗、社会保障及生活服务业也与人民群众息息相关，因此在服务业的开放过程中尤其需要注意其安全性。这一点在新投资规则当中也正在成为共识。为此，在我国服务业的后续开放过程中，除了要关注外资流入带来的收益之外，也应当重视外资流入对经济和政治安全的影响，遵循“有所为有所不为”的原则，审慎选择适合开放的行业和领域，合理确定对外资开放的程度，并通过相关政策和法律法规规范外资企业的生产和经营行为，强化对于敏感行业外资企业的监管，尽可能在开放的同时保障国家的安全。

2. 合理扩大服务业外资开放

在上述原则引导之下，在服务业未来的发展过程中，应当顺应国际直接投资开放发展的国际趋势，对相关政策与规定进行及时的改革和调整，积极稳妥地扩大服务业的开放程度，更好发挥和利用外资在推动经济增长、技术进步和产业结构调整升级方面的积极作用。

（1）推动国际谈判、参与规则制定。当前，国际贸易与投资正处在调整和转变的“十字路口”，发达国家和发展中国家之间、东道国与跨国公司之间，以及东道国与母国之间各类利益诉求纷纭复杂，使国际投资与贸易规则也处在调整和变革的关键时期。在这种形式下，我国应当努力从过去的国际规则参与者的角色中解放出来，更多地承担起新一轮投资与贸易规则制定者的角色，以期在未来新的国际经济格局中获得更有利的地位。首先，在多边领域应严格遵照并履行WTO的相关规则与协议，树立我国作为一个负责任大国的国际形象，争取在WTO新一轮的谈判与发展中充当更重要的角色。其次，在WTO谈判停滞不前的情况下，以双边和诸边为代表的区域性投资与贸易协定开始成为新一阶段国际经贸关系发展的突破口，为此，我们可以进一步开展对相关领域开放绩效与风险的评估，在相关工作的基础上进一步拓宽服务业领域的开放范围和开放程度，并在适合的区域范围内（如港、澳、台地区）向相关国家和地区实现服务业的更高准入开放，探索经验并利用示范效应推动区域性投资与贸易关系的发展。最后，除了全球性和区域性的多边与诸边协定之外，与合适的国家和地区之间建立双边投资与贸易自由化联系也是应对目前国际贸易与投资开放僵局，以及美国主导的区域性投资与贸易协定冲击的一个可行的突破口。因此，我国可以积极选择同我国经济具有密切联系或具有较强经济互补性的国家和地区建立双边开放联系，并积极推进与一些在国际经济中具有较强地位的发达国家，如美国之间的双边投资协定谈判，避免在未来的国际经济格局中被边缘化的风险。

（2）以负面清单为基础，改革外资管理体制。外资的管理体制是外资开放的重要问题之一。目前，我国对外资的管理主要集中在以正面清单为核心的事前审核管理方面，与目前新一代国际投资规则所要求的负面清单模式和事后监管模式存在一定的差距，这显然无法适应新形势下服务业总体扩大开放的要求。因此，我们应当结合国际投资规则的最新发展趋势，探索试行外资流入的负面清单管理制度。一方面，不能简单地将负面清单制度理解为原有正面清单管理模式的简单逆向调整，而应当在加强对相关领域调查研究的基础上稳妥设定负面清单，并在强化顶层设计的基础上加强不同主管部门之间的沟通与协作。另一方面，规范性和透明度是负面清单管理体制的重要原则，在未来的外资管理体制当中，应当依据透明度原则，完善服务市场政策环境。对有关政策规章（包括地区性的政策规章）要规范统一且符合国际惯例，并及时公开公布，创造良好的政策和制度环境。此外，从我国目前经济发展与开放的实际出发，可以考虑以渐进式负面清单的方式推进服务领域的对外开放，以保留一定的缓冲时间用以厘清从中央到地方的服务贸易壁垒和国内规制，避免立即采用负面清单模式所产生的逆向激励。

（3）合理规范市场准入，促进外资合理流入。服务业外资开放的核心问题就是外资的市场准入问题。目前，我国大部分的服务行业都存在着不同程度的对外资的市场准入限制，这一状况并不适应新形势下服务业开放的总体要求，在未来的发展过程中也需要在加强相关基础性调查研究的基础上，结合负面清单管理体制的要求，合理规范和扩大服务业对外资的市场准入，引导和促进外资企业带动我国服务业总体的发展与结构升级。

首先，要正确认识服务业开放的风险和利益，明确各行业在对外开放，特别是外资进入过程中所可能带来的利益与风险，综合权衡对外开放的成本与收益，合理界定开放的范围，尤其要明确外资进入过程中可能触发的风险点，以及可能采取的应对措施，从而在制定开放战略的时候做到心中有数、目标明确、措施得当、政策透明。

其次，对境外投资的管理重点应当逐渐由事前转向事后。在放松对外资准入的同时，通过法律法规和相关政策对其经营活动进行约束，对可能涉及威胁国家安全的业务和环节加大监督和审查力度，确保其经营活动在不威胁国家经济与政治安全的情况下进行，进而将对外开放的风险降至最低。

再次，要合理确定服务业的市场准入范围，对于提供纯公共产品的服务部门，如国防、基础科研、基础设施建设等由于其投入规模大、投入周期长、收益见效慢及不具排他性等原因，依靠市场难以产生足够的供给，因此有必要以政府为主体进行提供，保证公共服务的质量和公平配置；对于具有混合产品或者部分公共品属性的那些服务部门，如社会保障、医疗卫生、高等教育等领域，可以采取“政府＋市场”的多元提供方式，在中端及高端领域放松对外资的准入，促使其向国内进行更大力度的技术转移并提供更为优质高效的服务，而政府可以在低端与基础性环节加以补充，以满足广大群众基本的民生需求；对于所提供的服务具有较强市场化特征，对于我国第一、第二产业具有较强的扶持和带动作用，或者对人民群众的生活品质具有较强提升效果，且开放风险较小的部门可以全面放开对外资的准入限制；对于一些关系国民经济命脉与稳定及国家安全的产业，如金融业和通信服务业、大数据及与国民生活和健康相关的信息获取，以及一些涉及意识形态渗透，影响国内政局稳定的产业，如传媒产业等，可以援引国际贸易与投资规则中的差别待遇原则，实施有限的开放。

最后，应重视运用相应的激励措施引导外资产业流向。比如，可在金融、税收、土地等方面给予一系列优惠待遇，并制定出详细具体的实施细则以保证其落地生根，还要注意结合区域特点制定区域化发展战略，避免重复建设和盲目建设，充分发挥地区之间的比较优势，提高利用外资的总体效益。

（二）推进相关领域的市场化改革

综观本章此前的分析可以看出，外资流入对服务业发展是否能够产生有效的推动和促进作用，背后的关键主要在于是否存在健全完善的市场环境。因此，积极推进相关领域的市场化改革，创建良好的制度环境也是更为合理有效的利用境外资本，增强其对服务业发展的促进效果的重要环节。

1. 建立公平的市场竞争体系

公平的市场竞争环境是健全的市场经济体制的基础。因此，纠正我国经济中的制度性扭曲，建立以公平竞争为基础的市场竞争环境实际上也是更充分发挥外资流入对服务业发展积极作用的一个首要前提。

（1）以对内开放促进民营经济发展。民营经济长期处于受抑制和歧视的状态是我国市场经济体制存在的弊端之一，同时也是导致外资流入无法对服务业发展产生显著积极影响的重要制约因素，为此，要建立公平的市场竞争体系，消除激励扭曲，首先需要以对内开放契机促进民营经济的发展。

首先，要完善我国的法制环境，在贯彻宪法对私有财产权的保护基础上，应当进一步细化有关产权保护的法律，建立一个完善的保护产权的法律框架①。此外，针对新近制定和修改的法律与原有法律的冲突问题也应当加紧进行清理，并通过一些技术性的制度手段来界定产权，解决产权纠纷，对国有资产、集体资产、事业单位资产、非公有制经济资产分门别类，界定产权，定分止争②。

其次，要放松对民营经济的市场准入。民营经济是我国经济体系的重要组成部分，其占比在不断提升，对国民经济和社会发展的贡献不断增强。但是，由于

①② 尹建香．我国私营经济发展面临的法律问题及其法律保护探析［J］．经济研究导刊，2011（2）：174－175.

诸多原因，民营企业的发展还存在着这样或那样的市场准入限制，这些管制不仅包括具体的行业准入管制，而且也包括一些体制性矛盾，如审批手续复杂，成本高昂及现有行业垄断势力过于强大等①。因此，放松市场准入是促进民营经济发展的一个重要方面。因此，可以通过深化所有制改革降低行业准入门槛，要打破行业垄断，引导民营经济参与市场竞争。鼓励民营资本以混合所有制方式进入限制性领域，并可考虑通过建立完善政府特许经营制度推动民营企业市场准入的放松。

最后，要完善民营企业的融资体制。由于我国金融体制的制度性约束，民营企业在直接融资和间接融资方面都难以获得良好的支持。因此，扭转我国金融领域的体制性约束，拓宽民营经济的融资渠道就成为促进我国民营经济发展的另一个重要的举措。因此，可以通过扩大商业银行对民营企业的信贷支持、拓展民营企业的直接融资渠道、加大政府对中小型民营企业的融资支持等方式来解决民营企业的融资难题。

（2）以“国民待遇”理性对待外国直接投资。除了对民营企业的体制性歧视之外，对外商直接投资所赋予的“超国民待遇”是扭曲外资企业的激励机制，降低其结构升级和技术转移动机，进而导致其对服务业发展的积极效应遭到弱化的另一个制度性根源。而改善的关键则在于消除外资所享有的“超国民待遇”，为内外资企业营造一个公平的市场竞争环境。首先，应当正确看待外资在国民经济发展中的作用，避免对外资盲目追捧和盲目排斥的现象出现，并以平等的眼光来统一看待外资企业和国内企业；其次，要统一内外资企业相关的税收法规和政策，实现政策上的国民待遇。与此同时，消除外资的“超国民待遇”并不意味着拒绝政策的导向作用，在目前的情况下，借助一定的政策倾斜来扶持和鼓励落后地区及一些支柱产业的发展仍然是必要的，但应当保证这些措施也应当对国内企业一体实行。

（3）以市场化改革减少寻租。垄断利益和制度租金不仅是资源分配领域非市场化行为的集中表现，同时也会使企业面临错误的激励信号，压抑技术创新在增强企业竞争能力与发展能力中的价值。因此，要从根本上激发企业的创新动力，也要改变目前经济中存在的不合理激励信号，以市场化改革的方式减少企业的寻租行为。首先，要以市场化改革消除经济中存在的垄断因素，破除由此产生的不合理的垄断利润；其次，要通过市场化改革消除权力寻租，铲除腐败行为和

① 程春生．民营企业营商环境优化建议［J］．合作经济与科技，2018（2）：136－137.

灰色收入产生的土壤；最后，还应当进一步加强法制建设和廉政建设，维护正常的市场原则和市场竞争秩序，减少违法收入和灰色收入产生的可能。

2. 健全完善要素市场

如前文所述，不完善的要素市场不仅是我国经济市场化程度不足的重要表现，也是制约国内外企业追求产业结构升级和技术进步效果，压抑境外投资对服务业发展的积极效应的发挥的关键性因素。因此，要从整体上提升服务业利用外资的层次和效率，也必须要针对要素市场存在的制度性缺陷进行调整和变革。

（1）深化金融体制市场化改革。金融体系的运行效率在很大程度上决定了经济中技术创新活动的多寡和效率。在我国渐进式的体制改革中，金融领域的改革相对滞后许多。虽然近年来我国金融体制改革速度明显加快，但目前金融体系的运行效率仍不能满足我国经济进一步市场化改革的内在要求，必须进行进一步的改革。一方面，要积极推进利率市场化改革，提高金融资源的市场化配置水平；另一方面，彻底剥离银行业的行政功能，硬化国有企业预算约束。同时，应放松银行业对民营资本的限制，引入更多竞争，促进国有商业银行经营机制和内部治理的进一步完善。此外，推进证券市场结构改革，构建多层次资本市场为主体的直接融资体系也是完善金融体系的当务之急。

（2）完善劳动力市场化建设。除了因经济整体及金融体系市场化程度不足引发的融资成本歧视之外，因劳动力市场不健全和相关保障体系的缺失而造成的劳动者收入负向扭曲也为企业的经营决策传递了错误的禀赋信号，抑制了企业通过技术创新节约劳动成本投入，实现产业结构升级的动力。有鉴于此，提升劳动者收入分配在经济中的比重，消除劳动要素报酬的负向扭曲也是促进企业研发创新活动的另一个重要举措。一方面，要从根本上消除劳动力市场的价格扭曲，首先需要培育和建设统一的劳动力市场，可考虑通过推进户籍体制改革，提升农业劳动报酬，规范和发展劳动力市场第三方组织来完善统一的劳动力市场；另一方面，也需要通过提升社会保障标准和社会保障统筹层次，理顺政府和企业在社会保障职能中的职责划分来完善社会保障体系，增强劳动者的议价能力，缓解劳动力市场的价格扭曲。

（3）推进财税体制改革。前文的研究也表明，我国地区之间所存在的地方保护及由此造成的市场分割也是降低企业的研发创新动力、激发寻租行为，使外资流入的技术转移和溢出效应难以得到充分发挥的另一个原因所在。有鉴于此，要消除经济中所存在的地方保护现象，重塑以市场为基础的资源分配体制，在制度建设方面也需要对原有财税体制的弊端进行相应的调整和改革。比如，为了缓解地方财政紧张的局面，可以考虑对税源的分配进行重新调整，同时加大中央政府的财政转移支付力度，增加地方政府可支配的财政资源。又如，可以考虑加大中央财政对医疗、教育等具有显著共享性特征的保障支出的投入力度，这不仅可以避免因地方政府的“搭便车”动机导致的社会保障支出能力下降，而且也有助于缓解地方政府因承担过多的公共支出责任而造成的财政紧张局面。最后，还需要改变目前以 GDP 为核心的政绩考核体系，减少地方政府之间为追求 GDP 增长动机而进行的恶性竞争，必要的情况下可以将当地的民生与社会保障状况作为政绩考核标准，以此重树地方政府的激励。

第六章 中国服务企业融入国际市场的主要模式

一、服务业企业进入国际市场的一般模式

为了系统分析我国服务企业融入国际市场的模式、路径和战略选择，我们首先简单梳理一般情况下服务业企业融入国际市场的基本模式。总的来说，服务业企业进入国际市场与制造业企业进入国际市场的模式基本相同，即贸易和投资两种最基本形式。

FDI：在FDI模式下，服务业企业与制造业企业完全相同，进一步也可以分为绿地投资和跨国并购，根据组织形式又可以分为合伙、独资、分公司、子公司、控股等形式。

国际贸易：服务本身的无形性、难以储存性、即时性等特点，决定了服务贸易的定义和模式比有形的货物贸易复杂得多。GATS将服务贸易又分为四种细分模式：跨境交付、境外消费、商业存在和自然人流动。这种分类已为学术界普遍接受。本书在研究服务贸易时，也遵循这一分类原则。

服务外包：服务外包与国际服务贸易既有重合又略有不同。服务外包属于服务贸易，但是由于服务外包是一种特殊的服务贸易，而且在服务进出口中的份额越来越高，因此我们有必要单独分析服务外包模式的发展状况。《商务大辞典》认为，服务外包是指依据双方议定的成本、标准和条件的契约，把本由内部人员提供的服务交由外部组织承担的经营模式[①]。因此，服务外包并不等同于服务出售，比如消费者请理发师提供理发服务属于服务出售，但不属于服务外包，因为

① 黄运武，刘溰清，梁前德．商务大辞典［M］．北京：对外经济贸易出版社，1998.

理发这项服务并不是原本属于消费者自己提供的。根据外包的内容，我们可以把服务外包分为信息技术外包（ITO）、业务流程外包（BPO）和知识流程外包（KPO）；根据是否离岸，又可以分为在岸服务外包和离岸服务外包。离岸服务外包属于国际服务贸易的一部分，属于跨境交付贸易模式。在岸服务外包有的属于国际服务贸易，有的则不属于。发包方和承包方虽然在同一个国家或地区，如果双方分别属于不同的国家①，则属于国际服务贸易中的商业存在贸易模式。

二、中国服务业企业融入国际市场的主要模式

中国服务业企业融入国际市场也主要通过国际贸易和对外直接投资两种模式。其中，国际服务贸易同样也是以跨境交付、境外消费、商业存在和自然人流动四种模式。但在实际统计中，并没有将四种服务贸易模式完全分开统计，主要表现为除商业存在（外国附属机构服务贸易）之外的其他三种贸易模式合并统计，并体现在国际收支平衡表（Balance of Payment，BOP）中的经常账户中，称为服务进出口，而商业存在模式则单独统计。关于商业存在的外国附属机构服务贸易（Foreign Affiliate Trade in Services，FATS）数据，目前世界上只有少数国家进行统计，我国从2017年开始首次公布FATS数据资料，因此我国服务贸易数据只有BOP统计数据——服务进出口数据，FATS数据目前可以查到的只有2016年和2015年零星数据。鉴于上述情况，本书将从服务进出口（包括跨境交付、境外消费、自然人流动三种）、商业存在、服务外包和服务业对外直接投资四个方面分别描绘我国服务企业融入国际市场的模式②。

（一）服务进出口模式

服务进出口模式是指服务业国际贸易中除商业存在之外其他三种服务贸易模式。

1. 我国服务进出口整体在世界中的地位

图6－1是2018年世界服务业进出口总额排名前20位的国家（地区）在

① 即分属不同国家公民。

② 正如前文所述，服务外包与服务国际贸易既有重合又略有不同。虽然服务外包属于服务贸易，但是由于服务外包是一种特殊的服务贸易，而且在服务进出口中的份额越来越高，因此有必要专门分析服务外包模式的发展状况。

2010～2018 年服务进出口总额的变化情况。

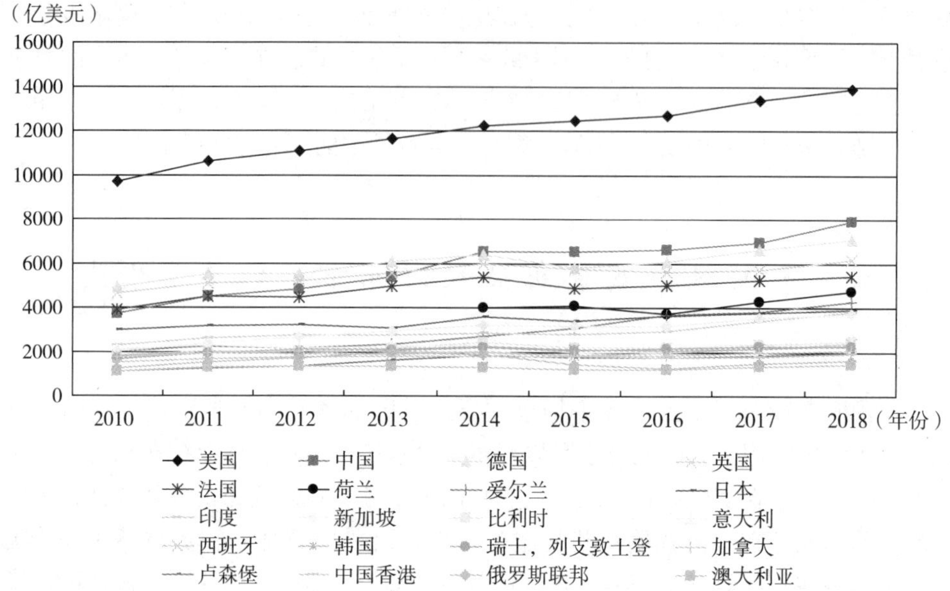

图 6－1　2010～2018 年主要国家（地区）服务业进出口总额（按 2018 年大小排序）

资料来源：根据 UNCTAD 整理。

从图 6－1 可以发现：

（1）我国服务业进出口总额在 2014 年一举超过英国和德国成为世界第二大服务业进出口国，并且至今一直占据世界第二大服务业进出口国的位置。

（2）我国服务业进出口总额与排名世界第一的美国差距很大。长期以来，美国的服务业进出口总额在世界上遥遥领先，2018 年美国服务进出口总额为 13876.35 亿美元，同年我国服务进出口总额为 7918.81 亿美元，是美国的 57.07%。

（3）虽然我国服务进出口额占据世界第二的位置，但是由于我国经济体量巨大，因此为了进一步分析我国服务业进出口在世界中的位置，我们进一步分析服务进出口额在 GDP 中的比重这一指标。表 6－1 给出了 2018 年 40 个主要国家（地区）的服务业进出口额占 GDP 比重。从中我们可以发现，2018 年我国服务进出口总额在 GDP 中的比重为 5.88%，世界平均水平为 13.55%，因此我国这一指标不及世界平均水平的一半，虽然我国服务进出口额位居世界第二，但是其在

GDP 中的比重在这 40 个国家（地区）中位列第 38，仅略高于巴西和墨西哥[①]。因此我国不能算作服务贸易强国，只能算是服务贸易大国。

表 6－1　2018 年主要国家（地区）服务业进出口总额占 GDP 比重（BPM6）

单位：%

排名	国家（地区）	比重	排名	国家（地区）	比重	排名	国家（地区）	比重	排名	国家（地区）	比重
1	卢森堡	289.63	11	希腊	29.49	21	中国台湾	17.84	31	土耳其	9.99
2	爱尔兰	116.13	12	泰国	28.44	22	德国	17.58	32	澳大利亚	9.97
3	新加坡	107.03	13	瑞典	25.55	23	西班牙	16.61	33	南非	8.61
4	中国香港	54.12	14	芬兰	24.51	24	新西兰	15.17	34	阿根廷	8.29
5	荷兰	52.02	15	葡萄牙	23.66	25	印度	14.22	35	日本	7.73
6	比利时	46.69	16	英国	22.01	26	韩国	13.76	36	美国	6.76
7	冰岛	40.64	17	以色列	21.95	27	沙特	13.35	37	印度尼西亚	6.26
8	丹麦	39.03	18	挪威	21.63	28	加拿大	11.87	38	中国	5.88
9	瑞士，列支敦士登	31.93	19	波兰	20.27	29	意大利	11.69	39	墨西哥	5.59
10	奥地利	30.16	20	法国	19.43	30	俄罗斯	10.13	40	巴西	5.34
世界		13.55									

资料来源：根据 UNCTAD 整理。

2. 我国服务出口在世界中的位置

（1）我国服务出口额在世界服务出口额中的比重。图 6－2 是 2018 年服务业出口规模排名前 20 位的国家（地区）2010～2018 年服务出口额在世界服务业出口额中的比重。从图 6－2 可以看出，2010～2018 年，每年占比最高的五个国家的位置始终没有变化，从高到低依次是美国、英国、德国、法国、中国，2018 年这五个国家服务出口额占世界服务出口额的比重分别为 14.11%、6.54%、5.84%、4.90% 和 4.54%。美国的服务业出口占世界服务业出口比重一直遥遥领先，其占比是第二位英国的 2 倍还要多，而我国服务业出口额 2010～2018 年一直位列世界第五。

① 根据 UNCTAD 有关资料计算分析。

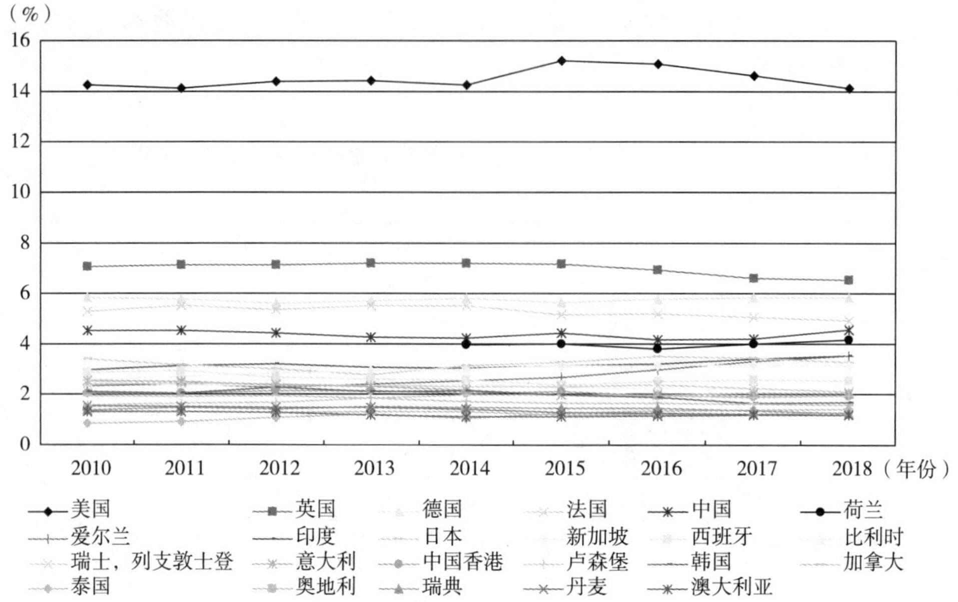

图6－2　2010～2018年主要国家（地区）服务业出口额在世界服务业出口额中的比重（按2018年大小排序）

资料来源：根据UNCTAD整理。

（2）服务出口额在GDP中比重。表6－2给出了2018年40个主要国家（地区）的服务出口额占GDP的比重。从表6－2我们可以发现，2018年我国服务出口额在GDP中的比重仅为1.98%，世界平均水平为6.92%，因此我国这一数值不及世界平均水平的1/3，虽然我国服务出口额位居世界第五，但是其在GDP中的比重在这40个国家（地区）中位列第39，与居第40名的巴西相当，通过这些事实我们可以初步判断我国服务出口能力相对较弱。

表6－2　2018年主要国家（地区）服务出口额占GDP比重（BPM6） 单位：%

排名	国家和地区	服务出口占GDP比重	排名	国家和地区	服务出口占GDP比重
1	卢森堡	164.35	5	荷兰	26.75
2	爱尔兰	56.44	6	冰岛	24.60
3	新加坡	53.09	7	比利时	23.01
4	中国香港	31.60	8	希腊	19.82

续表

排名	国家和地区	服务出口占GDP比重	排名	国家和地区	服务出口占GDP比重
9	丹麦	19.70	25	印度	7.68
10	瑞士，列支敦士登	17.37	26	土耳其	6.73
11	泰国	17.16	27	韩国	5.98
12	奥地利	16.53	28	意大利	5.80
13	葡萄牙	15.96	29	加拿大	5.36
14	英国	13.68	30	澳大利亚	4.87
15	以色列	13.60	31	南非	4.23
16	瑞典	13.19	32	俄罗斯	4.10
17	波兰	12.50	33	美国	4.04
18	芬兰	11.72	34	日本	3.78
19	西班牙	10.44	35	阿根廷	3.00
20	法国	10.31	36	印度尼西亚	2.78
21	挪威	9.77	37	墨西哥	2.44
22	德国	8.51	38	沙特	2.32
23	新西兰	8.42	39	中国	1.98
24	中国台湾	8.36	40	巴西	1.78
世界		6.92			

资料来源：根据 UNCTAD 整理。

（3）服务出口额在本国服务和货物总出口额中的比重。图 6－3 是选取的 2005～2017 年 47 个国家（地区）和世界平均水平服务出口额占服务和货物总出口额的比重，并以 2017 年的数据大小排序，服务出口占本国总出口比重最高的前 20 位国家和地区依次是中国澳门、卢森堡、冰岛、希腊、埃及、爱尔兰、英国、以色列、菲律宾、印度、丹麦、葡萄牙、美国、法国、西班牙、瑞典、芬兰、奥地利、新西兰、荷兰，2017 年这些国家服务出口额占本国总出口额的比重分别为 95.69%、83.45%、56.08%、50.59%、46.19%、46.17%、44.60%、43.03%、41.25%、37.69%、36.47%、36.03%、33.45%、31.08%、30.75%、30.62%、30.21%、29.76%、29.74%、29.54%，2017 年世界服务出口额占世界服务和货物总出口额的比重为 23.52%，而我国 2017 年这一比重为 9.33%，不及世界平均水平的一半，在列举的 47 国家和地区中仅高于伊朗和墨西哥，排名第 45 位①。

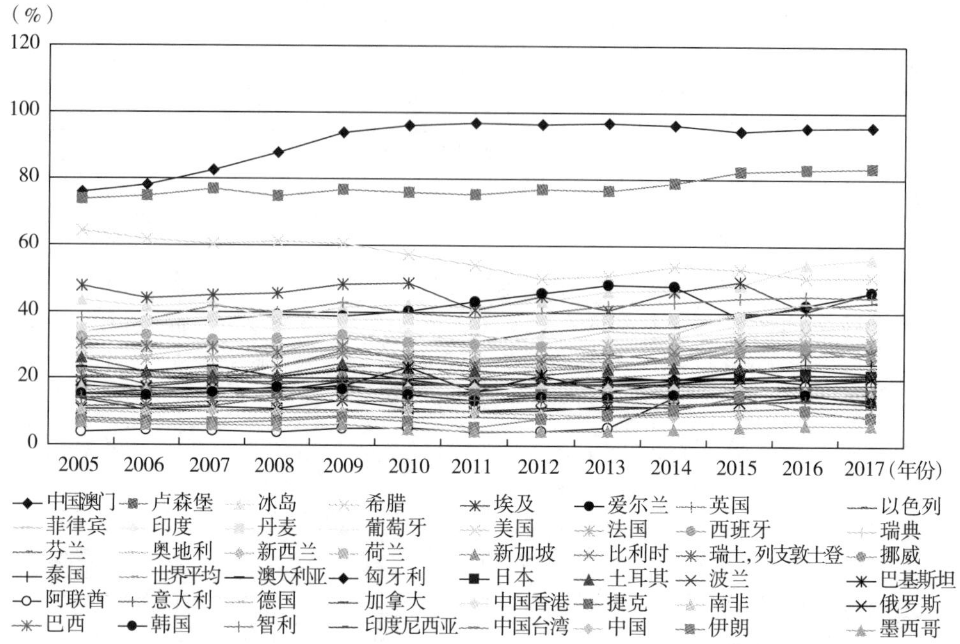

图 6-3 2005~2017 年部分国家（地区）和世界平均水平服务出口额占总出口额的比重（按 2017 年大小排序）

资料来源：根据 UNCTAD 整理。

3. 我国服务进口在世界中的位置

图 6-4 是 2018 年服务进口规模排名前 20 位的国家（地区）2010~2018 年服务进口额在世界服务业进口额中的比重。从图 6-4 可以看出，2018 年服务业进口额占世界服务进口额比重最高的国家依次是美国、中国、德国、法国和英国，2018 年这五个国家服务业出口占世界服务业出口的比重分别为 9.95%、9.34%、6.50%、4.54%和 4.16%。值得注意的是：

（1）在服务进口占世界服务进口的比重方面，2010 年至今，其他国家服务进口在世界服务进口中的比重相对稳定，而我国服务业进口在世界服务进口中比重迅速增长，正因为如此，虽然美国在服务进口规模方面仍然是世界第一，但是作为服务进口规模居第二位的中国与美国的差距很小，而且差距越来越小，可以

① 根据 UNCTAD 有关资料计算分析。

预判，以此趋势发展下去，我国很快会超过美国成为世界上进口服务最多的国家。

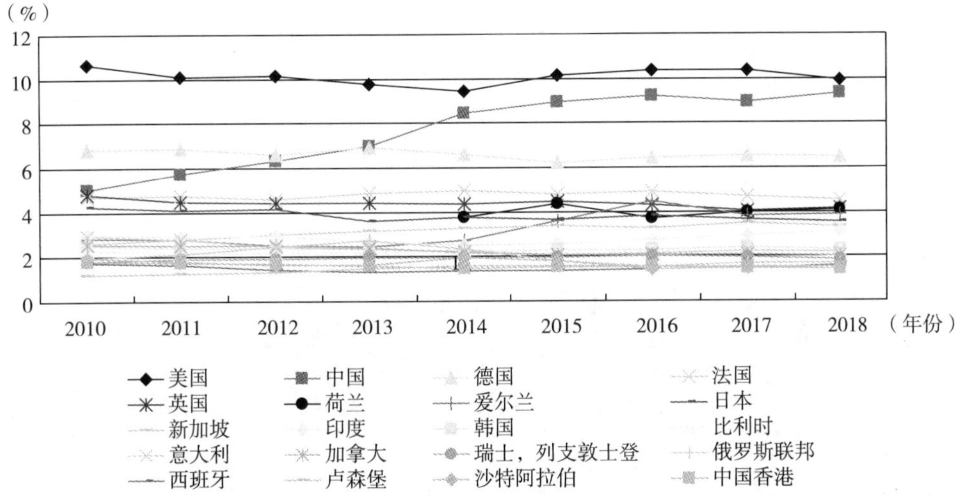

图 6－4　2010～2018 年主要国家（地区）服务业进口额在世界服务业进口额中的比重（按 2018 年大小排序）

资料来源：根据 UNCTAD 整理。

（2）在服务进口额占 GDP 比重方面，表 6－3 给出了 2018 年 40 个主要国家（地区）的服务进口额占 GDP 的比重。从表 6－3 可以发现，2018 年我国服务进口额在 GDP 中的比重为 3.9%，世界平均水平为 6.92%，在这 40 个国家（地区）中位列第 35。值得注意的是，美国服务进口额占 GDP 比重在这 40 个国家和地区中最低，为 2.73%，远低于其服务出口在 GDP 中的比重，这初步说明美国有较大的服务贸易顺差。

表 6－3　2018 年主要国家（地区）服务进口占 GDP 比重（BPM6）　单位：%

排名	国家（地区）	服务出口占 GDP 比重	排名	国家（地区）	服务出口占 GDP 比重
1	卢森堡	125.28	4	荷兰	25.27
2	爱尔兰	59.69	5	比利时	23.68
3	新加坡	53.94	6	中国香港	22.52

续表

排名	国家（地区）	服务出口占GDP比重	排名	国家（地区）	服务出口占GDP比重
7	丹麦	19.33	24	葡萄牙	7.7
8	冰岛	16.03	25	新西兰	6.75
9	瑞士，列支敦士登	14.55	26	印度	6.54
10	奥地利	13.63	27	加拿大	6.51
11	芬兰	12.79	28	西班牙	6.16
12	瑞典	12.36	29	俄罗斯	6.03
13	挪威	11.86	30	意大利	5.89
14	泰国	11.28	31	阿根廷	5.29
15	沙特	11.03	32	澳大利亚	5.1
16	希腊	9.67	33	南非	4.38
17	中国台湾	9.49	34	日本	3.94
18	法国	9.13	35	中国	3.9
19	德国	9.07	36	巴西	3.56
20	以色列	8.36	37	印度尼西亚	3.48
21	英国	8.33	38	土耳其	3.26
22	韩国	7.78	39	墨西哥	3.15
23	波兰	7.78	40	美国	2.73
世界		6.63			

资料来源：根据 UNCTAD 整理。

（3）服务进口额在服务和货物总进口额中的比重。图 6－5 是 2005～2017 年部分国家（地区）和世界平均水平服务进口额占总进口额的比重，并按照 2017 年的数值从大到小排序，我们从中可以发现，服务进口额在服务和货物进口总额中的比重最高的 20 个国家（地区）从大到小依次是卢森堡、爱尔兰、丹麦、挪威、冰岛、新加坡、荷兰、芬兰、瑞典、巴西、以色列、中国澳门、法国、比利时、瑞士（含列支敦士登）、俄罗斯、阿联酋、奥地利、英国、印度，其比重分别是 76.33%、67.43%、39.58%、37.55%、36.48%、35.37%、32.35%、32.11%、30.87%、30.84%、29.80%、28.37%、28.36%、27.77%、27.62%、27.13%、26.87%、26.01%、26.00%、25.41%。这一指标的世界平均水平为 23.35%，我国服务进口在总进口额中的比重为 21.18%，略低于世界平均水平，在选取的 47 个国家和地区中排第 28 位，与同为经济大国的日本、德国、美国水平相当①。

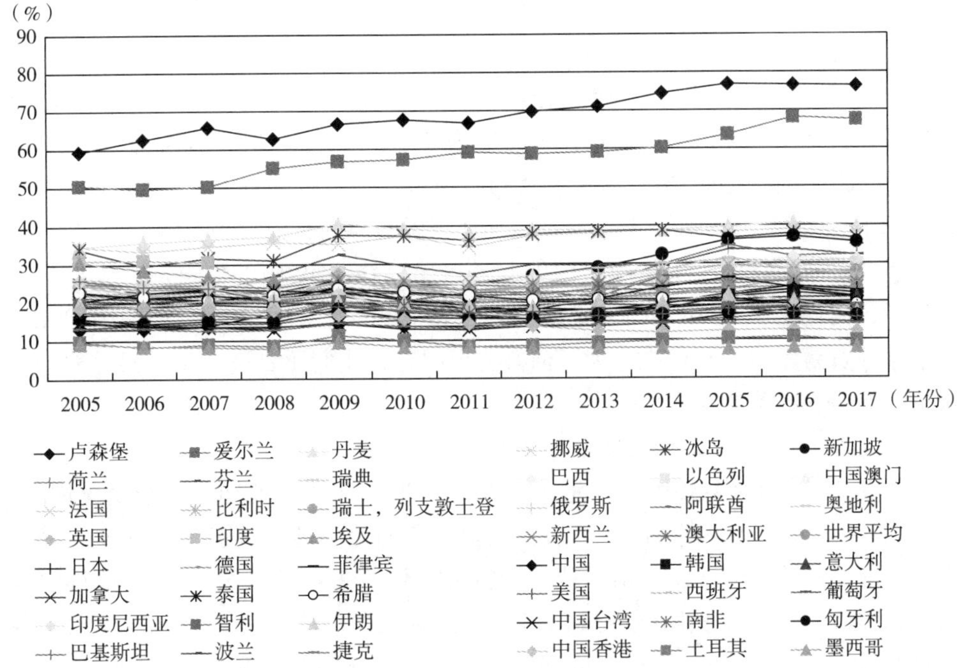

图 6－5　2005～2017 年部分国家（地区）和世界平均水平服务进口额占总进口额的比重（按 2017 年大小排序）

资料来源：根据 UNCTAD 数据库整理。

综合以上三个方面，我国服务进出口呈现以下特点：

第一，从绝对数量来看，我国服务出口额在世界排第五位，美国遥遥领先；服务进口额仅次于美国位居世界第二并与美国规模相差不大；服务进出口总额，我国位居第二，但与第一位的美国差距较大，2018 年我国服务进出口总额是美国的 57.07%。

第二，由于不同国家经济总量差距较大，美国、中国经济体量巨大，其他国家经济体量相对较小，因此我们不能只考察服务进出口额的绝对量，还要考察其相对量——服务业进出口额占 GDP 的比重、服务出口额在总出口额中的比重和

① 根据 UNCTAD 有关资料计算分析。

服务进口额在总进口额中的比重。通过服务业进出口额占 GDP 的比重发现，2018 年中国服务进出口总额、出口额、进口额在 GDP 中的占比分别是 5.88%、1.98% 和 3.9%，均低于世界平均水平的 13.55%、6.92% 和 6.63%，在 40 个主要国家（地区）中的排名分别是第 38、第 39 和第 35，同样作为经济大国的美国这三者指标的数值分别为 6.76%、4.04% 和 2.73%，同样也低于世界平均水平，在 40 个主要国家（地区）中排名分别是第 36、第 33 和第 40。另外，我国服务出口额在服务和货物总出口额中的比重为 9.33%，显著低于世界平均水平的 23.52%，我国服务进口额在服务和货物总进口额中的比重为 21.18%，略低于世界平均水平的 23.35%。以上这几点也都初步说明我国服务贸易整体竞争力不足。

进一步的问题是，中国和美国的服务进出口在 GDP 中的比重都低于世界平均水平，而且在 40 个主要国家（地区）中排名相对靠后，是不是说明中国和美国的服务贸易竞争力相似呢？为了回答这个问题，我们还要进一步考察另外一个重要指标——服务的净出口。

4. 我国是世界上最大的服务进出口逆差国

图 6－6 所示为主要国家（地区）2010～2018 年服务业净出口额变化情况，通过图 6－6 可以发现，我国服务进出口贸易长期处于逆差状态。2018 年，我国服务进出口逆差是位于逆差第二位的沙特阿拉伯的 3.85 倍。另外特别值得注意的是，2010～2018 年我国服务进出口逆差持续快速增长。长期以来，美国服务贸易顺差一直遥遥领先，顺差位于第 2～6 位的分别是英国、西班牙、法国、中国香港和印度，同时英国的服务进出口顺差优势也比较显著。这些事实说明，总体上，我国服务贸易国际竞争力较弱，而美国、英国服务贸易竞争力强，西班牙、法国、中国香港、印度、泰国、卢森堡、波兰等国的服务贸易竞争力较强①。

为了进一步认识我国服务进出口历史变迁情况，我们将时间向前拉长至 1982 年。图 6－7、图 6－8 分别是 1982～2018 年中国服务业除商业存在模式之外的其他三种贸易模式——服务进出口规模及其在 GDP 中的占比历史变迁。根据图 6－7、图 6－8 中服务进出口所表现出的特征，我们将 1982～2018 年分为四个阶段，依次是 1982～1989 年、1990～1995 年、1996～2009 年、2010～2018 年，服务进出口在这四个阶段从绝对数额、占 GDP 比重和是否显著为逆差方面表现出了明显的不同，具体分析参见表 6－4。

① 根据 UNCTAD 有关资料计算分析。

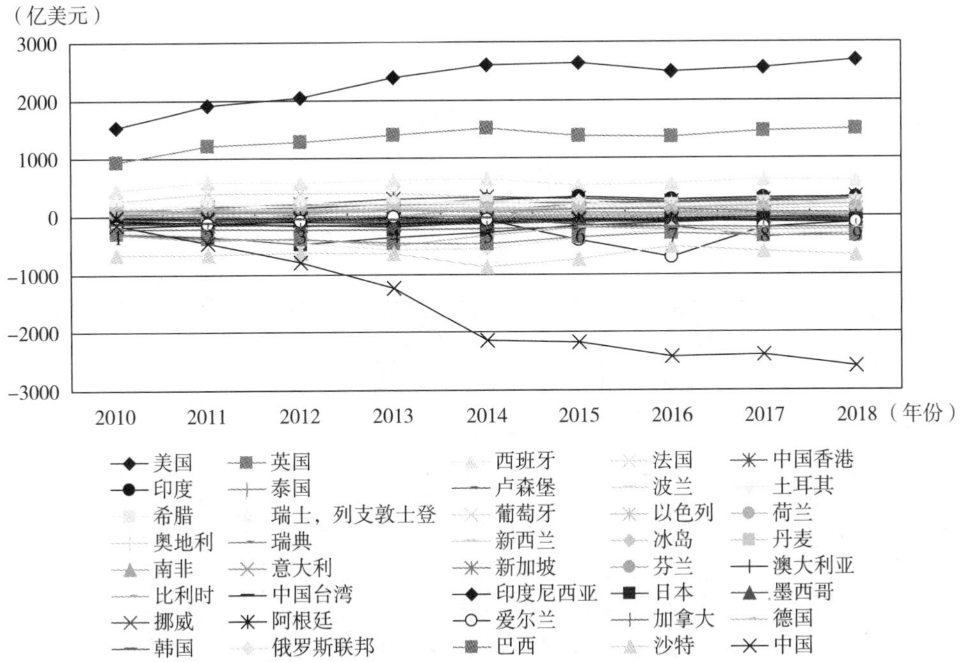

图 6-6　2010～2018 年主要国家（地区）服务业净出口额（按 2018 年大小排序）

资料来源：根据 UNCTAD 整理。

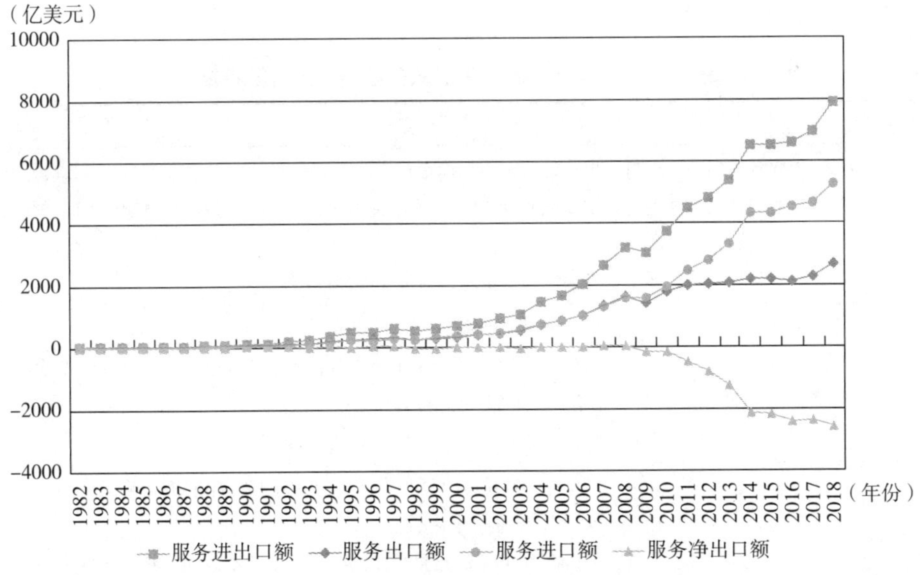

图 6-7　1982～2018 年中国历年服务进出口额

资料来源：中国商务部。

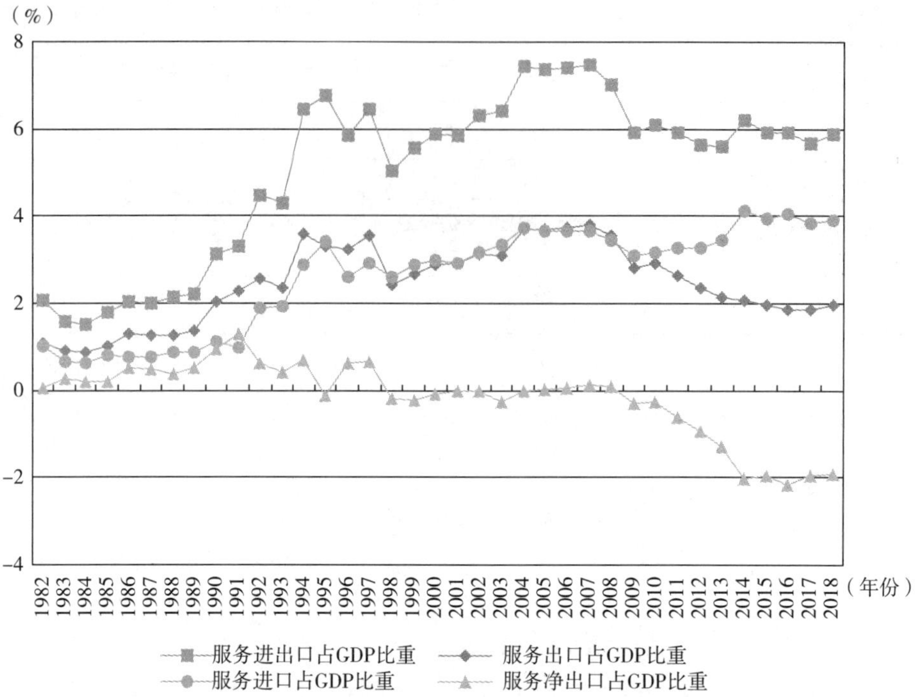

图 6 – 8　1982 ~ 2018 年中国历年服务进出口额在 GDP 中的比重

资料来源：根据 UNCTAD 整理。

表 6 – 4　1982 ~ 2018 年我国服务进出口分阶段特征

阶段	特征
1982 ~ 1989 年	①服务进出口、进口、出口绝对额小且稳定； ②服务进出口、进口、出口在 GDP 中的占比小且稳定，其中服务进出口总额在 GDP 中的比重在 2% 左右； ③服务进出口存在小幅顺差，顺差年均占 GDP 比重为 0.33%
1990 ~ 1995 年	①服务进出口、进口、出口绝对额迅速上升； ②服务进出口、进口、出口在 GDP 中的比重迅速上升，其中服务进出口总额在 GDP 中的比重从 1989 年末的 2.21% 增长到 1995 年的 6.75%； ③服务进出口存在明显顺差，顺差年均占 GDP 比重为 0.64%
1996 ~ 2009 年	①服务进出口、进口、出口绝对额总体上稳步增长，但在亚洲金融危机和美国金融危机时期绝对额曾下降； ②服务进出口、进口、出口在 GDP 中的比重总体上稳定，但波动较大，其中服务进出口总额在 GDP 中的比重平均为 6.43%； ③服务进出口既无明显顺差也无明显逆差

续表

阶段	特征
2010～2018年	①服务进出口、进口绝对额总体上稳步增长，出口额缓慢增长； ②服务进出口在GDP中的比重稳定，年均占比为5.87%，而服务出口在GDP中的比重显著下降的同时服务进口在GDP中的比重显著上升； ③服务进出口逆差显著增加，逆差占GDP比重年均为1.46%

资料来源：笔者总结。

从分析服务净出口的视角看，1982～2018年可以分为三个明显的阶段：第一阶段是1982～1997年，这一阶段除1995年有很小的逆差之外，其余年份均存在显著顺差；第二阶段是1998～2008年，这一阶段服务进口和出口额基本相当，也就是说既无明显逆差也无明显顺差；第三阶段是2009年至今，这一阶段我国服务业进出口逆差持续显著扩大，因此总体上目前我国服务贸易国际竞争力明显不足。

5. 服务进出口逆差行业分布及其原因

我国服务进出口逆差主要来自哪些行业呢？接下来我们进一步分析服务进出口的行业结构。表6－5是2017年我国服务业按行业分类统计的进出口额及其占比情况①。从表6－5可以看出，我国服务出口排在前三位的行业依次是其他商业服务、旅行和运输，这三个行业出口额占整个服务业出口额的比重分别为26.96%、16.97%和16.26%。进口额排在前三位的行业依次是旅行、运输和其他商业服务，比重分别为54.49%、19.87%和9.17%。贸易逆差最多的三个行业分别是旅行、运输和知识产权使用费，这三个行业占贸易逆差的比重分别为90.23%、23.3%和9.94%②。

表6－5 2017年我国服务分类进出口额及其占比 单位：亿美元，%

服务类别	进出口		出口		进口		贸易差额	
	金额	占比	金额	占比	金额	占比	金额	占比
总计	6957	100	2281	100	4676	100	－2395	100
加工服务	183	2.63	181	7.94	2	0.04	179	－7.47

① 最近几年的行业占比情况与2017年类似。

② 根据UNCTAD有关资料计算分析。

续表

服务类别	进出口		出口		进口		贸易差额	
	金额	占比	金额	占比	金额	占比	金额	占比
维护和维修服务	82	1.179	59	2.59	23	0.49	36	-1.50
运输	1300	18.69	371	16.26	929	19.87	-558	23.30
旅行	2935	42.19	387	16.97	2548	54.49	-2161	90.23
建筑	325	4.67	240	10.52	86	1.84	154	-6.43
保险和养老金服务	145	2.08	40	1.754	104	2.22	-64	2.67
金融服务	53	0.76	37	1.62	16	0.34	21	-0.88
知识产权使用费	333	4.79	48	2.10	286	6.12	-238	9.94
电信、计算机和信息服务	469	6.74	278	12.19	192	4.11	86	-3.6
其他商业服务	1044	15.01	615	26.96	429	9.17	186	-7.77
个人、文化和娱乐服务	35	0.50	8	0.35	28	0.60	-20	0.84
别处未提及的政府服务	52	0.75	17	0.75	35	0.75	-18	0.75

资料来源：根据 UNCTAD 整理。

旅行之所以成为服务贸易逆差最大的行业，主要原因有以下两点：

第一，近年来随着我国经济和居民收入的增长，我国消费者出国旅游、访问交流、留学、医疗、购物快速增长，从 2013 年开始已经连续六年保持世界第一大出境旅游消费国的位置且遥遥领先，通过表 6-6 可以看出，2015 年和 2016 年中国出境旅游消费支出分别为 2498 亿美元和 2611 亿美元，是同期第二位美国的 2 倍还要多，我国占世界旅游消费支出份额的 20% 以上。

表 6-6 国际旅游支出前十位国家支出金额及其份额

排名	国家（地区）	金额（十亿美元）		份额（%）
		2015 年	2016 年	2015 年
1	中国	249.8	261.1	20.9
2	美国	112.9	121.5	9.5
3	德国	77.5	81.1	6.5
4	英国	63.3	63.6	5.3

续表

排名	国家（地区）	金额（十亿美元）		份额（%）
		2015 年	2016 年	2015 年
5	法国	38.4	40.9	3.2
6	加拿大	30.1	29.1	2.5
7	韩国	25.3	26.6	2.1
8	澳大利亚	23.8	25.3	2.0
9	意大利	24.4	24.7	2.0
10	中国香港	23.1	24.1	1.9

资料来源：世界旅游组织（UNWTO）。

第二，我国旅游业国际竞争力不足，如表6－7所示，世界经济论坛（WEF）2017年最新出版的《旅行及观光竞争力报告2017》显示，旅行及观光竞争力排在前20位的国家和地区依次是西班牙、法国、德国、日本、英国、美国、澳大利亚、意大利、加拿大、瑞士、中国香港、奥地利、新加坡、葡萄牙、中国、新西兰、荷兰、挪威、韩国、瑞典，我国旅行及观光竞争力指数在136个国家和地区中排名第15位。旅行及观光竞争力指数由14个一级指标组成，在这14个一级指标里，我国具有竞争力的指标是文化资源与商务旅游、自然资源，这两个指标的世界排名分别为第1和第5名，这说明我国是一个旅游资源大国，但同时也反映出了我国旅游业综合竞争力与旅游资源大国地位的不相匹配。另外，在旅行及观光竞争力综合排名前20位的国家和地区中，我国的旅行及观光价格竞争力都明显优于其他国家，而且其他19个国家的价格竞争力排名都非常靠后，但这并不影响这些国家的综合竞争力排名，因此价格之外其他许多影响旅行观光的指标非常重要。影响我国旅游业综合竞争力指数的主要是环境可持续性、安全防范、商业环境、旅游服务基础设施、国际开放度，我国的这五个指标在世界136个国家和地区中的排名分别是第132、第95、第92、第92、第72。

运输行业方面，货物国际贸易需要运输行业配套，我国货物贸易从2009年开始成为世界最大出口国（见图6－9），而且自2012年以来我国就一直占据着货物贸易顺差第一大国的位置（见图6－10），这两方面本应使我国成为运输服务贸易的顺差国，但事实却正好相反。究其原因主要是外贸企业大量按照FOB（Free on Board，离岸价格）条款出口、CIF（Cost，Insurance and Freight，成本费加保险费加运费）条款进口，两者的一个主要区别是FOB出口方式由买方负责货物的运输和保险，而CIF进口方式则是由卖方负责货物的运输和保险，因此这种货物贸易模式使我国进出口货物的运输权及其保险服务没有掌握在自己手中，导致货物出口越多反而运输服务进口越多。

表 6－7　2017 年旅行及观光竞争力指数综合排名前 20 位国家（地区）的各项指标排名

国家和地区	综合排名	文化资源与商务旅游	地面和港口基础设施	自然资源	商业环境	ICT 基础设施	旅游业的优先程度	旅游服务基础设施	环境可持续性	健康与卫生	航空运输基础设施	人力资源与劳动力市场	价格竞争力	国际开放度	安全防范
西班牙	1	2	15	9	75	29	5	2	31	24	9	34	98	43	18
法国	2	3	7	13	46	20	27	17	17	14	13	28	118	19	67
德国	3	6	5	35	18	21	52	9	7	1	10	7	115	18	51
日本	4	4	10	26	20	10	18	29	45	17	18	20	94	10	26
英国	5	7	11	16	4	135	38	12	24	49	8	12	20	7	78
美国	6	13	26	10	16	106	20	3	115	56	2	13	38	19	84
澳大利亚	7	11	53	6	31	128	32	8	38	32	4	29	2	18	22
意大利	8	5	22	12	121	124	75	11	37	30	23	67	29	37	70
加拿大	9	15	43	19	23	97	43	10	20	59	1	14	61	28	23
瑞士	10	35	4	43	3	136	13	6	1	13	11	2	30	3	8
中国香港	11	31	1	49	1	113	9	60	53	12	5	16	47	1	5
奥地利	12	29	12	29	34	125	19	1	2	3	33	9	39	22	14
新加坡	13	28	2	103	2	91	2	24	51	62	6	5	1	14	6
葡萄牙	14	18	39	38	54	73	14	4	47	27	31	27	22	41	11
中国	15	1	44	5	92	38	50	92	132	67	24	25	72	64	95
新西兰	16	44	50	21	8	104	11	19	19	54	15	10	5	17	13
荷兰	17	21	3	119	13	117	57	40	9	29	10	11	16	13	19
挪威	18	47	55	30	10	131	25	23	3	22	7	4	36	5	7
韩国	19	12	17	114	44	88	63	50	63	20	27	43	14	8	37
瑞典	20	32	25	65	15	120	64	34	6	35	19	8	34	4	16

资料来源：《旅行及观光竞争力报告 2017》。部分数据转引自张静，朱红兵．近十年中国旅游业国际竞争力评价研究[J]．黑龙江工业学院学报（综合版），2018，18（3）：87－93.

知识产权方面，单从进口额和出口额来看，知识产权都未能排进数额最大前三个行业，但是从净出口来看，我国知识产权却成为服务进出口第三大逆差来源行业，这主要是我国在核心技术方面落后于发达国家、国际知名品牌和商标相对缺乏所致。

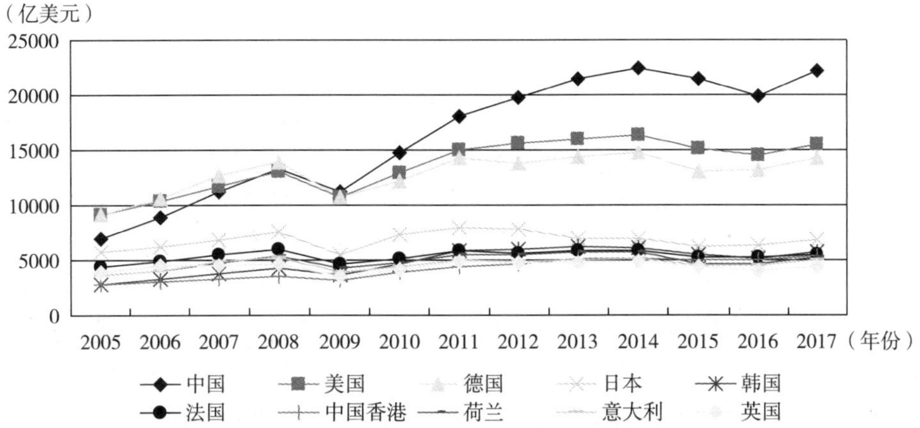

图 6-9　2005~2017 年货物出口前十位国家（地区）出口额（按 2017 年大小排序）

资料来源：根据 UNCTAD 整理。

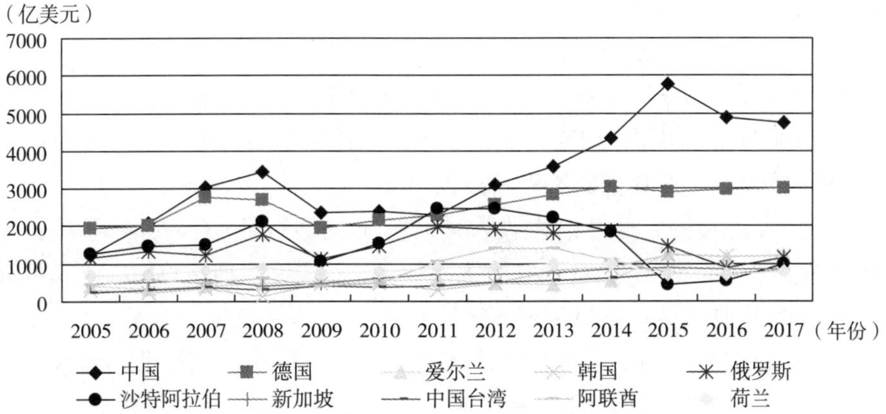

图 6-10　2005~2017 年货物顺差前十位国家（地区）顺差额（按 2017 年大小排序）

资料来源：根据 UNCTAD 整理。

以上分析的是我国服务进出口在世界中的位置及其历史变迁过程。服务进出口指的是服务贸易中的跨境交付模式、境外消费和自然人流动三种模式共同形成的服务进出口，而至于这三种形式各自的额度和占比，限于数据可得性不能进一步细化，但是我们可以推断出跨境交付在三种模式中所占的比重最大，其原因分析详见本节“（三）离岸服务外包模式”。

（二）商业存在服务贸易模式

商业存在服务贸易统计体现在FATS的统计上，FATS分为外向FATS和内向FATS。外向FATS又称为出口FATS，是本国在国外的附属机构提供的服务；内向FAT则是外国附属机构在本国提供的服务。FAT统计包含外国附属机构的全部交易，包括跨境交易和非跨境交易，但核心是非跨境交易，即附属机构在东道国的交易。FATS反映的不仅是投资状况，更主要的是贸易利益，因此与FDI统计不同，只有外国投资比例在50%以上的外国附属机构的销售情况才被FATS统计①。

由于数据可得性的限制，很少有文献分析服务贸易中商业存在表现出来的贸易竞争力，绝大部分文献主要以BOP经常账户中的服务业进出口数据分析服务业贸易竞争力，因此我们这里专门分析服务贸易的重要模式——FATS所表现出来的贸易竞争力。我国目前仅公布了2015年和2016年的FATS数据，为了能够有效利用这有限的数据，我们分别分析这两年的FATS情况。

1. FATS总体竞争力分析

我们分别从企业数量、从业人员数量和销售收入总额三个方面对比外向FATS和内向FATS的整体情况。

（1）2016年的情况。通过表6-8、表6-9可以看出：

第一，企业数量方面，2016年我国外向FATS销售收入排名前十位的行业企业总数为14324家，而内向FATS销售收入排名前十位的行业企业总数为118663家，是外向FATS企业数量的8.28倍。

第二，从业人员方面，销售收入排名前十位的行业中，内向FATS、外向FATS从业人员总数分别为537.70万人、97.01万人，内向FATS从业人员总数是外向FATS从业人员总数的5.54倍。

第三，销售收入方面，外向FATS销售收入排名前十位的行业销售收入总额为6407.48亿美元，内向FATS销售收入排名前十位的行业销售收入总额为8146.01亿美元，因此2016年我国以商业存在模式表现出的服务贸易逆差至少为1738.53亿美元，而在同年，BOP经常账户中我国服务业出口额为2095.29亿美元，进口额为4520.97亿美元，服务业进出口逆差为2425.68亿美元，所以2016年我国外向FATS额至少是服务出口额的3.06倍，内向FATS额至少是服务进口额的1.8倍。FATS逆差至少是BOP经常账户中服务业进出口逆差的71.67%。

① 夏杰长，谭洪波：服务贸易之商业存在：规模竞争力和行业特征［J］. 财经问题研究，2019（11）：14-22.

2016 年我国内向和外向 FATS 销售收入总额至少为 14553.49 亿美元，是同年我国 BOP 经常账户中服务业进出口总额 6616.25 亿美元的 2.2 倍。

表 6－8　2016 年中国外向 FATS 销售收入排名前十位行业

行业名称	企业数量（家）	销售收入（亿美元）	从业人员总数		
			总数（人）	中方（人）	中方占比（%）
租赁和商务服务业	3042	2706.98	226507	151551	66.91
建筑服务业	—	1575.69	372799	—	—
批发和零售业	6673	916.02	151490	56809	37.50
信息传输、计算机服务和软件业	1130	338.03	60639	43475	71.69
交通运输、仓储和邮政业	630	296.64	33561	15670	46.69
房地产业	594	279.45	44247	32449	73.34
居民服务、修理和其他服务业	615	111.41	6256	1341	21.44
科学研究和技术服务业	1056	95.67	46056	12906	28.02
农、林、牧、渔服务业	275	63.95	22115	4331	19.58
文化、体育和娱乐业	309	23.64	6444	950	14.74
合计	14324	6407.48	970114	319482	42.21

注：该数值不是十大行业合计的意思，而是十大行业平均的意思。

资料来源：中国商务部。

表 6－9　2016 年中国内向 FATS 销售收入排名前十位行业

行业名称	企业数量（家）	销售收入（亿美元）	利润总额（亿美元）	从业人员总数		
				总数（人）	外方（人）	外方占比（%）
租赁和商务服务业	24629	1899.72	276.60	709027	41141	5.80
房地产业	8215	1439.02	308.52	442491	8209	1.86
信息传输、计算机服务和软件业	8706	1368.28	301.48	842789	11474	1.36
批发和零售	49841	1298.10	219.19	1548941	56733	3.66
交通运输、仓储和邮政业	4884	759.07	62.13	290014	9255	3.19
金属制品、机械和设备维修业	5856	587.03	22.96	650895	10845	1.67
科学研究和技术服务业	8184	270.56	－6.73	252885	10179	4.03
住宿和餐饮业	3854	202.69	14.24	484004	5988	1.24
金融业	2762	163.84	43.78	97470	1749	1.79
建筑服务业	1732	157.70	14.03	58555	2420	4.13
合计	118663	8146.01	1256.2	5377071	157993	2.87

注：该数值不是十大行业合计的意思，而是十大行业平均的意思。

资料来源：中国商务部。

（2）2015年的情况。2015年的数据中，商务部公布了比2016年更少的行业数据，只公布了FATS销售收入排名前五位的行业数据，但公布了2015年所有行业FATS的总体指标，接下来我们借助销售收入排名前五位的行业FATS和服务业总的FATS数据推断2015年我国FATS整体情况。表6－10和表6－11分别是2015年我国外向FATS、内向FATS销售收入排名前五位行业的企业数量、销售收入和从业人员情况。通过表6－10和表6－11可以看出：

第一，2015年我国外向FATS企业总数为13775家，而内向FATS企业总数为99589家，是外向FATS企业数量的7.23倍。

第二，外向FATS、内向FATS从业人员总数分别为55万人、521万人，内向FATS从业人员总数是外向FATS从业人员总数的9.47倍。

第三，内向FATS销售总额为13896.02亿美元，外向FATS销售总额为8066.44亿美元，FATS逆差为5829.58亿美元。同年我国BOP经常账户服务业进口额为4355.4亿美元，出口额为2186.34亿美元，经常账户中服务业进出口逆差为2169.06亿美元。因此，2015年我国内向FATS额是服务业进口额的3.19倍，外向FATS额是服务业出口额的3.69倍，FATS逆差是BOP经常账户中服务业进出口逆差的2.68倍。2015年我国内向和外向FATS销售总额为21962.46亿美元，是同年我国BOP经常账户中服务进出口总额6541.74亿美元的3.36倍①。

表6－10　2015年中国外向FATS销售收入排名前五位行业

行业名称	企业数量（家）	销售收入（亿美元）	从业人员总数		
			总数（人）	中方（人）	中方占比（%）
批发和零售业	6782	4270.28	97315	58214	59.82
租赁和商务分服务业	2747	2691.54	244724	162924	66.57
房地产业	449	254.32	40223	32337	80.39
交通运输、仓储和邮政业	533	182.71	17407	8889	51.07
居民服务、修理和其他服务业	593	88.47	29665	21902	73.83
合计	11104	7487.32	429334	284266	66.34
所有服务行业总计	13775	8066.44	550000	320000	58.18

注：2015年只能查到销售收入排名前五位的行业FATS数据。

资料来源：根据中国商务部数据整理。

① 美国、欧盟FATS销售额约为服务进出口额的2倍，数据来自http：//www.sohu.com/a/152171075_157514。

表 6-11　2015 年中国内向 FATS 销售收入排名前五位行业

行业名称	企业数量（家）	销售收入（亿美元）	从业人员总数		
			总数（人）	中方（人）	中方占比（%）
租赁和商务服务业	20319	2195.91	744369	40635	5.46
房地产业	7987	1204.80	394859	7974	2.02
信息传输、计算机服务和软件业	8182	1312.38	835768	12029	1.44
批发和零售	42029	7009.83	1699175	49866	2.93
交通运输、仓储和邮政业	4615	787.20	341262	10248	3.00
前五位行业合计	83132	12510.11	4015433	120752	2.97
所有服务行业总计	99589	13896.02	5210000	146000	2.80

注：2015 年只能查到销售收入排名前五位的行业 FATS 数据。

资料来源：根据中国商务部数据整理。

通过上述 2016 年和 2015 年的分析我们可以得到以下结论：第一，在服务贸易的四种模式中，商业存在是我国国际服务贸易中规模最大的一种贸易模式，而且其规模大概是其他三种模式贸易规模的 2～3 倍。第二，无论是从企业数量、销售收入还是从业人员总数来看，我国 FATS 都存在较大规模的逆差，FATS 逆差总体上显著大于 BOP 经常账户中服务业进出口逆差。

2. FATS 细分行业竞争力分析

（1）2016 年的情况。从表 6-8、表 6-9 可以看出，我国外向 FATS 销售收入排名前十位的行业分别是租赁和商务服务业、建筑服务业、批发和零售业、信息传输/计算机服务和软件业、交通运输/仓储和邮政业、房地产业、居民服务/修理和其他服务业、科学研究和技术服务业、农林牧渔服务业、文化/体育和娱乐业，内向 FATS 排名前十位的分别是租赁和商务分服务业、房地产业、信息传输/计算机服务和软件业、批发和零售业、交通运输/仓储和邮政业、金属制品/机械和设备维修业、科学研究和技术服务业、住宿和餐饮业、金融业、建筑服务业。由于我国 FATS 数据统计和公布不完全，我们仅能获得内向和外向 FATS 销售收入排名前十位的行业，而且内向和外向 FATS 销售收入排名前十位的行业又不完全相同，所以我们仅能得到部分行业的 FATS 销售收入差额。根据表 6-12 的数据，我们可以确定的是，我国只有建筑服务业、租赁和商务服务业两个子行业存在 FATS 顺差，2016 年这两个行业的 FATS 顺差分别为 1417.99 亿美元和 807.27 亿美元。FATS 逆差最大的前四位行业依次是房地产业、信息传输/计算机服务和软件业、金属制品/机械和设备维修业、交通运输/仓储和邮政业、批发和零售业，它们的逆差分别为 1159.57 亿美元、1030.25 亿美元、563.39 亿美元①、462.43 亿美元、382.08 亿美元。根据服务业进出口贸易竞争力指数的定义，我们同样构造了 FATS 竞争力指数②并计算了 2016 年我国细分行业的 FATS 竞争力指数（见表 6－12）。从商业存在模式来看，2016 年我国服务贸易竞争力最强的是建筑服务业，其 FATS 竞争力指数为 0.82，居第二位的租赁和商务服务业略有竞争力优势，其 FATS 竞争力指数为 0.18。商业存在贸易竞争力最弱和较弱的行业依次是金属制品/机械和设备维修业、住宿和餐饮业、金融业、房地产业、信息传输/计算机服务和软件业、科学研究和技术服务业、交通运输/仓储和邮政业、批发和零售业，它们的 FATS 竞争力指数分别为 －0.92、－0.79、－0.75、－0.68、－0.60、－0.48、－0.44、－0.17。

表 6－12　2016 年我国部分行业内向、外向 FATS 销售收入及其差额

行业名称	外向 FATS 销售收入（亿美元）	内向 FATS 销售收入（亿美元）	差额（亿美元）	FATS 竞争力指数
租赁和商务服务业	2706.98	1899.72	807.26	0.18
建筑服务业	1575.69	157.70	1417.99	0.82
批发和零售业	916.02	1298.10	－382.08	－0.17
信息传输、计算机服务和软件业	338.03	1368.28	－1030.25	－0.60
交通运输、仓储和邮政业	296.64	759.07	－462.43	－0.44
房地产业	279.45	1439.02	－1159.57	－0.68
居民服务、修理和其他服务业	111.41	—	—	—
科学研究和技术服务业	95.67	270.55	－174.88	－0.48
农、林、牧、渔服务业	63.95	—	—	—
文化、体育和娱乐业	23.64	—	—	—
金属制品、机械和设备维修业	23.64*	587.03	－563.39	－0.92

① 该数据为最小保守估计值，即真实逆差比该估计值大，因为其对应的外向 FATS 销售额为最大保守估计值。

② 一般情况下，贸易竞争力指数是采用 BOP 经常账户中服务业进出口额来定义的。这里我们根据服务业进出口贸易竞争力指数的定义来构造商业存在意义上的贸易竞争力指数，称为 FATS 竞争力指数：$TC_{ij}^{FATS}=(FATS_{ij}^{O}-FATS_{ij}^{I})/(FATS_{ij}^{O}+FATS_{ij}^{I})$。其中，$TC_{ij}^{FATS}$ 表示国家 j 的行业 i 的 FATS 竞争力指数，$FATS_{ij}^{O}$、$FATS_{ij}^{I}$ 分别表示国家 j 的行业 i 的外向 FATS、内向 FATS 销售收入。根据定义，FATS 竞争力指数分布在 －1 到 1 之间，越接近 1 说明商业存在贸易竞争力越强，越接近 －1 说明商业存在贸易竞争力越弱。

续表

行业名称	外向 FATS 销售收入（亿美元）	内向 FATS 销售收入（亿美元）	差额（亿美元）	FATS 竞争力指数
住宿和餐饮业	23.64*	202.69	-179.05	-0.79
金融业	23.64*	163.84	-140.20	-0.75
合计	6407.49	8146.00	-1738.51	-0.12

注：表中*表示最大值估计，即真实数值不会超过该估计值，采用最大值估计是为了估计该行业逆差的最小值估计（保守估计）。

资料来源：中国商务部。

因此，从服务贸易的商业存在模式来看，2016 年我国服务贸易竞争力相对最强的是建筑服务业，其次是租赁和商务服务业，贸易竞争力较弱的行业依次是房地产业、信息传输/计算机服务和软件业、金属制品/机械和设备维修业、交通运输/仓储和邮政业、批发和零售业。

（2）2015 年的情况。表 6-10、表 6-11 分别是 2015 年我国外向 FATS 和内向 FATS 销售收入排名前五位的行业及其经营情况。从表 6-10、表 6-11 可以看出，我国外向 FATS 销售收入排名前五的行业依次是批发和零售业、租赁和商务服务业、房地产业、交通运输/仓储和邮政业、居民服务/修理和其他服务业，外向 FATS 销售收入排名前五的行业依次是租赁和商务分服务业、房地产业、信息传输/计算机服务和软件业、交通运输/仓储和邮政业、批发和零售业。根据表 6-13 中的数据，可以确定的是，只有租赁和商务服务业存在 FATS 顺差，其顺差为 495.63 亿美元。2016 年 FATS 竞争力最强的建筑服务业在 2015 年无论是内向还是外向 FATS 销售额都没有进入前五名的位置，因此我们无法确定和估计出 2015 年建筑服务业的内向、外向 FATS 差额及其竞争力指数。FATS 逆差最大的前几位行业依次是批发和零售业、信息传输/计算机服务和软件业、房地产业、交通运输/仓储和邮政业，它们的逆差分别为 2739.55 亿美元、1223.91 亿美元[①]、950.48 亿美元和 604.49 亿美元。从商业存在贸易竞争力来看，2015 年我国商业存在贸易竞争力相对较强的行业只有租赁和商务服务业，其 FATS 竞争力指数为 0.1，略有竞争力优势，贸易竞争力最弱和较弱的行业依次是信息传输/计算机服务和软件业、房地产业、交通运输/仓储和邮政业、批发和零售业，它

① 该数据为最小保守估计值，即真实值逆差比该数值大，因为其对应的外向 FATS 销售额为最大保守估计值。

们的 FATS 竞争力指数分别为 -0.87、-0.65、-0.62 和 -0.24（见表6-13）。

表6-13　2015 年我国部分行业内向、外向 FATS 销售收入及其差额

行业名称	外向 FATS 销售收入（亿美元）	内向 FATS 销售收入（亿美元）	差额（亿美元）	FATS 竞争力指数
批发和零售业	4270.28	7009.83	-2739.55	-0.24
租赁和商务服务业	2691.54	2195.91	495.63	0.10
房地产业	254.32	1204.80	-950.48	-0.65
交通运输、仓储和邮政业	182.71	787.20	-604.49	-0.62
居民服务、修理和其他服务业	88.47			
信息传输、计算机服务和软件业	88.47*	1312.38	-1223.91	-0.87
所有服务行业总计	8066.44	13896.02	-5829.58	-0.27

注：表中*表示最大值估计，即真实数值不会超过该估计值，采用最大值估计是为了估计该行业逆差的最小值估计（保守估计）。

资料来源：根据中国商务部有关数据整理。

3. 我国外向 FATS 从业人员的本土化程度严重偏低

先分析 2016 年。我国外向 FATS 销售收入排名前十位的行业中方从业人员占比平均为42.21%，而内向 FATS 销售收入排名前十位的行业外方从业人员占比平均仅为2.87%。进一步来看各个细分行业，在公布的十个行业中，我国各个行业的外向 FATS 中方从业人员占比都远远高于内向 FATS 外方从业人员占比，内向 FATS 外方从业人员占比最高的行业是租赁和商务服务业，但其比重只有5.8%，外向 FATS 中方从业人员占比最高的行业是房地产业，其比重高达71.69%，外向 FATS 中方从业人员占比最低的行业是文化、体育和娱乐业，占比为14.74%，远高于内向 FATS 外方从业人员占比最高的行业（见表6-8 和表6-9）。上述事实说明，无论是服务业整体，还是服务业细分行业，我国外向 FATS 从业人员本土化程度远远低于内向 FATS 从业人员的本土化程度。

再分析 2015 年。整体来看，我国外向 FATS 中方从业人员占比平均为58.18%，而内向 FATS 外方从业人员占比平均仅为2.8%，因此2015 年内向、外向 FATS 本土从业人员占比差距巨大。再看细分行业，在公布的五个销售收入最多的行业中，我国外向 FATS 中方从业人员占比最高的仍然是房地产业，其比重为80.39%，最低的是交通运输、仓储和邮政业，其比重为51.07%，而内向 FATS 外方从业人员占比最高的租赁和商务服务业的比重也只有5.46%。2015 年的数据再次说明，无论是服务业整体，还是服务业细分行业，我国外向 FATS 中方从业人员比重远远高于内向 FATS 外方从业人员比重，也就是说我国外向 FATS 的从业人员本土化程度远远低于内向 FATS 的从业人员本土化程度。

4. 我国外向 FATS 区域分布

仅有的 2016 年 FATS 地域分布数据显示，2016 年我国外向 FATS 销售收入最多的十个国家和地区依次是中国香港、新加坡、开曼群岛、英国、英属维尔京群岛、沙特阿拉伯、美国、阿尔及利亚、巴基斯坦和哈萨克斯坦。其中，中国内地在中国香港地区的外向 FATS 规模占绝对优势，2016 年中国内地在香港地区的 FATS 销售收入占前十位国家和地区 FATS 销售收入的 65.23%（见表 6－14）。

表 6－14　2016 年我国外向 FATS 销售收入排名前十的国家（地区）

序号	国家和地区	企业数量（家）	企业数量占比（%）	销售收入（亿美元）	销售收入占比（%）
1	中国香港	6466	65.13	3288.38	65.25
2	新加坡	407	4.10	517.86	10.27
3	开曼群岛	161	1.62	302.65	6.00
4	英国	156	1.57	299.53	5.94
5	英属维尔京群岛	389	3.92	199.18	3.95
6	沙特阿拉伯	29	0.29	102.37	2.03
7	美国	2163	21.78	101.41	2.01
8	阿尔及利亚	27	0.27	93.82	1.86
9	巴基斯坦	34	0.34	80.77	1.60
10	哈萨克斯坦	97	0.98	55.16	1.09

注：本表中的占比指的是在这十个国家和地区中的占比。

资料来源：中国商务部。

（三）离岸服务外包模式

离岸服务外包是服务跨境交付的一种模式，而跨境交付又是服务进出口中的主要模式。鉴于离岸服务外包是服务贸易中一种特别又重要的贸易方式，这里单独分析我国服务业“走出去”过程中的离岸服务外包模式。

近年来我国离岸服务外包发展呈现以下特点。

1. 我国离岸服务外包发展迅猛

我国离岸服务外包执行金额从 2011 年的 238.3 亿美元增长到 2017 年的

796.7 亿美元，2011～2017 年平均增长率为 22%（见图 6-11）。数据资料显示，2017 年离岸服务外包占新兴服务出口比重达到 73.3%[①]，对服务出口增长的贡献率达到 46%[②]。我国离岸服务外包在服务出口额中的比重显著增长，从 2011 年的 11.86% 增长至 2017 的 34.93%（见图 6-11）。这也进一步说明了在服务出口中，跨境交付模式所占的比重不断上升并已逐渐成为服务出口的主要模式。因为离岸服务外包本身就是跨境交付的一种模式，除了离岸服务外包之外还有跨国咨询服务、跨境远程教育、跨国法律服务等，而我国离岸服务外包 2017 年在服务出口中的比重已经超过 1/3，因此我国整个跨境交付模式在服务出口中的比重应远远大于 1/3。

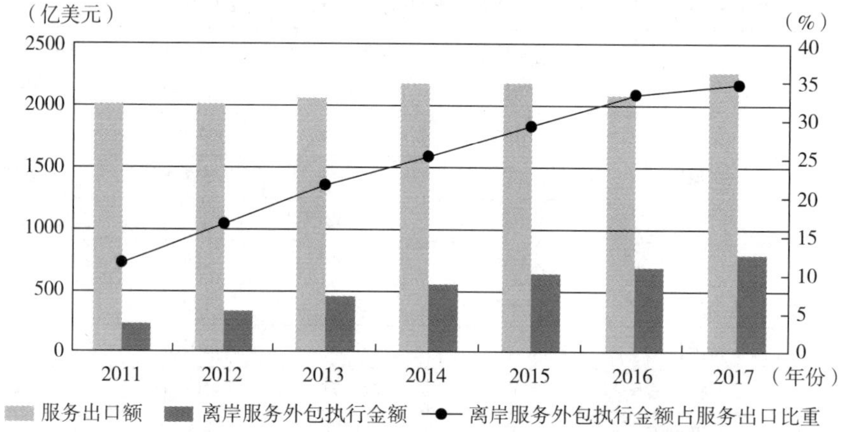

图 6-11　2011～2017 年中国服务出口额、离岸服务外包执行金额及其在服务出口中的比重

资料来源：根据 UNCTAD 数据库和相应各年《中国商务年鉴》整理。

2. 我国离岸服务外包在世界离岸服务外包中的比重连年上升

图 6-12 显示，我国离岸服务外包在世界离岸服务外包中的比重从 2011 年的 23.2% 增长至 2016 年的 32.9%，而同期我国服务出口在世界服务出口中的比重略有下降，从 2011 年的 4.56% 降至 2017 年的 4.26%，这一方面说明离岸服务外包在我国服务出口中的地位越来越重要，另一方面说明我国离岸外包在世界离

① 王晓红，柯建飞．全球服务贸易形势分析及展望［A］//国际经济分析与展望（2017～2018）［C］．中国国际经济交流中心，2018：23.

② 数据来自 https：//www.xianjichina.com/news/details_ 63104.html。

岸服务外包中的市场份额越来越大。近年来，我国离岸服务外包一直位居世界第二，并且与世界第一的印度的差距越来越小，未来几年有望超越印度成为世界最大的离岸服务外包市场。

3. 除离岸服务外包之外的其他服务出口模式在世界服务出口中的比重显著下降

图6－12显示，2011～2016年我国离岸服务外包执行金额在服务出口中的比重显著上升，同时，2011～2017年我国服务出口在世界中的占比却略微下降，这两组数据说明，我国除离岸服务外包之外的服务出口模式在世界服务出口中的比重在显著下降。

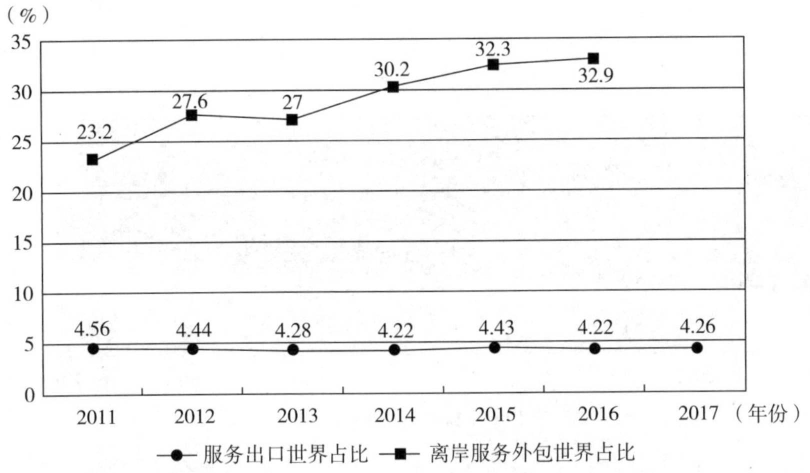

图6－12 2011～2017年中国服务出口和离岸外包世界占比

资料来源：根据中国商务部、UNCTAD数据库整理。

4. 离岸服务外包中ITO、BTO、KPO三种模式结构及增长分析

从表6－15、图6－13可以看出，ITO模式在离岸服务外包中所占的比重最大，但其比重却在连年下降，从2011年的58.18%下降至2017年的45.7%，BPO模式在离岸服务外包中的占比最小且比较稳定，2011～2017年基本维持在15%左右，KPO模式在离岸服务外包中的比重稳步增长，从2011年的25.8%增长到2017年的38.06%。三种模式的执行金额的增长速度平均来看，KPO增长速度快于另外两种模式的增长速度。

表 6 - 15　2011 ~ 2017 年我国三类离岸服务外包模式的执行金额及其增长率

年份	KPO（亿美元）	KPO 增长率（%）	BPO（亿美元）	BPO 增长率（%）	ITO（亿美元）	ITO 增长率（%）
2011	61.5	—	38.2	—	138.7	—
2012	95.6	55.45	52	36.13	188.7	36.05
2013	142.6	49.16	63.5	22.12	248	31.43
2014	186.7	30.93	79	24.41	293.5	18.35
2015	237.8	27.37	91.7	16.08	316.8	7.94
2016	257.1	8.12	116.6	27.15	330.5	4.32
2017	303.3	17.97	129.3	10.89	364.2	10.20

资料来源：中国商务部。

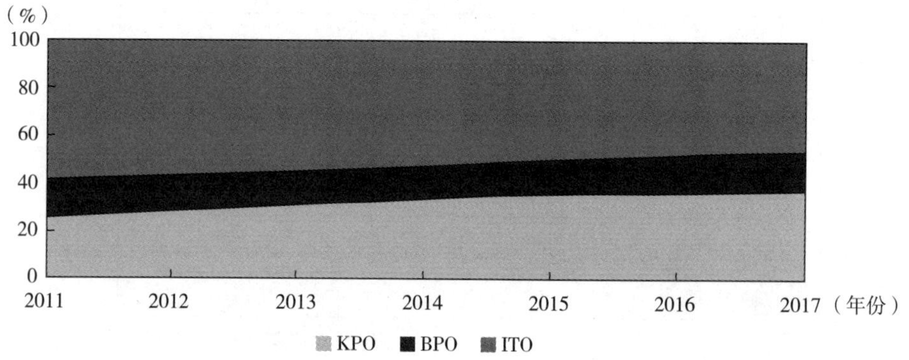

图 6 - 13　2011 ~ 2017 年我国离岸服务外包的三类模式结构变迁

资料来源：根据中国商务部数据库整理。

（四）对外直接投资模式

服务业对外直接投资与服务贸易中的商业存在既有联系又有区别。根据定义，商业存在是服务提供者在境外投资设立的附属机构为东道国或者第三国需求方提供服务的一种模式，这些附属机构包括子公司、分公司、分支机构等，如在境外设立的金融服务分支机构、律师事务所、会计师事务所、维修服务站等。在境外投资设立服务业附属机构本身属于服务业对外直接投资，但是在投资设立以后每年为东道国和第三国提供服务的过程则属于服务贸易中的商业存在。FDI 是我国服务企业融入国际市场的重要模式，本部分将专门分析我国服务业“走出去”过程中的对外直接投资模式。

1. 服务业对外直接投资是我国对外直接投资的主力军，而且我国对外直接投资投向服务业的比例明显高于世界平均水平

图 6 – 14 所示是我国 2010 ~ 2017 年对外直接投资三次产业占比变迁，我国服务业对外直接投资占对外直接投资总额的比重平均在 70% 以上，而第二产业的对外直接投资占比平均不足 30%，第一产业对外直接投资占比一直不足 2%，由此可见服务业对外直接投资是我国对外直接投资的主力军。图 6 – 15 所示是世界 2008 ~ 2017 年对外直接投资产业占比变迁，从世界范围来看，除 2010 年和 2011 年流入制造业的比重高于服务业之外，其他年份也都是流入服务业的 FDI 比重最高，2008 ~ 2017 年世界范围内平均流向服务业、制造业和农业的 FDI 比重分别为 48. 39%、43. 06% 和 8. 56%，因此相对于世界对外直接投资产业结构，我国对外直接投资流向服务业的比重明显高于世界平均水平。

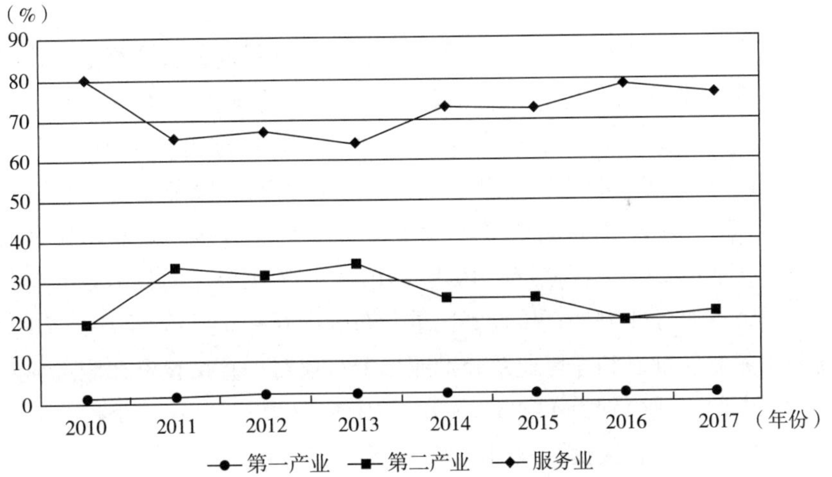

图 6 – 14　2010 ~ 2017 年中国对外直接投资三次产业占比

资料来源：根据相应各年《中国对外直接投资统计公报》整理。

2. 从投资流量看服务业对外直接投资的行业分布

近年来，服务业对外直接投资最多的前三个行业分别是租赁和商务服务业、批发和零售业及金融业，这三个行业的对外直接投资占据了我国 2010 ~ 2017 年服务业对外直接投资额的近八成。表 6 – 16 是中国 2010 ~ 2017 年合计的各行业对外直接投资额及其在同期我国总对外直接投资额中的比重。通过表 6 – 16 可以

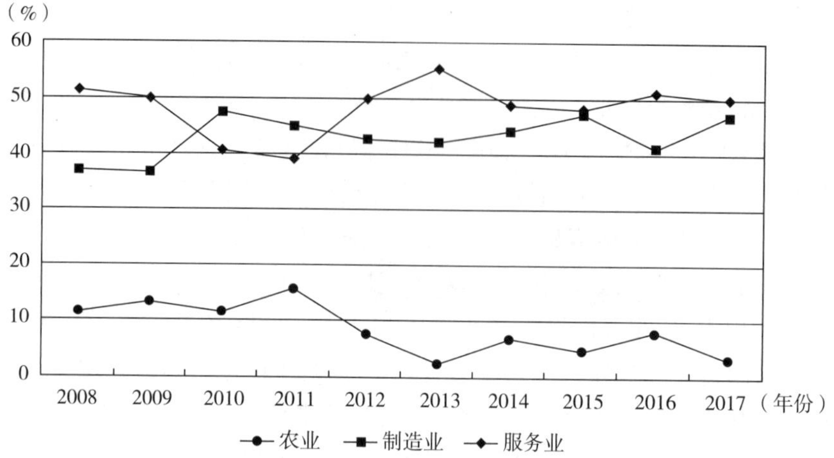

图 6－15　2008～2017 年世界对 FDI 产业结构变迁

资料来源：根据相应各年 World Investment Report 整理。

看出，在三次产业的所有行业中，对外直接投资占比最高的五个行业依次是租赁和商务服务业、批发和零售业、制造业、金融业、采矿业，2010～2017 年这五个行业的对外直接投资额在对外直接投资总额中的比重分别为 31.47%、13.45%、12.02%、11.82% 和 8.79%，其中租赁和商务服务业对外直接投资占比遥遥领先，在 2010～2017 年租赁和商务服务业对外直接投资额是排名第二位的批发和零售业的 2.34 倍。图 6－16 是 2010～2017 年合计的我国服务业各行业对外直接投资占服务业对外直接投资比重分布。图 6－16 显示，2010～2017 年租赁和商务服务业、批发和零售业及金融业三个行业对外直接投资在服务业对外直接投资总额中的比重分别为 43.08%、18.42% 和 16.18%，这三个行业对外直接投资额在服务业对外直接投资额中占 77.68%。

表 6－16　中国各行业对外直接投资总额及其占比（2010～2017 年合计）

行业名称	2010～2017 年投资总额（亿美元）	占比（%）
租赁和商务服务业	3028.1818	31.47
批发和零售业	1294.6201	13.45
制造业	1156.9589	12.02
金融业	1137.4093	11.82

续表

行业名称	2010～2017 年投资总额（亿美元）	占比（%）
采矿业	845. 4308	8. 79
房地产业	459. 9107	4. 78
信息传输、计算机服务和软件业	370. 0408	3. 85
建筑业	289. 373	3. 01
交通运输、仓储和邮政业	285. 6301	2. 97
科学研究和技术服务业	166. 3905	1. 73
电力、热力、燃气及水生产和供应业	152. 7733	1. 59
农、林、牧、渔业	150. 0859	1. 56
居民服务、修理和其他服务业	132. 1004	1. 37
文化、体育和娱乐业	71. 9801	0. 75
水利、环境和公共设施管理业	34. 9082	0. 36
住宿和餐饮业	29. 6225	0. 31
卫生和社会工作	11. 4143	0. 12
教育	6. 5465	0. 07
公共管理、社会保障和社会组织	0. 016	0. 00

资料来源：根据相应各年《中国对外直接投资统计公报》整理。

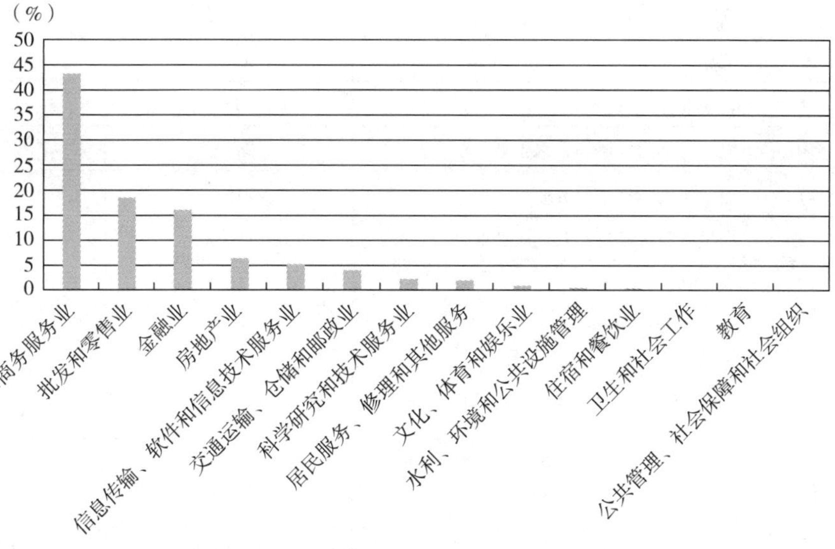

图 6－16　中国服务业各行业占服务业对外直接投资比重（2010～2017 年合计）

资料来源：根据相应各年《中国对外直接投资统计公报》整理。

3. 从投资存量看，服务业对外直接投资占据了绝对优势

在包括三次产业所有行业在内的分行业投资存量中，前四位都属于服务行业，这四个行业分别是租赁和商务服务业、批发和零售业、信息传输/计算机服务和软件业、金融业，截至2017年末，这四个行业对外直接投资存量占全部对外直接投资存量的比重分别为34.12%、12.53%、12.14%和11.24%，服务业总体对外直接投资存量在我国所有对外直接投资存量中的比重为81.34%（见表6-17）。

表6-17　2017年末中国对外直接投资存量行业分布情况

序号	行业	对外直接投资存量（亿美元）	占比（%）
1	租赁和商务服务业	6157.7	34.12
2	批发和零售业	2264.3	12.53
3	信息传输、计算机服务和软件业	2189	12.14
4	金融业	2027.9	11.24
5	采矿业	1576.7	8.73
6	制造业	1403	7.77
7	交通运输、仓储和邮政业	547.7	3.03
8	房地产业	537.6	2.98
9	建筑业	337	1.87
10	电力、热力、燃气及水生产和供应业	249.9	1.38
11	科学研究和技术服务业	216.8	1.21
12	居民服务、修理和其他服务业	190.2	1.05
13	农、林、牧、渔业	165.6	0.92
14	文化、体育和娱乐业	81.2	0.45
15	住宿和餐饮业	35.1	0.19
16	教育	32.9	0.18
17	水利、环境和公共设施管理业	23.9	0.13
18	卫生和社会工作	13.9	0.08
合计		18050.4	100

资料来源：2017年《中国对外直接投资统计公报》。

4. 相对于第二产业，服务业对外直接投资模式中的跨国并购比例较低，因此相对采用更多的模式是绿地投资或联合投资等

图6－17是2013～2017年合计的我国分行业并购金额和分行业对外直接投资占比，图6－17显示，这期间第二产业（采矿业、制造业、电力、热力、燃气及水的生产和供应业）的跨国并购金额达到2315.6亿美元，占此期间我国所有跨国并购投资额的55.24%，而同期服务业跨国并购占比为43.36%。需要注意的是，在此期间我国对外直接投资额占比最大的前四个行业依次是租赁和商务服务业、批发和零售业、制造业、金融业，这四个行业的对外直接投资额占同期我国对外直接投资额的比重分别为30.12%、13.59%、13.03%和12.17%，进一步从图6－14可以看出，2013～2017年我国服务业整体对外直接投资占比超过70%。综上所述，一方面是我国70%的对外直接投资额集中在服务业，另一方面是我国55.24%的跨国并购发生在第二产业，这两方面说明相对于第二产业，我国服务业对外直接投资中跨国并购模式比例低很多，这说明我国服务业企业在对外直接投资中相对采用的更多的模式是绿地投资或联合投资等。

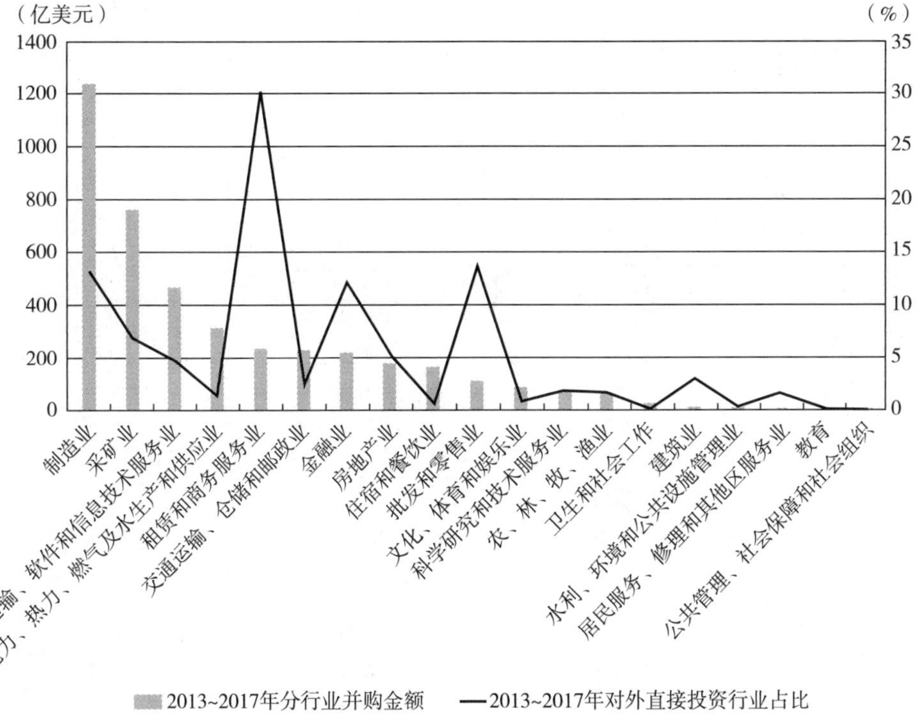

图6－17　中国分行业并购金额和分行业对外直接投资占比（2013～2017年合计）

资料来源：根据相应各年《中国对外直接投资统计公报》整理。

5. 服务业对外直接投资主要流向了中国香港、开曼群岛、新加坡、英属维尔京群岛、美国和英国

以下三个事实可以表明这个判断：第一，截至2017年，我国投向上述六个国家和地区的对外直接投资存量占我国所有对外直接投资存量的82%，其中超过一半的对外直接投资存量流向了我国香港地区，其次是开曼群岛、英属维尔京群岛、美国和新加坡（见表6-18）；第二，截至2017年末，我国服务业对外直接投资存量在我国所有对外直接投资存量中的比重高达82.44%；第三，我国外向FATS销售收入在上述六个国家和地区的分布也最多，2016年我国在上述六个国家和地区中的FATS销售收入占我国所有外向FATS销售收入的93.42%（见表6-14），而外向FATS与服务业对外直接投资又有紧密联系——服务业对外直接投资形成外向FATS，投资之后的外向FATS销售收入又是服务贸易中的一种重要形式。因此，以上三个事实说明我国服务业对外直接投资主要流向了中国香港、开曼群岛、新加坡、英属维尔京群岛、美国、英国等地，特别是中国香港地区。

表6-18 2017年末中国对外直接投资存量前20位的国家（地区）

序号	国家（地区）	存量（亿美元）	比重（%）
1	中国香港	9812.66	54.2
2	开曼群岛	2496.82	13.8
3	英属维尔京群岛	1220.61	6.7
4	美国	673.81	3.7
5	新加坡	445.68	2.5
6	澳大利亚	361.75	2
7	英国	203.18	1.1
8	荷兰	185.29	1
9	卢森堡	139.36	0.8
10	俄罗斯	138.72	0.8
11	德国	121.63	0.7
12	加拿大	109.37	0.6
13	印度尼西亚	105.39	0.6
14	中国澳门	96.8	0.5
15	百慕大	85.88	0.5
16	瑞士	81.12	0.5
17	哈萨克斯坦	75.61	0.4
18	南非	74.73	0.4
19	瑞典	73.07	0.4
20	老挝	66.55	0.4
合计		16568.03	91.6

资料来源：2017年《中国对外直接投资统计公报》。

第七章　中国服务企业融入国际市场的路径与战略

一、中国服务企业融入国际市场的主要路径

（一）服务企业跟随其上下游客户“走出去”

服务自身的一些特性决定了服务企业会在更大程度上跟随其上下游企业“走出去”：

第一，服务本身的无形性、消费即时性决定了服务作为一种商品具有更强的信息不对称性，其质量优劣程度往往在被用户使用之后才能确定，因此为了消除信息不对称给服务需求方带来的道德风险，需求方往往会选择具有长期合作关系的服务企业来为其提供服务。

第二，服务的上述特性决定了它是一种合同密集型商品，为了达成交易，供需双方需要保持紧密的联系与交流，签订条款更为细致的合同，特别是在交易双方没有历史交易的情况下，这无形中增加了双方的交易成本。为降低交易成本，服务需求方一般会选择自己熟悉的供给方，同时供给方也会跟随其客户“走出去”。

第三，相对于有形的货物商品，服务包含更多的消费习惯、文化、习俗、语言等“软”要素，这些要素同样会促使服务企业跟随其上下游企业走出国门。进入21世纪以来，我国积极推进“走出去”战略，制造业、采矿业、批发零售业、住宿与餐饮业等领域的海外投资与贸易迅速增长，这些海外投资及国际贸易需要大量的生产性服务业和生活性服务业跟进。生产性服务业方面包括投资咨询调查服务、金融服务、会计服务、律师服务、保险服务、物流服务等。例如，我

国各类企业在实施跨国并购、对外工程承包、国际贸易时，需要对目标公司、承包工程、大宗商品进行评估，研究并购方案、复杂的金融支持等，我国商业银行、保险公司等金融中介跟随这些企业一起“走出去”，为企业“走出去”提供投行顾问、融资、担保、保险等服务。近年来，随着“一带一路”倡议的不断发展，我国许多企业“走出去”的步伐也在加快，同时生产性服务业跟随这些企业“走出去”开展业务的步伐也在加快。除了生产性服务业，生活性服务业也跟随广大在海外工作、学习和生活的华人走出国门，包括中国餐饮与住宿、中国信息通信服务、中国商贸服务中心、中式保健、中医服务、中国家政等。比如，海派中医在“走出去”过程中之所以选择新加坡作为第一站，主要是由于新加坡及周边地区华人密集，华人占总人口的七成以上，中国文化和中医文化在新加坡有比较深厚的根基。因此，作为生活性服务的中医跟随其消费客户——华人走出国门。再如，锦江之星 2012 年 6 月以特许经营合同的方式首次进入韩国市场，2014 年 11 月第一家锦江之星酒店在韩国开业，其主要目标人群是前往韩国旅居的华人①。

（二）“走出去”的企业根据自身战略主动向产业链两端延伸布局或裂变出服务企业

布局和裂变的方式包括绿地投资、并购、合资、控股等形成的服务公司或服务分支机构。中国产品和企业在各种形式的“走出去”过程中，一方面为了专注于自己的核心产品和业务，不断将一些非核心业务分离或者独立，另一方面为了更好地服务于客户、获取东道国的市场信息和销售渠道、利用海外的优质资源，从而更好地促进自身产品“走出去”，在海外投资建设或并购专门的与自己产品相关的各类服务公司和分支机构，由专门提供单一的产品或服务逐步向提供“产品 + 服务”“服务 + 服务”转型，这些服务包括投资咨询、设计、研发、解决方案、工程、安装、维修、金融、销售、售后、与成套设备相关的技术服务等。实施延伸布局和裂变出服务的，既可以是制造业企业又可以是服务业企业，通过这种途径发展服务业并使之融入国际市场的例子不胜枚举。

（1）制造业领域。华为投资控股有限公司旗下成立最早的华为技术有限公司一直从事通信设备的生产和销售，属于典型的制造业企业，但是在其发展壮大过程中，根据公司海外业务发展战略逐渐在芬兰、法国、英国、德国、日本、美

① 参见 http：//info. canyin. hc360. com/2015/01/131416189185. shtml。

国、印度、中国香港等地投资设立专门的研发中心、贸易公司、金融服务公司等子公司和分支机构①，除了为本集团提供服务之外，更多的是为全球客户提供服务。华为还通过海外工程承包的方式走向世界各地，2019 年 2 月商务部发布的《2018 年中国对外承包工程业务完成营业额前 100 家企业》榜单中，华为以 135.28 亿美元的营业额名列承包工程企业榜首。华为"走出去"正是通过其制造业产品不断向产业链两端的服务扩展，形成了"产品 + 服务"的海外扩张模式。同样作为制造业企业的海尔集团在美国洛杉矶、荷兰阿姆斯特丹和法国里昂投资设立了设计中心，为集团自身和其他企业提供设计服务②。中国汽车生产厂商以往出口汽车及其相关产品一般是出口给国外总代理商，由国外总代理商销售中国出口的汽车，对我国来说这相当于销售服务进口，但是随着中国汽车业在国际市场的发展，以往这种的销售模式已经逐渐不适应汽车企业进一步发展的需要，近年来，我国许多车企都在积极布局，加大各主要市场的营销体系建设力度，由之前的出口汽车给海外总代理再由海外总代理主导营销权，转变为建立海外营销子公司，铺设自己的营销网络。比如，长城汽车在俄罗斯、澳大利亚、南非设立营销公司，奇瑞在俄罗斯、伊朗、巴西设立营销公司，中国重汽在尼日利亚设立营销公司，上汽在智利、沙特阿拉伯设立营销公司，长安汽车在俄罗斯设立营销公司，上汽通用五菱在印度尼西亚设立营销公司，海马在俄罗斯设立营销公司，力帆在俄罗斯、巴西和埃塞俄比亚也设立了营销公司，一汽在南非、伊朗、东欧等都设立了营销性分支机构③。这些海外汽车销售公司的设立，除了有效加快了汽车行业企业国际化的步伐之外，还作为外向 FATS 服务国外消费者和企业，从而将原有的代理销售模式下的销售服务进口转变为销售服务出口。除了华为、海尔和上述汽车生产厂商进行海外绿地投资设立研发、设计中心和销售渠道之外，也有一些制造业企业通过海外并购的方式投资海外研发服务和销售渠道，下面服务业领域的这个例子就是通过海外并购方式获得上游研发服务。

（2）服务业领域。盛趣游戏有限公司④是我国网络游戏行业的佼佼者，自 1999 年成立以来，盛趣游戏先后推出 70 多款网络游戏，承载超过 21 亿注册用户。盛趣游戏有限公司成立之初仅仅是国外游戏在中国的代理商，2001 年盛趣

---

① 牛秀芳．中国企业对外直接投资动因研究综述及华为公司的案例分析［J］．对外经贸，2015（8）：61 - 62.

② 参见 http：//www.managershare.com/wiki/%E6%B5%B7%E5%B0%94%E9%9B%86%E5%9B%A2。

③ 参见 http：//finance.sina.com.cn/roll/2017 - 05 - 24/doc - ifyfkkme0286804.shtml。

④ 原名为盛大游戏有限公司，2019 年 3 月 31 日起更名为盛趣游戏有限公司。

开始代理韩国网游开发商Actoz的大型在线游戏《热血传奇》并大获成功。但是在代理成功之后盛趣很快遇到非自主研发的困境：由于我国游戏运营商处于游戏产业链的末端，不具有游戏的知识产权，因此在产品维护、升级及利益关系中多受制于国外上游开发商。随着我国游戏产业市场规模不断扩张，国外开发商的授权费和分成费要求不断提高，与我国代理运营商之间的利益冲突越来越大，盛趣公司与《热血传奇》开发商Actoz公司之间的矛盾就是这种矛盾的典型代表。2003年1月，Actoz公司单方面宣布终止授权协议，两个月后又将新产品系列交给其他代理商。为了摆脱没有自主知识产权的尴尬，盛趣通过资本市场获得对上游开发商的话语权，2004年11月，盛趣向韩国Actoz公司部分股东收购约29%的股份并一举获得该公司的控制权，因此盛趣游戏有限公司通过控股的形式在海外有了自己的研发服务①。

（三）利用中国庞大的消费市场，将中国服务“走出去”与世界服务或商品“引进来”相结合

2018年我国社会消费品零售总额为57573亿美元，美国社会消费品零售总额为60364亿美元②，目前我国是仅次于美国的世界第二大消费市场，而且增长速度快于美国，以此发展趋势，我国消费市场规模在未来几年将会超过美国成为第一大消费国。而且中国消费者对商品和服务的品牌及品质的需求正处于转型升级阶段，巨大的消费市场对外国企业极具吸引力，我国服务企业在引进国外服务和商品的同时可以利用这一点借助国外潜在或已有合作关系的企业将自己的优秀服务推销出口到海外市场或投资海外市场，在买进国外无形服务和有形货物的同时将我国服务推向国际市场。与此同时，在“走出去”的过程中可以将非核心业务外包给合作方或当地企业，自己专门从事核心服务环节，加快服务产品“走出去”步伐。这种路径一方面实现了自己服务产品“走出去”，另一方面将非核心业务外包给合作方也有利于避免因不熟悉当地情况而引起的额外成本。

例如，舞台剧《少林武魂》借助于其合作伙伴倪德伦公司进入美国纽约百老汇，从而使中国优秀文化产品成功打开美国市场。《少林武魂》是上海东上海国际文化影视集团有限公司出品的功夫剧，倪德伦公司是世界上最大的现场演出娱乐公司之一，其专业经验涵盖剧院管理和经营的全部领域，是世界剧院演出行

① 上海市国际服务贸易行业协会．探寻服务业走出去之路：上海服务贸易案例选编［M］．上海：上海市国际服务贸易行业协会，2012.

② 参见http：//3g.163.com/news/article/EF2VJ38J0529GR01.html。

业的重要领导者之一。2008 年上海国际文化影视集团在引进倪德伦公司的音乐剧《阿依达》到上海演出合作的同时，提出了《少林武魂》赴纽约百老汇演出的想法和方案，并最终成功将《少林武魂》推向美国市场。《少林武魂》借助于倪德伦公司的运营平台、营销推广及票务系统进行有效的市场运作部署，在美国获得了很好的市场效益①。

（四）国内服务企业联合海外本行业的专业投资咨询公司、经纪公司或海外同行业企业共同投资本领域某一项目

许多国内发展较好的服务企业自己并没有海外投资经验，在进行海外投资和跨国并购时面临不熟悉国际贸易规则和目标市场环境的“短板”，同时还面临目标国可能实施的各项政府审查和商业文化融合的挑战，但为谋求海外发展并降低风险，有些服务企业采用寻求海外本行业有经验的专业投资咨询公司、经纪公司或者海外同行业企业共同投资本领域海外项目的路径，这种路径不但可以降低因企业缺乏海外投资运营经验引起的风险，还可以节省投资并购过程中的额外服务费用。锦江国际集团联合境外酒店行业专业投资咨询公司——美国德尔集团成功收购美国洲际酒店及度假村集团就是其中一例。

锦江国际集团是我国规模最大的综合性旅游企业集团之一，2005 年锦江国际制定了国际化发展战略目标。锦江国际虽然在国内市场已经取得了许多成功，但是对于海外酒店经营没有任何经验，如果盲目到海外投资收购无形中会增加许多风险，因此虽然在 2005 年就制订了“走出去”战略，但直到 2010 年才付诸实施。美国德尔集团是一家长期从事酒店投资的私募投资公司，该公司在酒店行业有着长期的从业经验和跟踪研究，而且与锦江国际有长期的合作伙伴关系，因此为了弥补缺乏海外酒店并购经验的不足，2010 年锦江国际选择与行业内的德尔集团合作并购美国洲际酒店及度假集团。双方确定各出资 50% 在美国专门成立一家特殊项目载体（Special Purpose Vehicle，SPV），由该 SPV 合并吸收洲际酒店及度假集团，最终完成锦江国际的首次海外投资并购。在完成并购的第二年，洲际酒店及度假村集团就实现了扭亏为盈②。

（五）通过竞标“走出去”

竞标又可以分为服务贸易竞标和跨国并购竞标。服务贸易方面：一方面，服

①② 上海市国际服务贸易行业协会．探寻服务业走出去之路：上海服务贸易案例选编［M］．上海：上海市国际服务贸易行业协会，2012.

务接包企业从“在岸外包”逐渐向“离岸外包”发展，一些优秀接包企业在国内市场上逐渐发展壮大，在此过程中积累了丰富的承包经验，同时自己又树立了海外发展的目标。另一方面，随着分工细化和竞争日趋激烈，国外许多企业逐渐将一些非核心业务、后台业务、标准流程业务等剥离外包，并通过招标的方式寻求合适的服务接包方。在这种情况下，已经在国内外包市场中积累了行业经验的我国服务接包企业通过竞标成功获得服务离岸外包订单，从而实现服务出口。除了离岸服务外包之外，国际工程承包通常也采用竞标路径“走出去”。同样，跨国并购方面，中国具备实力的服务企业通过竞标成功并购海外服务企业也是我国服务企业融入国际市场的一种重要路径。

上海外服集团是一家从事人力资源服务管理与信息咨询的国有独资企业。公司成立于1984年，在激烈的市场竞争过程中，上海外服集团通过承接在岸服务外包积累了许多行业经验，凭借多年的行业实践经验通过投标竞标成功获得许多世界500强企业的金融业务流程外包、人力资源业务流程外包和档案影像处理外包等，从而走出了一条由承接在岸服务外包向同时承接在岸和离岸服务外包转变的国际化发展路径①。

（六）相关企业或产业链协同“走出去”，共同服务于国外相同的客户或项目

这种路径大多发生在工程承包行业，一项大型工程或项目一般会涉及多个领域和业务，而某一个企业往往不可能涵盖一个项目所需要的各种服务，这就需要不同领域的企业协同合作才能完成同一个项目，这些协同合作的企业可能是服务业企业，也可能是制造业企业。某一领域的服务供给商可以单独承包其中擅长的服务环节，也可以与其他服务企业协同合作共同提供不同领域的服务，还可以由某一企业实施总承包然后分包给其他服务企业。这种协同合作可以是相对松散的，比如仅仅建立一种互惠共享机制，在信息、渠道、项目等方面实现共享，也可以是紧密的协同合作模式，比如共同设立产业投资基金，在“走出去”过程中实现产业与金融服务的协同，共同组建信息情报系统，在全球范围内收集项目信息等。需要说明的是，这种协同“走出去”路径与路径（一）不同。路径（一）是服务企业跟随其上下游客户“走出去”，一起“走出去”的企业之间是一种上下游关系，是供给方和需求方之间的关系；而协同式“走出

① 上海市国际服务贸易行业协会．探寻服务业走出去之路：上海服务贸易案例选编［M］．上海：上海市国际服务贸易行业协会，2012.

去”的企业是一起“走出去”共同为第三方提供服务，相互协同的企业都属于服务供给方，如环境咨询服务企业与建筑工程企业协同“走出去”、高铁设计规划投资咨询服务业与中国高铁协同“走出去”。在一些大型水利、电站等基础设施建设过程中，通过协同合作，相关企业带动了我国的金融、保险、设计、调试、安装、运营等服务“走出去”。

（七）服务企业通过国外相关企业或代理商融入国际市场

这种通过境外合作商或代理商融入国际市场的路径适合在海外市场处于起步或探索阶段的企业和服务，因为这些企业和服务在“走出去”方面还没有足够的经验或路径，在这种情况下如果直接到国外投资建立销售渠道或附属机构会增加很多不确定性，除了对国外的市场需求、市场偏好不熟悉之外，对外国的相关法律法规、风土人情等也不熟悉，而国外同行业代理商则正好可以弥补这些服务企业的不足，此时通过国外相关代理商进入国际市场是一个不错的选择，国外代理商途径不但可以降低企业“走出去”的风险，还可以通过代理商积累一些开拓海外市场的经验。从我国企业主动还是被动寻求国外代理商的角度又可以分为两种：一种是国外代理商主动与中国优质服务或品牌合作，并将中国服务或品牌引到海外，这些服务或品牌在国外获得成功之后进一步拓展海外市场；另一种是中国服务和品牌主动寻求国外代理商和销售渠道。

作为餐饮服务企业的上海“南翔小笼”最初就是被国外同行引进到日本和东南亚市场的。“南翔小笼”是上海著名小吃，曾获得过许多餐饮行业协会、省部级奖项。“南翔小笼”虽然在长三角地区很有名气，但却从未尝试过到海外拓展市场，直到2002年，日本餐饮市场同行在考察了“南翔小笼”的产品和口味之后，经过双方洽谈最终把“南翔小笼”引入日本市场。随后“南翔小笼”通过代理商加盟模式先后在日本、印度尼西亚、新加坡和中国香港等地推广其品牌和餐饮服务①。

同样是国外代理商融入国际市场，主动寻求海外代理商则是锦江国际集团融入国际市场的另一条路径。2011年锦江国际集团与菲律宾上好佳（国际）通过委托代理合约的方式，将锦江之星酒店品牌授权给上好佳（国际），上好佳（国际）作为品牌代理商在菲律宾对当地酒店进行投资、委派人员和经营，锦江之星则以海外版方式提供品牌、管理培训、标准制定和订房系统共享等软件设施。上

① 上海市国际服务贸易行业协会．探寻服务业走出去之路：上海服务贸易案例选编［M］．上海：上海市国际服务贸易行业协会，2012.

好佳（国际）向锦江之星交纳品牌使用费、管理费、软件费、新开店费用等，并进行经营分成，通过代理商路径锦江之星成功进入国际市场[①]。此后，锦江之星不断开拓海外市场，先后又进军旅游大国法国和韩国等地[②]。

文化服务行业方面，上海新闻出版发展公司主动寻求欧美成熟的分销渠道，积极探寻与借助西方图书市场销售代理商，与全球最大的跨国图书发行零售商拉加代尔开展全面合作，充分利用拉加代尔的全球交通枢纽书店，先后在美国、加拿大、德国、法国、澳大利亚、瑞士、西班牙和新加坡等国的国际机场和火车站出售中国图书；同样采用国际代理商方式进入以纽约大都汇艺术博物馆、波士顿美术馆书店、旧金山亚洲艺术博物馆书店为代表的几十家博物馆书店和300多所美国大学图书馆和部分加拿大大学图书馆，探寻出了一条中国图书成功进入国际市场的路径[③]。

（八）服务企业先向境内外国法人或者自然人提供服务，然后进一步由境内到境外设立分支机构或办事处服务境外法人或自然人

我国服务企业先向境内外国法人或者自然人提供服务本身就是一种服务出口，如果是向外国自然人提供服务，则属于跨境消费模式，如果是向外国法人或机构提供服务，则属于向FATS提供服务。通过这种“出口不出国”的服务模式，服务企业逐步发展壮大，同时积累了服务外国机构和自然人的丰富经验，在此基础上逐步谋求到境外设立服务分支机构从而实现外向FATS，进一步扩大服务贸易。

上海时空之旅文化发展有限公司出品的《时空之旅》是一部多媒体梦幻剧，《时空之旅》及其出品公司曾获得“国家文化产业示范基地”、文化部创新奖、中国演出十大盛事“最佳娱乐演出”金奖、国家舞台艺术精品工程十大精品剧目、中国文化企业30强、全国优秀保留剧目、国家文化旅游重点项目等荣誉。《时空之旅》最初在国内演出，此时重点面向的一部分观众是入境中国的外国商务、旅游人群，通过与一些国内外旅行社、国家旅游局对外办事处、境外旅行社驻沪办事处等签订战略合作协议，由这些战略合作伙伴向国内外游客推介《时空之旅》。这种推介模式使《时空之旅》每天的观众中有七成以上是外国观众，通

① 李魏晏子．锦江之星试水海外市场［J］．上海国资，2012（2）：50－51.

② 乐琰．借道上好，锦江之星挺进菲律宾［EB/OL］．http：//tech.163.com/11/0905/01/7D5CDA54000915BF.html，2011－09－05.

③ 上海市国际服务贸易行业协会．探寻服务业走出去之路：上海服务贸易案例选编［M］．上海：上海市国际服务贸易行业协会，2012.

过外国消费者在中国的“境外消费”实现了文化服务的出口。在“出口不出国”模式获得巨大成功之后，《时空之旅》进一步寻求扩大海外市场，通过各种渠道与合作走出国门到韩国、美国、日本演出，从而实现“由内而外”更大规模的服务出口①。

（九）服务企业借助各类服务贸易公共服务平台融入国际市场

服务贸易公共服务平台在我国服务业融入国际市场的过程中发挥了重要作用，既有利于发现和引进我国急需的服务，又有利于我国服务发现海外买家或被海外买家发现，降低我国服务企业和外国服务需求者之间的搜寻成本。服务贸易公共服务平台根据其推介服务的类别可以分为综合性公共服务平台和行业性公共服务平台，根据平台组织者是全国性部门还是地方性部门又可以分为国家级公共服务平台和地方级公共服务平台。目前，我国各级政府部门、行业协会设立了许多服务贸易公共服务平台，表7－1给出了部分服务贸易公共服务平台名录。

表7－1 部分服务贸易公共服务平台名录

公共服务平台名称	主要行业或业务	主办单位或平台性质
中国（北京）国际服务贸易交易会	综合性	商务部、北京市政府
中国（上海）国际技术进出口交易会	知识产权交易	商务部、科技部、国家知识产权局和上海市政府
广东省服务贸易（外包）公共服务平台	综合性	行业协会
深圳服务贸易公共平台	综合性	行业协会
上海服务外包交易促进中心	服务外包	上海市政府、企业和第三方专业机构
中国（深圳）国际文化产业博览交易会	文化产业	文化和旅游部、国家广播电视总局、广东省政府、深圳市政府
中国（义乌）文交会	文化产业	文化和旅游部、浙江省人民政府主办，浙江省文化厅和义乌市人民政府、中国国际贸易促进委员会

① 上海市国际服务贸易行业协会．探寻服务业走出去之路：上海服务贸易案例选编［M］．上海：上海市国际服务贸易行业协会，2012.

续表

公共服务平台名称	主要行业或业务	主办单位或平台性质
国家对外文化贸易基地（北京、上海）	文化产业	文化和旅游部、北京市政府上海市委宣传部、浦东新区人民政府

资料来源：根据各公共服务平台网站资料整理。

例如，中国（北京）国际服务贸易交易会（以下简称京交会）就是一个国家级综合公共服务平台，它是涵盖 WTO 界定的服务贸易 12 大领域的综合型服务贸易交易平台，为我国服务融入国际市场、外国服务进入中国市场提供了洽谈交易平台。每一届的京交会，在短短 5 天的时间达成几百亿美元的国际服务贸易合同（见表 7 -2）。

表 7 -2　历届京交会成果

	时间	参展国家和地区数（个）	参展企业数（家）	论坛数（个）	签订项目（项）	成交总额（亿美元）	国际服务贸易交易额（亿美元）
首届	2012 年 5 月 28 日至 6 月 1 日	82	1721	130	458	601.1	112
第二届	2013 年 5 月 28 日至 6 月 1 日	117	≥1900	148	415	786.9	108.9
第三届	2014 年 5 月 28 日至 6 月 1 日	117	2524	133	236	818.3	355
第四届	2016 年 5 月 28 日至 6 月 1 日	126	—	122	331	1010.8	198.8
第五届	2018 年 5 月 28 日至 6 月 1 日	122	—	136	311	1025.6	172.5

资料来源：中国国际服务贸易交易会网站，http：//www.ciftis.org/index.html。

（十）通过中国境外经贸合作区融入国际市场

中国境外经贸合作区又称境外产业园区，是由商务部牵头与国外政府签署协议，然后由通过国内审批的企业为建设经营主体再与国外相关政府部门签约，在签约国投资建设的基础设施完备、主导产业明确、公共服务功能健全、具有集聚和辐射效应的产业园区，目的是在园区内吸引中外企业投资，形成产业集聚，拉动东道国经济增长，实现互利共赢。最早的合作区始建于 2006 年，从产业划分上有加工制造型、农业开发型、资源利用型、商贸物流型、技术研发型、综合发展型等，目前已经取得了良好的成绩（见表 7 -3）。

表 7－3 中国境外经贸合作区各项绩效（截至 2018 年 9 月）

截至年份	累计境外经贸园区数量（个）	累计投资（亿美元）	累计入区企业数（家）	累计上缴东道国税费（亿美元）	累计创造就业岗位（万人）
2016 年	77	241.9	1522	26.7	21.2
2017 年	99	307	4364	24.2	25.8
2018 年 9 月	113	366.3	4663	30.8	—

资料来源：中国商务部。

中国境外经贸合作区是中国企业“走出去”服务中外企业的一种路径。首先，有些境外经贸合作区是专门以服务业为主的境外经贸合作区。比如，商贸物流型境外经贸合作区、技术研发型境外经贸合作区、综合发展型境外经贸合作区，这些园区有大量的中国服务企业入驻，这一方面在东道国形成了服务业 FDI，另一方面在投资建成之后又会为东道国或第三方国家提供服务，进一步形成我国的外向 FATS 和东道国的内向 FATS。其次，不管是哪种产业类型的境外商贸区，按照境外经贸园区的一般协议，作为境外经贸合作区的平台企业，建设经营主体中方（控股）企业为吸引中外企业入驻园区，将会为入驻园区的中国企业、东道国本土企业及第三国企业提供信息咨询、运营管理、物业管理等服务，这又是中国服务融入国际市场的一种类型。

（十一）服务企业通过大力聘用和吸引目标市场国人才开拓国际市场

此路径包括聘用业内国际知名人士、具有深厚海外背景并对国际业务熟悉的归国人员、跨国并购留任原有经营管理人才等。无论是在传统的服务领域，还是在高端的研发服务领域，我国服务企业通过各种形式的聘请海外或者具有海外背景的人才参与服务生产和销售都是促进中国服务融入国际市场的一条有效路径。这种路径在文化、娱乐、旅游和创意服务的生产制作、销售及离岸服务外包行业表现得尤为明显。离岸外包服务方面，由于外包服务环节是发包方产业链中紧密相连的一部分，相对于一般的服务出售，服务外包需要发包与接包双方更为频繁和长期的交流，因此离岸服务外包更需要既有行业专业知识又有海外从业经验的服务外包人才。文化、娱乐、旅游和创意服务方面，中国本土文化、娱乐、旅游和创意服务如何被国外消费者所接受是关键，这需要聘请目标市场国的专家参与策划与制作，让中国文化、娱乐与旅游服务在表现形式和表达方式上符合目标市场国的习惯和风俗，使中国本土文化产品能够更符合当下各个国家、各个民族、各种文化背景下的审美需求。除了在文化、娱乐或旅游的生产制作上，在这些行业的海外营销推介上，聘请本土人才开拓当地市场同样是一种有效的路径。

上海新汇文化娱乐集团是一家以音像制品和电子出版物编辑、出版、发行为主的文化企业。上海新汇文化最初开拓海外市场时并不顺利，但为了能够尽快融入国际市场，集团从2008年开始采用聘请目标市场本土人才开拓当地市场的思路，重金聘请了世界音乐经纪人大会主席、英国独立唱片协会会长，以及熟悉世界音乐市场的海外华人音乐家作为集团海外音乐顾问，组成国际营销团队，全面负责新汇集团海外品牌的推广和音乐产品的营销，因此将其服务产品成功销售至海外市场①。

桑迪亚医药技术有限责任公司是一家主要为国内外一百多家大型制药企业和生化公司提供新药研发和生产服务的生物医药服务外包公司。公司成立于2004年，经过短短几年的发展，便在德勤2008年公布的“中国高科技、高成长50强”中名列第16位，并多次荣获“德勤亚太地区高科技、高成长500强”“中国最有投资价值的50家公司”“中国服务外包成长型企业100强”等荣誉称号。桑迪亚一经成立便是一个为许多外国生物医药公司提供研发外包服务的企业，之所以能够在较短时间内发展成为一个优秀的服务外包企业，其中一个重要原因是公司集聚了一批包括创始人在内的具有丰富海外行业经验的科研和管理精英，并且大多拥有10～20年的海外制药和管理经验。公司创始人王晓川在美国学习生活20多年，回国前是美国加利福尼亚州圣地亚哥一家生物医药公司的药物化学主任，在了解到国内还没有合适的为国外提供生物医药服务外包的公司时，王晓川决定回国创办一家专门从事为上下游企业提供新药研发和生产服务的生物医药服务公司。正是桑迪亚创始人和众多员工多年的海外从业和学习经验与背景，才使桑迪亚在较短时间内将自己的科研服务成功推向国际市场②。

（十二）服务企业通过举办或参加各种国际会展融入国际市场

服务产品具有无形性，要想被潜在用户接受，需要用户有更多的体验和认识，需要服务供需双方更多的面对面交流。通过会展面对面地交流和参与体验不

① 海市国际服务贸易行业协会．探寻服务业走出去之路：上海服务贸易案例选编［M］．上海：上海市国际服务贸易行业协会，2012.

② 参见 http：//www. baike. com/wiki/% E7% 8E% 8B% E6% 99% 93% E5% B7% 9D% EF% BC% 9A% E7% 90% 86% E6% 83% B3% E4% B8% BB% E4% B9% 89% E5% 88% 9B% E4% B8% 9A% E8% 80% 85。

但可以增加潜在需求者对服务产品的认识，还可以使服务企业有更多机会了解本行业的发展动向和国际市场需求。因此，通过各种形式积极参与国内外各种国际会展，是我国服务业“走出去”的重要路径之一。

比如，上海幻维数码创意科技有限公司是一家具有自主知识产权的高新技术文化服务企业，长期致力于推动现代文化服务业、动漫服务业的发展。幻维数码公司创立于2005年3月，在成立不到一年的时间里便开始积极推进国际化发展路线。通过参加海外各大影视、动漫、游戏展会宣传自己的产品并考察国际市场，积极与来自美国、法国、英国、韩国、丹麦、日本、中国台湾等国家和地区的公司客商交流洽谈，推介服务产品。在此基础上，幻维数码还邀请有合作技术的客商到公司来考察、参观，进一步与客户建立了良好的服务外包合作关系。幻维数码正是通过参加本行业海外各类会展大力推介宣传自己，增强了服务需求方对自己的了解和认识，先后收获了英国LUDORUM公司的《火车总动员》《火车总动员Ⅱ》《火车总动员Ⅲ》的开发创意合作项目，实现了动漫设计研发服务的离岸承包①。

（十三）服务企业通过与国外相关企业结成战略联盟从而融入国际市场

战略联盟是指由两个或两个以上的对等经营实力的企业（或特定事业和职能部门），基于共同战略利益的追求，为达到共同使用资源和支配市场等战略目标，通过各种协议、契约而结成的优势互补、风险共担、生产要素水平式双向或多向流动的一种松散的合作模式和机制②。战略联盟形成和发展于制造业，后来服务企业的发展也逐渐采用战略联盟方式。在相同的行业中，不同国家的企业之间既有竞争关系，又存在各自的优势和劣势，特别是在彼此进入对方国家的市场时，往往很难在对方国家一蹴而就获得成功，此时双方可以通过战略联盟的形式进入对方市场或者共同开发第三方市场，这种国际化路径可以使双方利用对方的优势来弥补自己的劣势，形成“1+1>2”的效果，比如，我国企业与国外企业结成品牌联盟、销售联盟、研发联盟等。结盟双方可以是产业链中位于相同位置的企业，也可以是产业链中上下游企业之间的联盟。

比如，锦江之星酒店进入法国市场采用的就是战略联盟路径。2012年锦江

---

① 上海市国际服务贸易行业协会．探寻服务业走出去之路：上海服务贸易案例选编［M］．上海：上海市国际服务贸易行业协会，2012.

② 徐立军．全球企业并购潮落的原因分析［J］．经济与管理，2002（1）：14-15.

之星酒店与欧洲第二大酒店集团、全球酒店业排名第八的法国卢浮宫酒店集团旗下的连锁酒店坎帕尼莱结成品牌联盟，通过品牌互换，锦江之星酒店品牌进入了法国的巴黎、马赛、里昂、波尔多、尼斯、普罗斯旺，这是中国经济型连锁酒店首次以品牌联盟的形式进入国际市场①。再如，2018 年 6 月，京东与谷歌达成战略联盟，京东的供应链、物流领域优势与谷歌的技术优势形成互补，双方将携手探索打造下一代零售基础设施解决方案②，这为京东加快融入全球化进程奠定了基础。

（十四）政府推动双边或多边经贸合作，在此基础上企业主动跟进将自己的服务推向国际市场

国家领导人代表国家和政府出访时，除了会签订政府之间的协议，往往还会有一些企业、部门和协会之间达成的投资和贸易协议，这是我国服务业融入国际市场的重要路径之一。比如，2015 年 10 月，习近平主席对英国进行国事访问之际，中英相关部门签署了《关于中英加强基础设施和公用事业及其他投融资包括通过特许经营方式领域合作的谅解备忘录》《关于英国基础设施、能源项目合作备忘录》等，建立了“中英基础设施联盟”，从而加强中英相关企业之间的合作，共同开发国际工程承包市场③。在基础设施工程设计规划与承包方面，双方各有优势，英国企业在项目规划、融资安排、工程设计、项目管理、风险管控、法律服务等方面的经验能够促进中国企业的跨越式发展，而中国同行在施工管理、成本控制、市场开拓、工程技术创新等方面的经验值得英国企业加以借鉴④，通过建立联盟关系形成优势互补，联盟在各自市场及第三方市场加强基础设施商业合作方面发挥了关键的平台作用。再如，华为是一家以制造业为主的企业集团，但是华为将自己的有形产品推向国际市场的同时把“产品设备 + 对外工程承包服务”推向国际市场，华为的工程服务国际化路径在一定程度上也是跟着国家领导人出访的路线开展的。

---

① 锦江之星 CEO 俞萌考察法国卢浮酒店集团，巴黎副市长亲切接见［EB/OL］. http://info. hotel. hc360. com/2013/03/141145480868. shtml，2013 - 03 - 14.

② 谷歌 5.5 亿美元投资京东，合作开发零售解决方案［EB/OL］. https://www. iyiou. com/p/74921. html，2018 - 06 - 18.

③ 习近平对英国进行国事访问期间中英双方达成的成果［EB/OL］. http://www. xinhuanet. com/politics/2015 - 10/22/c_ 1116905477. htm，2015 - 10 - 22. 中英基础设施联盟委员会第一次会议召开［EB/OL］. http://www. gov. cn/xinwen/2016 - 12/06/content_ 5144163. htm，2016 - 12 - 06.

④ 英驻华大使：中英基础设施联盟构建国际合作新体系［EB/OL］. http://www. sohu. com/a/145574030_ 444154，2017 - 06 - 02.

（十五）由近及远、先新兴市场国家后发达国家的国际市场开拓路径

这种路径是指服务企业首先在与我国地理和文化距离相对邻近、经济发展相对较好的东南亚或者其他新兴市场国家打开市场并积累经验，然后再谋求开拓地理位置较远和文化差异较大的欧美市场。这种路径除了可以避免较大的文化、制度差异带来的风险之外，还可以避免在走向海外市场的一开始就与欧美发达国家本土强大的竞争对手直面竞争而产生的风险。

最后需要说明的是，在我国服务企业“走出去”的过程中，上述路径并不是排他的或者单独使用的，有的企业可能会同时采用几个路径，有的企业在“走出去”的起步阶段采用一种路径，后来的发展过程中可能又采用另外的路径，还有的企业采用的是一种路径中套嵌着另一种路径。不同的行业、不同的企业、同一企业在不同的发展时期都会有不同的路径与之相适应，只有在全球化不断深化、国家“走出去”战略的大背景下，以及我国企业积极谋求走向世界的不懈追求下，各种路径才会不断被探索出来。

二、中国服务企业融入国际市场的战略思路

（一）宏观战略

我国作为最大的发展中国家、最大的转型国家和最大的新兴市场国家，改革开放40多年来走出了一条计划经济向社会主义市场经济转型、由局部开放到全面开放的发展道路，目前正处于由制造业参与全球化分工到制造业和服务业全面融入国际市场的改革和发展过程中。服务业“走出去”全面融入全球化分工，从宏观上具有以下战略目标和意义。

1. 支持我国商品“走出去”

改革开放特别是加入WTO以来，我国参与全球化分工的步伐不断加快。最初，由于大部分生产企业对出口商品没有经验，因此很多出口企业采用的是间接出口。随着我国出口商品数额不断增长，间接出口的弊端逐渐凸显，主要是对中间商依赖性强、容易被中间商控制和垄断、企业难以及时获取海外市场信息、不利于树立企业国际市场形象、不利于积累营销经验等，因此一些生产企业逐步在

海外建立自己的销售渠道，这种做法既更好地促进了自己生产的产品进入国际市场，又可以获得一定的市场控制权。很多企业通过海外绿地投资、并购等方式建立起自己的销售渠道和网络，从而大大加快了我国商品"走出去"的步伐并提高了市场占有率，增强了市场势力。

世界服务出口占总出口的比重为22%左右，而中国这一指标不到10%。与此同时，世界范围内服务业FDI占总FDI比重为65%左右，而我国这一指标为75%左右。也就是说，我国的服务出口额占总出口额比重远低于世界平均水平，而服务业对外直接投资在对外直接投资总额中的比重又明显高于世界平均水平，这两个指标正好与世界平均水平（主要是发达经济体和新兴市场经济体）相反。再进一步分析我国服务业对外直接投资的行业特征，我国近年来的对外直接投资主要集中在租赁和商务服务业、批发零售业、金融业，2010~2017年，这三个行业的对外直接投资分别占我国对外直接投资总额的31.47%、13.45%、11.82%，合计56.74%。这些与国际贸易相关的服务行业对外直接投资占比高说明了我国服务业对外投资的一个重要战略目标是建立海外销售网络，为我国商品在全球销售服务，更好地促进我国商品"走出去"。

2. 向全球价值链高端攀升

与发达国家跨国公司长期占据价值链高端不同，长期以来我国以低廉的劳动力成本、土地价格、优惠政策和较低的环保标准融入全球价值链分工。在全球价值链中我国主要承担附加值较低的加工制造环节，价值链高端的研发、设计、营销环节大部分集中在发达国家的跨国公司手中，而且在中国生产制造的许多中间投入品和最终产品又大量销往海外，这在一定程度上促进了我国企业融入全球化分工，但是分工中的收入占比却很低，仅仅是赚取微薄的加工费，同时造成了环境污染等问题。随着我国劳动力、土地成本不断上升及环境保护与治理要求越来越高，以往这种以加工制造参与全球价值链分工模式很难适应我国发展的需求，这就要求我国产业和企业不断向价值链高端攀升，而全球价值链高端主要集中在价值链两端的生产性服务业。因此，一方面我国正在加快服务业对外开放，不断引进高端服务，另一方面积极谋求企业"走出去"发展生产性服务业，这既可以推动我国各类企业"走出去"服务国外市场，又可以利用国外先进的服务生产要素。

3. 促进我国产业转型升级

近年来，我国产业结构不断调整和优化。根据历年《中华人民共和国国民经济和社会发展统计公报》有关数据计算：2013年服务业增加值比重首次超过第二产业，占比达到 46.7%，2015 年服务业增加值占比又首次超过 50%，达到 50.2%，2018 年服务业增加值占比达到 52.2%。服务业就业占比方面，2013 年服务业就业占比为 38.5%，2018 年达到了 44.9%，2018 年服务业对我国 GDP 增长的贡献达到 59.7%[①]，远高于第二产业和第三产业。尽管如此，我们还是要看到差距，总体而言，相对于发达国家和其他新兴市场国家，我国服务业无论是增加值比重还是就业比重都严重偏低，大部分发达国家服务业增加值和就业比重都已超过 70%，一些国家已经超过 80%。此外，要对我国服务业增长的结构进行分析。这几年，增长较快的是金融业和房地产业，而这两个行业近年来又表现出“脱实向虚”的自我循环倾向，对实体经济贡献有限。显然，要调整和优化产业结构，不仅要提高服务业占比，更要优化服务业内部结构，优先发展生产性服务业，提高服务要素的知识含量，增强服务实体经济的能力。

4. 促进经济增长由要素驱动向创新驱动转换

改革开放以来的大多数时期，我国资源和生产要素更偏好工业领域，由于服务业开放相对较晚，开放力度也较小，工业特别是制造业参与全球分工程度自然就高于服务业，但其融入全球化的模式也值得反思。以往的以加工制造环节融入全球化分工模式主要依靠我国廉价的劳动力、土地和环境要素的大规模投入，在经济发展水平整体较低的情况下，追求经济增长速度是比较合理的选择[②]。进入新时期，我国经济已由高速增长阶段转向高质量发展阶段，经济增长需要新动能的驱动，这种新动能最主要是创新，而服务业无疑是一片创新蓝海，服务业融入国际市场又将促进和放大创新成果。互联网企业是我国创新发展最快的服务行业之一，近年来不断出现的各种新型服务业态、商业模式很多都是互联网企业的创新成果。另外，许多高端服务业本身就是创新行业，比如研发服务业、设计行业、创意产业等，这些新的商业模式、服务业态、技术又通过服务跨国贸易或对外直接投资走向海外，进一步扩大创新成果并学习吸收和利用海外创新资源，最终促进我国经济增长实现全面创新驱动。

（二）微观战略

我国服务企业融入国际市场的战略与其他国家服务企业融入国际市场的战略基本相同，也与我国制造业企业融入国际市场的战略目标基本相似，主要有市场

① 参见 https://baijiahao.baidu.com/s?id=1625959809482753253&wfr=spider&for=pc。

② 谭洪波．中国要素市场扭曲存在工业偏向吗？——基于中国省级面板数据的实证研究［J］．管理世界，2015（12）：96－105.

导向、资源导向、效率导向、追求优惠政策等。同时，我国服务企业“走出去”的战略动机又有自己的一些独特之处。

1. 技术导向型

无论是服务企业的对外扩张，还是制造企业在海外投资服务环节，学习先进技术都是它们对外扩张的重要战略目标。一些制造业企业通过海外设立、合资或并购的方式建立研发中心和设计中心，这些对外投资主体虽然是制造业企业，但是其投资的业务环节属于服务业，这些海外研发中心和设计中心属于制造业企业的海外子公司或分支机构，其战略目标主要是增强自己的研发与设计能力，提高母公司产品的竞争力，它们除了为母公司服务之外还为当地或第三国企业提供服务。对于服务企业，技术导向型对外投资主要集中在信息技术服务行业，如百度公司为发展 AI 业务在硅谷设立研发中心等。这类技术导向型的投资一般投向技术先进的发达国家和少数新兴市场国家，除了利用发达国家相对先进的技术资源和人力资源之外，还可以研发设计符合当地消费习惯的产品和消费模式。

2. 学习先进管理经验和服务模式

中华人民共和国成立后再到改革开放以来，我国经历了以农业为主和以工业为主的产业结构时期，2013 年服务业首次超过第二产业成为第一大产业，但是曾经一段时期内服务业并不受重视，很多服务业内置于各类企事业单位内部，市场化程度低，相对于成熟的市场经济国家我国服务企业发展起步较晚，很多服务行业缺乏先进的组织形式、行业标准、服务模式和管理经验。因此，通过各种形式的“走出去”，如承接离岸服务外包、跨国并购、国际贸易，我国企业可以向国外先进的服务企业学习先进的管理理念和经验、高效的组织形式、服务模式和行业标准等。

3. 获取品牌

正如上文所分析，我国服务业的专业化和市场化发展相对较晚，因此相对缺乏国际著名品牌和商标，这也是造成我国知识产权使用费逆差的原因之一。而一项国际知名品牌的形成需要多年的培育、运作和经营，并且目前服务业各个子行业的品牌市场已经被一些跨国公司占领，在这种局面下，我国企业跨国并购经营上暂时遇到困难的服务品牌，在服务品牌培育过程中是一种事半功倍的做法。

4. 市场导向

不管是服务业企业还是制造业企业，市场导向是各类企业最普遍的战略目标。服务业企业通过出口、承接离岸服务外包、海外工程承包、劳务输出和对外直接投资等方式将我国服务推向国际市场。制造业企业在海外投资其产业链上下游的服务企业和环节同样起到将我国服务推向国际市场的作用，但是制造业企业在海外投资诸如研发中心、设计中心、销售渠道、售后服务中心的做法主要是为自己的制造环节和产品销售服务，从而提高自己产品的国际市场占有率，因此仍属于市场导向型。市场导向型一般采用由近及远的开拓模式，大部分服务企业首先开辟空间距离和文化距离与我国都相对较近的东南亚市场，积累经验之后再逐步向欧美市场进军。

5. 追求优惠政策

在我国服务业积极谋求融入国际市场的过程中，寻求海外优惠政策也是其中一个重要战略动机，特别是在服务业对外直接投资方面。第六章我们已经分析得出我国服务业对外直接投资主要流向了中国香港、开曼群岛、新加坡、英属维尔京群岛、美国、英国等地，特别是中国香港、开曼群岛和英属维尔京群岛，而这些地区又以税收、管理等方面的优惠政策闻名于世，因此追求优惠政策是我国服务业对外直接投资过程中的一个重要动机。

三、中国服务企业融入国际市场面临的问题与对策建议

本节主要是在前文分析的基础上，剖析我国服务业融入国际市场过程中存在的主要问题，并在此基础上提出有针对性的对策建议。

（一）服务业发展和开放不足

我国服务业近年来发展较快，服务业增加值占比 2018 年已经达到 52.2%，但是服务业发展相对滞后的格局仍然没有改变，特别是对内对外开放方面有许多不足，比如：

（1）对内开放方面，近十多年来，我国出台了不少关于服务业发展、改革和开放的指导意见或实施细则，明确提出了服务业市场要向社会资本开放，鼓励投资主体的多元竞争。但从现实情况看，金融、电信、邮政、铁路、民航、港口、能源、教育、医疗、健康、文化等众多服务业领域仍存在市场准入门槛过高等问题，行政垄断色彩明显，不利于形成有效竞争的市场结构。同时，在要素市场方面存在价格的行业扭曲。比如土地要素，2018 年第四季度我国商服用地价

格和工业用地价格分别为7600元/平方米和834元/平方米①，商服用地价格是工业用地价格的9倍左右，显著增加了服务企业的经营成本。市场准入门槛过高和要素成本对服务业的“歧视”不利于培育具有国际竞争力的市场主体——服务企业。

（2）对外开放方面，我国服务业参与全球价值链很有限，从全球服务贸易的流动来看，以欧美等发达国家为代表的经济体通常依靠其在技术等方面的核心竞争力牢牢占据着全球价值链的高增加值环节，而中国这样的发展中经济体被锁定在附加值较低的环节，在国际贸易中难以掌握主动。此外，服务业开放涉及多个部门，跨部门的协调机制建设尽管有所推进，但政策法规制定、审批、监管等由不同管理部门实施，政策出台与协调都可能有这样或那样的冲突，高效执行和衔接的难度自然就比较大。

要解决上述问题，可采取如下对策建议：

（1）加快服务业对内开放，实现两个“打破”。一是除了某些需要自然垄断的行业之外打破和取消某些服务行业的行政垄断，为各类资本创造公平、透明的竞争环境；二是打破地方市场割据，在全国范围内形成统一的竞争市场。通过两个“打破”优化各服务行业市场结构，做到过程靠企业竞争、结果靠市场选择，以此培育具有国际竞争力的市场主体。

（2）积极推进要素市场改革，形成不同行业统一的土地市场、资本市场、能源市场等，纠正“工业偏向型”的要素市场扭曲，形成平等竞争的大格局。

（3）处理好对内开放和对外开放之间的关系，扩大服务业对外开放意味着我国服务企业要全面参与国际竞争，为此需要增强我国服务企业的竞争力，这就要求必须首先培育一个公平的服务业市场，而只有完全实现服务业对内开放才有可能培育出更多具有竞争力的服务企业，所以服务业扩大对外开放之前应该首先做好对内开放，从而有助于促使这些在国内激烈的市场竞争中成长起来的企业“走出去”参与国际竞争。

（4）强化知识产权保护，促进服务业创新发展。创新是高端服务业不断发展的原动力，创新只有通过市场获得回报才能持续，而知识产权保护则是保护创新主体获得市场回报的有效保障和途径，因此只有增强知识产权保护才能从根本上激发和调动创新创意积极性，从而促进高端服务业发展。

（5）积极利用各地自贸区大胆尝试和探索各种服务业开放政策和部门间协

① 资料来自国土资源部网站：http：//www. mnr. gov. cn/。

调机制，并及时总结经验后在更大范围推广。自从2013年上海自贸区设立以来，我国又陆续设立了一些自贸区，目前已有12个自贸区，这些自贸区的重点开放产业主要是服务业和高端制造业，不同的管理部门和区内企业应充分利用好自贸区政策创新实验基地的功能，强化部门协调与合作，不断探索和创新实施各种有利于服务业开放发展的政策和机制，同时加强对这些政策效果的评估和经验总结，将成功经验快速推广至全国各地。

（6）积极关注数字贸易领域的新变化。数字技术对贸易的深层次影响正在逐步显现，而数字贸易的出现给传统的海关监管、数据统计和风险防范都带来了深远影响。从世界范围内来看，以美国为首的西方发达国家正积极将国内的数字贸易标准国际化。因此，对于中国来说，要在鼓励数字贸易发展基础上，尽快加强对数字贸易规则和动向的全面研究，尽快在国际规则制定方面出台有针对性的应对举措，确保在数字贸易规则制定的新一轮浪潮中发出中国声音，维护中国利益。

（7）持续推动营商环境的改革优化，探索与新兴贸易相适应的管理体制。重点是尽快推动与数字贸易等新型贸易形式相适应的管理机制，在跨境电子商务、无纸化通关通检等方面进行与时俱进的监管创新。加大智能化通关一体化系统的改革力度，探索跨境电子商务的分类监管模式，吸引境外消费回流。逐步完善口岸服务功能，打造国内一流、国际先进的安全、高效、透明、便捷的服务贸易综合示范区。持续发出中国声音，推广中国标准，最终构建服务贸易健康发展的长效机制。

（二）海外投资与贸易过程中缺乏服务业与制造业、服务业不同行业之间的协同和联动，服务业对其他行业“走出去”的支撑作用不足

在这方面，我们的问题也很多。无论是国际服务贸易和服务业对外直接投资，还是货物贸易和制造业对外直接投资，都需要各种商务服务业和生产性服务业的配套支持和投入，比如法律、咨询、广告、设计、运输、金融、审计、调查等，而我国企业在“走出去”的过程中，制造业与服务业之间的联动不够，制造业境外投资需要服务业的强力支持，但目前服务业的支持作用还很弱，很多企业在“走出去”的过程中都在寻求海外服务支持，特别是会计、律师、投资战略顾问和管理顾问等①。比如，上海锦江国际酒店股份有限公司在收购洲际酒店

① 王晓红．以服务业开放为重点不断完善开放型经济新体制［N］．企业家日报，2018－10－22（A03）．

及度假村集团时以高昂的服务费用聘请美国的会计师事务所、律师事务所及国际知名的战略顾问和管理顾问公司为其跨国并购提供专业咨询服务。再如，最近几年我国境外经贸合作区发展较快，但是作为配套的专业服务对园区的跟进效果有待提高。

要解决这些问题，可采取如下对策建议：

（1）积极利用我国制造业全球化发展相对优势带动服务业融入全球化分工。相对于服务业，我国制造业已经全面地融入了全球化生产，因此应积极充分利用制造业全球化发展的优势，通过制造业“走出去”带动我国法律、咨询、金融、研发、设计等服务环节“走出去”。

（2）通过已经融入国际市场的制造业向服务化发展从而派生出一些中国服务，从提供产品向提供“产品 + 服务”转型，为客户提供完整的解决方案，比如设备制造业可以发展租赁、金融、维修、安装、售后等一系列服务。

（3）强化服务业内部相关行业协同“走出去”，并形成不同行业或不同企业之间的战略联盟。比如，外贸与海运之间的联盟，运输业一直是我国服务贸易逆差的第二大来源行业，其中一个重要原因是外贸企业大量按照 FOB 条款出口、CIF 条款进口①，这种贸易形式将货物的运输权和运输过程中的保险服务拱手让给了外国企业，因此应加强我国外贸企业与运输企业之间的战略联盟，在对外贸易谈判中，本着服务于本国市场的原则，尽量采用 CIF 或 CFR（Cost and Freight，成本加运费）条款出口、FOB 条款进口，给国内运输行业争取更多的外贸承运服务，同时也会带动与之相关的保险服务“走出去”。

（4）继续扎实推进“一带一路”合作建设，并利用“一带一路”建设推动我国服务业与其上下游产业协同“走出去”。目前，我国“一带一路”贸易和投资规模不断加大，境外经贸合作区大部分也位于“一带一路”沿线国家，因此政府和企业都应利用好“一带一路”倡议合作将我国服务推向国际市场。

（三）服务业在“走出去”的过程中“投资大、营收小”，对外直接投资后形成的国外附属机构竞争力较弱

2016 年我国 FATS 逆差至少为 1738.53 亿美元，2015 年为 5829.58 亿美元②，是什么原因导致我国商业存在形式的服务贸易的巨大逆差呢？由于外国附属机构

① FOB 出口和 CIF 进口的一个主要区别是：FOB 出口方式由买方负责货物的运输和保险，而 CIF 进口方式则是由卖方负责货物的运输和保险。

② 数据详见第六章第二节中的“（二）商业存在服务贸易模式”。

是由 FDI 产生的，服务业 FDI 规模在较大程度上能反映后来的 FATS 规模，因此我们进一步分析我国服务业实际利用外资和对外直接投资情况，下面从服务业 + 建筑业整体和服务业细分行业 + 建筑业来分析。

首先看服务业 + 建筑业整体情况。图 7 - 1 是 2004 ~ 2017 年我国服务业和建筑业实际利用外资和对外直接投资情况[①]。通过图 7 - 1 可以看出，整体上，2004 ~ 2017 年我国服务业 + 建筑业对外直接投资规模合计为 8730.43 亿美元，大于实际利用外资规模的 7329.49 亿美元。因为 FATS 是 FDI 的产物，所以 FATS 的销售收入反映的是 FDI 形成的 FATS 后续经营情况，考虑到这一点，我们将 FDI 的时间向前推一年。2004 ~ 2015 年我国服务业 + 建筑业对外直接投资和实际利用外资额分别为 5719.56 亿美元、5549.5 亿美元，2004 ~ 2014 年我国服务业 + 建筑业对外直接投资和实际利用外资额分别为 4722.53 亿美元、4622.34 亿美元。这些数据告诉我们，我国服务业 + 建筑业整体 FDI 和 OFDI 规模基本相当，但是由此产生的内向和外向 FATS 的营业收入逆差却很大，从商务部发布的 2015 年和 2016 年的数据看，FATS 逆差大于同期的国际收支平衡表经常账户中的服务进出口逆差。所以，相对于外资对我国服务业的投资，我国服务业对外直接投资总体看是“投资大、营收小”的状态，对外直接投资后形成的国外附属机构竞争力较弱。

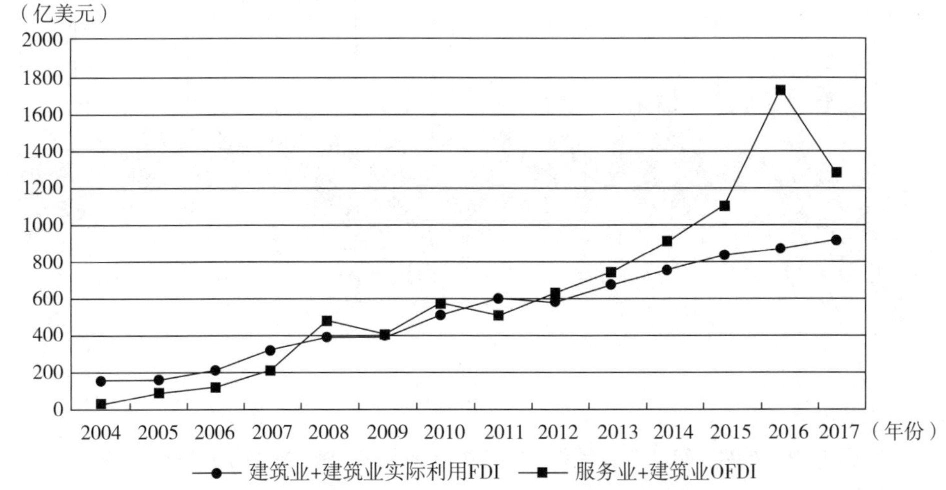

图 7 - 1　2004 ~ 2017 年我国服务业和建筑业实际利用外资和对外直接投资情况

资料来源：根据《中国统计年鉴》和《中国贸易外经统计年鉴》有关数据整理。

---

① 从三次产业定义上来说，建筑业属于第二产业，但是建筑服务又包含在 GATS 规定的 12 类服务贸易中，所以这里我们将服务业加建筑业作为一个整体。

再来分析服务业细分行业 + 建筑业的 FDI 和 OFDI 情况。图 7 - 2 是 2004 ~ 2017 年合计的我国服务业细分行业和建筑业实际利用外资和对外直接投资情况①。通过图 7 - 2 可以看出，2004 ~ 2017 年合计我国对外直接投资远大于利用外商直接投资的行业有租赁和商务服务业、交通运输/仓储及邮电通信业、金融业、住宿和餐饮业、建筑业，但是只有租赁和商务服务业、建筑业存在 FATS 贸易顺差，其他行业均存在不同程度的 FATS 贸易逆差。2004 ~ 2017 年合计我国对外直接投资远小于利用外商直接投资的行业有批发和零售业、房地产业、科学研究和技术服务业，这些行业都存在较大的 FATS 贸易逆差。另外，信息传输、计算机服务和软件业 2004 ~ 2017 年合计的 FDI 与 OFDI 基本相当，但是该行业仍具有很大的 FATS 贸易逆差，2016 年、2015 年该行业逆差分别为 1030.25 亿美元、1223.91 亿美元。因此，细分行业的分析也说明了我国大部分服务行业在“走出去”的过程中“投资大、营收小”，对外直接投资后形成的国外附属机构竞争力较弱。

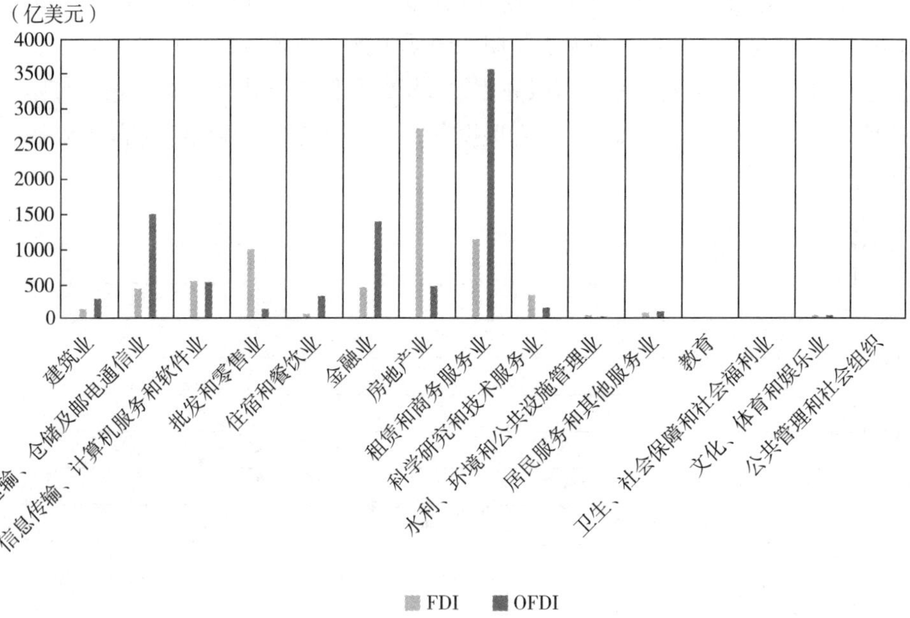

图 7 - 2　2004 ~ 2017 年合计我国服务业细分行业和建筑业实际利用外资和对外直接投资情况

资料来源：根据《中国统计年鉴》和《中国贸易外经统计年鉴》有关数据整理。

① 2004 ~ 2015 年合计、2004 ~ 2014 年合计的 FDI 和 OFDI 对比情况与 2004 ~ 2017 年合计的 FDI 和 OFDI 对比情况相似。

要解决上述问题，可采取如下对策建议：

（1）增强市场调研和行业分析。根据宏观和微观战略目标，企业和相关部门在对外投资前和投资后应增强市场调研和行业分析，对国外市场的竞争程度、市场结构、行业空间分布、需求状况要有深入分析和研究，防止盲目投资。这些调研和分析可以委托给国外咨询公司，也可以委托给我国相关咨询公司和智库机构，从而带动我国咨询行业“走出去”。

（2）加强市场营销和推广。在确定“走出去”之后，应结合目标市场国的需求偏好加强营销和宣传，“走出去”的企业应与其上下游企业形成战略联盟，不断推广自己的服务以提高市场占有率。

（3）采取差异化策略。提炼我国服务企业自身文化和特色，逐步形成差异化服务，提高服务竞争力。

（4）鼓励服务企业在“走出去”的过程中，善于研究和利用国外配套服务，将原本自己从事的非核心业务分离外包，以便专注于自己的核心服务，提高核心服务效率、质量和市场占有率。

（四）服务贸易中的外向 FATS 本地化程度相对较低，不利于发挥管理层和员工的本地化优势

相对于制造业，服务供需双方之间要有更多的交流，服务提供者需要更加了解服务市场当地的消费习惯、风土人情、文化习俗、宗教信仰等，因此服务业国外附属机构的从业人员本土化水平将会在更大程度上影响服务销售。2016 年我国外向 FATS 销售收入排名前十位的行业从业人员总数为 97 万人，其中人员本土化比例为 67.07%，而同年我国内向 FATS 销售收入排名前十位的行业从业人员总数为 537.7 万人，其中人员本土化比例高达 97.06%。2015 年，我国外向 FATS 整体从业人员总数为 55 万人，其中人员本土化比例只有 41.82%，而同年我国内向 FATS 总从业人员总数为 521 万人，其中人员本土化比例更是高达 97.2%，所以相对于外国在我国的附属机构，我国国外附属机构人员本地化程度严重偏低，不利于我国外向 FATS 的经营和销售。

要解决上述问题，可采取如下对策建议：

（1）逐步提高我国海外附属机构（企业）管理层和员工的本地化和国际化水平，以国际标准和国际视野招揽和组织国际人才队伍。在并购海外服务企业之后尽可能维持原有的人员结构，尊重文化差异，发挥和调动原有管理团队和员工的积极性。

（2）通过当地猎头公司、人力资源公司和我国协同“走出去”的人力资源公司招聘、管理和培训专业技术人才和管理人才。

（3）积极利用海外华人、驻外机构、海外留学生和相关外籍人士广泛招揽高层次经营管理人才和专业人才。

（五）相对缺乏世界著名品牌

世界品牌实验室（World Brand Lab）编制发布的2018年“世界品牌500强”中，我国品牌入选38个，入选数量排名第五，其中大陆37个，台湾地区1个，38个品牌中服务品牌22个，工业品牌16个。美国以223个的绝对优势占据品牌数量首位，第二位至第四位分别是法国、英国和日本，其品牌数量依次为43个、42个和39个。再来对比“世界500强”，2018年世界500强企业，中国入选120家，逼近美国的126家，远高于排名第三的日本（日本52家）。中国120家“世界500强”企业中，大陆上榜105家，其中服务业企业45家，工业企业60家①。虽然“世界500强”与“世界品牌500强”有所区别，但是中国入选的品牌数量与入选的企业数量非常不匹配，说明我国企业规模不断成长的过程中并没有铸就国际著名品牌（见表7-4）。

表7-4　2018年“世界品牌500强”的各国数量与占比

国家	品牌数（个）	品牌数占比（%）	国家	品牌数（个）	品牌数占比（%）
美国	223	44.6	瑞士	21	4.2
法国	43	8.6	意大利	15	3
英国	42	8.4	荷兰	9	1.8
日本	39	7.8	韩国	7	1.4
中国	38	7.6	瑞典	7	1.4
德国	26	5.2	其他	30	6

资料来源：世界品牌实验室（World Brand Lab.com）。

缺乏世界著名品牌会从两方面影响我国服务业融入国际市场：①品牌授权使用本身属于服务贸易中的知识产权贸易，长期以来我国知识产权使用费一直占据第三大逆差来源行业，缺乏国际著名品牌是我国在知识产权领域贸易竞争力不足的一个重要原因。②相对于制造业产品，服务作为一种信息不对称性更强的无形

① 根据2018年《财富》“世界500强”有关资料排行榜整理。

商品，更需要借助于品牌向服务潜在需求者发送关于服务质量的信号，从而促使服务业潜在需求者转变为实际购买者，因此缺乏世界著名品牌制约着我国服务业融入国际市场的步伐。

要解决上述问题，可采取如下对策建议：

（1）增强服务企业每一位员工的服务意识，提升服务质量。服务不同于有形产品，有形产品的质量相对稳定，能够提前通过控制生产设备的参数来确定其质量，并通过抽检确定其质量均值和方差，而服务质量更容易受到“人”的因素的影响，服务提供者的服务能力、服务态度、服务意识则会在更大程度上影响服务质量本身，因此打造中国服务品牌首先应该增强服务企业每一位员工的国际视野、服务意识和服务水平，为此可以经常为员工提供关于服务意识和服务能力提升的高端培训。

（2）积极组建各类服务交易平台，通过这些服务交易或展示平台增强我国服务品牌的知名度，提高服务贸易影响力和竞争力。一是政府或相关部门、行业协会积极搭建各类服务交易平台，比如定期在国内或到国外举办综合性大型国际交易博览会、某一细分行业的国际交易博览会。二是服务企业积极利用好国内外各种服务贸易公共平台和商业平台展示和推介自己的服务产品，以增强国外需求者对我国各类服务的了解和认识，从而提高我国服务品牌的知名度。

（3）讲好品牌“故事”，提升品牌内涵。一个国际知名品牌的形成需要长期的内涵积累，背后往往有广为流传的品牌故事和深厚的文化内涵，并不仅仅是一个简单符号，因此我国服务企业应该加强服务品牌内涵建设和文化培育，把一些特色的品牌故事用国际语言表达出来，使品牌故事更加深刻，同时政府和各种组织应利用各种国际舞台展示和宣传中国各类品牌的内涵。

（六）服务企业或制造业企业的服务环节在进入国际市场的过程中存在较多的壁垒和政治、法律等风险

欧美市场方面，由于欧美特别是美国的服务业具有国际竞争优势，我国在某些服务行业关键领域正在追赶，这个过程必然会与欧美发达国家存在一系列激烈竞争和摩擦，发达国家可能会借助国家安全或其他理由阻挠我国某些服务企业进入它们的市场。另外，欧美市场经济发展相对成熟，法制健全，虽然近年来我国正逐步健全各类法律体系，但我国有关法律和法规起步相对较晚，而且与欧美国家存在许多差异，长期的市场经济体制使欧美国家的民众和企业树立了强烈的法律意识，而服务业是一种合同密集型行业，因此我国服务企业在不熟悉东道国相

关法律的情况下可能会面临各种法律风险。“一带一路”方面，由于“一带一路”沿线不同宗教信仰的民族众多、文化迥异多样，而且有些国家政局不稳甚至时有战火冲突发生，这也增加了我国服务业“走出去”的政治风险。

要解决上述问题，可采取如下对策建议：

（1）利用巨大的国内市场及服务业对外开放的过程加强与发达国家的服务贸易和投资谈判，争取相互开放对方市场。

（2）主动研究东道国的相关法律法规，研究和熟悉国际服务贸易规则和国际仲裁机构议事规则，提前规避各类法律风险。

（3）培养熟悉西方法律体系的高端律师，培育壮大具有国际投资与经营相关法律业务的律师事务所，并加强与西方国家律师事务所之间的交流与合作，在交流与合作中学习西方国家的相关法律及其实践经验。

（4）投资主体应增强风险意识，金融保险部门积极研究并创新保险产品。政府或各类行业协会应加强对外投资风险的宣传和案例总结与分享，以提高投资主体的对外投资风险意识。同时，金融保险企业应积极研究对外投资和贸易过程中的各种风险特点并有针对性地创新相关保险产品，以降低和分散相关企业面临的法律规则风险、政局动荡风险、局部战争风险等造成的损失。

（七）对国际服务贸易规则和标准制定的参与程度较低

服务本身的无形性和更多的信息不对称性决定了服务业是一种合同密集型行业，即服务供需双方为了能够达成交易需要签订细则更为详尽的合同，这需要事先有更为详尽的服务标准和贸易规则，因此一国服务企业或行业协会等组织对服务贸易标准的熟悉程度及参与标准制定的程度将会影响该国服务参与国际分工的深度和广度。而由于历史、体制等原因，我国服务业市场化发展相对起步较晚，在很长一段时期内各种生产性服务和生活性服务内置于制造业企业内部，形成了“大而全”“小而全”的生产模式，服务内部化自我提供导致服务标准和贸易规则的缺乏和不统一，因此与贸易体量和参与全球分工的程度相比，我国对世界服务标准和服务贸易规则制定的参与程度不足，因而不利于我国服务企业“走出去”。

要解决上述问题，可采取如下对策建议：

（1）加强服务企业、行业协会参与国际交流与合作，积极参与我国目前还不具备优势的服务标准的学习、研究，同时积极推动我国具有优势和特色的服务标准成为国际标准。加强我国与世界各国在服务贸易方面的磋商与谈判，增强我国在国际服务贸易和投资中的话语权。

（2）立足长远，着力培养和吸引熟悉国际贸易规则、相关法律、服务标准制定与申请的复合型人才和专门人才，并分门别类地将这些人才输送到相关国际组织和部门工作，使其成为既有深厚理论功底，又有国际实践经验的高级人才。

（八）服务贸易统计特别是其中的FATS统计起步较晚，服务业对外直接投资统计维度较少，不利于深入开展关于服务贸易和服务业对外投资的相关研究和政策制定

长期以来，我国服务国际贸易统计主要以国际收支平衡表经常账户中的服务进出口为主，这个统计数据仅仅包括GATS定义中的三种服务贸易形式，即跨境交付、境外消费和自然人流动[①]，并没有统计服务贸易中的重要形式——FATS，而FATS贸易额往往是其他三种服务贸易额的若干倍，因此长期以来我国服务贸易统计并不健全，影响了服务贸易的研究和统计工作。直至2008年1月1日，我国才开始实施《国际服务贸易统计制度》，次年对该制度重新进行修订，新版《国际服务贸易统计制度》于2010年8月1日正式施行，才逐渐开始FATS的统计，而且我国的FATS统计数据于2017年首次发布[②]。美国、日本等发达国家从20世纪70年代就开始对FATS进行统计，因此我国服务贸易统计起步较晚[③]。服务业对外直接投资也缺乏更加细化的统计，比如投资目的地、资金来源地、服务业细分行业与投资方式（跨国并购、绿地投资）之间的交叉统计等，从而在一定程度上限制了关于我国服务贸易和服务业对外投资研究和决策的维度。

要解决上述问题，可采取如下对策建议：

（1）完善服务业统计制度，加强服务贸易和服务业对外投资的统计研究工作，为更加科学合理、全面反映服务贸易和服务业对外直接投资的统计工作做好理论基础。

（2）协同联合相关部门（如商务部、国家发展和改革委员会、国家统计局、外汇管理局、海关、国家知识产权局、文化和旅游部等）做好更加细化的服务贸易和对外直接投资统计工作，比如服务贸易方式、投资目的地、资金来源地、服务细分行业、投资方式（跨国并购、绿地投资）等方面的交叉统计工作，更加

① 封旭红．中国服务贸易发展之定量分析［J］．现代财经（天津财经大学学报），2006（6）：68－71.

② 杨丽琳．对《国际服务贸易统计制度》中服务贸易统计框架的分析与评价［J］．统计研究，2012，29（3）：3－9.

③ 商务部首次发布附属机构服务贸易统计数据［EB/OL］．http：//www. sohu. com/a/152171075_157514，2017－06－26.

细致地刻画出服务业“走出去”的模式、路径及其战略等，为服务经济研究者和政策制定者提供更加细致和完整的数据支撑。例如，《关于开展中医药服务贸易统计试点工作的通知》这个文件就提出了开展中医药服务贸易统计试点工作，增加具有代表性的中医药服务贸易指标的问题，为拓展服务贸易统计、创新统计方法做了有益探索①。

① 关于开展中医药服务贸易统计试点工作的通知［EB/OL］. http://fms.mofcom.gov.cn/article/a/af/201901/20190102830233.shtml，2019－01－25.

第八章　服务全球化与服务外包

一、服务外包是服务全球化的重要动力

服务外包将继续成为推动服务全球化、服务专业化和服务经济增长的重要引擎。全球化服务外包规模将继续扩大，结构不断优化，产业链和价值链不断向高端攀升，区域特色更加鲜明，区域间互动渗透更加强烈，产业融合态势更加突出。

（一）全球服务外包向高端化与多元化战略转型

全球新技术革命和新产业革命的快速发展，尤其是高技术产业、新兴服务业态等新动能加速成长，将使越来越多的企业进入全球价值链的高附加值环节中参与分工并获益，由此推动服务外包产业向高端化、科技密集型转变。2018 年全球离岸服务外包总规模达到 3542.5 亿美元，相当于 2012 年的 2.5 倍。2013 ~ 2018 年离岸外包市场规模复合增长率达到 16%，其中离岸 ITO、BPO、R&D 的复合年增长率分别为 13.8%、17.5%、18.8%。从这一组数据看，知识密集型服务业外包市场增长最快。随着大数据、云计算、第三平台等的广泛应用为服务外包的发展提供技术支撑，在软件设计开发、金融分析、远程医疗、数据分析和挖掘、知识产权、生物医药研发、创意设计等高附加值领域将产生更多的市场需求，推动知识密集型服务业外包市场加速成长。预计到 2020 年，全球离岸服务外包规模约为 4500 亿美元①。

（二）服务外包将加速产业融合与业态创新

互联网信息技术推动的产业转型升级将加速产业融合趋势，制造业与服务

---

① 王晓红，于倩．全球经济治理视野的服务外包产业转型［J］．改革，2016（4）：54－63.

业、传统服务业与新兴服务业之间将加速融合、相互渗透。离岸服务外包成为跨国公司扩大产业链和优化整合外部资源与市场，进行跨境贸易、对外直接投资的重要手段，从而促进高新技术的发展，扩大信息技术服务业的规模，加速形成全球生产和服务网络体系，在一定程度上成为促使全球产业融合的助推器，服务外包在不断推动制造业向智能化、数字化、网络化和绿色低碳化发展，推动商贸、旅游、金融、物流等传统服务业的信息化和现代化，推动研发、设计、传媒、教育、咨询等新兴服务贸易规模化的过程中加速产业融合与创新。以众包、共享为主要特征的新业态也将加速发展①。

（三）发包国与接包国竞合关系增强，使更多国家从全球化中受益

金融危机之后越来越多的国家支持鼓励服务外包产业发展，全球已经有 70 多个国家（地区）将承接国际服务外包确立为战略重点，并不断加大对企业能力建设的政策支持力度。未来各国的竞争关系更加激烈，但合作也日趋深入。接包与发包在发达国家与发展中国家之间相互交织的现象越来越显著。

发达国家除作为主要发包方继续占据全球高端价值链之外，也逐渐承接外包业务；而发展中国家除主要承接外包，也将释放服务外包市场需求。从接包方来看，接包市场的竞争越来越激烈。中、印两大接包国正面临其他国家的挑战，随着人口红利减少、土地等资源要素价格上升，如果不提升创新能力，其竞争优势将会持续走低。一些发包企业开始寻求成本更低的接包方，如柬埔寨、斯里兰卡、肯尼亚、越南等国，印度尼西亚、以色列、埃及等也已成为发包方不断看好的市场。凭借着地缘优势，菲律宾、墨西哥、马来西亚在接包上都会有不错的表现。从发包方来看，金融危机以来美国和欧洲等国家（地区）为了缓解国内经济增长低迷、就业水平下降的状况，一方面通过颁布新的税收政策、非关税措施等贸易保护主义，以及限制服务岗位外流、促进就业回流等措施限制服务外包发展；另一方面也开始出台鼓励承接国际服务外包的相关措施，与发展中国家形成了一定的竞争关系。但从长期来看，仍然无法阻挡跨国企业对低成本国家和地区转移服务业、释放外包需求的大趋势②。

因此，从上述两方面来看，发展中国家与发达国家的合作性、融合性、依赖性越来越紧密。未来将会有更多国家参与服务外包，承接国和发包国的竞争性也有所加剧，跨国公司研发全球化的发展也将促使各国之间的合作性逐渐深化。

---

①② 王晓红，于倩．全球经济治理视野的服务外包产业转型［J］．改革，2016（4）：54－63.

二、中国服务外包产业能力与绩效的实证分析

（一）研究设计

1. 数据收集与描述性统计分析

本节通过调查问卷的方式收集数据，以服务外包承接企业为研究对象，问卷主要向北京、上海、合肥、成都等地的服务外包企业发放。在正式发放问卷之前，本节先对2家北京服务外包企业进行了预调研，针对问卷设计结构及题项含义清晰度征询企业实践层面的意见，并进行了适当调整与修缮。对选定的服务外包企业发放100份问卷，除去缺失值较多或关键题项没有回答的无效问卷，经过筛选共得到可用于进行实证分析的有效问卷69份①。具体样本企业分布情况如表8-1所示。

朱福林（2019）的调研资料显示，总体来看服务外包企业仍以中小规模为主，人数1000人以下的占到72.9%，1000人以上的大型企业占比不到1/3，其中特大型（5000~10000人）占到17.1%，10000人以上的超大型企业占2.9%。与此同时，年收入低于1亿元人民币的占到75.7%，其中低于5000万元的占到64.3%，高于1亿元的占到24.3%，主要集中于1亿~5亿元，超过5亿元的不到5%，从营业收入规模来看目前中国服务外包企业仍以中小型为主，中国服务外包企业创收实力还有待提高。中国服务外包企业整体呈现出内资为主、外资为辅的特征，两者分别占到34.7%和59.8%，其他性质的企业占5.6%。其中，内资企业又以民营占绝大多数，达54.2%，内资国有仅占5.6%，说明在服务外包产业领域，民营经济展现出比国有企业更大的竞争力。在离岸率方面，将近60%的企业承接的离岸服务外包在50%以下，其中43.9%的企业服务外包离岸率低于30%，服务外包离岸率占比超过50%的企业占到41%。可以看出，中国服务外包企业的离岸率仍较低，普遍以国内在岸业务居多，说明中国服务外包企业的国际化能力还有待大幅提高。另外，81%的服务外包企业研究人员占比低于10%，只有20%左右的企业研究人员占比高于10%，这对于一个高度建立在

① 朱福林．制度环境、外包能力与绩效提升［J］．暨南学报（哲学社会科学版），2019，41（2）：1-14.

表 8-1　样本企业基本情况

单位：%

公司规模		外包收入		大学生占比		离岸率		企业性质	
50~200 人	17.1	低于 300 万元	10.0	30%以下	9.1	30%以下	43.9	外商独资	25.0
200~500 人	30.0	300 万~1000 万元	22.9	30%~60%	13.6	30%~50%	15.2	中外合资	9.7
500~1000 人	25.7	1000 万~5000 万元	31.4	60%~80%	18.2	50%~80%	13.6	内资民营	54.2
1000~5000 人	7.1	5000 万~10000 万元	11.4	80%以上	59.1	80%以上	27.3	内资国有	5.6
5000~10000 人	17.1	10000 万~50000 万元	20.0					其他企业	5.6
10000 人以上	2.9	50000 万元以上	4.3						
政府基金支助		**从事服务外包年限**		**负责人学历**		**工程师收入**		**研发人员占比**	
无	25.8	5 年以下	34.7	大专	4.2	2000~5000 元	23.9	1%以下	11.3
1~3 次	45.5	6~10 年	34.7	本科	46.5	5000~10000 元	62.7	1%~5%	43.4
4~6 次	16.7	11~15 年	19.4	硕士	38.0	10000~15000 元	10.4	5%~10%	26.4
7~9 次	9.1	16~20 年	6.9	博士	11.3	15000 元以上	3.0	10%~15%	1.9
10 次以上	3.0	20 年以上	4.2					15%~20%	7.5
								20%以上	9.4

注：①外包收入为样本公司 2011~2014 年年均服务外包业务收入；离岸率是指承接离岸服务外包占公司业务总规模的比重；政府基金支助是指过去三年获得政府基金支助的频次。②表中百分比均为剔除了缺失值的有效百分比。

资料来源：福林. 制度环境、外包能力与绩效提升［J］. 暨南学报（哲学社会科学版），2019，41（2）：1-14.

“人脑 + 电脑”模式上的产业来说仍较低，说明目前中国服务外包企业与研发型企业还有一定差距。虽然上述分析指出了中国服务外包企业整体竞争力偏弱的特征，但从纵向整体来看，随着产业环境改善，国内服务外包企业实力还是在持续提高，已涌现出员工达两万人以上的大型企业①。据《中国服务外包发展报告2015》，中国服务外包企业呈现大中型企业比重增长的趋势，企业规模连年持续增长，2014 年 100 人及以下的企业比重显著降低，从 2013 年的 69.7% 下降为 43.8%②。

2. 变量说明

根据前期研究成果并结合实务专家及企业经理的建议，考虑到服务外包企业的竞争力主要体现在项目管理能力、技术能力、人力资源管理能力、关系管理能力、知识能力和服务交付能力等方面，本节共设计了 30 个题项，对样本企业的这些能力进行问卷调查，题项采用 Likert 7 级定序打分法。对 30 个能力题项运用探测性因子分析法进行第一轮因子提取时，发现有 2 个题项的共同度小于 0.5，剔除这两个题项后再进行因子分析，共同度均达到 0.7 以上，共提取到四个公共因子。具体提取采取特征值大于 1 的方法，四个公共因子的累积可解释方差为 0.782，即四个公共因子能代表或可解释这 30 个题项约 78% 的变异信息量。KMO 值达 0.915，Bartlette 球形检验卡方值为 2150.218（df = 435，P = 0.000），说明本次公共因子提取过程达到较好效果③。

通过对原始因子载荷矩阵进行正交旋转，可得到所提取因子的题项聚类情况，根据题意可分别将四个公共因子大致命名为服务交付与关系能力、技术能力、项目管理能力和人力资源管理能力。四个公共因子的组合信度 C. R. 值分别为 0.908、0.878、0.864 和 0.739，均达到 0.7 以上，说明这四个潜变量具有较好的建构信度，即各题项均指向同样的潜在含义。这四个公共因子的平均萃取方差均在 0.5 左右，Cronbach's α 值前三个达到 0.9 以上，后一个也在 0.7 以上，说明这四个潜变量具有较好的收敛信度，即设计题项已足够反映出所测潜在变量信息④。

① 2012 年文思与海辉达成“对等合并”方案，成立文思海辉技术有限公司，合并后公司员工超过 2.3 万人。

②③④ 朱福林．制度环境、外包能力与绩效提升［J］．暨南学报（哲学社会科学版），2019，41（2）：1－14.

表8-2 服务外包能力因子提取与特征（多维度）

测项（改编于殷国鹏和杨波，2010）	成分				C. R.	AVE	Cronbach's α
	1	2	3	4			
按发包商技术要求提供外包解决方案	0.782				0.908	0.498	0.962
双方目标和文化的融合程度	0.753						
公司总是能在规定时间完成客户所需方案	0.735						
部门或组织间的沟通情况	0.733						
公司设计的服务方案经常得到客户的赞许	0.722						
签订合同后，本公司资源配置能力	0.711						
交付服务的质量高低	0.678						
项目实施过程中信息的安全管理	0.651						
双方的信任情况	0.644						
组织间的团队合作情况	0.635						
本公司技术创新投入程度		0.832			0.878	0.476	0.936
整个公司对技术的重视程度		0.775					
本公司运用技术解决发包商问题的能力		0.695					
本公司拥有的技术资本（基础设施、CMM级别）		0.691					
本公司对IT和发包商领域知识的掌握程度		0.649					
签订合同前，本公司服务方案的设计能力		0.647					
拥有众多经验丰富的外包专家		0.613					
员工的技术水平和稳定性		0.596					
本公司对知识产权的保护情况			0.830		0.864	0.515	0.940
本公司对项目的有效管理			0.728				
本公司外包服务流程的标准化程度			0.721				
本公司定期对项目做绩效评价			0.700				
本公司对知识的共享、整合和应用情况			0.685				
本公司对客户的需求分析			0.628				
本公司人力资源管理在业界小有名气				0.866	0.739	0.493	0.706
本公司工资水平在业界具有吸引力				0.623			
企业员工的招聘、培训和考核制度设计				0.584			

注：提取采用主成分分析法。

资料来源：朱福林．制度环境、外包能力与绩效提升［J］．暨南学报（哲学社会科学版），2019，41（2）：1－14.

调查问卷中设计了 8 个服务外包企业绩效方面的测项，采用 Likert 7 级定序打分法。在第一轮因子分析过程中发现有一个题项的共同度低于 0.5，因此去掉该题项再进行探测性因子分析。第二次因子分析的 KMO 值为 0.795，通过 Bartlett 球形显著性检验（卡方值 = 547.776，df = 21，P = 0.000），所有题项的共同度均达到 0.7 以上，说明因子提取效果良好，得到一个单维度公共因子，累积已解方差为 0.741，即该公共因子能解释 8 个题项约 74% 的变异信息。因子载荷均在 0.8 以上，说明此提取达到了很好的因子区分收敛效度。公共因子的组合信度为 0.953，平均萃取方差为 0.741，表明该单维度公共因子的变异量绝大部分来自于对应的原始题项，说明该潜变量具有较好的建构效度。对潜变量的所有合格题项进行可靠性分析，Cronbach's α 值为 0.937，很好地通过可靠性检验。采用 Likert 10 级定序打分法设计了 7 个制度环境题项，进行探索性因子分析同样得到单维度公共因子，累积方差为 0.635。各题项的共同度均在 0.7 以上。KMO 值为 0.845，Bartlett 球形检验卡方值为 276.246（df = 21，P = 0.000），因子载荷系数均在 0.7 以上，超过一半达 0.8 以上，整体说明因子提取效果良好。Cronbach's α 值达 0.901，通过可靠性检验，达到信度要求（见表 8 - 3）[①]。

表 8 - 3　外包绩效与制度环境因子提取（单维度）

测项	成分	C. R.	AVE	Cronbach's α
外包能够帮发包商提升企业核心竞争力	0.891	0.953	0.741	0.937
公司从外包业务中获得较高经济效益	0.870			
承接国际服务外包能够提升本公司技术能力	0.865			
承接国际服务外包能够提升本公司的管理能力	0.858			
承接国际服务外包能够提升本公司的品牌效应	0.857			
外包项目提高了客户的盈利能力	0.847			
外包降低了客户企业的成本	0.838			
测项（改编于 WEF，2015）[②]	成分	C. R.	AVE	Cronbach's α
中国服务外包企业的培训表现	0.842	0.924	0.635	0.901
中国服务外包人才的英语语言能力	0.833			
中国服务外包企业达到国际认证的水平	0.825			
中国国家总体风险程度	0.816			

① 朱福林．制度环境、外包能力与绩效提升［J］．暨南学报（哲学社会科学版），2019，41（2）：1 - 14.

② World Economic Forum. The Global Competitiveness Report（2014 - 2015）［R］．2016.

续表

测项	成分	C. R.	AVE	Cronbach's α
中国知识产权保护与尊重程度	0.759			
中国政府行政便利化程度	0.748			
中国服务外包政策支持力度	0.747			

注：提取采取主成分分析法。

资料来源：Huang M. H., Wang E. T. G. Marketing is from Mars, It is from Venus: Aligning the Worldviews for Firm Performance [J]. Decision Sciences, 2013, 44 (1): 87-125.

3. 服务外包竞争力差异化影响因素分析

通过探索性因子分析法得到服务交付与关系能力、技术能力、项目管理能力和人力资源管理能力这四个体现服务外包企业竞争力的能力维度。这四个能力对于企业获取发包商信任并创造性地完成服务外包具有重要影响，这些能力的增强有利于发展中国家接包商获得海外外包业务订单并按指定要求或超过客户期望地完成。因此，提高这四个方面的能力对于服务外包企业来说尤为重要，因此有必要探究导致这些能力差异的影响因素何在①。

企业能力的形成是一个相当复杂的过程，受文化、政治及经济等多种因素的间接影响，又直接与企业本身管理水平和组织特征分不开。在样本数据的基础上，对造成中国服务外包企业能力差异化的企业自身影响因素进行实证分析。在前期分析基础上，发现有些企业自身属性因素之间存在高度相关，比如成立时间越长的企业往往人员规模也越大，因此容易导致自变量多重共线性问题。在此，运用 SPSS17.0 软件以这四个能力为因变量、企业属性因素为自变量进行逐步回归。通过结果分析可进一步理解影响服务外包能力的企业特征因素，从而为服务外包企业竞争力提高提供建议②。

从实证结果来看（见表 8-4）：

第一，服务交付与关系能力与大学生占比和负责人海外学历呈显著正相关关系，估计系数分别为 0.495 和 0.208，说明大学生占比每提高 1 个百分点，服务外包企业的交付与关系能力能提高 0.495 个百分点；如果企业负责人有海外经历则该能力提高 0.208 个百分点。这说明服务外包企业交付能力受到公司大学生比例高低的影响，大学生比例高的服务外包企业服务交付与关系能力就具有相对优

①② 朱福林. 制度环境、外包能力与绩效提升 [J]. 暨南学报（哲学社会科学版），2019，41（2）：1-14.

表 8-4　变量相关关系矩阵

变量	1	2	3	4	5	6	7	8	9	10	11	12	13
外包绩效	1	0.686**	0.572**	0.672**	0.189	0.399**	0.000	-0.079	0.150	0.199	0.119	0.155	0.148
服务交付与关系能力	0.686**	1	0.832**	0.821**	0.443**	0.432**	0.122	-0.015	0.138	0.372**	0.220	0.210	0.112
技术能力	0.572**	0.832**	1	0.763**	0.565**	0.500**	0.148	0.112	0.127	0.282*	0.319**	0.294*	0.163
项目管理能力	0.672**	0.821**	0.763**	1	0.372**	0.512**	0.185	0.033	0.180	0.337**	0.174	0.315**	0.059
人力资源管理能力	0.189	0.443**	0.565**	0.372**	1	0.480**	0.296*	0.312**	0.082	0.195	0.274*	0.185	0.249*
制度环境	0.399**	0.432**	0.500**	0.512**	0.480**	1	0.098	0.242*	0.235	0.264*	0.287*	0.324**	0.097
公司人员规模	0.000	0.122	0.148	0.185	0.296*	0.098	1	0.374**	0.228	-0.177	0.271*	0.123	0.030
负责人学历	-0.079	-0.015	0.112	0.033	0.312**	0.242*	0.374**	1	0.168	-0.210	0.355**	-0.012	-0.004
负责人海外学历	0.150	0.138	0.127	0.180	0.082	0.235	0.228	0.168	1	-0.274*	0.060	0.393**	0.185
大学生占比	0.199	0.372**	0.282*	0.337**	0.195	0.264*	-0.177	-0.210	-0.274*	1	0.156	0.031	0.066
高管学历	0.119	0.220	0.319**	0.174	0.274*	0.287*	0.271*	0.355**	0.060	0.156	1	0.078	0.099
离岸率	0.155	0.210	0.294*	0.315**	0.185	0.324**	0.123	-0.012	0.393**	0.031	0.078	1	0.269*
政府支助认证	0.148	0.112	0.163	0.059	0.249*	0.097	0.030	-0.004	0.185	0.066	0.099	0.269*	1

注：采取皮尔逊双尾检验，***、**、*分别代表通过1%、5%、10%显著性水平检验。

势。负责人拥有海外学历对于其把握欧美市场客户需求及赢得国内同行的认可具有很大的帮助，在海外留学的负责人由于拥有对发达国家技术发展的认识及一定的海外关系，从而容易取得国内相关利益方的信任及人脉、资金等资源的聚合。

第二，服务外包企业技术能力与高管学历、离岸率、大学生占比分别具有0.261、0.267、0.232的正相关关系，并通过统计意义上显著性检验。根据自变量含义，高管学历如果是研究生以上、离岸率超过50%及大学生占比达60%的服务外包企业在技术能力上具有相对竞争优势。高管学历的高低可能会影响到公司业务中高端结构走向，因此对人员招聘及技术要求较高，具有高学历的高管团队对企业外部市场、技术，甚至国外技术、设计等前沿领域具有一定的了解，从而能提升企业的技术能力。离岸率高的服务外包企业由于面对发达国家跨国公司对接包商的严苛要求也需要不断进行技术能力的提升，而且离岸率高的服务外包企业可以近距离地接触到发达国家发包商的管理、技术等先进经验，事实充分证明，服务外包能给企业带来技术溢出等正向效应。大学生占比高低直接影响着服务外包企业整体可行水平、对先进技术的吸收效率、知识传递等，因此大学生占比高的企业技术能力也较强。

第三，项目管理能力与大学生占比、负责人海外历呈显著正相关，估计系数分别为0.409和0.326，说明大学生占比越大，服务外包企业的项目管理能力越强。如前所述，大学生占比和服务交付与关系能力、技术能力具有显著正相关关系，而服务交付与关系能力、技术能力又与项目管理能力密切相关。而且项目管理过程中大学生占比是一个影响实际运营效果的重要因素，服务外包是基于IT的管理企业，决定了该行业对知识型人才的要求比较高，服务外包企业大部分员工为信息、软件等技术人员，决定着大学学历占比比其他行业要高。海外工作经历对项目管理能力具有正向影响，可能是因为具有海外工作经历的员工可以亲身了解到欧美等发达国家的企业实际运行规则，更好地理解不同文化视域下客户价值所在，通过“干中学”等机制学习到先进管理理念促进管理效率，这些都有利于项目管理能力的提升①。

第四，人力资源管理能力与企业负责人学历、大学生占比、政府对国际认证的支助及公司人员规模显著正相关，估计系数分别为0.285、0.281、0.225和0.233。企业负责人学历越高对先进人力资源管理的认知与执行、规则的设立等越

① 朱福林．制度环境、外包能力与绩效提升［J］．暨南学报（哲学社会科学版），2019，41（2）：1－14.

表 8－5 服务外包企业竞争力影响因素分步回归结果

模型	服务交付与关系能力	模型	技术能力	模型	项目管理能力	模型	人力资源管理能力
常数	2.077*** (－0.997)	常数	1.898* (－1.087)	常数	1.928* (－1.024)	常数	－0.805 (－1.412)
大学生占比	0.444*** (－0.495)	高管学历	0.261*** (－0.231)	大学生占比	0.409*** (－0.507)	负责人学历	0.285*** (－0.263)
负责人海外学历	0.260*** (－0.208)	离岸率	0.267*** (－0.221)	负责人海外工作经历	0.326*** (－0.208)	大学生占比	0.281*** (－0.608)
		大学生占比	0.232*** (－0.537)			政府支助认证	0.225*** (－0.428)
						公司人员规模	0.233*** (－0.288)
已解方差 R^2	0.177	已解方差 R^2	0.191	已解方差 R^2	0.191	已解方差 R^2	0.223
F 统计量	8.305	F 统计量	6.368	F 统计量	9.018	F 统计量	5.884

注：***、**、*分别表示通过1%、5%、10%水平显著性检验。括号内为估计系数的标准误。

具有促进作用；大学生占比高有利于企业先进人力资源管理理论与技术的实施与推进；政府对国际认证的支助对企业人力资源管理的规范具有一定促进作用；公司人员规模达到一定程度势必要采取以制度为中心的管理模式，从而避免了管理过程中出现人为情绪化的不利影响，促使企业人力资源管理朝正规化、法制化方向迈进，这一点对中国企业走向世界尤为关键①。

（二）服务外包能力对绩效的影响机制实证研究②

在探索性因子分析基础上，运用 Smart – PLS 结构方程模型（SEM）对服务外包企业能力与外包绩效进行实证检验。Hu 和 Bentler（1995）指出，GFI、AGFI、NFI 容易受到样本量的干扰，在样本量较少的情况下结构方程模型的适配性指标可适度放宽③。一般来讲，结构方程模型包括测量模型和结构模型，具体如下：

首先，测量模型衡量测项指标与潜在变量之间的关系，通常可写成测量方程：

$$x = \Lambda_x \xi + \delta$$

$$y = \Lambda_y \eta + \varepsilon$$

其中，x 表示外生指标组成的向量，本部分中即为制度环境和外包能力的测项得分向量；ξ 表示制度环境和外包能力潜在变量；y 表示内生指标组成的向量，此处为外包绩效的测项得分向量；η 表示外包绩效潜在变量；Λ_x 表示外生指标与外生潜变量之间的关系，是外生指标在外生潜变量上的因子载荷矩阵；Λ_y 表示内生指标与内生潜变量之间的关系，是内生指标在内生潜在变量上的因子载荷矩阵；δ 表示外生指标 x 的测量误差；ε 表示内生指标 y 的测量误差。

其次，结构模型表述潜在变量之间的关系，这通常是研究的重点，所以整个部分也称为结构方程模型。通常写成如下方程式：

$$\eta = B\eta + \Gamma\xi + \zeta$$

其中，η 表示内生潜在变量（外包绩效）；ξ 表示外生潜在变量（制度环境和外包能力）；B 表示内生潜在变量间的关系；Γ 表示外生潜变量对内生潜变量的影响；ζ 表示结构方程的残差项，反映了 η 在方程中未被解释的部分。

①② 朱福林．制度环境、外包能力与绩效提升［J］．暨南学报（哲学社会科学版），2019，41（2）：1 – 14.

③ Hu L.，Bentler P. M. Evaluating Model Fit［A］//Hoyle，R. H.（eds.），Structural Equation Modeling：Concepts，Issues，and Applications［C］. Thousand Oaks，CA：Sage，1995：76 – 99.

1. 未施加制度环境

通过结构方程模型结果可以看出，技术能力正向显著影响服务交付与关系能力（标准路径系数为 0.918，$P<0.001$）、项目管理能力（标准路径系数为 0.842，$P<0.001$）和人力资源管理能力（标准路径系数为 0.776，$P<0.001$），说明技术能力强的服务外包企业在服务交付与关系、项目管理、人力资源管理这三个方面能力也强。服务的交付质量与技术能力休戚相关，技术能力强的企业往往在社会网络中游刃有余，因而更能创造有利的关系网，技术能力强的企业项目管理往往比较顺畅，人力资源管理也比较合理。也就是说，提高技术能力可以间接地达到提高其他三项能力的效果。

服务交付与关系能力能显著地直接促进服务外包绩效（标准路径系数为 0.761，$P<0.001$）；项目管理能力能显著地正向影响外包绩效（标准路径系数为 0.711，$P<0.001$）；人力资源管理能力在 10% 的显著性水平上正向影响外包绩效（标准路径系数为 0.292，$P=0.052$）。需要指出的是，技术能力不仅对服务交付与关系等三种能力具有直接正向显著影响，也能对服务外包绩效具有直接正向显著影响（标准路径系数为 0.867，$P<0.001$），说明技术能力对服务外包绩效的影响是双重的，既有直接效应，又通过正向作用于其他能力具有间接效应。具体来看，技术能力分别通过服务交付与关系能力、项目管理能力、人力资源管理能力对外包绩效具有 0.696（0.918×0.761）、0.599（0.842×0.711）、0.227（0.776×0.292）的正向间接影响效应（见图 8-1、表 8-6）。

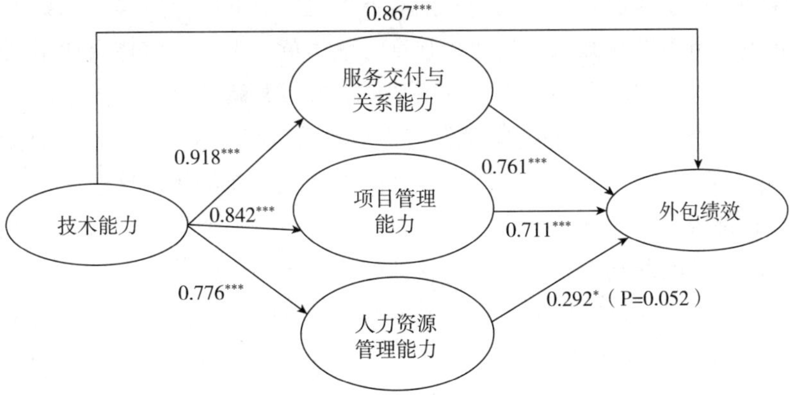

图 8-1　服务外包企业能力与绩效影响关系模拟（仅显著路径）

表 8-6 方程拟合度指标

Fitting Index	χ^2/df	GFI	AGFI	RMSEA	NFI	CFI	PNFI	PCFI
SEM1	2.116	0.541	0.477	0.128	0.661	0.784	0.616	0.731
SEM2	1.563	0.574	0.498	0.152	0.667	0.764	0.612	0.700
SEM3	2.593	0.571	0.495	0.153	0.663	0.759	0.608	0.696
SEM4	2.713	0.545	0.464	0.159	0.648	0.741	0.594	0.679

注：结构方程模型要求自变量不相关，否则会影响到系数的准确性。为此，分步骤建立结构方程模型，SEM1 衡量技术能力的直接和间接效应，SEM2、SEM3、SEM4 分别衡量的服务交付与关系能力、项目管理能力和人力资源管理能力与外包绩效的直接效应。

通过比较变量之间的模型估计系数及显著性水平通过情况，发现人力资源管理能力与服务外包绩效之间的显著正向影响具有相对不确定性，而其他三种能力显然具有较强的显著估计系数。可能是因为，目前中国服务外包承接欧美跨国公司的外包业务类型仍以中低端 ITO 等为主，因此人力资源管理能力的作用可能还不必达到很高水平便可满足，也有可能是服务外包企业人力资源管理水平有待提高，还不足以达到促进外包绩效的程度。在调查问卷中，回答年均离职率“高”的服务外包企业占比近 40%，说明目前服务外包企业在留住人才、培育好的公司文化等方面还存在较大提高空间。

2. 施加制度环境

波特的国家竞争优势理论及世界范围内服务外包产业强国的发展经验表明，一些制度环境或整体性指标影响到一国服务外包产业的国家竞争力，如国家风险程度、政策支持力度、知识产权保护强度、整体英语水平、整体企业培训、达到国际认证水平等情况，我们称之为制度环境。有目共睹的是，中国通过改革开放及加入 WTO、签订自由贸易协定等渠道主动融入世界经济，国家实力大幅上升、政策与制度不断改善、服务外包产业发展的大环境不断优化，这些制度总体环境因素的提高是否有力地促进了服务外包企业的发展是一个需要检验的问题。在上述结构方程模型的基础上，加入制度整体中介变量可得到其直接与间接作用。

从图 8-2、表 8-7 来看，制度环境对服务交付与关系能力、技术能力、项目管理能力及人力资源管理能力分别具有 0.502（$P<0.001$）、0.918（$P<0.001$）、0.586（$P<0.001$）和 0.635（$P<0.001$）的正向影响作用，说明经过多年培育与积累，中国服务外包产业发展制度整体质量或条件不断提高，尤其是 2006 年以来从整体上来看企业培训、从业人员英语水平、国内营商环境等都得到不同幅度的提升，使存活于这种不断进步同时又竞争激烈的环境中的服务外包

企业自然地享受到整体产业环境改善所带来的红利，致使其竞争力得到提高。其中，制度环境对技术能力的促进效应最强，说明中国 IT 产业基础的发展对整个行业的技术水平提高具有很大作用。此外，制度环境对外包绩效还有直接影响关系，标准路径关系为 0.620（P < 0.001），说明制度环境的改进能直接促进企业外包绩效的提高，也就意味着制度环境整体水平的提高不仅有利于接包商中服务外包绩效获得提升，同时也更有利于接包商提高业务水平从而更好地服务发包商的顾客核心价值。

表 8－7　方程拟合度指标

Fitting Index	χ^2/df	GFI	AGFI	RMSEA	NFI	CFI	PNFI	PCFI
SEM5	2.212	0.480	0.422	0.133	0.572	0.705	0.540	0.665

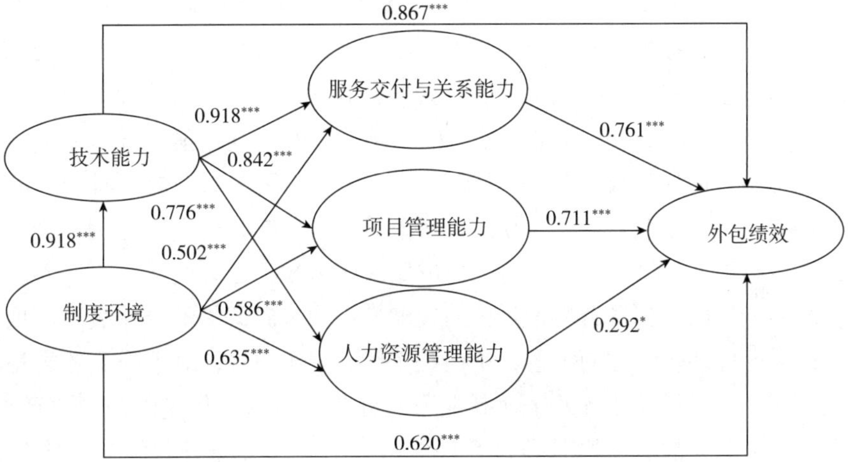

图 8－2　施加制度环境影响关系模拟（仅显著路径）

由于前面模型已经证实服务交付与关系能力、技术能力、项目管理能力、人力资源管理能力均对外包绩效具有显著直接正向影响，而同时制度环境对这些能力又具有显著直接正向影响，因此制度环境对外包绩效还具有间接的正向影响关系。制度环境通过这四种能力传递的正向间接效应分别为 0.382（0.502 × 0.761）、0.796（0.918 × 0.867）、0.417（0.586 × 0.711）和 0.185（0.635 × 0.292）。可以看出，制度环境—技术能力—外包绩效这一条路径所产生的间接效应最大，说明技术能力在这一套传递机制中发挥着十分关键性作用。同时，技术能力又能直接正向影响服务交付与关系能力、项目管理能力和人力资源管理能力，对外包绩效也具有直接正向影响，因此技术能力的提高显然具有十分重要的意义。

SEM5 考察的是制度环境因素的直接与间接效应。

3. 权变因素影响

服务外包企业能力与绩效之间的作用关系及制度环境调节机制可能受到企业自身因素的影响。不同特征的企业在不同能力上具有比较优势，对能力特征的依赖与要求也不一样，因而能力对绩效的影响也会表现出差异性。另外，不同企业对制度政策、环境的吸收与响应效果是不一样的，有些企业可能比较善于利用或适应制度环境，也可能容易得到制度环境的支持，而有些企业可能并不能得到相同程度的类似结果。针对企业权变因素的影响，运用 SPSS17.0 软件在因子分析结果基础上构造各变量，并进行分步回归分析（结果见表 8－8）。首先，对规模小的企业来说，服务交付与关系能力对服务外包绩效呈显著正相关，为 0.567。但外包绩效与人力资源管理能力呈显著负相关，说明规模小的企业人力资源管理还不足以创造出较强的服务外包绩效。另外，制度环境与项目管理能力交叉促进了服务外包绩效，交叉效应为 0.346。对于规模大的企业，项目管理能力与外包绩效呈正相关，估计系数为 0.687。其次，从成立年限来看，成立时间短的企业通过服务交付与关系能力对外包绩效具有显著正向影响，达 0.81，但人力资源管理能力负向影响外包绩效，可能是因为成立时间太短，公司化运营不完善，人力资源管理还不足以达到具有激励效果的程度。而成立时间长的企业表现出项目管理能力显著促进外包绩效的关系，正向相关性高达 0.809；对不同业务类型的企业来说，从事相对低端业务的企业其能力与外包绩效这一促进关系未表现出来，而拥有中高端业务的企业则是项目管理能力显著正向促进外包绩效，达 0.802；就外包收入来看，从收入相对低的企业来看，项目管理能力与外包绩效具有 0.631 的显著正相关；而收入高的企业服务交付与关系能力每提高 1%，则能带动绩效提高 0.751%；最后看研发投入占比，研发投入相对少的企业在项目管理能力上对外包绩效有 0.655 的正向影响，研发投入较多的企业在服务交付与关系能力上表现出较大的显著促进作用，高达 0.91①。

① 朱福林．制度环境、外包能力与绩效提升［J］．暨南学报（哲学社会科学版），2019，41（2）：1－14.

表 8-8 权变因素分步回归结果

自变量	公司规模		成立年限		业务类型		外包收入		研发投入占比	
	1000 人以下	1000 人以上	10 年以下	10 年以上	低端	中高端	低于 1 亿元	高于 1 亿元	低于 10%	高于 10%
服务交付与关系能力	0.576*** (0.156)		0.810*** (0.143)					0.751*** (0.129)		0.910*** (0.148)
项目管理能力		0.687*** (0.257)		0.809*** (0.192)		0.802*** (0.122)	0.631*** (0.196)		0.655*** (0.126)	
人力资源管理能力	-0.245*** (0.117)		-0.262*** (0.113)							
制度环境×服务交付与关系能力					0.517*** (0.013)					
制度环境×项目管理能力	0.346*** (0.013)									
截距项	1.411*** (0.770)	-0.590* (1.581)	0.850 (0.793)	-1.063 (1.151)	3.850*** (0.558)	0.337 (0.715)	1.850* (1.157)	-0.281 (0.778)	0.946 (0.735)	-0.517 (-0.548)
已解方差 R^2	0.595	0.472	0.535	0.654	0.267	0.643	0.398	0.564	0.429	0.827
F 统计量	22.066	16.070	25.914	35.871	11.684	59.333	13.236	58.119	40.645	52.690

注：因变量为服务绩效；业务类型低端是指公司仅有 ITO 业务，中高端是指业务中包括 BPO 和 KPO 的公司；研发投入占比是研发投入占销售额的比重。括号为估计系数的标准误；***、**、* 分别代表通过 1%、5% 和 10% 显著性水平检验。

总的来看，在不同规模、年限等权变因素前提下，服务外包企业能力与绩效之间的影响发力点不同。但从回归结果的横向比较不难发现，服务交付与关系能力、项目管理能力等对不同性质的企业具有普适性影响，说明服务外包企业可通过提高这些能力来获得较好的外包绩效。而人力资源管理与外包绩效呈负相关，这一局面可能与整体人力资源教育、培养及素质有关。另外，从制度环境的间接影响效果来看，其只对公司规模小、业务类型低端具有正向调节作用，说明制度政策及环境对弱势企业的拉动效应明显，而当企业发展到一个较高阶段时可能对制度政策与环境提高的反应敏感度不是太大。

（三）结论与探讨

本节在第一手数据收集的基础上，分析了中国服务外包企业竞争力现状，发现中国服务外包企业仍以中小规模为主，企业规模成为制约中国 IT 服务外包企业发展的最大“瓶颈”。实际上，印度服务外包产业也是中小企业居多，真正具有国际知名度的大型企业也为数不多，但它们的企业之间的合作分工相对比较紧密。杨波和殷国鹏（2010）通过对北京市 40 家 IT 服务外包企业调查发现，较大企业技术能力、人力资源能力等 7 个能力方面及综合能力得分均大幅领先于小企业[①]。但随着产业基础环境及成熟度的提升，有些中国服务外包企业通过海内外并购与上市等途径迅速壮大，规模达万人左右的大公司开始逐渐出现。但受制于整体上企业技术等能力的短缺，在为客户提供整体解决方案、创造性等方面与国际知名服务外包企业还存在不小差距，目前中国服务外包企业承接的离岸外包业务仍主要是中低端领域，具有高附加值的业务流程外包仍被印度、爱尔兰等服务外包强国占据，承接业务类型的低端化直接导致中国国际服务外包企业利润率不高的局面。但中国服务外包企业经过 20 多年的发展锤炼，技术能力、服务交付等能力也得到不同程度的提升，有些企业积极开拓国际市场，在海外多国建立交付与研发中心，通过整合国内外两个市场资源提高了国际化能力[②]。

本节运用分步回归及结构方程模型等实证分析方法，验证了中国服务外包企业能力与外包绩效之间存在显著正相关关系，说明外包企业能力的提高能有效促进外包绩效。其中，结构方程模型显示，技术能力在能力与绩效影响路径中发挥着十分关键的作用，其不仅对外包绩效具有显著直接影响，而且通过正向影响服

① 杨波，殷国鹏．中国 IT 服务外包企业能力研究［J］．管理学报，2010，7（2）：199－203.

② 朱福林．制度环境、外包能力与绩效提升［J］．暨南学报（哲学社会科学版），2019，41（2）：1－14.

务交付与关系能力、项目管理能力及人力资源管理能力对外包绩效具有显著正向间接影响。另外，根据企业发展理论，能够生存下来的企业在一定程度上是过去一定期限内产业政策、发展环境、教育制度等因素合起来不断提高的体现，企业成长过程凝聚着这些制度因素不断改善的历史积淀。进入21世纪以来，中国政府观察到印度服务外包产业的成功，加大了对服务外包产业的扶持力度，促使服务外包产业发展的政策、教育等环境不断改善。为此，在结构方程模型中引入制度环境来衡量服务外包产业制度整体环境是否对外包企业绩效具有间接影响作用。实证结果显示，制度环境不仅能显著直接正向影响企业外包绩效，而且通过正向影响技术能力、人力资源管理能力等四种能力间接正向影响企业外包绩效，说明以政策主导和推动的产业环境改善大大促进了服务外包企业的发展。另外，通过分步回归还考察了企业自身因素在能力与绩效之间影响关系的权变差异，发现企业在规模、经营年限、业务类型等方面不同会造成具体促进外包绩效的能力不同，即不同条件下的企业对能力的倚重点存在区别。

根据实证检验结果，针对如何提高中国服务外包企业竞争力，本节提出如下建议：

第一，营造更加良好的经商环境。产业发展需要环境支持，环境是孕育竞争力的土壤。国外跨国企业发包商在选择服务外包目的地时往往将经商环境是否完善作为一个重要参考指标。因此，政府应不断加强服务外包产业发展必要的基础环境建设，包括软硬件基础设施要齐发力。就目前来看，中国有些城市，尤其是一线大城市，硬件设施已经发展到较高程度，但软件基础设施如服务理念、设施合理性等还很不到位，大大低于硬件设施的发展程度，同时限制了硬件设施的潜在水平。因此，笔者认为今后一段时间应将财力、物力及精力用于提升城市软环境建设，用5~10年时间消化前期经济高速增长时期大量投资产生的硬件设施成果，使各城市软、硬环境齐头并进，发挥出协同效应。

第二，扶持一批企业做大做强。大的知名企业对于产业发展的整体拉动效应不言而喻，它们可以带动中小企业发展，有利于技术创新、国际竞争等。印度服务外包的成功很大程度上是印度知名服务外包企业不懈努力的结果，塔塔咨询、Infrosys、Wipro、HCL等一批国际知名的企业在这个过程中发挥着重要作用。因此，政府应着手选取10~20家一定规模和实力的代表企业作为重点扶持对象，通过资金奖励、服务升级、信贷支持、国际化引导等措施加大力度。针对中国企业国际化偏弱的问题，可通过中国大使馆等海外官方渠道为服务外包企业国际化提供信息资讯、本地化营销等帮助。采用优胜劣汰机制在未来10~20年时间建成一批真正具有国际影响力的服务外包企业，提高中国在世界服务外包市场的产品层次、国际地位和知名度。

第三，进一步加强服务外包产业发展所需的法制及人才建设。加强知识产权法的立法与执法，进一步加强知识产权法规与国际接轨，在国际上树立良好的法律形象。仿照印度理工学院设计国家级计算机等相关专业专修学校，开创新型教学模式，通过以产带学、以研带产等方式加大对从业人员科研、技术问题解决能力的培养。同时，加强英语使用能力的训练，有条件地鼓励到国外继续深造或进修，打好语言及技术能力基础。

三、中国服务外包转型升级的主要路径与战略思路

（一）实现路径

1. 创新升级

服务外包的本质是价值链的再分解，通过外包产业发展跃向价值链的中高端。我国服务外包产业走高质量发展之道路是大势所趋。其核心要义就是要以创新驱动为引领，推动服务外包价值链向高端跃升。一是着力扩大数据分析、工业设计、工程技术、管理咨询、医药和生物技术研发、文化创意等知识流程外包的规模效益。二是提高软件研发、集成电路设计、云计算等信息技术外包的整体解决方案和系统集成能力；拓展金融、供应链管理、电子商务平台等业务流程外包的价值增值空间①。三是数字贸易领域的新变化是服务外包转型升级必须关注的新问题。夏杰长（2018）② 的研究表明，数字技术对贸易的深层次影响正在逐步显现，而数字贸易的出现，给传统的海关监管、数据统计和风险防范都带来了深远影响。从世界范围内来看，以美国为首的西方发达国家正在积极地将国内的数字贸易标准国际化。因此，对于中国来说，要在鼓励数字贸易发展基础上，尽快加强对数字贸易规则和动向的全面研究，尽快在国际规则制定方面出台有针对性

① 王晓红．我国服务外包产业的转型升级与创新发展［J］．中国社会科学院研究生院学报，2019（1）：35－51．王晓红．服务外包产业创新发展要有新思路［N］．经济日报，2019－04－03（012）．王晓红．融入全球产业链助力产业升级［N］．人民日报，2016－08－23（007）．

② 夏杰长．数字贸易的缘起、国际经验与发展策略［J］．北京工商大学学报（社会科学版），2018（5）：1－10．

的应对举措，确保在数字贸易规则制定的新一轮浪潮中发出中国声音，维护中国利益。四是加强服务外包园区大数据、云计算等创新平台、创客空间的建设，推动众包、众创、众筹等社会创新模式。强化服务外包标准体系建设，在重点领域制定一批具有国际领先水平的标准，提高主导权和话语权。

2. 深化改革

我国服务外包产业发展进入新时代，要想在前期较快速增长的基础上实现又好又快的高质量发展，必须深化改革，复制和推广成功的经验，探索新体制和新举措。

一是积极推动服务贸易创新发展试点。为全国服务贸易创新发展探索路径，根据《深化服务贸易创新发展试点总体方案》，目前我国已在北京、天津、上海、海南、广东深圳、河北雄安新区等省（市、区域）进行了服务贸易创新发展试点工作。部分省（市），比如北京也都出台了相关促进服务业开放和服务贸易健康发展的相关措施。对此，应该及时总结经验教训，进一步完善体制机制，坚持重点突破、创新驱动、协同发展，不断适应服务贸易新形势、新特点，在逐项落实试点任务的基础上，不断修正方案，形成可复制推广经验，扩大试点范围，最终推动服务贸易的全面健康可持续发展①。

二是通过供给侧结构性改革实现生产性服务业更高水平的供需平衡。在供给侧，要明确发展重点，以制造业的产业升级需求为导向，重点发展能对现代农业和先进制造业形成有效支撑的生产性服务业，比如研究设计、商务服务等领域，充分发挥生产性服务业、新兴服务业在转型升级方面的引领带动作用。在需求侧，要通过“减税降费”等方式，促进消费结构升级，培养居民对发展和享受型服务消费的支出，适当扩大新兴服务进口，提高消费对经济增长的贡献率，最终实现更高水平上的供需结构平衡②。

三是加大生产性服务业领域对内改革和对外开放的力度。进一步优化服务业高质量发展的顶层设计，全面推进“负面清单”的管理模式，逐步放宽市场准入。对内深化垄断性行业的市场化改革，增强中国经济的发展活力；对外持续扩大服务业对外开放，鼓励境外生产性服务业跨国企业进入中国市场，给予其国民待遇，不断丰富市场主体的所有制形态。同时也鼓励中资生产性服务业“走出去”，接受国际市场的洗礼与竞争。最终通过新一轮的“对内改革，对外开放”，促进服务业的高质量发展，提升服务业内在发展潜力，提升全要素生产率，实现

①② 夏杰长，肖宇，生产性服务业：发展态势、存在问题及高质量发展政策思路［J］. 北京工商大学学报（社会科学版），2019（4）：21－34.

生产性服务业的健康可持续发展①。

3. 人才引领

劳动力作为重要的生产要素，在经济发展中的作用毋庸置疑，从这个角度来说，教育服务业的重要性不言而喻。具体到对服务外包产业的改造提升来说，一是要充分调动科研人员的积极性，营造尊重人才的社会环境，鼓励知识创新和技术革新。二是要发挥各类教育和培训机构的特长，着力开发复合型、应用型、技术技能型人才，提高服务外包领域人力资源服务水平，从而带动服务外包产业的转型升级，迈向服务外包价值链的中高端。三是加快服务外包专门人才体系建设。注重发挥高等教育的基础性和支撑性作用，支持高等院校和高职院校设置服务外包相关专业。建立创新创业和技能人才培养相结合的培训机制，发挥服务外包企业、培训基地、培训学院的作用，共同推动岗前培训、岗位培训、委托培训、定制培训、线上线下培训等多样化模式。将对包括企业内部一定期限以上对员工的培训也纳入国家人才培训补贴范围；对本科以上学历的大学生租房费用给予补贴，并以个税返还形式给予抵扣。

4. 互促共进

针对服务外包我们出台的优惠政策比较多，过去主要是针对离岸服务外包实施优惠政策。现在应该转向离岸和在岸协调发展的优惠政策，实现在岸外包和离岸外包互促共进，推动国际国内服务外包市场融合发展。近几年来，由于国际市场有所萎缩，一批外包企业将重点转移到在岸业务，增强了规模效益和实力，由此带动了国际业务的发展。我国在岸市场规模巨大，为服务外包企业夯实基础、做大做强提供了有利条件。随着中国新型工业化道路的纵深推进，网络智能制造、服务型制造、绿色制造的发展将释放大量的软件与信息服务市场需求；数字化和信息化在政府、医疗、教育等部门的广泛应用也将产生大量外包服务。应引导支持外包企业服务国内市场，培育一批专业化、品牌化的优质服务供应商，为承接离岸外包奠定有利基础。

5. 差异发展

地区间经济社会发展不平衡是我国的基本国情。相对而言，在区域环境、人才集聚、产业基础、商务环境、国际化程度、资讯获取等方面，东部地区或者沿海地区更具优势，这些地区的服务外包产业发展速度更快。但也不能忽视中西部地区的特长或者潜在优势，如人力成本、能源成本、商务成本等具有较强竞争

① 夏杰长，肖宇，生产性服务业：发展态势、存在问题及高质量发展政策思路［J］．北京工商大学学报（社会科学版），2019（4）：21－34.

力。因此，要鼓励和扶持建立服务外包一线城市的溢出与中西部二、三线城市潜能有效对接的新机制，实施东中西部区域差异化政策，发挥各自的比较优势[①]。要鼓励东部地区继续发挥在产业基础、人才密集、信息设施、产业链配套、营商环境等方面的优势，推动产业向高端化、知识化的深度发展，提供可复制的制度创新，建立鼓励离岸服务外包结算中心和区域性总部项目落地的相关政策举措。中西部城市则要在软硬件基础设施投入及人才聚集方面下功夫，还要加大对中高端人才引进和基础技术培训等方面的投入或者补贴力度。

6. 双向拓展

（二）战略思路

1. 以提高企业国际竞争力为导向，构建协同发展、竞争有序的服务外包企业生态

（1）注重发挥领军企业在接包、品牌、创新、标准、网络渠道等方面的优势，带动中小外包企业参与国际竞争，打造中国服务外包整体品牌，逐步建立大型外包企业向中小外包企业的分包协作机制。支持服务外包企业通过国内企业重组快速壮大规模，通过开展国际并购获取关键技术、高端人才、品牌渠道等战略资源，提升核心竞争优势。

（2）继续发挥外资企业优势。应不断扩大服务业开放，进一步放宽市场准入，吸引跨国公司的信息技术、研发设计、医疗健康、教育培训、物流供应链管理、财务结算、专业咨询等服务机构进入我国提供高品质服务，同时向本土服务企业发包。

（3）进一步优化营商环境。降低税费及房租、水电、土地价格，切实降低企业综合成本。同时加大在技术研发、人才引进、国际资质认证、培训教育等方面的财政补贴力度。

2. 以在岸促离岸为抓手，推动国际国内服务外包市场融合发展[②]

近些年，由于国际市场大幅萎缩，一批外包企业将重点转移到在岸业务，增强了规模效益和实力，由此带动了国际外包业务的发展。我国在岸市场规模巨大，为服务外包企业夯实基础、做大做强提供了有利条件。随着“中国制造2025”战略的不断推进，网络智能制造、服务型制造、绿色制造的发展将释放大量的软件与信息服务市场需求；数字化和信息化在政府、医疗、教育、科研等部

① 金世和．以创新驱动“中国服务”［N］．国际商报，2016－07－04.

② 霍景东，刘悦欣．推动在岸、离岸外包协调发展［J］．经济研究参考，2019（11）：93－99.

门的广泛应用，电子商务、电子政务加快发展，也将产生大量外包服务。此外，随着国内服务经济主导的产业结构不断升级，服务市场专业化趋势也将使外包领域越来越细分、越来越丰富。应引导鼓励外包企业服务国内市场，培育一批专业化、品牌化的优质服务供应商，为承接离岸外包奠定有利基础。

3. 以“一带一路”建设为契机，形成发达国家与发展中国家双向拓展的全球市场战略布局

目前，多数“一带一路”沿线国家处于工业化和信息化初期阶段，对于服务外包产生了大量需求。加快“一带一路”沿线服务外包市场布局，不仅是我国拓展国际市场空间，推动中国技术、标准和品牌“走出去”的需要，也是减少对美国市场过度依赖，有效应对美国市场不确定性的重要途径。应在继续保持传统发包市场主导地位的同时，稳步开拓“一带一路”市场。利用基础设施互联互通、产能合作、装备合作、金融合作的重大项目，带动研发设计、信息技术、物流供应链管理、广告创意、金融等服务外包。利用沿线自贸区政策优势，通过提高境外经贸合作区等平台的服务配套水平，不断扩大服务外包规模。不断扩大与沿线国家建立货币互换制度，扩大使用人民币结算范围，以有效防范因汇率大幅波动带来的金融风险。

4. 提升行业协会能力，充分发挥行业协会在服务外包中的作用

行业协会是政府与企业的桥梁和纽带，在经济社会发展中起到了很重要的作用。服务外包是新兴产业，更需要行业协会来搭建起这个桥梁，充分发挥其在帮助企业获取市场资讯、市场需求调研、产品宣传和布展、市场与产品推介等方面的能力。印度是世界上最有影响的服务外包大国和强国之一，印度的 NASSCOM（印度软件和服务业企业行业协会）的运作有许多成功的经验，对推动印度服务外包产业发展起到了关键的作用，值得我们借鉴和吸收。比如，行业协会与政府保持密切联系，多方位展开协作，协助制定服务外包行业政策和法规；与全球会员展开合作，坚持全球化最优配置服务要素，促进服务外包在全球市场的发展，提高服务外包企业的国际竞争力；监督协会成员企业遵守合同与信用，恪守质量标准，保护知识产权和客户（消费者）的信息安全。

后 记

本书是国家社科基金重大招标项目“扩大我国服务业对外开放的路径与战略研究”（14ZDA084）的最终研究成果。本项目 2014 年 8 月立项，2019 年 7 月结项。该项目由我担任首席专家，负责统揽相关研究工作和本书的统稿工作，并担任部分章节的执笔人。该项目设计了五个子课题，分别由姚战琪（中国社会科学院财经战略研究院）、倪鹏飞（中国社会科学院财经战略研究院）、张宇（南开大学国际经济研究所/中国社会科学院财经战略研究院）、于立新（中国社会科学院财经战略研究院）和王晓红（中国国际经济交流中心）负责。他们协助我开展这项研究工作，在此对他们尽职尽责地开展有关研究工作表达感谢！

社科基金重大项目研究涉及面宽、工作量大，仅靠首席专家和五个子课题负责人是无法完成这项比较艰巨的工作的。在该项目的研究过程中，除了首席专家和子课题负责人，我们还吸收了 10 多位研究人员参加。他们是李勇坚（中国社会科学院财经战略研究院）、刘奕（中国社会科学院财经战略研究院）、谭洪波（扬州大学经济系）、刘维刚（北京工业大学经济管理学院）、肖宇（中国社会科学院研究生院）、张颖熙（中国社会科学院财经战略研究院）、朱福林（商务部国际贸易经济合作研究院）、雷尚君（湖南工程学院经济学院）、霍景东（美团城市创新实验室）、柯建飞（福建工程学院互联网经贸学院）、陈琳琳（中国传媒大学南广学院）。还有部分博士后、博士生和硕士生参与了该项目的一些基础性工作支持，如查阅资料、处理数据和实地调研，他们是丰晓旭、王欠欠、徐金海、夏斐、齐飞。

本书是由我牵头的集体研究成果。具体分工如下：第一章：夏杰长、肖宇、刘维刚；第二章：夏杰长、姚战琪、雷尚君；第三章：姚战琪、夏杰长、陈琳琳；第四章：肖宇、姚战琪、夏斐；第五章：张宇；第六章：夏杰长、谭洪波、柯建飞；第七章：夏杰长；第八章：王晓红、朱福林、霍景东。

本项目研究工作的顺利开展，得益于中国社科院科研局、财经战略研究院领导和同事的指导帮助，要对他们表示由衷的感谢！该项目立项后，很快就召开了开题研讨会，期间也举办了多次小型研讨会，感谢参加这些研讨会的专家提供了很有价值的专业意见。为了完成该项目的研究工作，这几年我带领项目组在许多自由贸易试验区、产业园区和服务业企业调研，取得了大量第一手材料，拓宽了研究视野，增强了研究的针对性。我要对这些帮助我们开展调研工作的同志表示谢意！

服务业涉及面很广，服务业开放更是一个复杂而又艰巨的问题。作为该项目的首席专家，我一直要求自己和团队认真敬业地开展这项研究工作，也取得了不少阶段性研究成果，但我深知，无论是跟踪服务业开放理论前沿，还是解决服务业开放中遇到的实际问题，我们的研究肯定还有许多不足，研究成果难免有一些纰漏，期待着业界专家和读者朋友多提宝贵意见，共同推进服务经济理论与政策研究，为我国服务业发展、改革与开放的伟大实践提供更高水平、更有价值的研究成果。

夏杰长

2019 年 11 月 26 日于北京